日本語の共感覚的比喩

# ひつじ研究叢書〈言語編〉

第 100 巻　日本語の「主題」　　　　　　　　　　　　　　　　　堀川智也 著
第 101 巻　日本語の品詞体系とその周辺　　　　　　　　　　　　村木新次郎 著
第 102 巻　感動詞の言語学　　　　　　　　　　　　　　　　　　友定賢治 編
第 103 巻　場所の言語学　　　　　　　　　　　　　　　　　　　岡智之 著
第 104 巻　文法化と構文化　　　　　　　　　　　　　　　秋元実治・前田満 編
第 105 巻　新方言の動態 30 年の研究　　　　　　　　　　　　　　佐藤髙司 著
第 106 巻　品詞論再考　　　　　　　　　　　　　　　　　　　　山橋幸子 著
第 107 巻　認識的モダリティと推論　　　　　　　　　　　　　　木下りか 著
第 108 巻　言語の創発と身体性　　　　　　　　　　　　児玉一宏・小山哲春 編
第 109 巻　複雑述語研究の現在　　　　　　　　　　　　岸本秀樹・由本陽子 編
第 110 巻　言語行為と調整理論　　　　　　　　　　　　　　　　久保進 著
第 111 巻　現代日本語ムード・テンス・アスペクト論　　　　　　工藤真由美 著
第 112 巻　名詞句の世界　　　　　　　　　　　　　　　　　　　西山佑司 編
第 113 巻　「国語学」の形成と水脈　　　　　　　　　　　　　　釘貫亨 著
第 115 巻　日本語の名詞指向性の研究　　　　　　　　　　　　　新屋映子 著
第 116 巻　英語副詞配列論　　　　　　　　　　　　　　　　　　鈴木博雄 著
第 117 巻　バントゥ諸語の一般言語学的研究　　　　　　　　　　湯川恭敏 著
第 118 巻　名詞句とともに用いられる「こと」の談話機能　　　　金英周 著
第 119 巻　平安期日本語の主体表現と客体表現　　　　　　　　　高山道代 著
第 120 巻　長崎方言からみた語音調の構造　　　　　　　　　　　松浦年男 著
第 121 巻　テキストマイニングによる言語研究　　　　　　岸江信介・田畑智司 編
第 122 巻　話し言葉と書き言葉の接点　　　　　　　　　　石黒圭・橋本行洋 編
第 123 巻　パースペクティブ・シフトと混合話法　　　　　　　　山森良枝 著
第 124 巻　日本語の共感覚的比喩　　　　　　　　　　　　　　　武藤彩加 著
第 125 巻　日本語における漢語の変容の研究　　　　　　　　　　鳴海伸一 著
第 126 巻　ドイツ語の様相助動詞　　　　　　　　　　　　　　　髙橋輝和 著

ひつじ研究叢書
〈言語編〉
第124巻

# 日本語の共感覚的比喩

武藤彩加 著

ひつじ書房

目　次

第 1 章　はじめに　　1
　1.1　問題提起　　1
　1.2　本研究の目的　　5
　1.3　考察の対象と本書の構成　　6

第 2 章　従来の共感覚的比喩論と本書の課題　　11
　2.1　従来の共感覚的比喩論　　11
　　2.1.1　共感覚的比喩とは　　11
　　2.1.2　共感覚的比喩における言語普遍性について　　12
　　2.1.3　共感覚的比喩の動機づけについて　　14
　　2.1.4　共感覚的比喩の特殊性　　16
　2.2　本書の課題　　16
　2.3　考察の対象　　18
　　2.3.1　従来の研究における 2 つの立場　　18
　　　2.3.1.1　データを限定した研究　　18
　　　2.3.1.2　感覚間における意味の転用すべてを対象とした研究　　19
　　2.3.2　本書の立場　　20
　　　2.3.2.1　共感覚的比喩の定義づけ　　20
　　　2.3.2.2　創造的な比喩と死喩　　21
　　　2.3.2.3　用例収集の方法について　　22

第 3 章　日本語の共感覚的比喩の一方向性仮説に関する考察　　25
　3.1　先行研究と本章の課題　　25
　　3.1.1　共感覚的比喩の一方向性仮説に関する研究　　25
　　　3.1.1.1　英語の先行研究　　25
　　　3.1.1.2　日本語の先行研究　　28
　　3.1.2　先行研究の問題点と本章の課題　　32
　　　3.1.2.1　先行研究の問題点　　32
　　　3.1.2.2　本章の課題　　33

        3.1.3　分析の前提　33
　3.2　日本語の五感を表すオノマトペの分析　34
　　3.2.1　分析の前に　35
　　　　3.2.1.1　複数の感覚にまたがるオノマトペ　35
　　　　3.2.1.2　視覚内での意味変化について　36
　　　　3.2.1.3　聴覚と視覚　36
　　　　3.2.1.4　「五感とオノマトペ」からの問題提起　37
　　　　3.2.1.5　多義性を持つオノマトペにおける五感内の分布　38
　　3.2.2　仮説の検証　40
　　　　3.2.2.1　嗅覚的経験を表すオノマトペにおける意味の転用　41
　　　　3.2.2.2　味覚的経験を表すオノマトペにおける意味の転用　42
　　　　3.2.2.3　触覚的経験を表すオノマトペにおける意味の転用　43
　　　　3.2.2.4　聴覚的経験を表すオノマトペにおける意味の転用　47
　　　　3.2.2.5　視覚的経験を表すオノマトペにおける意味の転用　51
　　　　3.2.2.6　3.2.2のまとめ　52
　3.3　日本語の五感を表す動詞の分析　54
　　3.3.1　分析の前に　55
　　3.3.2　仮説の検証　56
　　　　3.3.2.1　視覚的経験を表す動詞（みる）における
　　　　　　　　意味の転用　56
　　　　3.3.2.2　触覚的経験を表す動詞（ふれる）における
　　　　　　　　意味の転用　58
　　　　3.3.2.3　味覚的経験を表す動詞（あじわう）における
　　　　　　　　意味の転用　58
　　　　3.3.2.4　聴覚的経験を表す動詞（きく）における
　　　　　　　　意味の転用　60
　　　　3.3.2.5　嗅覚的経験を表す動詞（かぐ）における
　　　　　　　　意味の転用　61
　　　　3.3.2.6　3.3.2のまとめ　62
　3.4　日本語の五感を表す形容詞の分析　62
　　3.4.1　分析の前に　63
　　3.4.2　分析　64
　　　　3.4.2.1　触覚的経験を表す形容詞における意味の転用　64
　　　　3.4.2.2　味覚的経験を表す形容詞における意味の転用　67
　　　　3.4.2.3　嗅覚的経験を表す形容詞における意味の転用　69
　　　　3.4.2.4　聴覚的経験を表す形容詞における意味の転用　71
　　　　3.4.2.5　視覚的経験を表す形容詞における意味の転用　72
　　　　3.4.2.6　3.4.2のまとめ　76

|   |   |   |
|---|---|---|
| 3.5 | 3章のまとめ | 78 |

# 第4章 4つの言語における共感覚的比喩
### フランス語、スウェーデン語、英語、および日本語母語話者を対象とした調査の結果から　　85

|   |   |   |
|---|---|---|
| 4.1 | はじめに | 85 |
| 4.2 | 先行研究で残された課題 | 86 |
| 4.3 | 仮説の提示と本章の課題 | 89 |
| 4.4 | パイロット調査の実施　14の言語における一方向性仮説 | 90 |
|  | 4.4.1　触覚を表す語から他の感覚への意味転用 | 91 |
|  | 4.4.2　視覚を表す語から他の感覚への意味転用 | 92 |
|  | 4.4.3　一方向性仮説に反する例 | 94 |
| 4.5 | 4つの言語を対象としたさらなる調査 | 95 |
|  | 4.5.1　調査概要 | 95 |
|  | 4.5.2　調査に使用した語 | 96 |
|  | 4.5.3　触覚的領域からの転用と遠隔感覚からの転用の比較 | 98 |
|  | 　4.5.3.1　4言語における触覚的領域から他の感覚への意味転用の割合 | 98 |
|  | 　4.5.3.2　4言語における遠隔感覚から他の感覚への意味転用の割合 | 99 |
|  | 　4.5.3.3　4言語における嗅覚から他の感覚への意味転用の割合 | 100 |
|  | 4.5.4　4つの言語における触覚からの転用 | 101 |
|  | 　4.5.4.1　日本語の触覚を表す語の意味転用 | 101 |
|  | 　4.5.4.2　スウェーデン語の触覚を表す語の意味転用 | 102 |
|  | 　4.5.4.3　英語の触覚を表す語の意味転用 | 102 |
|  | 　4.5.4.4　フランス語の触覚を表す語の意味転用 | 103 |
|  | 　4.5.4.5　多く意味転用される触覚を表す語 | 104 |
|  | 　4.5.4.6　4.5.4のまとめ | 104 |
|  | 4.5.5　4つの言語における味覚からの転用 | 104 |
|  | 　4.5.5.1　日本語の味覚を表す語の意味転用 | 105 |
|  | 　4.5.5.2　スウェーデン語の味覚を表す語の意味転用 | 105 |
|  | 　4.5.5.3　英語の味覚を表す語の意味転用 | 106 |
|  | 　4.5.5.4　フランス語の味覚を表す語の意味転用 | 107 |
|  | 　4.5.5.5　多く意味転用される味覚を表す語 | 108 |
|  | 　4.5.5.6　4.5.5のまとめ | 109 |
|  | 4.5.6　4つの言語における嗅覚からの転用 | 109 |

|  |  |  | 4.5.6.1 日本語の嗅覚を表す語の意味転用 | 109 |
| --- | --- | --- | --- | --- |
|  |  |  | 4.5.6.2 スウェーデン語の嗅覚を表す語の意味転用 | 109 |
|  |  |  | 4.5.6.3 英語の嗅覚を表す語の意味転用 | 110 |
|  |  |  | 4.5.6.4 フランス語の嗅覚を表す語の意味転用 | 111 |
|  |  |  | 4.5.6.5 多く意味転用される嗅覚を表す語 | 111 |
|  |  |  | 4.5.6.6 4.5.6のまとめ | 112 |
|  |  | 4.5.7 | 4つの言語における視覚からの転用 | 112 |
|  |  |  | 4.5.7.1 日本語の視覚を表す語の意味転用 | 112 |
|  |  |  | 4.5.7.2 スウェーデン語の視覚を表す語の意味転用 | 113 |
|  |  |  | 4.5.7.3 英語の視覚を表す語の意味転用 | 113 |
|  |  |  | 4.5.7.4 フランス語の視覚を表す語の意味転用 | 114 |
|  |  |  | 4.5.7.5 多く意味転用される視覚を表す語 | 115 |
|  |  |  | 4.5.7.6 4.5.7のまとめ | 115 |
|  |  | 4.5.8 | 4つの言語における聴覚からの転用 | 115 |
|  |  |  | 4.5.8.1 日本語の聴覚を表す語の意味転用 | 115 |
|  |  |  | 4.5.8.2 スウェーデン語の聴覚を表す語の意味転用 | 116 |
|  |  |  | 4.5.8.3 英語の聴覚を表す語の意味転用 | 116 |
|  |  |  | 4.5.8.4 フランス語の聴覚を表す語の意味転用 | 117 |
|  |  |  | 4.5.8.5 多く意味転用される聴覚を表す語 | 117 |
|  |  |  | 4.5.8.6 4.5.8のまとめ | 118 |
| 4.6 | 4章のまとめ |  |  | 118 |

## 第5章 味覚を表す形容詞の意味分析　　125

| 5.1 | 仮説の提示と本章の課題 |  |  | 125 |
| --- | --- | --- | --- | --- |
|  | 5.1.1 | 仮説の提示 |  | 125 |
|  | 5.1.2 | なぜ味覚なのか |  | 126 |
|  | 5.1.3 | 意味の妥当な記述に向けて |  | 128 |
|  | 5.1.4 | 分析の手順 |  | 130 |
| 5.2 | 「甘い」と「辛い」の意味分析 |  |  | 131 |
|  | 5.2.1 | 分析の前に |  | 131 |
|  | 5.2.2 | 「甘い」の分析 |  | 134 |
|  |  | 5.2.2.1 | 「甘い」の多義的別義 | 134 |
|  |  | 5.2.2.2 | 「甘い」の多義構造 | 144 |
|  | 5.2.3 | 「辛い」の分析 |  | 145 |
|  |  | 5.2.3.1 | 「辛い」の多義的別義 | 145 |
|  |  | 5.2.3.2 | 「辛い」の多義構造 | 148 |
| 5.3 | 「渋い」と「苦い」の意味分析 |  |  | 148 |

  5.3.1 分析の前に   148
  5.3.2 「渋い」の分析   149
   5.3.2.1 「渋い」の多義的別義   149
   5.3.2.2 「渋い」の多義構造   156
  5.3.3 「苦い」の分析   156
   5.3.3.1 「苦い」の多義的別義   157
   5.3.3.2 「苦い」の多義構造   160
  5.3.4 「渋い」と「苦い」の類似点と相違点   161
 5.4 「酸っぱい」の意味分析   163
  5.4.1 「酸っぱい」の分析   163
   5.4.1.1 「酸っぱい」の多義的別義   163
   5.4.1.2 「酸っぱい」の多義構造   168
  5.4.2 「甘い」「辛い」および「渋い」「苦い」との類似点   169
   5.4.2.1 「甘い」との類似点   169
   5.4.2.2 「渋い」「苦い」との類似点   170
   5.4.2.3 「辛い」との類似点   171
   5.4.2.4 5.4のまとめ   172
 5.5 「まずい」「うまい」「おいしい」の意味分析   172
  5.5.1 分析の前に   173
  5.5.2 「まずい」の分析   173
   5.5.2.1 「まずい」の多義的別義   174
   5.5.2.2 「まずい」の多義構造   176
  5.5.3 「うまい」の分析   177
   5.5.3.1 「うまい」の多義的別義   177
   5.5.3.2 「うまい」の多義構造   180
  5.5.4 「おいしい」の分析   181
   5.5.4.1 「おいしい」の多義的別義   181
   5.5.4.2 「おいしい」の多義構造   189
 5.6 5章のまとめ   190

## 第6章 五感を表す動詞の意味分析   197
 6.1 本章の課題   197
 6.2 「きく」(聞・聴・訊・効・利)の意味分析   198
  6.2.1 分析の前に   198
  6.2.2 「きく」の分析   200
   6.2.2.1 「きく」の多義的別義   200
   6.2.2.2 「きく」の多義構造   214

 6.3 五感を表す語における発話行動的意味の分析 215
  6.3.1 分析の前に 215
  6.3.2 「きく」「ふれる」「におわせる」の分析 217
   6.3.2.1 発話手段 217
   6.3.2.2 内容への言及 218
   6.3.2.3 共同動作者格「〜ト」 219
   6.3.2.4 内容（判断態度）と機能（表出態度） 220
   6.3.2.5 引用格 228
   6.3.2.6 付随するニュアンス 229
   6.3.2.7 まとめ 230
 6.4 6章のまとめ 231

## 第7章　食に関するオノマトペの意味分析 237

 7.1 先行研究と本章の課題 237
 7.2 評価による分類 239
  7.2.1 味の評価とは 239
  7.2.2 属性の内訳 240
  7.2.3 用例による確認 244
   7.2.3.1 食品に対するプラス評価を表すオノマトペ 244
   7.2.3.2 食品に対するマイナス評価を表すオノマトペ 251
   7.2.3.3 プラス評価とマイナス評価のどちらにも
      限定できないオノマトペ 256
  7.2.4 食感覚を表すオノマトペと'imagery' 261
   7.2.4.1 Langacker（1988: 63–68）:'imagery' 261
   7.2.4.2 用例による確認 262
 7.3 感覚による分類　複合感覚表現 265
  7.3.1 各オノマトペが表す感覚 265
  7.3.2 メトニミーによる転用 271
   7.3.2.1 触覚―視覚 271
   7.3.2.2 触覚―視覚―聴覚 276
   7.3.2.3 触覚―聴覚 280
   7.3.2.4 二次的活性化 283
   7.3.2.5 嗅覚―味覚、味覚―触覚 285
   7.3.2.6 視覚―聴覚 286
  7.3.3 メタファーによる転用 287
 7.4 7章のまとめ 289

## 第8章 スウェーデン語と韓国語における味を表す表現の類型化　293

- 8.1 はじめに　293
- 8.2 先行研究概観　293
- 8.3 問題提起　295
- 8.4 スウェーデン語における味表現の収集と分類　295
  - 8.4.1 調査概要　295
  - 8.4.2 今回の調査で得られたデータ　296
  - 8.4.3 スウェーデン語の味を表す表現に関する考察　300
    - 8.4.3.1 スウェーデン語の味を表す表現における共感覚的比喩　300
    - 8.4.3.2 分類表に追加されるべき新しいカテゴリー　305
  - 8.4.4 8.4のまとめ　307
- 8.5 韓国語における味を表す表現の収集と分類　308
  - 8.5.1 問題提起　308
  - 8.5.2 調査概要　309
  - 8.5.3 今回の調査で得られたデータ　313
  - 8.5.4 韓国語の味を表す表現に関する考察　319
    - 8.5.4.1 韓国語の味を表す表現における共感覚的比喩　319
    - 8.5.4.2 分類表に追加される新しいカテゴリー　323
  - 8.5.5 8.5のまとめ　324
- 8.6 8章のまとめ　326

## 第9章 感覚間の意味転用に関わる比喩の分析
### 共感覚的比喩の動機づけを探る　333

- 9.1 本章の課題　333
- 9.2 共感覚的比喩を支えるメタファーとメトニミー　333
  - 9.2.1 先行研究概観　333
    - 9.2.1.1 感覚の仕組み、あるいは脳細胞（ニューロン）　333
    - 9.2.1.2 類似性に基づくメタファー　335
    - 9.2.1.3 メトニミーとの関わり　336
    - 9.2.1.4 説明が難しいとするもの　337
    - 9.2.1.5 問題提起と仮説の提示　338
  - 9.2.2 前章までの分析から　338
    - 9.2.2.1 メタファーに基づく意味転用　338
    - 9.2.2.2 メトニミーに基づく意味転用　339
    - 9.2.2.3 感覚間が直接結びつかないケース　341

|  |  |  |
|---|---|---|
| | 9.2.3　さらなる分析 | 342 |
| | 　9.2.3.1　先行研究 | 342 |
| | 　9.2.3.2　感覚器の隣接によるメトニミー | 345 |
| | 　9.2.3.3　2つの性質の同時性に基づくメトニミー | 357 |
| | 　9.2.3.4　2つの事項の時間的隣接に基づくメトニミー | 363 |
| | 　9.2.3.5　生理的メトニミー | 369 |
| | 9.2.4　共感覚的比喩における色聴とは | 374 |
| | 　9.2.4.1　先行研究 | 374 |
| | 　9.2.4.2　共感覚（色聴）と二次的活性化の類似点 | 375 |
| | 　9.2.4.3　オノマトペにおける二次的活性化 | 376 |

9.3　接触感覚から遠隔感覚と遠隔感覚内の意味転用　共感覚的比喩を
　　　支える複数の動機づけ　　　　　　　　　　　　　　　　　　377
　9.3.1　共感覚的比喩における身体性に基づく制約とは　　　377
　9.3.2　接触感覚から遠隔感覚への意味の転用　　　　　　　380
　　9.3.2.1　先行研究　　　　　　　　　　　　　　　　　380
　　9.3.2.2　触覚から視覚への転用　　　　　　　　　　　381
　　9.3.2.3　視覚の触覚性　　　　　　　　　　　　　　　383
　9.3.3　遠隔感覚内の比喩の考察　　　　　　　　　　　　　384
　　9.3.3.1　先行研究　　　　　　　　　　　　　　　　　384
　　9.3.3.2　「高い声」の分析　　　　　　　　　　　　　386
　9.3.4　共感覚的比喩とは何か　　　　　　　　　　　　　　393
9.4　9章のまとめ　　　　　　　　　　　　　　　　　　　　398

# 第10章　おわりに　　　　　　　　　　　　　　　　　　　　403
10.1　本書のまとめ　　　　　　　　　　　　　　　　　　　　403
10.2　今後の課題　　　　　　　　　　　　　　　　　　　　　411

資料　　　　　　　　　　　　　　　　　　　　　　　　　　　415
参考文献　　　　　　　　　　　　　　　　　　　　　　　　　419
実例出典　　　　　　　　　　　　　　　　　　　　　　　　　426
あとがき　　　　　　　　　　　　　　　　　　　　　　　　　429
初出一覧　　　　　　　　　　　　　　　　　　　　　　　　　431
索引　　　　　　　　　　　　　　　　　　　　　　　　　　　433

# 第1章
# はじめに

## 1.1　問題提起

辞書で「共感覚」の項を引くと次のように書いてある。

> きょうかんかく【共感覚】(synesthesia)
> 一つの刺激によって、それに対応する感覚（例えば聴覚）とそれ以外の他種の感覚（例えば視覚）とが同時に生ずる現象。後者の感覚を副感覚といい、例えばある音を聴いて一定の色が見える場合を色聴という。感性間知覚。　　　　（『広辞苑』第5版）

この「色聴」とは次のようなものである。

> 音を聴くと色が見える。
> たとえば、トランペットの音を聴くと必ず赤色が見えたり、ある特定の旋律を聴くと金色が見えるという人々がいる。これは色聴といって、視覚と聴覚が連携することから共感覚と呼び、音楽心理学では今世紀初頭からさまざまな研究がなされている。だが、周波数構成と色がどう対応するのかといった生理的メカニズムは科学的にはまだほとんど解明されていない。病理現象として研究されているものもあるが、統一見解が得られているわけでもない。　　　　　　　　　　（最相 1998: 116–117）

すなわち、共感覚と関連づけられている色聴は、病理現象として研究されてもいる特殊な現象のひとつである。

さて、「甘い声」という表現は、共感覚的比喩の1つの例である。この場合、本来、味覚を表す「甘い」が他の感覚である声（聴覚）を表しているが、このような五感内の意味の転用を共感覚的比喩という。

それでは、共感覚という特殊な現象をその名に持つ共感覚的比喩とは一体どのような比喩なのだろうか。

諸意味間の関係についてもできるだけ考えようとした。形容詞のばあい、たとえば「あまい砂糖―あまい匂い」「きいろい花―きいろい声」のような<u>一種の感覚的・印象的な類似にもとづく</u>、意味の派生関係が多いようである。たとえば「うで」から派生して「電柱のうで」「うでがにぶる」というときの「うで」の意味は、腕の形・機能との類似から生じ、その類似において基本的意味と結びついていることは具体的に説明しやすい。<u>しかし、上の「あまい」「きいろい」の派生義は、感じが似ているという以上に具体的な説明は、（対象についての深い知識がないと、あるいはあっても）なかなかむずかしい。</u>

（国立国語研究所（西尾）1972: 7、下線は引用者）

以上のように、味覚（あまい砂糖）から嗅覚（あまい匂い）への意味の転用は、「感じが似ているという以上に具体的な説明はなかなかむずかしい」ものであるとされる。

さて、共感覚的比喩といえばよく出てくるのが次の2つの図である。

図1　共感覚的比喩の一方向性仮説（Williams 1976）

図2　日本語の共感覚的比喩体系（山梨 1988: 60）

この図は共感覚的比喩の一方向性仮説と呼ばれるもので、五感内の意味転用の方向性を示したものである。たとえの元となる領域を原感覚、たとえられる領域を共感覚と呼び、そこには一定の拡張の方向性があることが多くの先行研究で報告されている*1。この一方向性仮説の図も、共感覚的比喩の神秘性をますます高めるかのようである。

日本語と英語だけでは資料不足ではあり、またこの二国語間で

も完全に一致するわけではないが、感覚経験を別の感覚に固有の形容詞で表現できる方向には、<u>共通した一方向性が見られる</u>。このような言語の違いを越えた共通性は、<u>人間の感覚の在り方そのものを示している</u>と思われる。つまり人は恋人の声を舌で味わうような感覚で捉えはしても、じゅうたんの手触りを耳で聞く感覚で捉えることは難しいのである。

（山田 1993: 32、下線は引用者）

果たして共感覚的比喩は、意味転用についての動機づけの説明が難しく、かつ転用の方向性にも特別な規則があるという、特殊な比喩なのだろうか。

結論を先に述べると、共感覚的比喩は特殊な比喩ではない。五感内の意味の転用は、メタファーとメトニミー、シネクドキーで動機づけられる。この結論を得るために、本書ではまず、日本語における五感を表す語（形容詞、動詞、オノマトペ）の意味転用を実例により検証し、次に他の言語の一方向性仮説を母語話者を対象とした調査結果に基づき分析した。また、5つの味覚形容詞のそれぞれの意味ネットワークの中に共感覚的比喩を位置づけてその動機づけをみ、五感を表す動詞についても同様に分析した。さらには日本語の食に関するオノマトペと、他の言語の味を表す表現における共感覚的比喩についても分析した。その結果、得た結論である。

この研究を始める前の筆者のように、共感覚的比喩は特殊な意味転用であるというイメージが一般的にあるとするならば、本書で様々な感覚間の意味転用のありさまをみることで、他の比喩とは違わない、意味転用の現象の1つであるという認識を共有できるだろう。

具体例をみてみよう。形容詞「渋い」は多義語*2で複数の意味を有するが、その基本義*3は用例（1）と（2）のような「不快な味」を意味する。

(1) バンコマイシン：目的は、内因性感染症治療。口腔内や消化管によって引き起こされる感染を対象とする。（中略）<u>渋くてまずい</u>。

(http://yokohama.cool.ne.jp/moriky_cml/cml.html)

（2）そこにひとりのインディオの老人があらわれ、われわれは「コンドルになるための草」をあたえられた。（中略）口にふくむと甘く、強いハーブの香がする。やがてそれは辛く、<u>渋い味</u>にかわり、<u>顎が痺れた</u>。

（http://samurai.garage.co.jp/~tetra/tetra_lib/ttw_peru_5.htm）

しかしこうした味覚を表す意味が聴覚や視覚的経験を表す意味へと転用されると、次のように好ましい属性を表すようになる。

（3）ブルースの帝王、B. B. King のページです。サウンドファイルが充実しており、英語ができなくても、その<u>渋い声</u>・曲・ギターサウンドは、<u>たまりません</u>。

（http://www.tacti.co.jp/magazine/mat/back_no/music/musician.htm）

（4）江戸中に大流行したのが、菊之丞の俳名路考から名付けられた路考茶である。青さび茶とも鶯茶のさびた色ともいわれているが、いずれにしても<u>江戸好みの粋な渋い色</u>だ。

（http://www.dentsu.co.jp/DHP/DOG/MUSEUM/edo/asobi/sibai/sibai102.html）

（5）また<u>ここの親父の顔が渋い</u>。（中略）オールバックで髭をたためた<u>50代くらいの渋い顔</u>の親父が低い声でいらっしゃいと迎えてくれる。

（http://tmnabe.hp.infoseek.co.jp/home/aun.htm）

このプラス評価的意味は、一見、先に挙げた（1）（2）に認められるマイナス評価的意味*4と直接的には結びつきにくい。渋い味から渋い色への転用を可能にする動機づけとは一体どのようなものであるのか。

　味覚を表す語における五感（視覚・聴覚・嗅覚・味覚・触覚）内の意味転用は、基本義である味覚から、（3）（4）に挙げた聴覚や視覚への転用のほか、嗅覚（？渋い香り）へも転用される可能性があるが*5、残る触覚へは転用されないとされる（*渋い手触り）。先にも触れたように、五感内の意味の転用にはこうした制約があることが従来指摘されている。

## 1.2 本研究の目的

コンスタンス（1998）は、森羅万象をどのように感じとるかは文化によってさまざまに異なるとし、アンダマン島のオンギー族が匂いによって世界を把握し、メキシコのツォッツィル族が熱が宇宙の基本的な力であると考えるとしたうえで、次のように述べている。

嗅覚や触覚が認識の基本的な手段であれば、意識様式はどのように異なるのであろうか。文化の感覚秩序はその社会秩序とどのように関連しているのだろうか。（中略）感覚体験はどのように言葉で表現され、規制されているのだろうか。

（コンスタンス 1998: 8–9）

さらに同著は「私たちの知覚そのものも文化的につくられ規範化<sup>コード</sup>されたものだ」とし、感覚意識もまた文化によってつくられたものだとする。それでは、私たちの思考はどの程度、感覚的な経験に基づいているのか。そしてそれは言語にどのように現れるのか。

この研究の目的は、五感と比喩との関係性について考察することである。ここでいう比喩とは、伝統的な文体論における装飾的な美辞麗句を指すのではなく、重要な概念形成の手段（特に転用のプロセスと概念体系の動機づけ）を指す＊6。具体的には、五感に関する比喩である共感覚的比喩（synaesthetic metaphor）を取り上げ、認知言語学＊7の立場から共時的に分析を行なう。分析のポイントは次の通りである。

(6) 本書の分析のポイント

(i) 色彩語彙（cf. Berlin and Kay 1969）などと並び、言語普遍性＊8の現象のひとつとされる共感覚的比喩について、日本語の個別的側面を把握する。

(ii) 心理学的な現象（色聴、colored hearing）と関連づけて論じられるなど特殊な比喩とされてきている点について検証する。

従来、五感を表す語における意味の転用は、もっぱら共感覚的比喩という枠組みの中で行われてきた。その名前の由来である共感覚（synaesthesia）という心理学の特殊な現象と関連づけられるか、

あるいは人間に備わった感覚器官の仕組みに基づいて比喩が成立し、かつ理解されるといったような生理学的な説明によってきた。また意味転用の方向性には言語の相違を超えた共通性があるとされ、生理学的普遍に基づく言語普遍性の現象の1つとして注目されてきた。従って、従来の議論は、その特徴であるとされる一方向性仮説に集中し、異なる言語間の平行性が繰り返し強調されてきた。その結果、五感内の意味転用は、他の比喩（メタファー・メトニミー・シネクドキー*9）とは区別された、特殊な比喩とされてきた*10。そして、言語普遍性の現象の中の日本語の個別的側面についても、従来十分に考察されてきていない。異なる感覚間の意味の転用はすべて「共感覚的比喩」であるとされ、転用の動機づけや具体的な比喩のあり方など、包括的に検討されてきていない。

　生理学普遍に基づく言語普遍性のなかの、日本語の個別的側面に論及するという本書での試みは、言い換えれば身体性に由来する制約（生得性）と環境からの影響（経験性）が言葉の意味にどう関わるのかについて考察することでもある*11。認知言語学では、言語はわれわれの外部世界に客観的に存在しているのではなく、身体性を含んだわれわれの具体的な経験的基盤を介して理解され動機づけられているとする。本書での五感と比喩をめぐる考察は、こうした言葉の意味を支える2つの側面である経験的基盤、すなわち文化と環境に条件づけられている経験の影響とわれわれが共通に持つ人間としての共通性との兼ね合いに関する考察であることから、言葉の意味に関する重要なテーマの一部を担うものである。

## 1.3　考察の対象と本書の構成

　本書の構成は次の通りである。第2章では、共感覚的比喩に関する先行研究を概観した後、その問題点を指摘し、本書での課題を具体的に提示する。

　続く第3章では、日本語の共感覚的比喩の一方向性仮説を包括的に検証する。言語普遍性の現象とされてきた転用の一方向性について、五感を表す形容詞だけでなく、従来検討されてこなかった五感

を表す語全般（オノマトペ・動詞）をも含めた形で、実例に基づき検証し、日本語の共感覚的比喩の言語事実を把握する。

　第4章では、複数の言語における共感覚的比喩について各母語話者への調査の結果をもとに検証し、五感内の意味転用における普遍的要素と多様性を明らかにする。

　第2の課題として第5章と第6章では、五感を表す語の多義のネットワーク全体をみる。ケース・スタディーとして、味覚を表す形容詞（甘いと辛い、渋いと苦い、酸っぱい、うまいとまずい、おいしい）と五感を表す動詞（きく、ふれる、におう）を取り上げ、その意味を記述するとともに、多義語が表す意味のネットワークの中で共感覚的比喩がどのように位置づけられているかを把握する。この分析により、感覚間の意味転用も他の意味転用と同じくメタファー、メトニミー、シネクドキーという3つの認識原理によって動機づけられるという点を主張する。さらに第7章においても、日本語の食に関するオノマトペの分析を通して、感覚間の転用にメトニミーが多く関わる点などを確認し、第8章においては、他の言語（スウェーデン語と韓国語）の味を表す表現における共感覚的比喩をみる。

　五感を表す語における感覚間の意味転用は、従来おもに共感覚的比喩、すなわちメタファー[*12]によって説明されてきた。そこで第3の課題として第9章では、共感覚的比喩のメカニズムを分析する。感覚間の意味の転用、つまり共感覚的比喩の理解を支えるものは何であるのかという問題についてさらに考察する。そして比喩の一種としての共感覚的比喩という従来の見方に対し、共感覚的比喩とは、感覚間の意味転用という「現象のラベル」として捉えるべきであり、語の意味における多義のネットワークの一部を指しているに過ぎないという点を結論として提示する。これは、感覚間の意味の転用は様々な意味作用によって成立するという、本書全体を踏まえた分析結果により導き出される結論である。

\*1　この点について詳しくは後述（池上 1985、安井 1978、国広 1989、山梨 1988 ほか）。
\*2　多義語について詳しくは第 5 章で述べる。
\*3　基本義とは、ある語を多義語であると考えたとき、その複数の意味の中で最も基本的だと考えられる意味のことをいう。
\*4　「渋い顔」という表現には、本文用例（5）のようなプラス評価的意味がある一方で、次のようなマイナス評価的意味もある。

〈城島、3500万円減に渋い顔〉ダイエーの城島健司捕手（26）が3日、福岡ドーム内の球団事務所で契約更改交渉に臨み、3500万円ダウンの年俸2億円でサインした。（佐賀新聞・記事データベース）(http://www.saga-s.co.jp/pubt2002/ShinDB/Data/2002/12/04/069_06.html)

ただし基本義である味覚については、もっぱら本文用例（1）（2）のようなマイナス評価的意味のみを表す。
\*5　「渋い」が嗅覚へ転用されるのかという点については、第 3 章で検討する。
\*6　認知言語学では、比喩とは単なる表現の飾りなどではなく、既に獲得した知識を用いて別の対象の理解を容易にする認知方略と考える。また転用のプロセスと概念体系の動機づけ、つまり比喩と多義との関連については第 5 章以降で検討する。
\*7　認知言語学について、池上（1997）では次のように述べている。

〈認知言語学〉という名称のもとに現在なされている言語研究は、何か明確な学派を形成しているわけではない。そうではなくて、むしろこの四半世紀ほどにわたって言語学の主流をなしてきた考え方に対してさまざまな形で提起されてきた問題意識が、一つの新しい方向を指して収斂しつつあると考えた方がよいであろう。その新しい方向とは何かといえば、〈認知言語学〉という名称にも反映されている通り、人間の〈言語〉の在り方は人間の〈認知〉（cognition）の営みによって深く〈動機づけられて〉（motivated）いるという認識である。　　　　　　　　（池上 1997: 69–70）

\*8　言語普遍性とは各言語の相違を超えたすべての言語に共通に認められる普遍的要素をいう。

「生得概念」および「言語の普遍性」という考えは、ともに、「人間であるということだけで、全ての人間に共有されるもの」として定義することができる。　　　　　　　　　　　　　　　（ペン 1972: 185、下線は引用者）

なかでも生理学的普遍に基づく言語普遍性の現象は、基本色彩語（basic color terms）や音象徴（sound symbolism）がよく知られている。これらはすべて、人間の知覚ないし統覚に関する事柄であり、人間の生物学的条件に支配されることの多い面を有するという点で共通項を持つ。このうち音象徴は、人間の発声行為と関連している為、かなり普遍性を持った現象であるとされているが、基本的なところは普遍的であっても、それぞれ言語体系の制約を受けて様々な多様性ももたらされる。また基本色彩語については、Berlin and Kay（1969）の研究がよく知られている。
\*9　本書では、メタファー（metaphor）と隠喩、メトニミー（metonymy）と換喩、そしてシネクドキー（synechdoche）と提喩を同義とみなす。定義は、

第3章で述べる。なお従来の研究においては、この3つの意味の転用を包括する概念としてメタファーという用語を使用しているケースも少なからずみられる。本書においては、類似性を基盤にする意味の転用のみをメタファーとし、メタファーとメトニミー、そしてシネクドキーの3つを包括する概念としては比喩とする。つまりメタファーと比喩とは区別する。

*10 ウルマン（1972 = 1969）およびTaylor（1995）では、共感覚的比喩はメタファーの下位カテゴリー（a subcategory of metaphor）とされている。
*11 詳しくは池上（1998: 350）他を参照。
*12 類似性基盤に基づく意味の転用現象を指す。詳しくは後述。

第 2 章
# 従来の共感覚的比喩論と本書の課題

本章では共感覚的比喩に関する先行研究を概観し、本書の課題を提示する。

## 2.1 従来の共感覚的比喩論

これまでの研究において、共感覚的比喩はどのように捉えられてきたのだろうか。

### 2.1.1 共感覚的比喩とは

共感覚的比喩について、山田（1993）と池上（1985）には次のような説明がある。

> 共感覚比喩＊1 とは、"甘い声""暖かな色"というように、聴覚経験であるはずの声を"甘い"という味覚の形容詞で表したり、視覚経験である色を"暖かな"という触覚の形容詞で表すような、ある感覚経験を本来他の感覚経験を表すはずのことばで表現するものを言う。　　　　　　　　　　　　（山田 1993: 31–32）

> 意味の類似性に基づく転用として興味あるものに、ある感覚領域を表す語が別の感覚領域に転用される場合がある。一般に共感覚（synaesthesia）と呼ばれるものがそれで、sweet voice にはこの種の転用がみられる。sweet は本来味覚を表わすものに適用される語であり、一方 voice は聴覚に関するものであるので sweet voice という表現は〈味覚〉—〈聴覚〉という結びつきになっている。　　　　　　　　　　　　　　（池上 1985: 99）

つまり共感覚的比喩とは、触覚、味覚、嗅覚、視覚、聴覚に関わる比喩（表現）のことで、ある感覚領域を表す語が別の感覚領域に転用されるという表現をいう。

また共感覚とはもともと、次に示すような心理的現象をいう。

　　高い音が与えられると色の輝きが増すように感じられる、といった現象を共鳴（consonance）とよぼう［Ryan, 1940］。副次的に与えられる異種感覚刺激に呼応して、当面の感覚の共通する心理質が同方向にかわることをいうのである。
　　<u>共感覚（Synesthesia*2）は、たとえば、音によって色感覚そのものが生起する（色聴、colored hearing）といったぐあいに、一つの刺激によって異種の感覚が二つ生じることをいう</u>。これは感覚像の随伴を条件とするから、狭い意味では共鳴と区別された方がよいように思われる。（中略）ここで注意すべきは、<u>共鳴や共感覚の生起には方向性がある</u>ということである。<u>聴覚→視覚方向の方が、その逆よりも影響を検出しやすい。</u>
　　　　　　　　　　　　　　　（芋坂編 1969: 275、下線は引用者）

　この心理学的現象である共感覚と共感覚的比喩との関係について、亀井他編（1996）には「共感覚」（synaesthesia）の項に次のような説明がみられる。

　　もともとは、音が聞こえると色が見えるというように、ある刺激に対して、その本来の感覚に他の感覚が伴って生じる現象を表わす心理学用語であるが、言語学の用語としては、ある領域の感覚を表わす形式を用いて他の領域の感覚を表わすことをいう。比喩の一種で、意味変化（semantic change）の原因の一つである。
　　　　　　　　　　　　　　　　　　　　（亀井他編 1996: 286）

つまり、共感覚と共感覚的比喩とは別のものであるとしている。しかし、その名前が示すように、共感覚的比喩はこの共感覚という心理的現象を基盤に持つ比喩として捉えられてきた。

## 2.1.2　共感覚的比喩における言語普遍性について

　またこの共感覚的比喩の基本的な特徴としてよく知られているのは、比喩の方向性に制約があるということである。この点について山田（1993）をみてみよう。

　　仮に共感覚比喩が、ただ慣用的あるいは修辞的表現であるとすると、あらゆる感覚の組み合わせによる比喩が可能なはずだが、

> "うるさい手触り" "赤い味" というように、聴覚経験を表す形容詞で触覚経験を表現したり、視覚経験を表す形容詞で味覚経験を表現することはできない。触覚経験にいたっては、他のどの感覚経験を表す形容詞でも表現することはできない。
>
> （山田 1993: 31–32）

以上のように、感覚の組み合わせには法則性があるとしている。

そして安井（1978）においても同様の指摘がみられる。安井はまず、

> すべてのメタファーが共感覚であるというわけにはいかないが、すべての共感覚表現はメタファーであるということができる。が、我々の五感（視・聴・臭・味・触）がからんでいるメタファーには、外のメタファーと異なる特殊な点がある。この点を少し明らかにしてみたい。　　　　　（安井 1978: 130）

としたうえで、暖色（warm color）や明るい音楽（bright music）などの例を挙げ、次のように述べている。

> これらの場合、<u>原感覚とその共感覚*3との間には、かなり明確な法則性</u>とでもいうべき関係が見られる。結論だけ一言でいうなら、<u>共感覚は原感覚に比べ、通例、より高次の、あるいはより抽象度の高いと考えられる感覚であることはない</u>、というものである。(中略) 共感覚現象を含む言語形式を手掛かりとして考えていく限り、Ullmann の上昇移行説*4は正しく、具体的事例の大部分がこの原理に基づいているというのも間違いのないところであると思われる。もっと言うなら、<u>上昇移行という方向性は、原理的に見る限り、普遍的なものであると考えられる。</u>
>
> （安井 1978: 130–131、下線は引用者）

このように共感覚的比喩の方向性の制約を言語普遍性の現象の1つであるとする研究は、山田（1993）や池上、安井に加え、国広（1989）、山梨（1988）など数多くある。

> 日本語と英語だけでは資料不足ではあり、またこの二国語間でも完全に一致するわけではないが、感覚経験を別の感覚に固有の形容詞で表現できる方向には、<u>共通した一方向性</u>が見られる。このような言語の違いを越えた共通性は、<u>人間の感覚の在り方</u>

<u>そのものを示している</u>と思われる。つまり人は恋人の声を舌で味わうような感覚で捉えはしても、じゅうたんの手触りを耳で聞く感覚で捉えることは難しいのである。

(山田 1993: 32、下線は引用者)

　こうした感覚の組み合わせについて、さらに山梨 (1988) と池上 (1985) では、それは人間の感覚の進化の発達過程と関係があるとする。

　この種の比喩表現で興味深いのは、<u>共時的にみた共感覚→原感覚の修飾の方向性と通時的、歴史的な観点からみた五感の発達過程に、ある一定の相関関係がみとめられる</u>という点である。五感の発達過程においては、一般に触覚がもっとも低次の原初的な感覚であり、視覚、聴覚は、相対的にみて後期により高次の感覚として発達したものと考えられるが、この発生順序は、以上の基本的な五感の修飾の方向性に反映されている。

(山梨 1988: 60、下線は引用者)

　なお、この種の転用が生じる方向性についてはかなり普遍的なものがあることが指摘されている。(中略) つまり、<u>人間の感覚を進化の程度に応じてみた場合、一般に次元の低いものから高いものへの転用が行なわれる</u>というものであり、(中略) 詩的な表現を除けば通例 loud height, bright taste, sweet blade のような転用は起こらないことになる。

(池上 1985: 99、下線は引用者)

　以上の指摘をまとめると、まず、共感覚的比喩における方向性の制約は、感覚の仕組みという人間の共通性に基づいた普遍的な現象である。そして、共時的にみた共感覚と原感覚の修飾の方向性と通時的な観点からみた五感の発達過程との間にも、相関関係がみられる、ということになる。

### 2.1.3　共感覚的比喩の動機づけについて

　それでは、こうした特殊性を持つ共感覚的比喩の理解を可能にするものとは何であるのか。池上 (1985) では 'sweet voice' という共感覚表現について、次のように述べている。

しかし、このように感覚の種類は異なっても、味覚について〈甘い〉といえる場合の感じと聴覚についての<u>ある種の印象の間に平行性が感じられる</u>ことから転用が起こっているわけである。
　　　　　　　　　　　　　　　　　　（池上1985:99、下線は引用者）

共感覚的比喩は、これまでメタファーの下位カテゴリーに位置づけられてきていることからも、その理解のメカニズムについてはある種の印象間の類似性に基づくという説明か、あるいは共感覚という心理的現象を挙げるという説明に留まっており、言語学的観点からの研究は進んでいない。次に挙げる国立国語研究所（西尾）(1972)も同様である。

　諸意味間の関係についてもできるだけ考えようとした。形容詞のばあい、たとえば「あまい砂糖―あまい匂い」「きいろい花―きいろい声」のような<u>一種の感覚的・印象的な類似</u>にもとづく、意味の派生関係が多いようである。たとえば「うで」から派生して「電柱のうで」「うでがにぶる」というときの「うで」の意味は、腕の形・機能との類似から生じ、その類似において基本的意味と結びついていることは具体的に説明しやすい。<u>しかし、上の「あまい」「きいろい」の派生義は、感じが似ているという以上に具体的な説明は、</u>（対象についての深い知識がないと、あるいはあっても）<u>なかなかむずかしい。</u>このような事情もあって、多義間のつながりについて、あまり触れられなかったばあいもある。
　　　　　　　　　　　（国立国語研究所（西尾）1972:7、下線は引用者）

以上のように、共感覚的比喩表現、ここでは「あまい」の嗅覚への転用および「きいろい」の聴覚への転用については具体的な説明がむずかしいとしている。従って、次のように課題を残している。

　しかし、多義語におけるいろいろの意味を統一し、凝縮させているもの、ばらばらの同音別語に空中分解させないでいるものを、より具体的に明らかにすることは大切な課題であろう。
　　　　　　　　　　　（国立国語研究所（西尾）1972:7、下線は引用者）

「あまい砂糖」から「あまい匂い」への意味の転用を可能にするもの、つまり共感覚的比喩の理解の動機づけは、検討されるべき課題

のひとつであるとされる。

### 2.1.4 共感覚的比喩の特殊性

以上、本節では共感覚的比喩の特殊性について言及のある先行研究を概観した。まとめると、従来の先行研究における共感覚的比喩とは、次のようなものである。
(1) 従来の共感覚的比喩論
　　(i) ある感覚領域を表す語が別の感覚領域に転用されるという比喩表現をいう。
　　(ii) 死喩*5であり、メタファーの一種である。
　　(iii) 通時的な観点からみた五感の発達過程と、共時的にみた「共感覚→原感覚」の修飾の方向性に相関関係がみられる。
　　(iv) その転用の方向性には、言語の違いを超えた共通性が認められる。
　　(v) われわれ人間の感覚器官に基づいて成立する比喩であり、その理解のメカニズムについて具体的に説明するのは難しい。

つまり従来、共感覚的比喩は、共感覚という心理的現象を基盤に持ち、かつわれわれ人間が共通に持つ生理的あるいは心理学的な仕組みに基づいて成立し理解されるという、特殊なメタファーであると捉えられている。

## 2.2 本書の課題

以上をふまえ、本書では以下の4点について考察し、共感覚的比喩とは何かを明らかにする。
(2) 本書の課題
　　(i) 一方向性仮説の再検討（第3章および第4章）
　　　　第3章では日本語の共感覚的比喩について、実例に基づきその言語事実をみる。従来検討されてきた五感を表す形容詞に加え、これまで検討されてこなかった五

感を表すオノマトペ（副詞）と五感を表す動詞を検討対象に加えることにより、日本語の五感を表す語全般における五感内の意味の転用を包括的に記述する*6。さらに、第4章では、日本語以外の言語についても検証する。ここでの主な目的は、共感覚的比喩の特殊性とされる一方向性の分析を通して、身体性に基づく普遍的要素とは何かを改めて考察することである。

(ii) 日本語の五感を表す形容詞（第5章）と動詞（第6章）の分析

味覚を表す形容詞と動詞について、五感外への転用の分析も含めることで、各語における意味転用のネットワーク全体を考察し、その中に共感覚的比喩を位置づける。

(iii) 日本語の食を表すオノマトペ（第7章）、およびスウェーデン語と韓国語の味を表す表現（第8章）の分析

味を表す表現における共感覚的比喩表現を検証する。第5章から第8章の目的は、日本語の五感を表す語における比喩のありさまを捉えるとともに、五感を表す語における多義のネットワーク全体をみるうえではじめて明らかになる、共感覚的比喩の位置づけおよび動機づけを分析することである。

(iv) 五感内の意味の転用に関わる比喩の分析（第9章）

これまで明らかにされてこなかった共感覚的比喩生成のメカニズムについてさらに検討する。またその結果に基づき、共感覚的比喩とは何かという点についても改めて考察し結論づける。

## 2.3　考察の対象

分析に入る前に、確認すべき点がいくつかある。

### 2.3.1 従来の研究における2つの立場

山梨（1995）では五感に関わる表現について、次のような指摘がある。

> 日常言語のなかには、視覚、聴覚、嗅覚、味覚、触覚といった五感にかかわる表現が広範にみられる。この種の表現は、<u>基本的には五感にかかわる経験世界を叙述するところから出発している</u>。しかし、ある種の感覚表現の機能は、直接的な五感に関係する世界を叙述するだけでなく、<u>主体の主観的な認識や判断にかかわる世界を叙述する機能に拡張されている</u>。
>
> （山梨 1995: 72、下線は引用者）

つまり五感に関わる表現には、五感に関わる経験世界を意味する場合と主体の認識や判断を意味する場合がある、ということである。

こうした五感を表す語における意味の広がりにともない、従来の共感覚的比喩を扱った研究においては次の2つの立場が混在している。

(3) 従来の共感覚的比喩研究における2つの立場
   (ⅰ) 基本義である五感に関わる経験世界の意味範囲内にデータを限定して、おもに形容詞のみを研究対象としたもの
   (ⅱ) 主体の認識・判断をも含んだ、感覚間の意味転用のすべてを対象としたもの

従来の研究においては、必ずしもこの①と②が明確に区別されておらず曖昧であることが多い。そこで以下では、この両方の立場を概観し、共感覚的比喩の定義づけを明確にした後、考察対象に含めるべきデータの範囲を定める。

#### 2.3.1.1 データを限定した研究

山田（1999）では、「香をきく」や「味をみる」といった従来の一方向性に逆行する例について、次のように説明している。

> 「きく」や「みる」という日本語の動詞は、本来は聴覚や視覚の行為を表すが、比喩として嗅覚や味覚に用いられる場合、<u>感覚経験以外に「判断する」という知的経験を表す意味合いが加</u>

> わる。一般の共感覚的比喩のように、感覚経験だけについて述べていない。　　　　　　　　　　　（山田 1999: 191、下線は引用者）
> 感覚領域の種類を特定する語とは、例えば触覚経験の種類を表す「柔らかい」や味覚経験を表す「甘い」といった語である。
> 　　　　　　　　　　　　　　　　　　　　　　　　（山田 1999: 190）

つまり日本語の感覚動詞「見る」や「聞く」を感覚経験を特定しない語であるとし、従来の共感覚的比喩の一方向性を考察する際、除外すべきであるとする。

また丹保（1990）では五感を表す語の多義性に関する考察の中で、次のような指摘がある。

> 多義の広がりを考える上においては、少なくとも、①直接的共感性によるもの②評価的な要因によるもの③特殊な要因によるもの*7、の三つを区別する必要があろう。　　（丹保 1990: 16）

ここで挙げられている直接的共感性、つまり「各五感（各語の第一義による）からの直接的広がり」（丹保 1990: 15）が、従来、狭い意味での共感覚的比喩とよばれてきたもので、ここでは①の立場に当たるものにおおよそ該当すると考えられる。

### 2.3.1.2　感覚間における意味の転用すべてを対象とした研究

一方、亀井他編（1996）では、「ドロクサイ身なり」（嗅覚→視覚）、「アマイピント」（味覚→視覚）などの例を挙げ、次のように述べている。

> 知覚を表わすこのような形式が、性格や価値などの判断を表わすために用いられるのもごくありふれた現象であり、広義には、これも共感覚的な表現の一種であろう。
> たとえば、タカイ品物（教養、評判、身分）、オオキナ人物（問題、意味）、オオキナ関心（山場、態度）、マルイ人柄、フカイ感動（因縁）、ヤワナからだ、カンバシイ成績、クサイ人物、ジュウコウ（重厚）ナ人柄、ウスッペラナ性格、アタタカイ／サムザムトシタ心、スズシイ顔、など。
> 　　　　　　　　　　　　　　（亀井他編 1996: 286、下線は引用者）

また森田（1993）でも同様の立場である。

実際、日本語の「音色」、英語の'tone-color'という表現は、いずれも音を色に見立てるという知覚作用を語彙自身が取り込んだものであり、それらの語の存在が、とりもなおさず、共感覚が人間の基本的な能力の1つであるということを物語っている。また、そのように直接的な表現でなくても、例えば、大岡（1972: 171–2）が指摘するように、<u>日本語の文語動詞「聞ゆ」は仏語の動詞'entendre'のように、「理解する」という意味を持っているが、それはこの動詞が、音を聴くという行為から出発しながら、それを超越した世界に人を導く動詞であるということを示している</u>。つまり、この語もまた共感覚という知覚作用を取り込んだ語であるということになる。

（森田1993: 73、下線は引用者）

つまりこれらの研究は、先に挙げた①の立場であるデータを限定した研究に対して、共感覚的表現を広義に解釈する立場である。

### 2.3.2　本書の立場

#### 2.3.2.1　共感覚的比喩の定義づけ

　本書は②の立場で分析を進めるが、その理由を以下に述べる。<u>①の立場</u>においては、感覚経験だけを特定し共感覚的比喩の考察対象に値する場合と、主体の判断や認識などをも含むことから考察の対象に値しない場合とを区別できるとしている。しかし例えば、次のような例についてはどうであろうか。

（4）おばさんはこの頃、大ていの人が好きになったけれど、権力志向型とだけは、今だに一分間も一緒にいるのはいやだ、という。そういう人は、**ぷんと臭う**のですぐわかるという。もし本当とすればおばさんにも、<u>猫の半分くらい匂いを嗅ぎ分ける能力はあるわけだが</u>…この点については、少々疑わしい。

（『ボクは猫よ』、下線は引用者）

ここでは感覚経験と主体の判断や認識の両方が生きているが*8、この種の表現についてはどう扱うべきか。この点について、西尾(1987)では次のような指摘がある。

　ひるがえって、「多義語」というものの内部の構造をみると、

> 基本的・中心的な、具体性のつよい意味と、それと隠喩の関係で結びついているとみられる意味とが共存していることが、おどろくほど多いように思われる。たとえば、「はびこる」には、「雑草がはびこる」のように草木が茂って広がる意味と、「悪がはびこる」のようによくないものが広がって勢力をもつ意味とが、隠喩の関係を保ちながら共存しているとみられるが、このような例は枚挙にいとまがない。 （西尾1987: 86-87）

さらに次に挙げる赤羽（1998）や池上（1998）においても、同様の指摘がある。赤羽は「さかな」という語の多義性について分析した後、以下のように述べている。

> 字義通りの意味から比喩的な意味へはいわば連続的に拡がっているので、境界線ははっきりしない。ということは、比喩＝転義を一つの表現の二つの意味の関係であると簡単には言えなくなる。 （赤羽1998: 167）

そしてここでは、感覚、知覚、認知の連続性について次のような指摘がある。

> 〈感覚〉〈知覚〉〈認知〉という三つの段階は明確に区分されるものではなく、実際の人間の営みとしては相互に絡み合うことはよく知られている通りである。 （池上1998: 336）

本書においても知覚・感覚的意味と認識判断を表す意味は連続的であると考える。そして共感覚的比喩を次のように定義し、感覚間の意味転用現象全般を記述の対象とする。

(5) 本書における「共感覚的比喩」の定義
　　五感を表す語における、ある感覚から異なる感覚への意味の転用


### 2.3.2.2　創造的な比喩と死喩

もう1つ考えるべきは、比喩の慣用度をどうはかるかである。山梨（1988: 60）では、「にぎやかな顔だち」「うるさい色柄*9」などといった一方向性と逆方向の修飾関係を例に挙げ、それらについては創造的な感覚表現であるとし、慣用化したいわば死喩としての共感覚の比喩表現とは別であるとしている。しかしウルマン

(1964) では創造的な比喩表現を用例に含めている。

> この研究に用いた方法はきわめて単純なものであった。（中略）'sweet sound, softvoice'（きれいな音、やわらかな声）のような色あせた形象は省いた。純粋の転移は、それが古い隠喩であろうと、一詩人に特有な新機軸であろうと、かまわずにあらわれるだけ何度でも記録した。　　　　　（ウルマン 1964: 285）

また次に挙げるような用例は、従来の仮説の反例であるが創造的な比喩表現であるといえるだろうか。

(6) 水　最近はカラい大根ってあんまりないですね（笑い）。
　　春　うん。みんな青首の**丸い味**＊10 のになっちゃった。
　　　　　　　　　　　　　　　　　　　　　　　　（『村上朝日堂』）

(7) たしか、曽野綾子さんはアメリカでもっとも推奨に価する料理として、東部のスチームド・クラム（蒸しアサリ）をあげていた。私もこれがおいしくてしかたがない感じで、よく食べたが、あれもひょっとしたら、アメリカの**平板な味**＊11 に飽きた舌がアサリに「日本の味」を見出して感激していたせいかもしれないと思っている。　　（『食の文化史』）

日本語母語話者にとって理解可能であると思われるこのような例を、どのように取り扱うべきか。

　本書では、日本語の言語事実を可能な限り記述するという立場から、こうした用例についても対象に含める。ただし文学作品などにみられる特に修辞性の高い表現をデータの対象に含めることについては考慮が必要である。よって第3章以降の分析中、特に修辞性の高さが感じられる例についてはその都度明記する。

### 2.3.2.3　用例収集の方法について

　本書で挙げる実例は、ホームページからの引用を含む。インターネットは多くの人々に気軽な通信手段として用いられていることから、画面上に残された言葉は推敲が重ねられた文学作品などの書き言葉とは性質が異なり、多分に話し言葉的な要素も含まれている。従って中には非文法的な表現や方言などが含まれている可能性もあり、収集の際、引用者の側に十分配慮が必要である＊12。しかし、

現在われわれが使用している日常的な言葉の実態を色濃く反映していると思われ、かつ大量の用例収集を可能にすることから、本書では上記の問題を考慮しつつ用例収集の手段として使用する。

　新しい言語事実の記述をも重視すべく、安定した語義と新しい流動的な語義の両方を扱うことになるが、後者についてはその点についてその都度言及し、検索時（1999年7月～）、ヒット件数が10件以上認められるもののみを実例として挙げた。

---

*1　共感覚的比喩は共感覚比喩ともいわれる。
*2　共感覚を意味する英語、synaesthesia と synesthesia のうち、本書では前者を用いる。
*3　共感覚はたとえとして使われる方の感覚を、そして原感覚は修飾される方の感覚をいう。例えば 'warm color'（暖色）という表現においては、共感覚が触覚（warm）であり、原感覚が視覚（color）である。
*4　詳しくは次節（2.2.1）で述べる。
*5　Ungerer & Schmid（1996）では、共感覚的比喩は慣習化されたメタファー、つまり死喩の一種とされている。

> When a unit of linguistic form and meaning is conventionalized and lexicalized, the metaphorical force of the word is no longer active, the metaphor is 'dead'. According to Ullmann（1962: 214ff）and Leech（1969: 158）, the most frequent types of conventionalized metaphor are:
> concretive metaphors（the light of learning, a vicious circle）
> animistic metaphors（an angry sky, killing half an hour）
> humanizing metaphors（a charming river, a friendly city）
> **synaesthetic metaphors（a warm colour, a dull sound）**
>
> （Ungerer & Schmid 1996: 117）

*6　Ullmann（1957: 39）では、言語構造のレベルのうち、メタファーのレベルを 'phonology'、'lexis'、'syntax'、'discouese' の4つとしている。これに対し Dirven（1985）では各メタファーに対応する例として 'swirl'、'the heart of matter'、'The fifth day saw them at the summit'、そして G. Orwell の小説 'Animal Farm' を挙げているが、本書では 'discourse metaphors' のレベルまでは扱わない。

| (Levels of Linguistic structure) | (Levels of metaphor) |
|---|---|
| Phonology | Sound metaphors |
| lexis | Word metaphors |

```
        syntax                    phrase and sentence metaphors
        discourse                 discourse metaphors
                                       (Dirven 1985: 94)
```
また次のようなものについては今後の課題である。
- 五感に関する複合成分 …**大**味、美味（名詞：視覚→味覚）、**暖色**（名詞：触覚→色）、音**色**、声**色**（名詞：色→聴覚）、**青**臭い（形容詞：色→嗅覚）
- 句あるいは文レベル（phrase and sentence metaphors）に関する考察 …「*にぎやかな顔立ち」→「顔立ちがにぎやかだ」

\*7　丹保ではこの特殊な要因について「黄色い声」を例にとり次の様に述べている。

　　　　「黄色い声」は特殊な位置を占めている。「黄色い声」は慣用句的表現とも言うべきものであり、別に扱われるべき性格を持つ。（丹保1990: 16）

\*8　第6章でも触れるが、嗅覚経験を表す動詞「におう」は、思考や知性といった抽象的なものごとを理解する（あるいは表現する）際にも使われ得る。

　　　　どうも奴は**におう**な／犯罪の**におい**がする。

\*9　「**にぎやかな**顔立ち」「**うるさい**色柄」とも、聴覚から視覚への転用例である。

\*10　「**丸い**味」は視覚から味覚への転用例である。

\*11　「**平板な**味」は視覚から味覚への転用例である。

\*12　この点について詳しくは田野村（2000）他参照。

# 第3章
# 日本語の共感覚的比喩の一方向性仮説に関する考察

## 3.1 先行研究と本章の課題

第3章では、日本語の共感覚的比喩の一方向性仮説について実例に基づき検討する。

### 3.1.1 共感覚的比喩の一方向性仮説に関する研究

五感を表す語の修飾・被修飾関係に方向性があるということ、すなわち共感覚的比喩の一方向性仮説の存在を指摘したのは、英語における次の2つの研究が主なものである。

#### 3.1.1.1 英語の先行研究

英語の共感覚的比喩における一方向性仮説は、ウルマン（1964）の研究に始まる。ウルマンは19世紀のロマン派詩人11名、英国のKeats, Byron, William Morris, Wilde, Pillips, Alfred, Douglas, Arthur Symonsとアメリカの Longfellow、フランスのLeconte de Lisle, Théophile Gautierから2009例の共感覚表現を採集した。そしてそのうち、KeatsとGautierの詩作品から抽出した結果を次のように示している。表のうち、'X1'は出自の感覚を、'X2'は目的点の感覚をそれぞれ示す。例えば'warm color'という共感覚表現においては、X1が'warm'、X2が'color'にそれぞれ当たる。

表1　ウルマン（1964: 287）による共感覚表現の汎事的傾向

Keats:

| | しょくかく[ママ] | ねつ | あじ | におい | おと | しかく | 計(X1) |
|---|---|---|---|---|---|---|---|
| 触覚 | — | 1 | — | 2 | 39 | 14 | 56 |
| 熱 | 2 | — | — | 1 | 5 | 11 | 19 |
| 味 | 1 | 1 | — | 11 | 7 | 16 | 36 |
| 匂 | 2 | — | 1 | — | 2 | 5 | 10 |
| 音 | — | — | — | — | — | 12 | 12 |
| 視覚 | 6 | 2 | 1 | — | 31 | — | 40 |
| 計(X2) | 11 | 4 | 2 | 4 | 94 | 58 | 173 |

Gautier:

| | しょくかく | ねつ | あじ | におい | おと | しかく | 計(X1) |
|---|---|---|---|---|---|---|---|
| 触覚 | — | 5 | — | 5 | 70 | 55 | 135 |
| 熱 | — | — | — | — | 4 | 11 | 15 |
| 味 | — | — | — | 4 | 11 | 7 | 22 |
| 匂 | — | — | — | — | 5 | 1 | 6 |
| 音 | 2 | — | — | 1 | — | 13 | 17 |
| 視覚 | 3 | — | — | 1 | 34 | — | 38 |
| 計(X2) | 5 | 6 | 11 | 124 | 87 | | 233 |

（ウルマン 1964: 287）

そして以下の結論を導き出した。

<u>転移は感覚中枢脳の下域から上域へ、あまり分化していない感覚から一層分化しているものへ昇っていく傾向があって、その逆ではない。</u>下に記す数字は上昇転移と下降転移について得た総計を示す。二つの説明表を対角線上に走っている点線は、非共感覚群（すなわち出自と目的点とは同じ感覚領域に属しているために共感覚現象に少しも関係がない類群）を記しづける工夫だけでなく、上昇過程と下降過程の分割線ともなっていることが注意されよう。<u>すなわち対角線の左にあるのは反体系的で、右にあるのは体系的である。</u>

（ウルマン 1964: 288–289、下線は引用者）

つまり「触覚、熱覚、味覚、嗅覚、聴覚、視覚」の順である体系的

な転移に対し、視覚がX1となり触覚がX2になるような反体系的な例は2009例中344例、すなわち全体の6分の1弱でしかないという。そしてこのX1とX2の比率は、次のように11名の個別的結果をみても皆同様であるとしている。

表2　ウルマン（1964: 287）による共感覚表現の体系的分布

| 著者 | 上昇 | 下降 | 計 |
| --- | --- | --- | --- |
| Byron | 175 | 33 | 208 |
| Keats | 126 | 47 | 173 |
| Morris | 279 | 23 | 302 |
| Wilde | 337 | 77 | 414 |
| Decadents | 335 | 75 | 410 |
| Longfellow | 78 | 26 | 104 |
| Leconte de Lisle | 143 | 22 | 165 |
| Gautier | 192 | 41 | 233 |
| 計 | 1665 | 344 | 2009 |

（ウルマン 1964: 287）

またWilliams（1976）は*The Oxford English Dictionary*（OED）、*the Middle English Dictionary*（MED）、*Webster's Third*（W3）の3つの辞典から用例を分析し、ある感覚モダリティの形容詞が他の感覚のモダリティの記述に転用される通時的用例を調べた。そして英語における五感を表す語の意味転用の関係を次のように示した。

（Williams 1976: 463、Figure1）

図1　Williams（1976: 463）による英語の共感覚形容詞の意味の通時的変化

以上でみた2つの英語における共感覚的比喩の研究は、Williamsは通時的研究、ウルマンは共時的研究であるという違いがある。またウルマンが分析に用いた資料は詩の表現という新奇で革新的なものであり、一方Williamsは辞書という慣用性の強いものであるという違いもある*1。それにもかかわらず、両研究で見出された比喩の方向性はほぼ一致している。

### 3.1.1.2　日本語の先行研究

そして、日本語の共感覚的比喩の研究においても、先にみた英語の研究結果（ウルマン 1964、Williams 1976）が日本語に当てはまるとする説が主流である。

①一方向性仮説を肯定する研究

山梨（1988: 58）は次の表 3–3 と 3–4 のデータを基に、日本語の五感の修飾・被修飾関係を図 3–5 のように示した。この図について同著では「共感覚→原感覚の修飾の関係は触覚から味覚、嗅覚へと一方向的であり、この逆方向の修飾の関係はみとめられない」としている。なお表 3–3 の（%）については「問題の感覚表現の

表 3　山梨（1988: 58）による共感覚にもとづく比喩と不可能な組み合わせ

| | 共感覚→原感覚 | 具体例 |
|---|---|---|
| （ⅰ） | a. 触覚→味覚 | やわらかな味、なめらかな味 |
| | b. 触覚→嗅覚 | さすような香り、つくような香り |
| | c. 触覚→視覚 | あたたかな色、つめたい色 |
| | d. 触覚→聴覚 | なめらかな音、あらい音 |
| （ⅱ） | a. 味覚→嗅覚 | あまい香り、あまずっぱい臭い |
| | b. 味覚→視覚 | （%）あまい色調、（%）あまい柄 |
| | c. 味覚→聴覚 | あまったるい音色、あまい声 |
| （ⅲ） | a. 嗅覚→視覚 | （%）かぐわしい色調／色彩 |
| | b. 嗅覚→聴覚 | （%）かぐわしい音調／音色 |
| （ⅳ） | 視覚→聴覚 | あかるい声、くらい音色 |

（山梨 1988: 58、表 3–3、共感覚にもとづく比喩）

| | 共感覚→原感覚 | 具体例 |
|---|---|---|
| （ⅰ） | a. 嗅覚→味覚 | *ぷんぷんする味、*くさい味 |
| | b. 視覚→味覚 | *あかるい味、*黄色い味 |
| | c. 聴覚→味覚 | *高鳴る味、*響く味 |
| （ⅱ） | a. 視覚→嗅覚 | *くらい匂い、*あかい臭い |
| | b. 聴覚→嗅覚 | *響く臭い、*高鳴る臭い |
| （ⅲ） | 聴覚→視覚 | *高鳴る色、*響く色 |
| （ⅳ） | a. 味覚→触覚 | *あまい肌ざわり、*にがい舌ざわり |
| | b. 嗅覚→触覚 | *くさい肌ざわり、*ぷんぷんする舌ざわり |
| | c. 視覚→触覚 | *あかるい肌ざわり、*黄色い舌ざわり |
| | d. 聴覚→触覚 | *響く肌ざわり、*高鳴る舌ざわり |

（山梨 1988: 58、表 3–4、不可能な共感覚の組み合わせ）

判断のゆれを示す」としていることから、図3–5の点線はそれを反映している、つまり実線で示された方向性に比べてゆれがあることを示すものであると思われる。

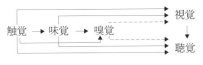

(山梨1988: 60、図3–5)

図2　山梨（1988: 60）による五感の修飾・被修飾関係

　さて、日本語における共感覚的比喩の体系として多くの先行研究で取り上げられるこの図は、同著でも述べられているように、英語の分析結果（Williams 1976）と基本的なところではかなり一致する。しかし豊富なデータに基づくWilliamsの体系図と比べ、これは先に挙げた表3–3と3–4のデータだけに基づくものである。

　例えば、不可能な組み合わせとして挙げられている視覚→味覚の方向性は、本当に許容されないのであろうか。日本語においては「澄んだ味、濃い味」などの視覚→味覚の表現は、母語話者にとって理解が可能であろうし、また視覚→嗅覚の方向性についても同様に、「澄んだ香り、鮮やかな香り」などの表現があることに気づく。逆に、可能な方向性として挙げられている触覚→味覚については、「?鋭い味、?あらい味」という表現が成り立ち難いのと同様に、触覚→嗅覚においても「*なめらかな香り、*あたたかな香り」という表現は成立しがたい。同著でも、この一方向性の制約は「基本的には認められる傾向性の指摘である」としているが、さらに多くの用例に基づく検証が必要なのではないか。

　一方、山田（1993）は次のような新しい共感覚的比喩の体系を主張している。

> Williams（1976）が共感覚比喩の方向に一方向性があることを指摘して示した。共感覚比喩の体系に一致する点が多いが、光と色を分ける必要性を今回の結果が示すなど、修正すべき点も多い。
> 　　　　　　　　　　　　　　（山田1993: 38、下線は引用者）

(山田 1993: 38、Figure2、ゴチック体は引用者)

図3　山田（1993: 38）による共感覚的比喩の体系

しかし山田のこの図も、次元形容詞の位置を除き「触覚→味覚→嗅覚→聴覚→視覚」の順に転用されることを示していることから、基本的には従来の一方向に沿うものである（ゴチックを施した部分、ゴチックは引用者によるもの）。同様に一方向性仮説を基本的に支持する研究は、池上（1985）、楠見（1995）、国広（1989）、安井（1978）、山田（1999）などがある。

②一方向性仮説を否定する研究

一方、一方向性仮説を否定するものには、森（1995）がある。森は味覚を表す語を中心とした検討により、次のような図を提示している。

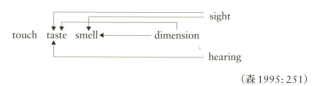

（森 1995: 251）

図4　森（1995: 251）による共感覚的比喩の体系

この図について森（1995）は、

> これを見ると、共感覚的比喩の一方向的傾向が否定されており、共感覚的比喩の体系が従来考えられてきたような単純なものでないことが分かるであろう。　　　　　　　（森 1995: 266）

としながらも、あくまでもこの結果は味覚中心の部分的なものであるとして、次のように課題を残している。

> 五感とメタファーとの関係をより正確に記述し（共感覚的比喩の体系の精密化）、共感覚表現生成のメカニズムを解明するには、さらに多くのデータを（場合によっては、人工的な組み合わせの質問表を作成し（村田（1989））ながら収集・分析することが不可欠である。解決すべき問題は山程ある。

(森1995：266)

同様に、一方向性仮説を否定する研究には瀬戸（2003）などがあるが、日本語の包括的なデータをもとに検証されたものではない。

一方、一方向性仮説について部分的に否定的な指摘があるものには、次の小森（1993）と村田（1989）がある。まず小森（1993）の指摘をみてみよう。

> 共感覚表現の共感覚−原感覚の組み合わせは、これまでの研究である一定の方向性があることが指摘されてきた。<u>しかしこの方向性は決して完全なものではなく</u>、また、Ａの感覚の表現を表現［ママ］するのにＢの感覚に固有の語彙を用いると言っても、Ｂの語彙のすべてがＡの表現に使うことはできない。それぞれの表現は方向性や慣用性の点で柔軟さをもっており、<u>これが新しい共感覚表現を生む可能性を秘めている</u>。
> （小森1993：64、下線は引用者）

つまり、これも部分的なデータに基づく分析の結果であり、日本語全般を対象にしたものではない。しかしここからも一方向性が決して完全なものではなく、検討を要することがわかる。

また村田（1989）では、先に挙げた山梨（1988）の日本語の共感覚的比喩体系について次のような指摘がある。

> 少数の（または代表的（？）、無標の（？））言語例への判断に基づく方式は、共感覚メタファーに関しては、ある程度の見通しをつけるところまでは有用であるとしても、図Ａ（引用者注：山梨の共感覚的比喩体系を指す）のような制約の根拠とするには物足りない気がする。ウルマン流＊2の、<u>データをもっと収集するような基本作業と、その注意深い分析を日本語にも適用すれば、五感とメタファーの関係も、もっと正確に述べられるようになるのではなかろうか。</u>　（村田1989：67、下線は引用者）

ここでは、従来の説に対する重要な指摘がされてはいるが、課題は残されたままである。

一方、丹保（1990）では五感を表す語の多義性について、共感覚的比喩とは別の観点で言及がある。丹保は「『比喩的共感性＊3』とは研究目的、分析方法は異なっている」とした上で、『日本語教

育のための基本語彙調査』中の基本語二千にある五感を表す形容詞を対象に、五感を表す語の多義の広がりに一定の意味的方向性のあることを次のように示した。この結果にも、従来の一方向性と逆行する例（ゴチック体を施した部分）が認められる。

  視覚語彙 聴覚、**嗅覚**
  聴覚語彙 **視覚**
  嗅覚語彙 なし
  味覚語彙 視覚、聴覚、嗅覚
  触覚語彙 視覚、聴覚、嗅覚、味覚

（丹保1990: 14、表3、ゴチック体は引用者）
図5 丹保（1990: 14）による五感を表す話における意味拡張の方向性

　以上、一方向説仮説に関する先行研究を概観した。そして仮説を否定する先行研究においても、日本語の包括的なデータに基づく十分な検討は為されていないという点をみた。

### 3.1.2　先行研究の問題点と本章の課題
#### 3.1.2.1　先行研究の問題点
　日本語の共感覚的比喩における一方向性仮説について、先行研究で残された課題は次の通りである。

(1)　共感覚的比喩の一方向性仮説に関する先行研究で残された課題
 (i)　日本語の普遍的要素とは何かが十分に検討されていないという点。
   山梨（1988）に代表される日本語の共感覚的比喩の体系は、英語の研究結果（ウルマン1964、Williams 1976）と基本的なところではかなり一致するものである。しかし豊富な用例に基づき検討された英語の研究結果と比べ、日本語の共感覚的比喩の体系についてはこれまで包括的に検討されていない。従ってこれまで、日本語の共感覚的比喩体系は明らかにされていない。
 (ii)　五感を表す語において、形容詞のみをおもに研究の対象としてきた点。

山梨（1988）で五感と擬態語の関係について若干触れられているが、その方向性は形容詞と同様であるとされ、データに基づく十分な検討はされていない。森（1995）においては、オノマトペを含んだデータを基に一方向性仮説に対する問題提起がされた。しかしそれは味覚を表す語を中心に考察されたものである。楠見（1988）やShinohara and Nakayama（2011）なども同様で、従来の研究においては五感を表す語全般、オノマトペ、動詞も含めた形の包括的な検討は為されていないまま、一方向性仮説における言語普遍性を妥当だとする、つまり日本語にも当てはまるとする研究が主流となっている。

### 3.1.2.2　本章の課題

以上で挙げた課題を踏まえて本章では、従来扱われてきた形容詞に加え、これまで検討されてこなかった五感を表すオノマトペ（副詞）、感覚動詞を考察の対象に加えることにより、日本語の五感を表す語における意味の転用を包括的に記述する。従って本章においては、基本的には言語事実の指摘、つまり方向性の可否の指摘のみをその目的とし、個々の転用のメカニズムについては部分的な指摘にとどめる。なお転用のメカニズムに関する考察は、本章以降で取り上げる。

### 3.1.3　分析の前提

以下では、次の池上（1975）を分析の前提とする。

> 共感覚は人間の生得的な心理的傾向に基づく普遍的な現象であるという可能性が指摘されており、確かにこの種の表現には異なる言語間での平行性も大きいが、そうかといってすべての場合に平行性が認められるというわけではない。（中略）さらに、同一の言語、たとえば日本語の中だけで言っても、「アマイ声」に対して「カライ声」、「ヤワラカイ声」に対して「カタイ声」というのは一層ふつうでないように思われる。つまり、<u>同じよ</u>

> <u>うな共感覚のパタンに入っていても、言語表現としての実現に
> 利用される特徴とされない特徴とがあるわけである。</u>（中略）
> つまり、それを支えている共感覚的な平行性は現実に使用され
> ている共感覚的な表現の裏づけとなっている平行性と同じレベ
> ルのものであり、ただ、たまたま利用されなかっただけという
> ことになる。　　　　　　　　　　（池上1975: 241、下線は引用者）

つまり感覚間の意味の転用について、こうした意味の転用を可能にする能力が存在しても、言語表現として顕在化する表現とそうでない表現があるという指摘である。これに従い本書では、ある方向性に一定数の用例が認められれば、その方向性における意味の転用の可能性を認めるものとする。

　また比喩の下位分類であるメタファーとメトニミー、シネクドキーについて、籾山（1997a）では佐藤（1992 = 1978）や瀬戸（1986）を踏まえ、次のように定義している。

> メタファー：二つの事物・概念の何らかの類似性に基づいて、一方の事物・概念を表す形式を用いて、他方の事物・概念を表すという比喩。
> シネクドキー：より一般的な意味を持つ形式を用いて、より特殊な意味を表す、あるいは逆により特殊な意味を持つ形式を用いて、より一般的な意味を表すという比喩。
> メトニミー：二つの事物の外界における隣接性、あるいは二つの事物・概念の思考内、概念上の関連性に基づいて、一方の事物・概念を表す形式を用いて、他方の事物・概念を表すという比喩。　　　　　　　　　　　　　　（籾山1997a: 31）

これらメタファー・メトニミー・シネクドキーの定義をめぐっては諸説あるが、本書ではこの定義に従って分析を行なう。

## 3.2　日本語の五感を表すオノマトペの分析

　以下、五感を表すオノマトペの意味転用をインターネットのホームページおよび小説からの実例に基づき検討する。

### 3.2.1　分析の前に

多義性を持つオノマトペにおける意味間の関連性に関する先行研究の中で、五感による分類という観点から検討されたものがいくつかある。そこでまず、五感とオノマトペに関する諸説を整理した後、本節の分析に関連する課題を挙げる。

多義性を持つオノマトペと五感との関わりについては従来の研究でいくつかの指摘があるが、以下に挙げる3点がその主な主張である。

#### 3.2.1.1　複数の感覚にまたがるオノマトペ

大坪（1989）は五感を表すオノマトペについて「事実の把握の仕方による分類という観点では分類できないもの」として以下の例を挙げている。

| | |
|---|---|
| 粉雪がサラサラと窓を打つ。 | →静かな音（聴覚） |
| 達筆な字でサラサラと書いた。 | →字を書く様子（視覚） |
| 雪はサラサラした、美しい粉雪である。 | →手に触れる粉雪の感じ（触覚） |
| チョコレートがトロリと甘い。 | →舌にふれる味わい（味覚） |
| 春の海は、トロリと凪いでいた。 | →目に見る光景（視覚） |
| 1、2本の酒で、疲れているせいか、トロリと眠くなってしまう。 | →内部感覚 |

（大坪 1989: 129–130 より要約）

大坪はこれら、複数の感覚にまたがる擬声語*4について「音声の持つ特殊な情感を利用して、端的に事物の状態を描写する言葉」としたうえで、次のように述べている。

> 事物の状態とは視・聴・触・味・嗅など、いわゆる五官を通して知覚される一切のもの、さらには、生理的な内部感覚から、心理感情・情緒に関するものまでも含んでいる。（中略）心理学的にいえば、視覚・聴覚・嗅覚・味覚などの基底には共通するものがあって、対応関係があることは論証済みなのである。
> 
> （大坪（1989）pp.130–131）

これは共通感覚*5を指していると思われるが、共通感覚と五感との関わりについては述べられていない。

### 3.2.1.2 視覚内での意味変化について

一方、同一の感覚内で意味変化が起きるオノマトペも存在する。西尾（1983a）で挙げられている例をみよう。

> ｛へやにもどってみると炉に炭火が<u>かんかん</u>とおこっている。
> ｛このため寝台車の乗客たちは<u>かんかん</u>におこりだした。

> ｛いつも<u>つんつん</u>と高ぶっている。
> ｛<u>ツンツン</u>にとがらせた硬い鉛筆で、豆粒のように細かい字を書く
>
> （西尾 1983a: 174、下線は引用者）

ここでは「つながりがありそうにも感じられると同時に、はっきりと説明・断定が難しいもの」としてこれらの例が挙げられているが、すべて視覚内で起こる意味変化であることに注目したい。

### 3.2.1.3 聴覚と視覚

多義性を持つオノマトペについて「聴覚か視覚かとの判断がつきかねる場合が少なくない」という指摘もある（cf. 泉 1976、大坪 1989）。この点について中村（1991）は次のように述べている。

> しかし、<u>「燕がすいすい飛ぶ」という表現に空気を切る音を感じとることもあるように、音響的事象と非音響的事象とを峻別するのは容易ではない</u>。また、「書く」動作から鉛筆が紙面を軽く摩擦する音を聞く者でも、「すらすら書く」という表現に接してすぐ受け取るのは、なめらかな進行具合のほうであって、通常そういう音自体は意識にのぼらない。<u>音響的事象の非音響的側面が取りあげられているわけであり、それだけ象徴化が進んでいることにもなる</u>。さらに、「ぽっかり浮かぶ」「どんぶりと沈む」「どたばたと騒がしい」というように、音響を含めた状態を指すと考えられる例も多い（中村 1991: 290、下線は引用者）

ここでは、音響的事象と非音響的事象、すなわち聴覚と視覚とでは、視覚がより抽象化の進んだ最も高次の感覚であるとしている。

筧（1993）でも「具体・抽象の範囲にまたがって活動するオノマトペ」として次の例が挙げられている。

（具体レベル）①嵐で戸が<u>ガタガタ</u>と音を立てている。
↓

（抽象レベル）②雨に濡れてがたがたふるえながら試合を見た。
③使い古した机がもうがたがたになった。
④失恋して身も心もがたがただ。

(筧 1993: 44 より要約)

ここでは「擬音語がいちばん具体的で、つまり抽象度が低く、擬態語と擬情語は、現実の音となって現れることがないところから、より抽象度の高いものとされる。」(筧 1993: 43) としていることから、①は聴覚、②③は視覚的経験を表すものと思われる。そして「常に具体から抽象に向かってであって、その逆はない。」(筧 1993: 44) としている。

これらの例をみてみると、視覚と聴覚の別は連続的であるように思われる。よって②は、視覚と聴覚の中間に位置するようである。つまり、②の「ガタガタ震える」という表現は、具体レベルとされる聴覚（ガタガタという音）も表わしているのではないだろうか。この点については、第9章で改めて述べる。

### 3.2.1.4 「五感とオノマトペ」からの問題提起

以上に挙げた先行研究で述べられていたのは次の3点である。
(2)「五感とオノマトペ」に関する先行研究からの問題提起
　(i) 五感でオノマトペを分類する際の、単一の感覚に還元できない例、つまり複数の感覚にまたがるオノマトペの例の解釈について。
　(ii) 同一の感覚内におこる、意味・用法の変化について
　(iii) 五感でオノマトペを分類する際、特に聴覚か視覚かの区別が必ずしも明確でないという点について

この3点はいずれも五感と比喩に関わるものであるが、共感覚的比喩の観点から考察されてきてはいない。そこで本節では、次の3点を問題点として挙げ、検討していく。そしてオノマトペにおける共感覚的比喩の分析を通して、次の点を明らかにする。

(3) 本節の課題
　(i) 多義性を持つオノマトペを、五感により分類した場合、複数の感覚にまたがるものについて、共感覚的比喩の

観点から整理・分析を行なう。
(ii) 擬音語と擬態語の区別が困難なのはなぜか、また、同一の感覚内で起こる意味用法の変化がすべて視覚内で起こるのはなぜかについて考察する。
(iii) 先に示した形容詞における共感覚的比喩体系においては、聴覚が最も抽象的な感覚とされたのに対し、これまでのオノマトペの研究においては具体が擬音語（聴覚）、抽象が擬態語（視覚）という見解が一般的である。このずれをどう解釈すべきかについて考察する。

### 3.2.1.5 多義性を持つオノマトペにおける五感内の分布

各感覚からの意味の転用をみる前に、五感全体の分布の様子を大まかに把握しておきたい。次に挙げるのは、大坪（1989）と山梨（1988）による、オノマトペの五感による分類表である。

表4 大坪（1989: 128-129）、山梨（1988: 84）によるオノマトペの五感による分類

1) ある状態を耳で聞いて、これを表現するもの（聴覚）：
   カタカタ　ゴロゴロ　ピューッ　グワーン　ガタピシ　チントンシャン
2) ある状態を目で見て、これを表現するもの（視覚）：
   キラキラ　ムクムク　ドンヨリ　ピョコン　パチクリ
3) ある状態を手や肌で触れて、表現するもの（触覚）：
   ヌルヌル　ツルツル　ザラザラ　ヤンワリ　ホカホカ　サラッ
4) ある状態を鼻で嗅いで、表現するもの（嗅覚）：
   プンプン　ツン
5) ある状態を舌で味わって、表現するもの（味覚）：
   トロリ　ピリリ
6) ある状態を、身体の内部感覚で感じて、表現するもの：
   ガンガン　ズキンズキン　ヒリヒリ　ドキドキ　シクシク
7) 感情・情緒のような心の状態を、心理的に表現するもの：
   ハラハラ　ワクワク　ゾクゾク　ルンルン

（大坪 1989: 128-129 より要約）

聴覚：カンカン　ガンガン　ヒューヒュー　ギーギー　ババン　カチ
　　　カチ　チクタク　ゴーゴー　パチパチ　パチン　ピシッ
視覚：ノロノロ　セカセカ　ヨロヨロ　ヨチヨチ　フラフラ　ヒョコ
　　　ヒョコ　モジモジ　キビキビ　ヒラヒラ　ニタニタ
触覚：ヌルヌル　サラサラ　ザラザラ　スベスベ　ツルツル　ゴワゴ
　　　ワ　シャリシャリ　ジャリジャリ
味覚：ヒリヒリ　ピリピリ　コッテリ　ネットリ　ネチョ　ドロ　ト
　　　ロリ　トロッ
嗅覚：ツーン　ツン　プンプン　プーン

(山梨1988:84、表3-8「五感と擬態語」)

　そして次に示す表は、この大坪(1989)、山梨(1988)で挙げられているオノマトペが五感内でどのように意味転用されるか、その可能性を記したものである。なお、表の中の○と×の印は表現可能と不可能を表し、そして△についてはどちらとも判別し難いと思われる表現を表す。

表5　日本語の五感を表すオノマトペにおける五感内の意味の分布

| | (原感覚)嗅覚 | 味覚 | 触覚 | 聴覚 | 視覚 |
|---|---|---|---|---|---|
| (共感覚)嗅覚 | | | | | |
| ツンと | ○〜した刺激臭 | | ○棘が〜と痛い | | ○〜と澄ます |
| ツーンと | ○〜した刺激臭 | | ○鼻が〜と痛い | | ○〜と澄ます |
| プンプン | ○〜匂う | | × | | ○〜怒っている |
| プーン | ○〜と匂う | | × | | ○〜とふくれる |
| 味覚 | | | | | |
| ピリリ | | ○〜と辛い | ○〜と痛む | ○〜と笛が鳴る | ○〜と眉を上げる |
| ピリピリ | | ○〜辛い | ○〜痛む | ○〜笛が鳴る | ○〜している |
| ネットリ | | ○〜した味 | ○〜した感触 | ○〜した声 | ○〜した泥 |
| トロリ | | ○〜とした味 | ○〜とした感触 | ○〜とした音色 | ○〜と湖面が凪いでいる |
| コッテリ | | ○〜味 | ○〜した感触 | × | ○〜した顔 |
| ドロ | | ○〜とした味 | ○〜とした感触 | × | ○〜とした液体 |
| トロッ | | ○〜とした味 | ○〜した手触り | × | ○〜とした液体 |
| ネチョ | | ○〜とした味 | ○〜とした感触 | × | × |
| ヒリヒリ | | ○〜した味 | ○〜痛む | × | × |
| 触覚 | | | | | |
| ツルツル | | | ○〜した手触り | ○音をたてて食べる | ○〜した髪の毛 |
| サラサラ | | | ○〜した感触 | ○〜水が流れる | |
| ザラザラ | | | ○〜した感触 | ○〜した音 | ○〜の鮫肌 |
| シャリシャリ | | | ○〜した感触 | ○〜音をたてる | ○〜に凍った漬物 |
| ジャリジャリ | | | ○〜した感触 | ○音けたたましい | ○〜に凍った道 |
| ヌルヌル | | | ○〜した感触 | × | ○〜光ったカエル |
| ホカホカ | | | ○〜暖かい | × | ○〜のごはん |
| サラッ | | | ○〜した感触 | × | ○〜とした髪 |
| スベスベ | | | ○〜した感触 | × | ○〜の肌 |
| ゴワゴワ | | | ○〜した感触 | × | ○〜した髪 |
| ヤンワリ | | | ○〜した感触 | × | △〜と撫でる |

第3章　日本語の共感覚的比喩の一方向性仮説に関する考察

| | (原感覚)嗅覚 | 味覚 | 触覚 | 聴覚 | 視覚 |
|---|---|---|---|---|---|
| (共感覚)聴覚 | | | | | |
| ゴロゴロ | | | ○目が〜する | ○〜雷が鳴る | ○街中に〜ある |
| カチカチ | | | ○〜と堅い | ○石を鳴らす | ○〜に凍る |
| パチパチ | | | ○静電気で〜痛い | ○〜拍手する | ○〜まばたきする |
| カンカン | | | ○〜に熱くなる | ○鐘を鳴らす | ○〜火が起こる |
| ガンガン | | | ○頭が〜痛む | ○鐘を鳴らす | △敵を〜攻める |
| パチン | | | × | ○〜と指を弾く | ○〜とウィンクする |
| ピシッ | | | × | ○〜と鞭を打つ | ○〜と整列する |
| カタカタ | | | × | ○〜音がする | × |
| ガタピシ | | | × | ○家が〜揺れる | × |
| グワーン | | | × | ○〜と音がする | × |
| チントンシャン | | | × | ○〜と音がする | × |
| ヒューヒュー | | | × | ○〜と風が吹く | × |
| ギーギー | | | × | ○〜と戸が鳴る | × |
| ババン | | | × | ○〜と戸が閉まる | × |
| チクタク | | | × | ○〜時計が鳴る | × |
| ゴーゴー | | | × | ○〜と風が吹く | × |
| 視覚 | | | | | |
| セカセカ | | | | △〜した音 | ○〜歩く |
| ノロノロ | | | | | ○〜歩く |
| ヨロヨロ | | | | | ○〜する |
| ヨチヨチ | | | | | ○〜歩く |
| フラフラ | | | | | ○〜する |
| モジモジ | | | | | ○〜する |
| キビキビ | | | | | ○〜している |
| ヒラヒラ | | | | | ○〜はためく |
| ニタニタ | | | | | ○〜笑う |
| キラキラ | | | | | ○〜輝く |
| ムクムク | | | | | ○〜と雲が広がる |
| ピョコン | | | | | ○〜と頭を下げる |
| ドンヨリ | | | | | ○〜した空 |
| パチクリ | | | | | ○目を〜する |
| ヒョコヒョコ | | | | | ○〜跳ねる |

　この表が示すように、表現可能であると思われる用例が「嗅覚→味覚→触覚→聴覚→視覚」の順に（表の左から右へと）移行していくことから、感覚間の転用にある種の規則性の存在が予想される*6。

### 3.2.2　仮説の検証

　前節の表1をふまえ、本節では各オノマトペの意味転用のありさまを実例により確認していく。

　分析の前提として、各オノマトペがどの感覚を基本義とするかを明らかにする必要がある。表1は先行研究（大坪1989、山梨1988）の2つの分類表によったが、本節ではそれらに加え次の辞書を参考にした。

・金田一春彦他編（1978）『学研国語大辞典第二版』学習研究社
・松村明他編（1988）『大辞林』三省堂

大坪、山梨で挙げられている感覚領域と、これらの辞書の第一義*7 に挙げられている感覚領域とが一致する場合においてのみ、その感覚を基本義と認めるという方針で以下の分析を行う。

### 3.2.2.1 嗅覚的経験を表すオノマトペにおける意味の転用

嗅覚を基本義とするのは、プンプンのみである。よって、プンプンを嗅覚（的経験）を表すオノマトペとし、以下でみていく。

①基本義（嗅覚的経験）

基本義においては、良いにおいと悪臭の両方を表す。

(4) 大阪の水道水はまずく、（中略）いくら煮沸しても、<u>ぷんぷん</u>におう。　　　（http://ing.alacarte.co.jp/~press/s990419.htm）
(5) 「わたくし、<u>悪臭</u>を発しますでしょう」「はい、失礼ですが、<u>ぷんぷん</u>におります」　　　（中村編 1995: 261（3403））
(6) こんなにたくさんの人が宴会中。バーベキューとかやっていいにおいが<u>ぷんぷん</u>。
　　　（http://www.eal.or.jp/~sakanaka/okazu/okazu1080.htm）

以上のように (4) と (5) は悪臭を、(6) はごちそう（バーベキュー）のいい匂いをそれぞれ表すが、どちらにおいても〈強く盛んに匂う〉という意義特徴が共通に認められる。

②嗅覚的経験→視覚的経験

嗅覚からは視覚へのみ転用される。

(7) <u>この画像は</u> 97 年 11 月のものです。我が家の次女は、自分の思うとおりならなくて<u>プンプン</u>しているが陽気なのんびりやさん　　　（http://www.christ.ne.jp/mikawaya/k3.html）
(8) 「言ってないわよ！ そんなこと！」マリナは、<u>プンプンと怒る</u>とリビングへと消えて行った。
　　　（http://www.sfinx.ne.jp/PUBLIC/USERS/WEREWOLF/doumei.htm）

(7) (8) とも、人が腹を立てているようすを表している。しかし基本義である嗅覚との直接的な繋がりがあまり感じられないことから、同音異義語である可能性がある*8。

### 3.2.2.2 味覚的経験を表すオノマトペにおける意味の転用

味覚が基本義であると思われるのは、コッテリ1例のみである。

①基本義（味覚的経験）

まず、基本義である味覚表現である。

(9) イタリアンっていうと、**こってり**としたメニューを想像しちゃうけど、ここの料理は意外とあっさり味

(http://www.oz-net.co.jp/client/antivino/)

(10) 豚骨ラーメン520円（中略）**こってり**した味の好きな方におすすめです。

(http://www.j-sapa.or.jp/eigyo_info/sanyo/miyajima_d/1/2.html6075bytes,1999/06/21)

基本義においては、イタリア料理や豚骨ラーメンといったような、油を多用した濃厚な味を表す。

②味覚的経験→触覚的経験

次に挙げるのは触覚へと転用される例である。

(11) エクセレントローション（オルビス）乾燥が気になる時に使ってます。**こってり**とした感触。

(http://www.ops.dti.ne.jp/~lovely/skincare.html)

触覚においては、密度の濃い液体（状）のものの感触を表す。(11)は油分の多い化粧水の例である。基本義の意義特徴である〈濃さ〉や〈油分の多さ〉と類似性が感じられることから、メタファーにより意味が転用されると考えられる。

③味覚的経験→視覚的経験

ここでは、いくつかのタイプに分かれる。

(12) アントニオ・バンデラス　情熱の国スペインの人らしく**こってり**とした顔をしておいでです。

(http://fish.miracle.ne.jp/ashiato/ashiato/sityou/mita/EVITA.html)

(12)は、目鼻立ちのはっきりした、いわゆる彫りの深い顔だちを指す。また次の例のように、濃厚な色を表す場合がある。

(13) DC50ZOOMの**こってり**とした色、階調は独特の味がある。

(http://www.dreamarts.co.jp/magazine/miscall/DC/compair/dc3/index.html)

(14) 試作機で撮影した限りにおいては、補色フィルターを採用している割には、従来のC-820Lよりも鮮やかで、少しこってりとした色再現だ。
(http://www.dreamarts.co.jp/magazine/miscall/DC/newface/c840l/index.html)

ここでは、フィルムの色の濃さをこってりと表現している。

さらに、次のように色の組み合わせの多種多様さを表す場合もある。

(15) 白萩釉・・・萩焼に多用されています。藁灰を多く配合して、その珪酸分と土灰の燐酸の作用で白濁市、こってりとした釉調を出す。
(http://www.urban.ne.jp/home/hagicity/hagiyaki/html/hy1.htm)

(16) じゅうたんをガラもんにしたんで、こってりとした仕上がりになっておりますのよ。
(http://www.catnet.ne.jp/~masumi/page3-3feb.html)

また、同じく視覚的経験を表す場合でも次のような例もある。

(17) クロロフィル美顔教室でクリームを毎日こってり塗る生活を続けたら、脂性肌が普通肌を通り越して、今や乾燥肌に…。
(http://www.ymg.urban.ne.jp/home/bxq02745/log3/pslg1273.html)

(18) 番組の舞台となっている「ドキドキハウス」に住む子供たちと一緒に元気に唄い踊る、というシーンも、あのこってりとしたメイクのおかげで、「オバサンが無理してガキどもに迎合している」といった風に見えてしまう。
(http://www.demeken.co.jp/~etv/column/store/56.html)

これらはクリームや化粧が、たっぷりと顔の表面に塗られたさまを表している。いずれも触覚への転用と同様、基本義の意義特徴である〈濃厚さ〉と類似性が感じられることから、メタファーに基づき意味が転用されると考えられる。

### 3.2.2.3 触覚的経験を表すオノマトペにおける意味の転用

触覚が基本義であると思われるオノマトペは、ゴワゴワ、ザラザ

ラ、スベスベ、ツルツル、ネットリ、ヒリヒリ、ホカホカの7つである。

①基本義（触覚的経験）

以下では、基本義である触覚の例を確認する。

(19)「和紡布」で織り上げた少々<u>ごわごわした感触</u>の作衣です。
　　　　　　　　　　　　　(http://www.kcn.ne.jp/~hozumiya/samue.htm)

(20)<u>ザラザラした手触り</u>のとおり表面が毛羽立っているのが見えます。
　　　　　　　　(http://www.kuraray.co.jp/live/denken/sept_paper/paper2.html)

(21)サテンのような<u>すべすべした感触</u>としなやかさはカリタならでは。
　　　　　　　(http://carita-japon.topica.ne.jp/found/foundt/tanpin2/tanpin2.htm)

(22)イチョウの葉に触ると、少しごわごわしている感じがする。以前は<u>つるつるした手触り</u>だったのに。
　　　　　　　　(http://www.fsifee.u-gakugei.ac.jp/globe/edu/aki/gakudai1016.html)

(23)湿性（脂性）の方は耳垢は<u>ネットリ</u>タイプ。頭頂部は堅くしわが出来ない。
　　　　　　　　　　　(http://www.cosmo.ne.jp/~barber/toritom2.html)

(24)ひびわれた脣を時どき塩辛い涙が湿らせ、<u>ひりひり痛ませた。</u>　　　　　　　　　　　　　　（『死者の奢り・飼育』）

(25)「あったか」ふんわりキープ機能を上手に使えば寒い冬に、<u>ほかほか暖かい</u>下着を着せて上げられます
　　　　　　　　　　　(http://www.enesta-kamiikedai.co.jp/kanota.htm)

それぞれ、感触や手触りなどの語が続くことから、各用例において触覚が直接関わる、つまり実際に触っていることがわかる。

②触覚的経験→視覚的経験

一方、次の用例は、視覚的経験を表す。

(26)S型の人は肌が非常にツルツルしていてキメが細かく、（中略）R型の人は<u>ザラザラした肌</u>で、冬でも平気で寒がりませんが太りやすい。　(http://www.azz.co.jp/jyuji/syohin/talk.html)

(27)くるみ100ｇは<u>ねっとり</u>するまでフードプロセッサーにかける。　　　　(http://www.nhk-ed.co.jp/ryori98/bumon972.html)

(26)は、ある種の手触りを表しているが、ザラザラした手触りのものが固有に持つ視覚的特徴から、実際に触っていなくても視覚的経験を表しうる。(27)についても同様で、実際にくるみを触っているわけではない、つまりフードプロセッサーの中身は触ることが出来ないが、視覚で捉えた印象をねっとりと表現できる*9。

以上でみた例においては、触覚と視覚の境が明確ではなかったが、次に挙げる例においては、視覚的意味がより顕著になる。

(28) 母はすでに着換えて荷物をまとめ、赤ん坊を抱いて廊下の長椅子で待っていた。母に「かわいいでしょ」と、その<u>色黒で**がさがさ**した膚の赤ん坊を見せられても</u>、誰ひとりにこりともしなかった。　　　　　　　　　　　(『水辺のゆりかご』)

(29) 由美子は(中略)男を、もう一度じっくりと<u>観察した</u>。50代だろうか。決して少なくはない、<u>**ごわごわ**した髪の毛を乱雑に横に分けている</u>。
　　　　　(http://www2.pref.shimane.jp/police/ac/ENJO/syouse3.htm)

(30) <u>きぬ子さんの目からみても</u>品のいい色気があり、100歳を過ぎても<u>肌は**すべすべ**していた</u>という。
　　　　　　　(http://www.zakzak.co.jp/geino/n_August/nws50.html)

(31) 彼女は私には目もくれずにロッカーの扉のひとつを開け、その中から<u>黒く**つるつる**したものを抱えるようにしてとりだし</u>、テーブルの上に運んだ。
(『世界の終わりとハードボイルド・ワンダーランド』、以下『世界の…』)

(32) 扉の外には廊下があり、廊下には<u>女が立っていた</u>。太った若い女で、ピンクのスーツを着こみ、ピンクのハイヒールをはいていた。スーツは仕立ての良いつるつるとした生地で、<u>彼女の顔もそれと同じくらい**つるつる**していた</u>。
　　　　　　　　　　　　　　　　　　　　　　　　(『世界の…』)

これらの用例においては、どれもある種の形状を視覚で捉えている、つまり見ているが、それがある種の触感を持つということを経験的に知っていることにより視覚的経験を表しうる。従って、この触覚から視覚的経験への転用は、経験的基盤に基づくメトニミーによるものである*10。次の例についても同様である。

第3章　日本語の共感覚的比喩の一方向性仮説に関する考察　　45

(33) 肉まんがおいしそう。ゆりえさんが一つ買ってみると、びっくりするほど大きくて、**ほかほか**湯気がたってます。
(http://www.ifnet.or.jp/~masuyama/link7.htm)

(34) かれは弟の疲れと埃に汚れている青い顔が**ひりひり**痙攣するのをおっくうな気持で見ていた。　　（『死者の奢り・飼育』）

例えば（33）は、ほかほかした触感を持つものは湯気が立っている状態であることが多いというわれわれの経験から、ほかほかというもともと触覚を表す語が視覚的な印象を表しうる。

③触覚的経験→聴覚的経験

触覚からは次に、聴覚への転用例を挙げる。

(35) 彼は流しの歌手で、**ザラザラ**した声質を持ち、ラグタイムのギター様の奏者であった。
(http://www.sanynet.ne.jp/~ikasas/w1005whatsblues.html)

(36) どちらかというと、私は初代のイメージが強く、変わったときには声質が少し柔らかくなったのが不満でした。原音を聞くと、**ザラザラ**した声なので、初代のほうがしっくりするんです。　　(http://www.hikarigaoka.gr.jp/aculture/661.html)

(37) 「おねえさん、いくら？」出張で乗った飛行機内で、背中越しに聞こえた。（中略）女性の客室乗務員が機内販売をしていた。（中略）いわゆる「茶髪にピアス」の若者が数人。しらふだった。「こちらのバッグはいかがでしょう」彼女は笑顔で聞き流した。しかし、みなが座り直そうとしたその時、**ねっとり**した声が辺りを覆った。「おねえさんがいいんだけどな」セクハラ裁判なら、最初の一言で「有罪」だろう。
（『中日新聞朝刊』）

(38) 今夜も、何か癒しを心の中に埋めたいと集まる客たちを、重低音のベースと金属的なパーカッション、そして、体を這うような**ネットリ**とした女性ヴォーカルがあおっていた。
(http://www.cgi.co.jp/katsumi/world/note/03.html)

これらの例は、基本義である触覚との類似性に基づくメタファーによる転用である。すなわち、例えば「ザラザラした声」という表現においては、基本義である触覚の、おおよそ〈不快な抵抗感〉とい

う意義特徴と、転用先の聴覚表現における〈好ましくなく、耳障りであるさま〉という意義特徴との関係には類似性が認められる。一方、次の用例はどうであろうか。

(39) そうして出来上がったそうめん。**つるつる**と食べるときのあの喉ごし！ 夏は特においしく感じますよね。

(http://www.supc.co.jp/hitori/kumajyo19.html)

このような例においては、まずつるつると麺類を啜るときに生じる音であるという可能性がある。一方もう1つの可能性として、つるつるという音と同時に、つるつるした物が持つ表面の触覚的な感じをわれわれは想起するのではないだろうか。従って、食べるときにつるつると音をたてる食べ物は、つるつるした表面（触感）を持つものであることが多いというわれわれの経験を基盤とした近接性に基づくメトニミーであるという可能性もある。

④触覚的経験→味覚的経験

触覚からは最後に、味覚への転用例を挙げる。

(40) タカアシガニは、少々水っぽい感じではありましたが、（中略）**ネットリ**した味で、まずまずのものでした。

(http://www.inh.co.jp/~penaeusj/Record.html)

(41) 焼きナスは、マグロのトロを思わせるあの**ネットリ**した味があり、他の天ぷら、煮物、香の物としても最適

（白石 1982: 366）

(42) インドでは（中略）カレー粉に近い混合スパイスで、ガラム・マサラ（Garam masala ＝ **ひりひり**辛い混合物の意）というものを常備しています。

(http://www.sbfoods.co.jp/HERBSHOP(NS)/text/sp/spm01.htm)

これらの例は、舌に対するある種の刺激を表しているが*11、触覚経験と類似性が感じられることから、メタファーによる意味の転用であると考えられる。

### 3.2.2.4 聴覚的経験を表すオノマトペにおける意味の転用

基本義が聴覚であると思われるオノマトペは、カタカタ、ガタピシ、カンカン、ガンガン、サラサラ、パチパチ、パチンの7つであ

①基本義（聴覚的経験）

それぞれの基本義である聴覚の例を確認しよう。

(43) 起動時にフロッピードライブが**カタカタ**鳴るようだったら、（中略）［最近使ったファイル］の一覧をクリアして下さい。
(http://www.fibm.com/faq/w95/como01.htm)

(44) しかし、車は**ガタピシ**と異音がそこここから発生し、恐い…
(http://www.fastnet.ne.jp/~ogusu/eur318.html)

(45) 昔風のベルを**カンカン**叩く方式の目覚まし時計は、相当大きな音が出る。
(http://www.diners.co.jp/open_site/SIGNATURE/FASHION/kanem-itu9811.html)

(46) このスピーカーではアンプの出力が数十ワットでも**ガンガン**鳴るので比較的日本の住宅向きではないでしょうか？
(http://www.inv.co.jp/~mkjckm/aiyouki.htm)

(47) 水は、直接石に当たって「**サラサラ**」と高鳴る波長の音を出します。
(http://www.yamaguchi.ntt.ocn.ne.jp/wnnc/special/water01_08.htm)

(48) ユミが姿を現す。ほっとするコウ。「よかった」と、**パチパチ**と拍手の音が聞こえてきた。
(http://www.big.or.jp/~tokimeki/tatebar/tf/tf1209.html)

(49) 顔の造りは日本人離れしたところを感じさせ、（中略）その彼が、**パチン**、と指を鳴らした。
(http://www.enjoy.ne.jp/~masadai/neverend/05a.html)

それぞれ、音や鳴るなどの語が続くことから、聴覚を表す表現であることがわかる。

②聴覚的経験→触覚的経験

次に、触覚への転用例を挙げる。

(50) 透明な香りがやさしく ほのかに持続する乳液状タイプのコロン 肌に**サラサラ**感を残すラスティングパウダー配合
(http://www.mandom.co.jp/products/fraiche/src/fc_62952.html)

次のサラサラにおける触覚への転用は、聴覚との直接的な連続性

を感じさせる。

(51) 仕上げ機から出てくる茶を指先でつまむと、（中略）**さらさら**した手触りが気持ちいい。

(http://www.minaminippon.co.jp/kikaku/cha/cha1-3.htm)

(51) は、サラサラと音を立てるようなものは触覚的に乾いたものであることが多いことから、そういう状態を表すものへと意味が転じている。つまり近接性に基づくメトニミーである。次の例も同様である。

(52) 別れ際にしたキスは　思いっきり静電気で**ぱちぱち**くんでした　いたいよう（涙）

(http://www.officenet.co.jp/~happy/aday99jan.html)

(52) の状況においては、静電気のパチパチという音と痛みとが同時に生じている。よってこれは、同時性に基づくメトニミーである。

それでは、次の (53) はどうであろうか。

(53) 「椅子がこわい－私の腰痛放浪記」を書いた夏樹静子さんの闘病は並ではなかった。

「腰全体が活火山になったような熱感を伴って**ガンガン痛む**」「骨にヒビでもはいるようにみしみし、しんしんと痛む」など、お産の陣痛に似た断続的な激痛と異様なけん怠感に襲われ、二十分といすに座っていることができない

(http://www.niigata-inet.or.jp/nippo/syo/97syo/syo1124.html)

(54) 前日のチャットが響いて、（中略）起きたら頭が**ガンガン痛む**。　(http://www2.wbs.or.jp/~atelier/nikki/nikki2.html)

ガンガンという音と痛みとの関係は、次のようなものである。ガンガンという大きな音を聞いたとき、頭に音が響いて何等かの痛みが生じる。つまり「ガンガン痛む」は、頭の中で大きな音が鳴っているかのような痛みである。従ってこの表現もまた、同時性に基づくメトニミーである。

一方、カンカンにおいては、メタファーが転用の動機づけとなる。

(55) へやにもどってみると炉に炭火が**カンカン**とおこっている。

（天沼 1993: 62）

(56) 太陽が**カンカン**と照りつけるほど冷房能力がぐんぐん上が

るので、つごうがいい。　　　　　　　　　（天沼 1993: 62）

基本義である「連続して、何度も、堅い物をたたいたりした時などに出る音」から、(55)(56) の「炭火等が非常によくおこっている様子、また太陽が強く照りつける様子」（天沼 1993: 62）への転用には、おおよそ〈強く盛んなさま〉という共通する意義特徴の類似性が基盤となっていると思われる。

聴覚から触覚へと転用されうるのは、以上、サラサラ、パチパチ、ガンガン、カンカンの3つである。

③聴覚的経験→視覚的経験

聴覚から視覚へは、サラサラ、パチパチ、パチン、カンカンに用例がある。まず、サラサラをみてみよう。視覚においてもやはり、基本義である聴覚、そして触覚との連続性が感じられる。

(57) 彼女は、すらっと背が高くて、(中略) 肩までの**さらさら**した髪がとても奇麗。

　　　　　　（http://www.cityfujisawa.ne.jp/~toshima/99.3~4.html）

(58) **さらさら**した髪は耳が隠れる程度に伸ばされ、ワンサイズ大きいギンガムチェックのシャツを羽織って、いかにも純真な青少年を装う。

　　　　　　（http://www.ky.xaxon.ne.jp/~kazun0/utatane/shock1.html）

サラサラという音が鳴る性質のものは、触覚的もサラサラしている。そして、この聴覚と触覚の経験があるからこそ、視覚においてもサラサラという表現が可能になるのである。つまりサラサラにおける触覚的特徴と視覚的特徴の同時性に基づくメトニミーである。

それでは次の、パチパチ、パチンについてはどうだろうか。

(59) そして学生は人の良さそうな小さい眼を**ぱちぱち**やりながら附けたしたものだった。　　　　　　（『死者の奢り・飼育』）

(60) じっとみつめていたら、**パチン**とウインクをしたようで、メルはあわてて目をこすった。

　　　　　　（http://www.dandan.gr.jp/~hidekazu/taishajc/neko.html）

基本義は、手を叩く音 (48) や指を鳴らす音 (49) であった。こういった音と (59)(60) の視覚的意味との結びつきは何であるのか。視覚は、複数の物質同士が触れ合うさまを表す。従って、聴覚

と視覚との間に連続性があるといえなくはないが、サラサラほど基本義との直接的な連続性は感じられない。

それでは最後に、カンカンはどうか。

(61) スポーツの善し悪しの判断基準とはまるで無関係であり、軟式に命を懸けている者は、**カンカン**になって怒るだろう。

(http://www1.ttcn.ne.jp/~thirties-BAR/tennis2.html)

やはり基本義である聴覚との直接的な連続性は感じられないが、触覚に関わると思われる「**カンカン**照り」などの表現とは関連生が感じられる。つまり、人がカンカンになって怒るさまを「頭から湯気を出して怒る」などと表現するように、顔が赤くなって体温も上がり、まるで触覚的にも熱くなっているかの状態になる。以上から、これは感情と生理的変化の同時性に基づくメトニミーによる意味の転用であると考えられる*12。

### 3.2.2.5　視覚的経験を表すオノマトペにおける意味の転用

視覚に関すると思われるものは、ツンと、キビキビ、キラキラ、ニタニタ、ノロノロ、ピョコン、ヒラヒラ、フラフラ、ムクムク、モジモジ、ヨチヨチ、ヨロヨロの12例である。そしてそのうち、ツンとを除くすべてのオノマトペは、他のどの感覚へも転用されない*13。以下で基本義を確認する。

①基本義（視覚的経験）

(62) 山伏がサッと二列に分かれるところや、最後に揚げ幕へと急ぐところなどの**キビキビ**した動きが印象的でした。

(http://www.nets.ne.jp/~kenjo/kyokumoku/ataka.html)

(63) 植物の形が王冠のようにも見えるし、おまけに朝露と逆光で**キラキラ**光っています。

(http://www.fujicolorasami.co.jp/arajinsemi/97semi/semi9803/n01ll.html)

(64) でも中央では元総理の宮沢さんが「最大最高の人」とおだてられて雛壇（ひなだん）でなんかふてくされた表情でいるし、かげで策をろうする老害が**にたにた**している。

(http://www.aikis.or.jp/~agara-km/syasetu/syasetu19981106.html)

(65) 雪の坂道、**のろのろと** もたついているバスを横目に「ふっふっふ～」とほくそ笑みながらチャリで登っていくのは、いい感じです
(http://www433.elec.ryukoku.ac.jp/~takeda/Photo/Public/Goodbye-Yanmar/page05.html)

(66) 時々おじぎをするように上体を**ピョコン**と下げる仕草はとてもユーモラスです。
(http://www.bremen.or.jp/mnews/joubi.htm)

(67) まあ、ドジョウの尻尾の**ひらひら**とした動きで寄ってくるのだろうと思っているのだが。
(http://dicc.kais.kyoto-u.ac.jp/KGRAP/Rutsubo/RutsuboParty/Kubota.html)

(68) 最後は両者KOでしたが、**フラフラ**になるまで戦った2人に感動!!
(http://www.ip-net.co.jp/battlarts/sp/1997/sep/miho9-24.html)

(69) この扇を（中略）三回あおげば、嵐の雲が**ムクムク**あらわれ、どんな日照りも、たちまちどしゃぶり。
(http://www.ipc.hiroshima-u.ac.jp/~cato/KGZswkjs.html)

(70) 少女は少しびっくりして、恥ずかしそうに**もじもじ**している。
(http://www.himeko-lab.or.jp/~yatagawa/asp/ss/cobalt1.html)

(71) イクタ、あぶないぞ。父親が**よちよち**歩いている息子の後ろから声をかけた。
(http://www.eis.or.jp/muse/tawara/voyage/storia/storia1/stor995.html)

(72) ケージを覗くとキンクマのみるくちゃんが**ヨロヨロ**歩いているの。
(http://plaza.harmonix.ne.jp/~dorechan/clip/420_list_message.html)

以上の11例はいずれも視覚的経験を表し、かつ他のどの感覚へも転用されない。

### 3.2.2.6　3.2.2のまとめ

以上本節では、日本語の五感を表すオノマトペにおける、それぞ

れの基本義からの意味の転用について考察した。転用の方向性をまとめたものが次の図1である。

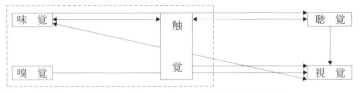

図6　日本語の「五感を表すオノマトペ」の共感覚的比喩体系

　以上でみた、五感を表すオノマトペにおける修飾・被修飾関係は、従来主張されてきたおもに形容詞を対象とした共感覚比喩体系とは異なる。従来の体系、すなわち山梨（1988）の図3-5では、触覚を最も低次な感覚とし、味覚、嗅覚、そして視覚、聴覚の順に意味が転用されるとする。一方、このオノマトペの体系図においては、嗅覚、味覚、触覚、聴覚、そして視覚の順に転用される。この結果から、日本語の共感覚的比喩体系を検討する際には、従来検討されてきた形容詞だけでなく五感を表す語全般を対象としたうえで検討すべきであることがわかる。

　最後に、オノマトペにおける意味転用の方向性について、先の分析に挙げた用例で確認してみよう。

表6　日本語の「五感を表すオノマトペ」における意味転用の方向性

| （嗅覚） | （味覚） | （触覚） | （聴覚） | （視覚） |
|---|---|---|---|---|
| **プンプン匂う** | | | | → プンプン怒っている |
| | **コッテリした味** → | コッテリした感触 | → | コッテリした顔 |
| | **ネットリした味** → | ネットリした感触 | → ネットリした声 → | ネットリした泥 |
| | | サラサラした感触 ← | **サラサラという音** → | サラサラした髪 |
| | | | | **キラキラ光る** |

　それぞれ基本義は太字で表し、そこからの転用を一例のみ挙げた。点線枠内については判別しがたい場合もあることから触覚的領域としてまとめると、方向性はほぼ触覚的領域から聴覚、視覚の順へと転用される。ただし「サラサラ」における触覚への転用は除く。

　ここで本節はじめに提示した、先行研究からの問題提起をふり返ろう。

（73）(i)　多義性を持つオノマトペにおいて、五感による分類を

第3章　日本語の共感覚的比喩の一方向性仮説に関する考察　　53

行った際、複数の感覚にまたがるものについて、共感覚的比喩の観点から整理・分析を行なう。
(ii) 擬音語と擬態語の区別が困難なのは何故か、また、同一の感覚内で起こる意味用法の変化がすべて視覚内で起こるのはなぜかを考察する。
(iii) 先の形容詞における共感覚的比喩体系においては、聴覚が最も抽象的な感覚とされたのに対し、オノマトペ研究においては「具体」が擬音語（聴覚）、「抽象」が擬態語（視覚）という見解が一般的である。このずれについてどう解釈すべきかを考察する。

(本章 (3) 再掲)

(i) については、本節の分析全般を通して示した。(ii) と (iii) については次のように結論づける。

まず (iii) についてであるが、本節の分析結果により明らかになった、五感を表すオノマトペの共感覚的比喩体系（図6）における転用の方向性、嗅覚→味覚→触覚→聴覚→視覚の中の聴覚と視覚の位置関係に注目したい。図6では視覚がより上位に位置している。従って視覚の抽象度が聴覚よりも高い、すなわち、擬態語（視覚）が擬音語（聴覚）より、より抽象度が高いという結果と一致する。

また (ii) については、視覚を表すオノマトペの多くが他の感覚領域へ転用されないという言語事実から説明できる。つまり、同一の感覚内で起こる意味用法の変化がすべて視覚内で起こるのは、オノマトペにおいては視覚が感覚の頂点であり最も抽象度が高いためである。

以上本節では、日本語の五感を表すオノマトペにおける意味転用の方向性について考察した。

## 3.3 日本語の五感を表す動詞の分析

次に、動詞における五感内の転用について検討する。

### 3.3.1 分析の前に

亀井他編（1996）によると「感覚動詞」（Verb of senses）とは次のようなものである。

> 「感じる」「見る／見える」「聞く／聞こえる」など、<u>人間の五感によって知覚される感覚を表示する動詞のこと</u>。五感のうちでも最も鋭敏な感覚である視覚と聴覚を意味する「見る／見える」と「聞く／聞こえる」は、感覚一般を意味する「感じる」とともに「知覚動詞（Verb of perception）」として分類され、統辞的にも特別の振舞いをする。一方、人間の触覚・嗅覚・味覚は視覚・聴覚と比べると鋭敏さが劣るため、知覚動詞のような形態的・統辞的な体系は示してはいない。触覚・嗅覚・味覚を能動的に獲得することを意味する他動詞としては、日本語では「触る、嗅ぐ、味わう」、英語では feel, smell, taste,（中略）があるが、英語の feel,（中略）はそれぞれ「感じる」という意味をも表示するから、英語とドイツ語には「触る」、フランス語には「嗅ぐ」という意味を表わす独立した動詞がないことになる。
> （亀井他編 1996: 230、下線は引用者）

本書ではこれに従い、日本語における視覚・聴覚・触覚・味覚・嗅覚を表す動詞をそれぞれ「みる、きく、ふれる*14、あじわう、かぐ」とする。そしてこれらの動詞が、他の感覚領域へと転用される例をまとめたものが、次に示す表3である。

表7　日本語の「五感を表す動詞」における五感内の意味の転用

|  | （原感覚）嗅覚 | 味覚 | 触覚 | 聴覚 | 視覚 |
|---|---|---|---|---|---|
| （共感覚）視覚 | ○ 香りをみる | ○ 味をみる | ○ 湯加減をみる | ○ 音をみる |  |
| 聴覚 | ○ 香をきく | ○ 酒の味をきく | × 手触りをきく |  | × 景色をきく |
| 触覚 | ○ 香りにふれる | ○ 味にふれる |  | ○ 音にふれる | ○ 景色にふれる |
| 味覚 | ○ 香りを味わう |  | ○ 感触を味わう | ○ 音を味わう | ○ 景色を味わう |
| 嗅覚 |  | × 味を嗅ぐ | × 手触りを嗅ぐ | × 音を嗅ぐ | × 景色を嗅ぐ |

視覚、触覚、味覚においてはすべての感覚へ転用例が認められる

ことから、従来の一方向仮説とも、またオノマトペとも異なる比喩体系が予想される。

### 3.3.2　仮説の検証
それでは以下で用例を確認する。

#### 3.3.2.1　視覚的経験を表す動詞（みる）における意味の転用
視覚を表す動詞「みる」についてみていこう。「みる」は表3にも挙げたようにすべての感覚経験を表し得る。はじめに、味覚および嗅覚への転用である。

①視覚的経験→味覚的経験
(74) とり肉に塩・こしょうをして、白ワインをかけ、(中略) とりのゆで汁を加えて味を<u>みる</u>。
　　　　　　　　　　(http://www.pref.kagawa.jp/seiryu/yasai/ref.htm)
(75) 水着着て海へ。南国だから温かいと思いきや、異常なまでに冷たい。もしや、と思って味を<u>みる</u>と、淡水である。
　　　　　　　　　(http://miso.ice.ous.ac.jp/~hshimada/tour/yakushima/818.html)

(74)(75)では、視覚を基本義とする動詞「みる」が味覚的経験を表している。

②視覚的経験→嗅覚的経験
一方、次の(76)から(78)は嗅覚的経験を表す例である。
(76) 尿の中にはさまざまな不要物が含まれています。その不要物は、体内で起きたさまざまな現象（代謝）の結果です。(中略) 尿の色や量、<u>においを見る</u>ことにより身体の変化に気付くはずです。　　　(http://www.eiken.co.jp/health/no2.htm)

また味覚と嗅覚への転用がともに現れる、次のような例もある。
(77) きき酒の手順　きき酒は「目」「鼻」「口」の順序で行います。(中略) 5ミリリット[ママ]ほどを口に含み、すするように舌の上でころがし、舌全面で味を<u>みる</u>。吸いこんだ空気を鼻から抜きながら、口中香（ふくみ香）を<u>みる</u>。吐き出した後の後味を<u>みる</u>。
　　　　　　　　　　(http://www.tk.xaxon.ne.jp/~sfc/hhpp/Igakuke.htm)

(78) ウイスキー個性がよくわかる飲み方　まず香り、次に味を<u>みる</u>。ストレートの場合、飲む前にまず<u>香りをみ</u>、次に少量を口に含んでゆっくりと口の中をころがすように...（後略）
　　　　　　　　　（http://www.jclu.co.jp/subdir/whisky-howto.html）

③視覚的経験→触覚的経験

視覚からは次に、触覚への転用例をみてみよう。

(79) 浴槽内はいつも適温のお湯でいっぱい！　お湯をためたり、沸かしたり、<u>湯加減を**見る**</u>手間もいりません。
　　　　　　　　　（http://www.nnet.ne.jp/~aiaiai/txt/a02.htm）

(80) 残念ながら、今回プレイに使用したβ版ではテストできなかったが、シングルプレイでの<u>感触を**みる**</u>かぎりでは十分に期待してよさそうだ。
　　　　　　　（http://www.watch.impress.co.jp/pc/docs/article/981113/game.htm）

(79) は湯の温度を表すので触覚的経験を表すといえるのに対し、(80) の「感触」は、直接、感覚経験によらない抽象化された意味である。よって、厳密には触覚経験的意味を表すとはいえないだろう。しかし (79) のような表現が可能になるのは、(80) のような例の存在があるからである。

④視覚的経験→聴覚的経験

視覚からは最後に、聴覚への転用をみる。

(81) 音の基礎事項では、<u>音を聞く</u>、<u>音を**見る**</u>、音を分析するなどから始まって、音の放射、伝搬、材料による反射、吸音、遮音のメカニズムなど制御技術に関する知識を与える。
　　（http://www.ce.dendai.ac.jp/kyomu/syllabus99/1st/d1kenti/d1ken047.htm）

(82) NHKが開発し実際の番組に使用された種々の番組制作技術の中から、最近の主なものを選び展示した。(1) <u>音を**見る**</u>。音をあやつる (2) 見えない映像をわかりやすく、撮れないアングルを可能に
　　　（http://www.strl.nhk.or.jp/publica/dayori/dayori96.07/open.html）

ここでは (81) において「音を見る」と「音を聞く」がともに現れている点に注目したい。

3.3.2.2 触覚的経験を表す動詞（ふれる）における意味の転用
　次に、視覚と同じくすべての感覚的経験を表し得る、触覚「ふれる」における各感覚への転用例を順にみてみよう。
　①触覚的経験→嗅覚的経験
　(83) もっともっとハーブに親しむためには、生の香りに触れるのが一番。見て、味わって、丸ごと楽しめるハーブガーデンを紹介します。
　　　　　　　(http://www2.elm.timis.ac.jp/group/1997/lemon/gogo.html)
　②触覚的経験→味覚的経験
　(84) 私はギリシアを旅してこの一年、（中略）ギリシアの家庭料理の味に触れることができて、私は心から満腹することができたのである。
　　　　　　　(http://www.ccu.cit.nihon-u.ac.jp/~y8nakani/island.html)
　③触覚的経験→聴覚的経験
　(85) 毎日のように演奏会に出かけてはさまざまな音に触れ、演奏方法を観察し、どうすれば子どもに理解できる言葉で説明できるかを一日中考えた。　　　　　　（『絶対音感』）
　④触覚的経験→視覚的経験
　(86) このコースの一番の楽しみは何と言っても　開発された所からもっと奥に入った柳沢小屋に行くこと。（中略）柳沢小屋まで行けば開発前の景色に触れる事ができるからです。
　　　　　　　(http://www.ic-net.or.jp/home/amano/fun9807.htm)
　(87) そこに有る当たり前の景色。（中略）初めて、あるいは数年に一度という単位でしかその景色に触れることの無い者にとっては、言葉にならないほど感動を呼ぶものもあるのです。　　　(http://www.cityfujisawa.ne.jp/~toshima/99.3~4.html)
以上のようにどの感覚経験を表す例においても、おおよそ、ある種の経験を持つという意味で「触れる」が使われている。また、「接する」という別の触覚を表す動詞にも置き換えられることがわかる。

3.3.2.3　味覚的経験を表す動詞（あじわう）における意味の転用
　先にみた視覚と触覚と同様、味覚「あじわう」もすべての感覚経

験を表し得る。以下で用例を確認する。

①味覚的経験→嗅覚的経験

(88) 香りの使い方にはデリケートな国民性です。くれぐれもつけ過ぎに注意し、周りへの影響を思いやることも<u>香りを味わう</u>上でのエチケットです。

　　　　　　　　　(http://www.phoenix-c.or.jp/muguet/study_3.html)

(89) 目で味わう、舌で味わう、<u>香りを**味わう**</u>、新感覚の中国料理でした　各メニューの写真は「PatoPato」の思い出としてフリーデータとして開放いたします。

　　　　　　　　　(http://www.arclink.com/chinatown/patopato/menu.html)

②味覚的経験→触覚的経験

(90) 手作りボールを使用しての遊びから（中略）②素材の<u>感触を**味わう**</u>ことができる。など、（中略）むしろ精神的な面で大きな役割を果たしていると言える。

　　　　　　　　　(http://www.kgef.ac.jp/ksjc/ronbun/950740y.htm)

(91) 南部杜氏伝承館（中略）南部杜氏の技術と心を伝え、酒造用具に触れてその<u>感触を**味わう**</u>こともできます。

　　　　　　　　　(http://www-mori.iwate-pu.ac.jp/orient99/nanbu.html)

③味覚的経験→聴覚的経験

(92) 会合は隔月で開き、京都市内をはじめ全国の寺院を訪ね、<u>鐘の音を**味わう**</u>。

　　　　　　　　　(http://www.kyoto-np.co.jp/kp/topics/may/10/kane.html)

(93) 音楽は、黙って<u>音を**味わう**</u>人にも、踊りながら楽しむ人にも、おしゃべりに夢中になっている人にも、（中略）共通にながれている、「空気」のようなものである。

　　　　　　　　　(http://www.kyouiku.tsukuba.ac.jp/~yosida/kataru.html)

④味覚的経験→視覚的経験

(94) 白馬八方温泉100％の露天風呂が自慢。。客室に居ながらにして北アルプスの雄大な<u>景色を**味わう**</u>こともできます。

　　　　　　　　　(http://search.odn.ne.jp/category/08010402.05.html)

(95) 残雪と、そこかしこに顔をのぞかせている新鮮な山菜や野草たち。（中略）露天風呂に浸かりながらそんな<u>景色を**味わ**</u>

<u>う</u>のはまさに贅沢です。

(http://www.shinetu.mpt.go.jp/mel/onsen/kitano.html)

以上のように「あじわう」は、どの感覚においても、およそ〈ある種の経験に接しそれを楽しみ、鑑賞する〉という行為を表す。

　ただし、次のような表現もある。

(96)苦痛（苦悩・挫折感）を**味わう**。

(88)から(95)までの「あじわう」は、基本義である、飲食物の味（のよさ）を楽しみ、鑑賞するという意味との連続性が感じられる。一方この(96)のような「あじわう」はそうではない。見坊（1986）には次のような説明がある。

　　苦楽・辛酸などを、自分自身で体験する　　　（見坊1986: 17）

ここでは基本義である五感を離れたうえ否定的意味を担うという、一見かけ離れた意味に転じている。ただしこの2つの意味には、次のような段階性がある。

　(97)「あじわう」が表す3つの意味の段階性

　　　Ⅰ　（<u>プラスの意味</u>＋感覚的意味）　　　　：「料理を<u>あじわう</u>」
　　　　　　　　　　↓
　　　Ⅱ　（<u>プラスの意味</u>＋<u>知的精神的意味</u>）　：「満足感を<u>あじわう</u>」
　　　　　　　　　　↓
　　　Ⅲ　（マイナスの意味＋知的精神的意味）：「苦痛を<u>あじわう</u>」

すなわち「あじわう」には、味のよさを鑑賞するという意味と辛酸を経験するという結びつきがたい2つの意味がある。しかし、その中間には基本義からのプラスの意味を保ちつつ、五感との直接的な関係を離れた知的精神的意味を担うⅡのような例が存在し、ⅠとⅡの意味を結びつけている。従ってⅠからⅡの意味への転用は、類似性に基づくメタファーによるものである。


3.3.2.4　聴覚的経験を表す動詞（きく）における意味の転用

　一方、聴覚（的経験）を表す動詞「きく」は、嗅覚と味覚的経験のみを表しうる。

①聴覚的経験→嗅覚的経験

(98)毎月の例会には自らも古典などを講義し、時には茶をたて、

　　　　歌をよみ、香りをきくなどして、さながら文化サロンのよ
　　　　うであったところにも、竹斎の人柄が現れている。
　　　　（http://www.namos.co.jp/mieWNN/special/bigbarn/tikusai/tikugai-
　　　　you.html）
（99）香りをきくように、恋心も互いにきくということによって、
　　　純粋な気持ちが生まれるものである　－西岡光秋－
　　　　　　（http://www.tohgoku.or.jp/~michio/meigen/meigen-7.htm）
②聴覚的経験→味覚的経験
（100）選手権大会で、鼻で、舌で、のどで真剣に酒をきく山本
　　　　さん　筑波大学食文化研究会／きき酒大会
　　　　　　　　　（http://www.joyoliving.co.jp/1997/1010/sake.htm）
（101）日本酒をきく　大阪地方酒類審議会臨時委員　谷口　誠
　　　　（理学部教授・微生物化学）数年前から日本酒に特級酒、
　　　　一級酒、二級酒の区別がなくなっているのをご存知で
　　　　しょうか。
　　　　　（http://www.hosp.msic.med.osaka-cu.ac.jp/koho/KOHO29-2.htm）
（102）△月○日…蛇の目に入った二つの新酒をきく。精米歩合
　　　　と成分が同じというのに、なんと一方のきれいでさばけ
　　　　の良いこと。
　　　　　　　（http://www.sagami.ne.jp/~echigoya/kura/kura9704.htm）
こうした嗅覚や味覚経験を表す「きく」は、やや修辞性が高く、ま
た基本義である聴覚とは直接結びつきにくい感もある*15。しかし
「酒をきく、香をきく」という表現における「ある経験に接し、そ
して判断する」という意味には、視覚（音をみる、湯加減をみる）
との関連性が感じられる。ここから、聴覚も視覚と同じく、嗅覚と
味覚への転用の方向性が存在する可能性がある。ただし「きく」が
「みる」と異なるのは、「*感触をきく」（触覚への転用）や「*景色
をきく」（視覚への転用）といった方向性が許容されないという点
である。


　3.3.2.5　嗅覚的経験を表す動詞（かぐ）における意味の転用
　　最後に、表7でも示したように、典型的に嗅覚を表す感覚動詞

「かぐ」は、他のどの感覚経験も表し得ない。

#### 3.3.2.6　3.3.2のまとめ

以上の考察をまとめたものが、次に示す図2である。この分析結果と、従来の形容詞を中心とした共感覚的比喩体系とを照らし合わせた結果、異なる点は次の4点である。

（103）従来の共感覚的比喩体系と異なる点
　　　（i）嗅覚からは従来、視覚と聴覚への方向性があるとされたが、動詞においてはまったくどの感覚へも転用されない
　　　（ii）視覚からは、聴覚だけでなくすべての感覚へ転用される
　　　（iii）味覚から触覚への転用例が存在する
　　　（iv）聴覚からも嗅覚、味覚への転用例が存在する

以上の結果は従来の比喩体系とまったく異なるものであるが、オノマトペの体系（図6）ともまた異なるものである。

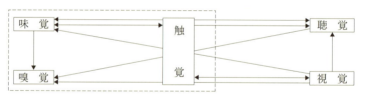

図7　日本語の五感を表す動詞の共感覚的比喩体系

なお、その他の五感に関する動詞および五感を造語成分に含む動詞については、分析中に触れた触覚を表す動詞「接する」を除き、すべて他の感覚へ転用されないことを確認した（視覚：みかける、みつめる、眺める、凝視する…、聴覚：聞き入る、聞き慣れる、拝聴する…、触覚：さわる…、嗅覚：においがする、におう、香る…）。

### 3.4　日本語の五感を表す形容詞*16の分析

最後に本節では、五感を表す形容詞について検討する。

### 3.4.1 分析の前に

先に触れたように、従来共感覚的比喩に関する研究は、形容詞を中心に行われてきた。しかし根拠となるデータの提示が不十分であり、再考する必要がある点についてもすでに述べた通りである*17。そこで本節では、五感を表す形容詞を改めて検討する。分析に当たって、楠見（1988: 133）の「感覚形容語」を参考にする。感覚形容語とは、「"分類語彙表（国立国語研究所、1964）"から、現代雑誌90種の語彙調査における使用率が0.014パーミル以上の感覚形容語を採用し、さらに、"感覚・知覚ハンドブック"（和田・大山・今井、1969）から、各感覚モダリテイにおける基本的次元に関する形容語を加えた」ものである。

また同著では、「感覚モダリテイと感覚形容語」を次のように分類している。

表8 楠見（1995: 127）による感覚モダリテイと感覚形容語

| 感覚モダリテイ（感覚器官） | モダリテイ表示名詞 | 感覚形容語 | 感覚の分類 | |
|---|---|---|---|---|
| 視覚 （目） | 色 | 明るい、暗い、鮮やかな、輝きのある澄んだ、濁った、美しい、醜い、透明な淡い、ぼんやりした、つやのある白い、赤い、青い、黄色い | 遠感覚 | 高等感覚 |
| 聴覚 （耳） | 音 | 静かな、うるさい、やかましい | | |
| 嗅覚 （鼻） | におい | 香ばしい、かぐわしい、臭い、生臭い、きな臭い | | |
| 味覚 （舌） | 味 | おいしい、まずい、すっぱい、甘いしおからい、にがい、渋い、しつこいあっさりした、こくのある | | |
| 触覚 （皮膚） | 感触 | 固い、柔らかい、粗い、なめらかな、粘っこい、刺すような、鋭い、鈍い湿った、乾いた、重い、軽い、暖かい、冷たい | 近感覚 | 初等感覚 |

（楠見 1995: 127、表4-1「感覚モダリテイと感覚形容語」）

そして次に挙げる表9は、感覚形容語とモダリテイ表示名詞との組み合わせの可否を検討したものである。〈　〉は小説からの実例を新たにつけ加えたものであり、（　）は判断にゆれがある例である。

表9　日本語の五感を表す形容詞における五感内の意味の転用

視覚→聴覚：明るい音、鮮やかな音、澄んだ音、濁った音、つやのある音、ぼんやりした音、透明な音、美しい音、淡い音、〈黄色い声〉
　　　味覚：澄んだ味、濁った味、濃い味、丸い味、美しい味(美味)
　　　　　　〈深い味、濃厚な味、上品な味、繊細な味、かすかな酸味、ふっくらした円味〉
　　　嗅覚：鮮やかな香り、澄んだ香り、淡い香り、青いにおい（青臭い）、〈鮮烈な香り〉
聴覚→視覚：うるさい色、にぎやかな色、やかましい色、〈ガチャガチャした色〉
触覚→視覚：柔らかい色、粗い色、鋭い色、鈍い色、冷たい色、暖かい色、軽い色、重い色、滑らかな色
　　　聴覚：固い音、柔らかい音、粗い音、滑らかな音、粘っこい音、刺すような音、鈍い音、鋭い音、重い音、軽い音、冷たい音、暖かい音、乾いた音
　　　味覚：柔らかい味、粗い味、粘っこい味、鋭い味、、鈍い味、乾いた味、暖かい味、軽い味、重い味、滑らかな味、冷たい味
　　　嗅覚：刺すようなにおい、鋭いにおい、
味覚→視覚：甘い色、渋い色、しつこい色、あっさりした色
　　　聴覚：甘い音、渋い音、しつこい音、あっさりした音
　　　嗅覚：すっぱいにおい、甘いにおい、しつこいにおい、あっさりしたにおい
　　　触覚：甘い感触、しつこい感触、あっさりした感触
嗅覚→味覚：香ばしい味、生臭い味、かぐわしい味

　この表のうち、従来の研究でないとされる方向性は①視覚→味覚、②視覚→嗅覚、③聴覚→視覚、④味覚→触覚、⑤嗅覚→味覚の5つである。これらを含めた方向性について以下で確認していく。

　またここでは最近定着しつつある新しい表現にも注目した。よってやや修辞性が感じられる例については、慣用度を示すべくヒット件数も併せて記す。なお検索時期はすべて1999年7月である。

### 3.4.2　分析
#### 3.4.2.1　触覚的経験を表す形容詞における意味の転用

　はじめに、触覚（的経験）を表す形容詞における転用例をみる。触覚から他の感覚へは、視覚・聴覚・味覚・嗅覚とすべての感覚への転用がみられる。

①触覚的経験→視覚的経験

　まず、視覚的経験を表す例をみてみよう。

（104）藤の花房がゆらゆらと揺れる様子と**柔らかい色**が、いかにも日本の花という風情を醸し出していて、のんびりと

したひとときをすごす事が出来ました。

(http://www.seaple.icc.ne.jp/~hamakko/0423.html)

(105) 彩度とは、色の鮮やかさの度合いの事を指す。彩度が高くなるほど鮮やかな色となり、彩度が低くなるほど<u>鈍い色</u>になる。

(http://www.bunka-fb.ac.jp/syo/Color/chromatics.htm)

(106) ・明るい色を上に、暗い色を下にする方が安定します。（天井などの上部に暗くて<u>重い色</u>を持ってくると、圧迫感が生じます。）・面積の大きな部分は彩度を低くし、<u>重い色</u>や派手な色は使わない方が良いようです。

(http://www.iijnet.or.jp/spaceplan/info/info.html)

(107) フォトプリント機能は、濃度の違うインクを組み合わせることで、より<u>滑らかな色</u>表現が可能。通常の青・赤・黄に、（中略）黒を加えた合計6色で印刷。

(http://www.pc98.nec.co.jp/product/ext/print/picty/picty900/lineup2.htm)

「重い色」および「滑らかな色」のヒット件数は、それぞれ48件と16件である。

②触覚的経験→聴覚的経験

次に挙げるのは、聴覚的経験を表す例である。

(108) トランペットをシンセサイザーでシミュレーションする場合、<u>固い音</u>から<u>柔らかい音</u>まで、単一の音色で済まそうと言う考えを捨てて、フレーズのニュアンスに合わせて、複数の音色を使い分けた方が、適切な表現ができるし、使い勝手が良い様に思います。

(http://www.ccad.sccs.chukyo-u.ac.jp/music/terra/midistudy/nj_ms/miditrumpet.html)

(109) Avino R SG7至近距離再生時にも<u>滑らかな音</u>を再現します。ピュアA搭載のレシーバー。

(http://www.kenwood.co.jp/j/products/home_audio/avino/avino_rsg7.html)

(110) Bassoon（バスーン）ドイツ語ではファゴットと言う。ダ

ブル・リードの最低音楽器である。(中略)音域は広く、低音から高音までなめらかにつづく暖かで<u>柔らかい音質</u>である。低音域はやや<u>粗い音</u>で、ピアニシモでの演奏は困難である。

(http://www.sunwardcorp.co.jp/ZUKAN/bassoon.html)

これは、先の視覚への転用と同様、従来の仮説に沿う方向性であり、用例も豊富にある。

③触覚的経験→味覚的経験

一方、味覚的経験を表す例は、次のようなものである。

(111) 旭川バラエティラーメン　旭川のきびしい風土から生まれた<u>あたたかい味</u>。

(http://www.post-hokkaido.go.jp/DPO/asahikawa/kozutumi/ramen.html)

(112) たとえば、酢の物には細く線切りした生がが合います。酸っぱい味と辛い味がうまく相殺しあって酢の物の<u>冷たい味</u>が旨い味に変わります。

(http://www.japan-net.ne.jp/~t.h.obu/dokuhon/dokuhon-970215.htm)

(113) 歴史的に見ても、輸出量が緑茶から武夷茶(半発酵茶)に、そして世界最古の紅茶「祁門茶」(キーモン、キームン)へと変わっていきます。しかし、そのキーモンも現在の紅茶とはまた違い、スモーキーで紅茶に比べると<u>柔らかい味</u>です。　(http://www.catnet.ne.jp/of/musee/03.html)

(114) ここのスープは豚骨特有の風味が強いタイプ。スープの上に乗る脂も多い。これに醤油味が加わり、どすんと<u>重い味</u>に仕上がっている。白河ラーメンのヘビー級といったところ。

(http://www.srkw.or.jp/~takagawa/TakaHome/guide/i_ntga07.html)

(114)の「重い味」のヒット件数は、29件である。

④触覚的経験→嗅覚的経験

最後に、嗅覚的経験を表す例を挙げる。

(115) シンガポールの朝は、すがすがしく、ベランダにでると**柔らかい**においのする風が吹き付ける。

(http://www.pcc.metro-u.ac.jp/~t9550816/ryokou/koukainisshi.html)

(116) 一瞬風が**湿った**においを運んできた。さあ、急ごう。明日はこの辺りにも初雪が降るかもしれない。

(http://www.mandala.ne.jp/koyadaira/shizen.html)

(117) 権現温泉（松山市）無色・透明で**軽い**においのあるお湯。湯ざわりはほんとに柔らかで、傷口にもほとんどしみない。　　(http://www.infomadonna.ne.jp/~rry/onsen/gongen.html)

(118) サマーサボリーは淡いピンクの花　ウインターサボリーは多年生草本で白い花をつける。一般的にサマーサボリーを指し、温かみのある**柔らかい**香りがある。

(http://www.saikaku.co.jp/haisi/spice/smell5.htm)

「柔らかい香り」のヒット件数は49件である。このように触覚→嗅覚においては表9に挙げた表現に限定されない。他にも、「湿ったにおい」や「軽いにおい」などといった表現もある。

なお触覚からすべての感覚へ転用されるという結果については、従来の研究と一致している。

### 3.4.2.2　味覚的経験を表す形容詞における意味の転用

次に挙げるのは、味覚から他の感覚への意味の転用である。触覚と同様、味覚においても他のすべての感覚への転用例が認められる。以下で用例を確認するが、個々の転用の動機づけに関する分析については第5章で行なう。よって本章では言語事実の指摘にとどめる。

①味覚的経験→視覚的経験

まず、視覚への転用例を確認する。

(119) 天然石のACCESSORIESルビー、ネフライトピーチ、天然パールなど**甘い色**の天然石で房を作りました。

(http://www.nttl-net.ne.jp/shushu/tennennseki.htm)

(120) 渋い秋　この絵のイメージは秋の寂しい感じが出るように**渋い色**ばかりを使って書いてみました。グラデーションを使ったことによってより一層秋らしさが出せたと思

　　　　　　う。
　　　　　　　　　（http://www.iino-hs.suzuka.mie.jp/sakuhin1/B127.HTM）

これは、従来の一方向性仮説の方向性に沿う例である。しかしながら、あまり例は多く挙がらない。
　②味覚的経験→聴覚的経験
　　次に、聴覚への転用例を挙げる。
　（121）Joan Osborne（ジョーン・オズボーン）哀愁ただようコー
　　　　　ド進行と渋い声に思わずしびれる女性ヴォーカリスト。
　　　　　この声は一度聴いたら忘れられません。
　　　　　　　　　（http://www.ic.nanzan-u.ac.jp/~96b078/music.html）
　（122）「その通りさ、少しマンドリンに似ているだろう？ 普通
　　　　　五弦の楽器ってさ。弾いて見せてあげようか。」風邪のせ
　　　　　いか、少し掠れた塩辛声＊18でゼロフィスは歌い出した。
　　　　　　　　　（http://www.tohgoku.or.jp/~jh1mxv/non/syou_an1.html）
　（123）着物を脱がせたり、洗ってやったりするのが、いかにも
　　　　　親切なものいいで、初々しい母の甘い声を聞くように好
　　　　　もしかった。　　　　　　　　　　　　　　（『雪国』）

これも仮説に沿う方向性ではあるが、用例はあまり多く挙がらなかった。表9に挙げた「味覚＋音」では、1件も用例が挙がらなかったので、「味覚＋声」を検索したところ、（121）から（123）のような用例が挙がった。
　③味覚的経験→嗅覚的経験
　　また嗅覚的経験を表す例には、次のようなものがある。
　（124）桜です。ちゃんと桜の匂いがします。桜の匂いって、桜
　　　　　餅のように、ちょっと渋い匂いなんですよね。
　　　　　　　　　（http://www1.ntt-sizuoka-unet.ocn.ne.jp/Shot_5.htm）
　（125）民家の庭先では、樹齢が100年以上になるというキンモ
　　　　　クセイが満開。（中略）空高い晴天の下、辺り一面に広が
　　　　　る甘いにおいが、道行く人に秋の深まりを告げている。
　　　　　　　　　（http://www.jic-gifu.or.jp/np/newspaper/graph/9810/9810082t.
　　　　　htm）

この方向性も仮説に沿うものではあるが、聴覚への転用と同様、味

覚を表す形容詞のすべてが転用されるわけではなく、「甘い」と「渋い」以外に用例は認められない。さらに「甘い」と比べ、「渋い匂い」（用例124）については、やや修辞性が高いように感じられる。

④味覚的経験→触覚的経験

さらに触覚的経験を表す例は、次のような用例が挙がった。

（126）舌でペロペロなめ、まだ歯の出揃わない歯ぐきで、シコシコとかむのでした。なんと可愛い、子犬の乳臭いにおいと**甘い感触**。私はそこを動けなくなってしまいました。

（http://www.aianet.ne.jp/~fuohdan/No.01/Ken01.htm）

（127）少女はどこもかしこも柔らかで、あたたかく、そして**甘い感触**がする。まるで砂糖菓子のように甘い、唇。その感触があまりにも心地よくて、オスカーはいつまでも唇を離すことが出来ない。

（http://www.fastnet.ne.jp/~wilnes/story/sugar.html）

（128）わたしは今日、いつもより少し大胆な気持ちになっているようだ。リュミエールさまの腕に、自らの肩をもたせかけてみる。気持ち、柔らかいような、**甘い感触**。

（http://www4.wisnet.ne.jp/~satsuki/lumib/kawajan1.html）

（129）露天はかなり広く（中略）湯はとっても**あっさりした感触**の、無色透明のもので、事前の情報では気泡がつくという話も合ったのですが、まったくつきませんでした。

（http://www1.odn.ne.jp/~caq79590/gunma/kurabuchi.html）

これは、仮説に反する例である。しかし本書ではこのような実例の存在から、味覚を表す形容詞は触覚へと転用されると判断する。

### 3.4.2.3　嗅覚的経験を表す形容詞における意味の転用

従来の研究においては、視覚と聴覚への転用があると考えられてきたが、本書においては、味覚、そして視覚および聴覚への方向性を、条件つきで存在するとみなす。

①嗅覚的経験→味覚的経験

それではまず、味覚への転用例をみてみよう。

(130) スタウト　クリーミィな泡と**香ばしい味**と苦みが特徴のアルコール度数が高い濃褐色ビールです。
(http://www.mgk.jtua.or.jp/nasubeer/)

(131) カナリーシード　灰褐色をした細長い穀物で、カナリヤ用の飼料として開発されたもの。(中略)おつまみにもなりそうな**香ばしい味**で美味。
(http://home4.highway.ne.jp/asanomi/esa.html)

(132) 一方、ヤシの実は一つ丸ごとで4RM（128円）位。これは解説するまでもないだろう。日本で飲めるものと同様の**生臭い味**である（笑）。
(http://www.pluto.dti.ne.jp/~ikepon/malay3-1.html)

(133) 水道法では飲料水の水質として味も定めてある。(中略)鉄やマンガンなどの金属の多い水は金気味や渋味がし、有機物の多い水は**生臭い味**とともに臭気がする場合が多い。
(http://www.dojindo.co.jp/glocal/stndrd/value/a.html)

なお「香ばしい味」は122件の用例が検索された。

②嗅覚的経験→視覚的経験／嗅覚的経験→聴覚的経験

視覚および聴覚へは、その方向性をあるとみるか否か、議論する必要がある。「香ばしい」と「生臭い」は転用されないが（*香ばしい色／音）、「かぐわしい」はどうであろうか。

(134) 道頓堀という満艦飾の船を、並んで見つめていた着物姿の女は、いま**かぐわしい匂い**を放ちながら、邦彦の心にまといついてきて離れようとしなかった。
(中村編 1995: 259 (3377))

従来の研究、例えば山梨（1988: 59）では、視覚への転用例として「かぐわしい色調／色彩」を、そして嗅覚への転用については「かぐわしい音調／音色」を挙げ、嗅覚から視覚、聴覚への方向性が存在するとしている。しかし同著でも述べられているように（1988: 59）、この方向性を認めてよいのかどうかについてはもう少し検証が必要なようである*19。

そこで本書では、「かぐわしい」の用例をさらにみた。すると次のような視覚的経験を表すと思われる用例が挙がった。

(135) イチゴの季節は６月。<u>**かぐわしい**新緑</u>の中で赤く熟した
　　　露地のイチゴ狩りを楽しもう。
　　　　　　　　　（http://www.flowering.ne.jp/yonezawa/taiken/i00138.html）

一方、聴覚への転用については、聴覚的経験を直接表すと思われる用例は挙がらなかったものの、次のような例は存在する。

(136) 鹿児島サンロイヤルホテル　よろこび、響きあう　集う、
　　　語らう、響きあう。<u>人の織りなす**かぐわしい**ひととき</u>。
　　　　　　　　　（http://www.synapse.ne.jp/~kiss/_hotel/_sunryal/bridal.htm）

これら（135）（136）のような例をみると、嗅覚を基本義とする「かぐわしい」は、純粋に感覚に基づく意味に留まらず、積極的なプラスの意味として広く転用される可能性がある。以上から本書では、嗅覚→視覚、そして嗅覚→聴覚への転用を「ある」と判断する。


### 3.4.2.4　聴覚的経験を表す形容詞における意味の転用

従来、聴覚からは他のいずれの感覚へも転用されないとされてきたが、実例をみてみると視覚への転用例が一定数存在する。

①聴覚的経験→視覚的経験

聴覚から視覚へは、次のような例がある。

(137) 和布（主に着物）のはぎれを使ってタペストリーを作り
　　　たいと、ずっと思っていました。でも思いのほか色合わ
　　　せが難しいものです。結局<u>**にぎやかな**色柄</u>のモザイクと
　　　なりました。　　　（http://user.tokachi.ne.jp/ebony/quiltjn.htm）
(138) 派手なブースはロータスとジャストシステム。ロータス
　　　は真っ黄色で（そこにいる人も黄色いシャツを着ている）
　　　<u>**うるさい**色</u>だし、ジャストシステムは真っ赤なのでそれ
　　　もうるさい。なぜか一太郎浴衣を来ていたのは面白かっ
　　　た。　　（http://www.doremi.or.jp/NTusers/9607/00000044.htm）

「にぎやかな色柄」や「うるさい色」などの例は、従来はないとされた聴覚から視覚への転用例であるが、特に修辞性が高く新奇な表現ではない。

### 3.4.2.5　視覚的経験を表す形容詞における意味の転用

それでは最後に、視覚における転用例をみてみよう。視覚からは従来、聴覚へのみ転用されるとみなされてきたが、以下に挙げる用例が示すように、さらに味覚と嗅覚への転用例も認められる。

①視覚的経験→聴覚的経験

まず、聴覚への転用をみてみよう。

(139) 波形というのは、足し算をすることができる。たとえば図3のaとbを足すと、cのようになる。(中略) <u>音色というのは普通、固い音、**丸い音**、**明るい**音等と表現される</u>が、このような音の足し算をしていくと、初めの方が**丸い**音がして、後の方は固い音になる。

(http://www.music.co.jp/~r-field/howto/sound2.html)

(140) マスターシリーズのメモボックスは他のアラームウォッチにはない、非常に<u>**澄んだ**音</u>を聞かせてくれます。その仕組は、この時計の中に隠されているリンです。(中略)「メモボックス」ではそのリンを叩くことによって、他にはない<u>高く**澄んだ**音</u>を発生させます。

(http://www.ftt.ad.jp/~kame/osusume/kinou/ararm.htm)

(141) フルートの音のすばらしさはまだ耳に新しいのですが、今回の発表でも東大生研の橘グループから<u>**鮮やかな**音</u>を聴くことができました。

(http://www.nagata.co.jp/news/news8804.htm)

(142) 「ダーク」と言うのではないけれど「<u>柔らかく**つやのある**音</u>」が出ます。7Cはキンキンするし、7Bはしんどいし、って思っていたのに、7番(ノーマーク)を吹いて、印象が大きく変わりました。

(http://www.niji.or.jp/home/spectrum/MP/bach/M-Vernon.html)

(143) N響から、<u>**つやのある**音</u>を引き出し、すばらしい演奏のように思えた。しかしまたもや、頂点の部分へ差し掛かるあたりから、著しいアッチェレランドがあり、残念に思えた。　(http://www.fureai.or.jp/~fukiage/bruck8.htm)

(144) 263カ所で<u>**濁った**異常音</u>(中略) JR西日本は十九日、山

陽新幹線トンネル壁崩落事故を受けて実施している同線トンネル内壁で見つかったコンクリート接合不良部（後略）

　　　　　(http://www.kahoku.co.jp/News/1999/07/19990720jn_01.htm.)

(145) 分類：土器、陶器、せっ器、磁器、叩いた時の音、鈍い音、濁った音、かたい音、<u>澄んだ金属音</u>

　　　(http://www.arita.or.jp/aritaware/manabu/tokutyou/tokutyou.html)

(146) Ligeti はユダヤ系ハンガリー人作曲家で、（中略）トーン・クラスターと呼ばれる手法を使って、<u>ぼんやりした</u>音像をつくりあげるのが特徴。

　　　　　(http://www.slis.keio.ac.jp/~ohba/dmr/dmr9804.html)

以上のように、視覚を表す話が聴覚経験を表す用例は、豊富であることがわかる。

②視覚的経験→味覚的経験

　視覚からは次に、味覚への転用例をみてみよう。

(147) この木から得られるゆずは、香りが素晴らしく、苦みのない<u>澄んだ味</u>が特長。そのまま皮ごと食べても渋みを感じさせない質の高さを持つ、ゆずの絶品と呼ばれるものです。　(http://www.kikkoman.co.jp/domestic/fresh/97030.html)

(148) スープの骨はまず下茹でをして（中略）冷蔵庫で貯蔵すること。（中略）下茹でをしないから臭みがでるし、（中略）酸化していやな匂いや<u>濁った味</u>の原因になるのである。　(http://www.hiryu.co.jp/ramen/shibatashoten/index.html)

(149) 手摘み煎茶　一番茶（手摘み・五月初旬）<u>苦み・渋み・甘みが多く濃い味</u>。(http://www.green-tea.co.jp/item/sen.htm)

(150) 当社独自のスモーク製法により　コクのある<u>深い味</u>と香りを　実現した本格燻製仕立てです。肉本来の美味しさを引き出すために、じっくり時間をかけて　塩漬けを氷温温度帯で仕上げた　味わい深い本格派です。

　　　　　(http://www.primaham.co.jp/products/gift99s/index.html)

(151) 徳島御膳みそ詰合せ　米こうじがたっぷりの贅沢な味噌で、甘口ながら<u>深い味</u>とこくがあり、歳月を越え、今に

　　　　伝えられています。

　　　　　　　　　（http://www1a.meshnet.or.jp/fukutsu/miso.html）

　（152）京の宿ではじめて呑んだおいしい酒に、「月の桂」というのがあった。（中略）舌にとける**まるい**味を賞玩していたら、さしづめこれは月夜の桂川の辺にある松尾の水のひと滴かと思った。

　　　　　　　　　（http://web.kyoto-inet.or.jp/org/kyocraft/tokubee/kosei.htm）

視覚から味覚へは転用されないとみなされてきたが、「澄んだ味」や「濁った味」、「丸い味」や「深い味」など、様々な表現が存在する*20。

　③視覚的経験→嗅覚的経験

　最後に、嗅覚への転用例を挙げる。視覚から嗅覚への転用も、従来はないとされてきた方向性である。用例をそれぞれ3〜4例ずつ慎重にみていこう。

　（153）表に出ると田んぼが広がっていた　稜線の下を爽やかな風がゆったりと流れているほのかな**青い匂い**がシャツの袖から入ってきた　あっという間に僕の汗を乾かした

（http://www.reversible.co.jp/documentation/HP9802/back2/G/224GE/224G001E.html）

　（154）山がすぐそばまでせまってきていて、緑色がきれいだった。**植物の青い匂い**がした。わたしたちは堤防に腰をおろし、ただじっとしていた。

　　　　　　　　　（http://www.ceres.dti.ne.jp/~misaki/poem/henden.htm）

　（155）桜並木の蕾がふくらみはじめ、いつものあの土手で、祖母と一緒に摘んだ蓬草。指先が、**青い匂い**で染まった。

　　　　　　　　（http://www.wnn.or.jp/wnn-c/saiha/wnnc-ns/031/naiyou.html）

　（156）（花たちは）踏み倒されて傷付いた葉から息が詰まるような**青い匂い**が立ち上ることを（略）さざめきながら話している。　　　　　　　　　　　（中村編 1995: 266（3478））

この「青いにおい」は次に挙げる「青臭い」と類似性が感じられ、また検索件数も 25 件と多い。

　（157）久子がナイロンの風呂敷をひろげてしいてくれた。か

74

えって土の冷たさが伝わった。まわりの草が**青臭い**。

　　　　　　　　　　　　　　　　　　　（中村編 1995：267（3484））

　そして次に挙げるのは、「鮮やかな香り」である。

（158）黒龍　純米吟醸　¥2,621 高くておいしいのは当たり前で
　　　す。お値打ちでおいしい酒を、という方にはコレです。
　　　<u>**鮮やかな**香り</u>と、味の軽妙さが見事に調和しています。
　　　　　　　　　　（http://www.cty-net.ne.jp/~gikyoya/kura/3kokoryu.htm）

（159）ピノ・ネロ　北イタリア北部アルト・アディジェのピノ・
　　　ネロ種のぶどうで造られた、深いルビー色と<u>**鮮やかな**香</u>
　　　<u>り</u>の赤。トリュフを使ったパスタとの相性は抜群です。
　　　　　　　　　　（http://www.mercian.co.jp/winedata/236.html）

（160）完熟梅肉に、鰹節、昆布、しその葉をブレンドした、味
　　　わい深いねり梅です。おかゆやおむすび、手巻き寿司に
　　　も！　厳選した糸青海苔の<u>**鮮やかな**香り</u>をお楽しみいただ
　　　けます　　（http://www.momoya.co.jp/wonderlandvariety.html）

（161）ハーブは（中略）温帯地方に育つ香り高い草花で、ラベ
　　　ンダーやタイムが良く知られています。（中略）その<u>**鮮や**</u>
　　　<u>**かな**香り</u>は、5000種類以上あると言われています。
　　　　　　　　　　　　（http://www.skybldg.co.jp/cul/herb1.html）

これら「鮮やかな香り」は、酒、ワイン、佃煮海苔、ハーブなどを
表現し、検索件数は10件である。

　さらに次の「澄んだ香り」は、28件のヒット件数であった。

（162）光あふれる花園で、いれたてのジャスミンティーを。（中
　　　略）ブルガリが香りで表現したのは、そんな清い幸福感
　　　です。ミモザ、すみれ、アイリス、オレンジ・ブロッサ
　　　ムなど、<u>新鮮で**澄んだ**香り</u>を放って開花するトップノー
　　　ト。　　　　　　（http://www.digi-c.com/rouge/beau/b/）

（163）「片野桜」のスムーズな口あたり、<u>**澄んだ**香り</u>、豊かな余
　　　韻を残す芳醇な味わいは、かけがえのない酒の席になく
　　　てはならない一品となるでしょう。
　　　　　　　　（http://www.o-kini.or.jp/masse/jizake/yamano/welcome.html）

（162）は香水、（163）は日本酒の香りをそれぞれ表すものである。

また「透明な香り」は7件であった。そのうちの2例を次に挙げる。

(164) **透明な**香りがやさしくほのかに持続する乳液状タイプのコロン　肌にサラサラ感を残すラスティングパウダー配合　もぎたての果実のやわらかで<u>**透明な**香り</u>。
　　　（http://www.mandom.co.jp/products/fraiche/src/fc_62952.html）

(165) そこで"**透明な**香りですっきりリフレッシュできる、きれい・爽快・おしゃれなジャスミン茶"をコンセプトとした「茉莉花茶（じゃすみんふーちゃ）」を開発いたしました。
　　　（http://www.pokka.co.jp/corp/news/H11_2new/H11_2cya/index.html）

(164) はコロンの香り、(165) はお茶の香りをそれぞれ表す。

　最後に、48件の用例が検索された「淡い香り」という表現を挙げる。

(166) 爽風：あっさりした緑茶や紅茶の葉の香りを思わせる<u>**淡い香り**</u>のお線香です。しかも香煙は少な目、残り香もおさえております。**淡い香り**を好まれる方にお勧めします。
　　　（http://www.koh.co.jp/page64.html）

(167) 白く<u>**淡い香り**</u>の更科粉で細めの麺に、正油とダシの旨味がつゆを引き立てて、そばとそば湯を楽しくしてくれる。
　　　（http://www.tokeidai.co.jp/OASIS/mise101.html）

(168) カンティーナ・ソチャーレ・ディ・ロコロトンド社　メディタレニアン（中略）魚介類、パスタ、ピザ、日本料理にも。　緑がかった麦わら色。デリケートな<u>**淡い香り**</u>が長く続く。　（http://www.mercian.co.jp/winedata/0020.html）

以上のように、特に広告などにおいてうっすらとした香りを表す際に、「弱い（香り）」よりもむしろ、この「淡い」が好んで使われている。

#### 3.4.2.6　3.4.2のまとめ

以上をまとめたものが次に示す図8である。

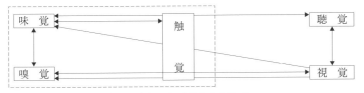

図8　日本語の五感を表す形容詞の共感覚的比喩体系

　この結果を従来の形容詞を中心とした一方向性仮説（山梨1988）と比較してみよう。

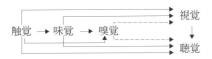

（山梨1988: 60、　図3-5、五感の修飾・被修飾関係）

図9　山梨（1988: 60）による五感の修飾・被修飾関係（再掲）

図8と山梨（1988: 60）との異同を以下にまとめる。
　（169）第3章の図8と従来の一方向性仮説との異同
　　　（i）触覚はすべての感覚へ転用される（従来の仮説と一致）
　　　（ii）味覚すべての感覚へ転用される（味覚→触覚を除き、仮説と一致）
　　　（iii）嗅覚は味覚、視覚へと転用される（嗅覚→味覚を除き、仮説と一致）
　　　（iv）視覚は聴覚、味覚、嗅覚へと転用される（視覚→聴覚は仮説と一致するが、視覚→味覚、視覚→嗅覚は仮説と一致しない）
　　　（v）聴覚は視覚へと転用される（仮説と一致しない）。

以上のように日本語の五感を表す形容詞においては、触覚と味覚から広く意味が転用されることが明らかになった。これは従来の仮説と一致する。しかし嗅覚については、嗅覚→味覚が仮説と一致せず、視覚についても、視覚→味覚、視覚→嗅覚の方向性は仮説と異なる。また、聴覚→視覚も異なる点である。

　つまり、五感を表す形容詞の五感内の意味の転用は、仮説と一致

する部分とそうでない部分とが混在している。

## 3.5 3章のまとめ

以上、図1から図8までの分析結果をまとめたものが、次に示す図10である。

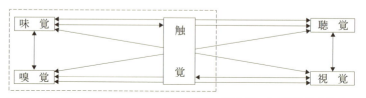

図10　日本語の五感を表すオノマトペ／動詞／形容詞の共感覚的比喩体系

さらに図10の結果を、次の表10にまとめた。表の中の○は転用可能を、×は転用不可能を、そして△は判断にゆれがある方向性、つまり「かぐわしい」からの転用を表す。

表10　日本語の五感を表す語における五感内の意味の転用

| 共感覚 | 原感覚 | 形容詞 | オノマトペ | 動詞 |
|---|---|---|---|---|
| 触覚 | →味覚 | ○ | ○ | ○ |
| | 嗅覚 | ○ | × | ○ |
| | 聴覚 | ○ | ○ | ○ |
| | 視覚 | ○ | ○ | ○ |
| 味覚 | →嗅覚 | ○ | × | ○ |
| | 触覚 | ○ | ○ | ○ |
| | 聴覚 | ○ | × | ○ |
| | 視覚 | ○ | ○ | ○ |
| 嗅覚 | →味覚 | ○ | × | × |
| | 触覚 | × | × | × |
| | 聴覚 | △ | × | × |
| | 視覚 | △ | ○ | × |
| 聴覚 | →味覚 | × | × | ○ |
| | 嗅覚 | × | × | ○ |
| | 触覚 | × | ○ | × |
| | 視覚 | ○ | ○ | × |
| 視覚 | →味覚 | ○ | × | ○ |
| | 嗅覚 | ○ | × | ○ |
| | 触覚 | × | × | ○ |
| | 聴覚 | ○ | × | ○ |

以上の考察から、次の点が明らかになった。

　まず、日本語における五感を表す語全般、すなわち形容詞、動詞、オノマトペにおいては、触覚＞味覚＞視覚＞聴覚＞嗅覚の順に多く意味が転用される。このように触覚の意味領域から最も多く他の感覚へ転用されるという結果は、英語における研究結果と一致する（cf. ウルマン 1964）。

　また嗅覚→触覚は、形容詞、オノマトペ、動詞とも、どの感覚へも転用されないが、このように嗅覚の領域においてのみ、どの感覚へも転用されない方向性が存在するということも、英語と類似している*21。

　さらに、従来の、おもに五感を表す形容詞のみを対象とした日本語の共感覚的比喩体系（山梨 1988）と特に異なるのは視覚における意味転用である。視覚からは従来、聴覚へのみ転用されると考えられてきたが、実例を注意深くみてみると、味覚（澄んだ味、濁った味、濃い味）および嗅覚（青いにおい、鮮やかな香り、澄んだ香り、透明な香り、淡い香り）などへの転用例が認められた*22。一方、五感を表すオノマトペについては、従来の形容詞の比喩体系とは様々な点で異なり、例えば視覚から聴覚へ転用されない。しかし同じく視覚を五感を表す動詞の中でみると、視覚からは聴覚だけでなく、すべての感覚領域へと広く転用される。

　以上、日本語の五感を表す語全般における意味転用の方向性において、オノマトペと動詞における感覚間の意味転用には多様性がみられ、形容詞のみの一方向性仮説と一致しない。

　しかし一方で、形容詞にだけ注目すると、従来の仮説に一致する部分とそうでない部分とが混在している。すなわち、触覚と味覚領域から他の感覚へは転用されやすいという傾向は仮説と一致する。ただし、嗅覚から味覚への転用、視覚と聴覚から他の感覚への転用については従来の仮説と異なる。

　以上から、五感を表す形容詞については、転用されやすい感覚（接触感覚）とそうでない感覚（遠隔感覚）とがあり、それがきれいに一方向的ではないにせよ、一方向的な傾向性ともいえるものが存在するようである。それでは、それは言語普遍性と関わるもので

あるのかどうか。この点についてのさらなる検証は次章に譲る。

*1　ただし OED については必ずしも慣用性の強い用例に限定されない。
*2　ウルマン（1964）を指す。
*3　ここでの比喩的共感性は共感覚的比喩を指すと思われる。
*4　「擬声語」は次のように定義され、いわゆる擬音語、擬態語をも含むとされる。

　　なお、聴覚によって知覚される事物の状態を表すものを「擬音語」、他の事物を表すものを「擬態語」（または擬容語）と呼んで区別することもあるが、(中略) サラサラ・カンカンのように、同じ語が、ある場合には音響を、ある場合には視覚的な動作や表情を表すこともあって、擬音語と擬態語とを厳密に区別することは困難である。わたしは合わせて「擬声語」といい、区別する必要のある場合に限り、「擬音語」「擬態語」と呼ぶことにする。
　　　　　　　　　　　　　　　　　　　　　　　　　　　（大坪 1989: 16）

*5　「共通感覚」（sensus communis）とは、感覚のすべての領野を統一的に捉える根元的な感覚能力をいう（cf. 中村 1979）。五感に関する比喩を考察するにあたって、共感覚と共通感覚の関係、ひいては共感覚的比喩にあらわれる五感の融合性を念頭に置く必要がある。この点について、これまでの研究においてもいくつかの指摘がある。

　　感覚は事物と身体との作用の結果生じる意識であるのだから、本来未分化で、言葉になる以前のものである。だからこそ感覚相互の交流が自由に行われるわけである。感覚を通常五感に分類するのは、ただ感官の分類上の便宜である。（樋口 1995: 63）辛い味は、一種の痛い感じが加わり、渋い味には舌が収縮する感じがある。だから、実際には、基本的な四種の味を中心に、色や、温度や、歯ごたえ、舌ざわりなど、視覚、痛覚、触覚などの感覚が組み合わさって複雑化し、いろいろな味になっているものが多い、と言われている。
　　　　　　　　　　　　　　　　　　　　　　　　　　　（内村 1980: 190）

さらに、ある感覚での経験が別の感覚での言語表現にいかに深く関わるか、すなわち各感覚は根底で結びついているという点についても以下の様な指摘がある。

　　楽曲を弾くことが聴覚と触感覚とが分かちがたくむすびついた音楽体験だと思うのは、ぼくだけではないだろう。そして強い音楽体験が、聴覚上の体験であるのと同時に、触感覚や皮膚感覚のような生物的により下層の感覚とむすびついているのだと思うのも、ぼくだけではないという気がする。
　　　　　　　　　　　　　　　　　　　　　　　　　　　（最相 1998: 79）

メルロ・ポンテイ（引用者注：メルロー＝ポンテイ 1974 = 1999）は、たとえば視覚がただ対象の形と幾何学的輪郭ばかりを与えるものではないことを指摘している。「鳥が飛び立ったばかりの枝の動きのなかに、われわ

れはそのしなやかな弾性を読みとる。(中略 [ママ]) われわれには砂地に打ちこまれる一塊の金槌鉄の重み、水の流動性、シロップの粘着性が見える。同様に、私の耳には、車の騒音のなかで舗石の堅さや凹凸が聞こえる」のである。つまり、身体の中では感覚は互いに絡み合い、すべて共同し、互いに四通八達して動いている。<u>外界から与えられた刺戟を、われわれはいちいち分類して捉えるのではなく、感覚は本性的に融合しているのである。</u>
(樋口 1995: 63、下線は引用者)

ひとくちに"味"とか味覚とかいっても、細かく考えてみると、ずいぶん多くの要素がからみ合っている。現在、次のようないろいろな要因が味を形づくっていると考えられている。

　　視覚　形、大きさ、色、つや、きめ
　　嗅覚　花の香り、くだものの香り、月星いにおい、こげ臭、薬味の香りなど
　　触覚　硬さ、もろさ、なめらかさ、弾力性、粘性、温かさ、冷たさ、辛さ、渋さ
　　聴覚　カリカリ、パリパリなど
　　味覚　甘味、酸味、苦味、塩味など

以上は見て、嗅いで、触れて、実際に味わうという手順の順に並べたのだが、つまり、<u>人間は五感のほとんどすべてを動員して"味"を楽しんでいるわけだ。</u>
(大塚 1975: 160–161、下線は引用者)

本書においては、こうした五感と共通感覚との関係性に迫る分析には至らなかった。今後の課題としたい。

\*6 「**カ**サカサと」(引用者注：以下引用を含め、太字はその箇所を一番高く発音する意) と「カ**サ**カサに」は同一の語基ながらアクセントが異なるので、同じ語であるのだろうか。この点について本書では、次に挙げる金田一 (1982) に従う。

　　注意すべきは、幾つかの、「つるつる」「ふらふら」のような、重ね言葉の擬態語である。これは、
　　　　つるつるよく滑る　　　　　　…①
　　　　頭が禿げて　つるつるになった…②
のように、(1) 連用的な用法と、(2)「静か」とか「快活」がもっているような、いわゆるダ型形容動詞の用法をもっているものがある。これは一般には (1) は副詞、(2) は形容動詞とされているけれども、意味は同じであり、<u>同じ単語の二つの用法とすべきものである。</u>興味あることは、(1) と (2) とではアクセントがちがい、(1) は**ツ**ルツルと頭高型で、(2) はツル**ツ**ルのような平板型だ。これはちょうど一般の形容詞が、連用形と連体形とで、
　　　シ**ロ**ク対シ**ロ**イ
という対立をもっていることを思わせる。形容詞の語形変化という場合、一般には語尾のクとイのちがいだりを言うが、それと並んで**高低低型対低高低型**というアクセントのちがいも、活用の一種と考えるべきだ。とすると、いま問題の
　　　<u>**ツ**ルツル対ツル**ツ**ル</u>

は、語音の方は変わらないが、アクセントには変化がある一種の活用と見
　　るべきことになる。　　　　　　　　（金田一 1982: 148-149、下線は引用者）
以上から、同一の語基を持ったアクセントの異なるオノマトペについては、基
本的には多義性を持つオノマトペにおける同じ語の異なる活用であるとみなす。
ただし同一の語基を持ってはいても、意味の連続性が少しも感じられない場合
においてのみ、同音異義語である可能性を指摘する。
＊7　辞書は、意味の記述順序が次のような方針のものに限定した。
　　『大辞林』：
　　（1）意味の記述順序は次のようにした。
　　　　（ア）現代語として用いられている意味・用法を先にし、古語としての意
　　　　　　味・用法を後に記述した。
　　　　（イ）現代語は一般的な語義を先にし、特殊な語義や専門的な語義をあと
　　　　　　に記述した。
　　『学研国語大辞典』：
　　　一、語釈の区分
　　　　（ロ）語釈が二つ以上に分かれるときは、原則として基本的な意味を先に
　　　　　　して、①②③…の番号によって分けた。
以上から、これらの辞書で最初に挙げられている意味を基本義とみなし、これ
に従った。
＊8　ただし本書では、同音異義語と多義語は連続していると考える。詳しくは
第5章参照。
＊9　実際には、中身の粘度を確認するために、容器を振るなどの動作が伴うこ
ともあるかもしれない。
＊10　ここでのメトニミーについては、第7章で詳しく述べる。
＊11　触覚、嗅覚、味覚間の区別は判断が難しいこともあるが、本書では、そ
れぞれの感覚を感知する身体の部位によって、区別する。すなわち、鼻の粘膜
で感知するものは嗅覚、舌によるものは味覚、それ以外の感覚器官（例えば皮
膚感覚で感知する感覚など）は触覚とする。
＊12　ここでのメトニミー、つまり生理的メトニミー（cf. ウンゲラー・シュ
ミット（1998: 163）他）については第9章で述べる。
＊13　視覚を表すとされるオノマトペにおいては、「ツンと」においてのみ、以
下のような転用がある。まず挙げるのは、基本義の視覚である。
　　　某ペットショップへ行くと、ひときわ目立つアビシニアンがいた。高貴な
　　　感じで品がある。ショーケースの中でおとなしく座って**ツン**としている。
　　　　　　　　　　（http://home.highway.ne.jp/yoneyone/abistory/kita.htm）
そして次に示すのは、聴覚への転用である。
　　　「せめて、送っていくよ」「結構ですわ」ディアーナは**つん**とした声で言っ
　　　た。　　　　　（http://doki02.dokidoki.ne.jp/home2/irisu/watashiga1.htm）
これは視覚表現との直接的な連続性を感じさせる。すなわち「ツンと」におけ
る視覚的印象と聴覚的印象の同時性に基づくメトニミーにより意味が転用され
ると考えられるからである。さらに触覚を表すと思われるのが次の用例である。
　　　「愛しのタチアナ」良かったよね。鼻の奥が**ツン**とするようなお話に、レ
　　　イノ役のロッカー・ファッションが、花（?）を添えてましたっけ。

(http://www.win.ne.jp/~kyoko-o/links/peltsix.html)

ここでの「ツンと」は、先端のとがったものに突き刺されるような痛みを表す。しかしこの鼻の粘膜への強い刺激をみると嗅覚との区別が非常に難しくなる。ただし、この「ツンと」については、「視覚」よりもむしろ次の例のような「嗅覚」表現が基本義である可能性があるように思われることから、(以上のような転用が認められるものの、)本書では「ツンと」を例外とした。

　　なんだか**ツン**とする匂いをかいで、意識が急に遠のいたと思ったら、「混ぜるな危険」だった、なんてこともあるよね。
　　　　　　　(http://www.ohtapro.co.jp/inuta_pro/boke/boke013/1669.html)

\*14　亀井で挙げられている「触覚を表す感覚動詞」は「触る」であり、これは「さわる」と読むと思われるが、ここでの分析では「ふれる」で行った。なお「さわる」は他の感覚領域へ転用されない。

\*15　この点についての分析は、第6章で行なう。

\*16　イ形容詞とナ形容詞(形容動詞)の両方を扱う。

\*17　なお心理学の研究(楠見1988))も、従来の共感覚的比喩体系を妥当だとしているが、言語学的な観点からのデータの検証は十分でない。またWilliams (1976)も日本語の五感語彙の分類を挙げ、おもに『広辞苑』の記載を元に形容詞の方向性を検討しているが、量的にも質的にも不十分なものである。

\*18　第2章の注5でも触れたが、この「**塩辛**声」などの、名詞を修飾する五感を表す造語成分については、本書では部分的な指摘にとどめた。

\*19　「(%)は、問題の感覚表現の判断のゆれを示す」とし、味覚から視覚「あまい色調、柄」とともに嗅覚から視覚「かぐわしい色調、色彩」、嗅覚から聴覚「かぐわい音調、音色」に関しても%)を付している(詳しくは第2章参照)。

\*20　この視覚→味覚で挙げた形容詞は、名詞を修飾するほか、述語にもなり得る。

　　「そのトコブシ、酒蒸しかい?」「そ、味が**深い**よ、あの板前、最近腕を上げているからね」　　　　　　　　　　(中村編 1995: 285 (3737))

\*21　Williams (1976)に次の様な指摘がある。

　　There are no primary olfactory words in English (i.e. none historically originating in the area) that have shifted to other senses. (Williams 1976: 464)

　　英語においては、他の感覚へ転用された嗅覚を第一義とする語は存在しない(換言すれば、歴史的にその領域にはもともと嗅覚を表す語はない)。

\*22　本章の分析では、楠見(1988: 133)の感覚形容詞に挙げられている語のみを用例に挙げたが、他にも視覚を表す語には、次のような例が認められる。

　　視覚→嗅覚
　　衿元からは、母親特有の何かしら**甘い**ふくよかな匂いがただよっていた。
　　　　　　　　　　　　　　　　　　　　(中村編 1995: 260 (3387))
　　しかし昨夜の**濃厚**な臭いのエッセンスだけが屋内には漂っているようで、なぜかその方が神経を堪えがたく刺激して、きわどく吐き気になりそうだった。　　　　　　　　　　　　　(中村編 1995: 271 (3546))

**視覚→味覚**

だが日本ですき焼きに使う"霜ふり"とは違い、脂肪の微粒が全体にゆきわたっていて、口に入れると溶けるようにやわらかく、<u>**濃厚な**味</u>ながら、しつこさがない。　　　　　　　　　　　　　　　（中村編 1995: 286（3741））

わあ、なんて上品なお味なの!?　ゴリは川の清流の香りと<u>**厚みのある**味</u>で、白味噌の甘みに埋もれてしまわずに、お椀全体を引き立てて…!
　　　　　　　　　　　　　　　　　　　　　　（中村編 1995: 284（3723））

第 4 章
# 4 つの言語における共感覚的比喩
フランス語、スウェーデン語、英語、および日本語母語話者を
対象とした調査の結果から

　第 3 章では、日本語の形容詞、オノマトペ、動詞における五感内の意味転用を実例により検証した。その結果、その転用の方向性は従来の一方向性仮説に完全に一致するものではなく、多様であるという結論を得た。

　しかしながら、形容詞だけに注目して従来の仮説（山梨 1988: 60）と照らし合わせてみると、一致する点とそうでない点があることも明らかになった。

（1）第 3 章における五感を表す形容詞の転用の方向性と従来の仮説との相違
　　(i) 一致する点：触覚的領域（触覚と味覚）から広く意味が転用される点
　　(ii) 一致しない点：嗅覚→味覚、そして視覚からも複数の感覚へ意味が転用される点

ここから、五感内の意味転用には、「触覚的領域→遠隔感覚」といった、ある種の傾向が存在する可能性がある。しかしそれと同時に多様性も存在するようである。

　本章では、この共感覚的比喩における傾向と多様性についてさらに検証すべく、考察対象を日本語以外の言語（フランス語、スウェーデン語、英語）に広げていく。また日本語についても、形容詞に焦点を当て日本語母語話者を対象とした調査を加えた形で改めて検証する。


## 4.1　はじめに

　前章でも述べたように、五感内の意味転用の方向性には一定の方向性があることが多くの先行研究で報告されている。これは一方向

性の仮説と呼ばれ、おおむね正しいものと考えられている（山田1993、池上1985、安井1978、国広1989、山梨1988ほか）。

図1　Williams（1976）による英語の共感覚的比喩の一方向性仮説

図2　山梨（1988:60）による日本語の共感覚的比喩体系

　しかしながら、例えばWilliams（1976）も反例の存在を認めているように、仮説に反する例が一定数存在することが複数の研究で指摘されている。特に次に挙げる瀬戸（2003）においては、味を表す共感覚表現の多様性が強く主張されている*1。

　　しかし、言語データをよく検討すれば、一方向性の仮説の反例が、たちまち雪崩のように押し寄せる。いまは「視覚→味覚」にかぎれば、たとえば、「深い味」を例外にするわけにはいかないだろう。（中略）とりわけ、視覚は多様な表現に富むので、つぎつぎと現れる「視覚→味覚」の共感覚表現を例外扱いするわけにはいかない。一方向性の仮説を維持することは、きわめて難しくなった。　　　　　　　　　　　（瀬戸2003: 68-69）

ここでは続けて、「既成概念にとらわれることなく、データを綿密に検討し、それをよく整理し（中略）、言語事実にもとづいて、共感覚表現の仕組みを一から考え直す」ことが必要だとしている。

## 4.2　先行研究で残された課題

　日本語の先行研究をもう少しみてみよう。坂本（2010）ではオノマトペと共感覚的比喩との比較を通して、「人間の認知特性としてはどの五感の間でも共感覚は起こりうる可能性が考えられる」とする。仮説の反例については、瀬戸（2003）の他に、森（1995）においても「視覚に関わる形容詞が味覚経験を表す場合に用いられ

る例が数多く見られる」ことが指摘されている。

　日本語以外の言語における共感覚の多様性に関する研究は、武田（2001）、Werning、Fleischhauer & Beşeoğlu（2006）などがある。このうち武田（2001）では中国語を、そしてWerning、Fleischhauer & Beşeoğlu（2006）ではドイツ語を対象としているが、このうちWerning（2006）では「日本語や英語を対象とした、従来の研究で指摘されている一方向性と反する方向性」に関する考察がある。

　一方、白輪・坂本（2003）では、Web上における実例を収集しデータベース化したものを分析した結果、仮説とは異なる方向性のものが相当数存在するものの、全体的に見ると「共感覚の転用の方向性はWilliams（1976）の説とほぼ一致する結果となった」としている。

　心理学や認知科学の分野における先行研究では、次の楠見（1988）が代表的なものである。

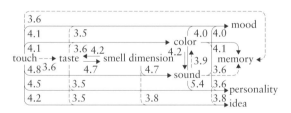

（楠見 1988: 375、Fig. 1）

図3　楠見（1988）による感覚形容詞の修飾関係

この図を五感に絞ると次のようになる。

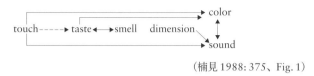

（楠見 1988: 375、Fig. 1）

図4　楠見（1988: 375）Fig. 1で示されたモデル

つまりここでは、基本的には従来の仮説に沿うという結論に加え、反例とされている「嗅覚→味覚」についても、実験的に方向性があることが指摘されている。

　次のShinohara and Nakayama（2011）にも同様の指摘がある。

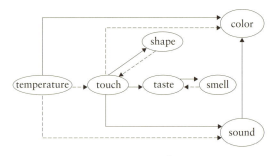

(Shinohara and Nakayama 2011)

図5　Shinohara and Nakayama（2011）による日本語の共感覚的比喩の体系

　この図において、触覚は'temperature'と'touch'とに分けられているが、おおむね一方向的な方向性が認められるとされる一方で、楠見（1988）と同様、反例であるとされている嗅覚→味覚の方向性の存在について述べられている。

　以上の研究をまとめると、日本語の形容詞に関しては、共感覚的比喩の転用の方向性には一方向的な傾向があるとする説が主流であるといえる。すなわち「一般に、共感覚比喩の拡張の方向は、触覚や味覚の低次感覚から、聴覚や視覚のような高次感覚へと進むとされている」（山梨1988）という伝統的な仮説に近い傾向性、つまり、原感覚となりやすい感覚は、刺激から離れた遠隔刺激であるという傾向性である（楠見1988、Shen & Cohen 1998、白輪・坂本2003、Werning et al. 2006）。

　その一方で、日本語およびその他の言語（中国語、ドイツ語）において、決して少なくはない数の反例が存在するのも事実のようである。中でも特に、嗅覚→味覚の方向性については、複数の研究において同様の指摘がみられる。

　　より適切に説明するために、接近可能性に基づく新たな階層性（触覚＞味覚＞視覚＞嗅覚／聴覚）を提案した。（中略）それは嗅覚概念がその特性を十分に考察されないまま比較的分化度の低い、より原初的な、接近可能性の高い概念であると誤って位置づけられてきたために、嗅覚と視覚／聴覚間での共感覚的転用の傾向を説明できなかった点である。（中略）その結果、嗅覚概念はこれまで当然視されてきたような接近可能性の高い、

> 比較的具体的な感覚概念ではなく、実際は聴覚と同様、接近可能性の最も低い、具体性の低い感覚概念であることが示された。（中略）ただし、本稿で検証したのは、上に示した通り、従来の階層性と位置づけが異なる転用方向のみである。より確実に実証するには、五感相互のすべての組み合わせについて、共感覚表現の出現頻度による分析が必要であろう。
>
> （貞光2005: 69–70）

この研究では、共感覚的比喩の嗅覚の位置づけについて貴重なデータが示されてはいるが、しかし「五感相互のすべての組み合わせについての、共感覚表現の出現頻度による分析」については今後「分析が必要である」としている*2。

以上、共感覚的比喩に関する先行研究をみてきたが、残された課題を次のようにまとめる。第1に、形容詞を対象とした共感覚的比喩の体系に従来の一方向性仮説に近い、触覚領域（触覚・味覚）から他の感覚へといった傾向性があるのかどうか、そしてそれが言語普遍的なものであるのかどうかという点について複数の言語について調査する必要がある。またその際、触覚的領域から他の感覚へといった傾向性に沿う例とそうでない例との割合の比較についても検証されるべきであろう。そしてそれは、五感相互、感覚間のすべての組み合わせについて行われるべきである。

## 4.3　仮説の提示と本章の課題

第3章では実例に基づき五感を表す形容詞の意味転用を検証した。ここでその結果を振り返ってみよう。

(2) 第3章の図8と従来の一方向性仮説との差異
　(i) 触覚はすべての感覚へ転用される（従来の仮説と一致）
　(ii) 味覚すべての感覚へ転用される（味覚→触覚を除き、仮説と一致）
　(iii) 嗅覚は味覚、視覚へと転用される（嗅覚→味覚を除き、仮説と一致）
　(iv) 視覚は聴覚、味覚、嗅覚へと転用される（視覚→聴覚

は仮説と一致するが、視覚→味覚、視覚→嗅覚は仮説
と一致しない）
(v) 聴覚は視覚へと転用される（仮説と一致しない）。

(第3章（169）再掲)

以上の分析結果を踏まえ、本章では次の点を検討課題とする。
(3) 第4章の検討課題
(i) 他の言語における触覚的領域（触覚と味覚）から他の感覚への転用割合
(ii) 従来の仮説において反例とされていた方向性の割合に関する検証

上記（i）について、第3章において、日本語の形容詞を対象とした五感内の転用の方向性は、触覚的領域（触覚と味覚）から多く転用が認められたが、この点について他の言語ではどうか。つまり従来の一方向性仮説に近い転用の傾向性が他の言語においても存在するのかどうかについて検証する。

(ii) については、具体的には嗅覚→味覚、視覚→味覚、視覚→嗅覚、聴覚→視覚といった方向性について改めてみる。つまり、従来の仮説で反例とされてきた上記の方向性について、第3章の日本語の形容詞においては実例が確認されたが、他の言語においてはどうであるのか、そしてその割合はどの程度なのか。また日本語についても、第3章のインターネットの実例による結果と母語話者の直感（アンケート結果）とが一致するのかどうかという点について、複数の言語における五感相互、すべての組み合わせにおいて改めて検証し明らかにする。

## 4.4 パイロット調査の実施
### 14の言語における一方向性仮説

はじめに、可能な限り多くの言語における触覚的領域とそうでない感覚からの意味転用を比較すべく、14の言語を対象としパイロット調査を行った。

調査の概要は以下の通りである。調査言語は、14言語（日本語、

中国語、英語、タイ語、ドイツ語、タガログ語、韓国語、フランス語、ロシア語、アラビア語、マレー語、スペイン語、ベンガル語、ポルトガル語）で、調査対象は母語話者各々の言語につき5名の計70名、調査時期は、2008年4月－2009年5月である。

　触覚を表す32語と視覚を表す43語を、楠見（1995: 134）およびWilliams（1976）をもとに選定した＊3。次に9つの言語における「視覚→他の感覚」（すなわち、おもに一方向性仮説に反する例）および「触覚→他の感覚」（一方向性仮説に反しない例）の共感覚表現を挙げ、言語ごとに翻訳したアンケート用紙を作成した＊4。そしてリストアップされている共感覚表現が当該言語において表現可能であるかどうかという点について、各言語につき5名の被験者に回答してもらった。

### 4.4.1　触覚を表す語から他の感覚への意味転用

　触覚から他の感覚への転用については、次の11の語について調べた＊5。

　　　かるい、あらい、かたい、つめたい、やわらかい、なめらかな、
　　　ねばっこい、あたたかい、するどい、おもい、にぶい

なお、触覚から他の感覚への意味転用とは、もともと触覚の意味を表す語が、味覚、視覚、聴覚など、他の感覚を表す際にも用いられるようになる現象をいう（例えば、<u>かるい味</u>（触覚→味覚）、<u>かたい表情</u>（触覚→視覚）、<u>つめたい声</u>（触覚→聴覚）など）。つまり、もともと触覚の語である「かるい」があじ（味覚）やにおい（嗅覚）、いろ・かお・ひょうじょう（視覚）、おと・こえ（聴覚）を表し得るのかどうかについて、触覚11語それぞれについて回答してもらった。なお、表現可能な場合は○を、逆に表現不可能な場合は×を記入してもらったが、判断に迷う場合、例えば詩などの修辞性の高い表現に限っては表現可能であろうというような場合は？を記入してもらった。集計の際、○を1とカウントし×はゼロ、？については0.5とカウントした。この調査の結果をまとめたものが次の表1である。

表1　触覚から他の感覚への意味転用（%）

| | 平均 | 触覚→味覚 | 触覚→嗅覚 | 触覚→視覚 | 触覚→聴覚 |
|---|---|---|---|---|---|
| 1　日本語 | 66 | 65 | 46 | 68 | 82 |
| 2　英語 | 62 | 49 | 51 | 73 | 75 |
| 3　中国語 | 60 | 60 | 33 | 98 | 51 |
| 4　タイ語 | 59 | 51 | 25 | 87 | 71 |
| 5　ドイツ語 | 45 | 40 | 31 | 53 | 55 |
| 6　タガログ語 | 42 | 60 | 2 | 76 | 31 |
| 7　韓国語 | 39 | 24 | 11 | 64 | 58 |
| 8　フランス語 | 37 | 35 | 24 | 42 | 49 |
| 9　ロシア語 | 32 | 22 | 35 | 35 | 38 |
| 10　アラビア語 | 29 | 27 | 16 | 40 | 31 |
| 11　マレー語 | 25 | 36 | 0 | 49 | 16 |
| 12　スペイン語 | 22 | 20 | 11 | 35 | 24 |
| 13　ベンガル語 | 10 | 9 | 7 | 22 | 2 |
| 14　ポルトガル語 | 8 | 7 | 0 | 13 | 11 |

　表1の数字は、当該言語の被験者全員がその表現を○と判断した場合を100%としている。平均（網掛け部分）に注目すると、最も多く用例が認められたのは日本語である（66%）。例えば日本語では「かるい味」「かたい表情」「冷たい声」などの表現がある。次いで英語、中国語、タイ語の上位4言語までは、同程度に用例が存在する（62-59%）。一方、ベンガル語やポルトガル語においてはあまり触覚表現が存在しない（10%以下）。

　以下、30%前後を目安とし数値の高低を判断していく。

### 4.4.2　視覚を表す語から他の感覚への意味転用

　次に視覚からの転用に関する調査の結果である。視覚から他の感覚への転用については次の12の語について調査した。

　　あざやかな、あかるい、くらい、くろい、あおい、しろい、うつくしい、とうめいな、あかい、みにくい、あわい、きいろい

　視覚から他の感覚への転用の例を挙げると、例えば日本語においては「あざやかな味」（視覚から味覚への転用）、「とうめいな香り」（視覚から嗅覚への転用）などの表現が存在する。触覚と同様の方法でカウントし結果をまとめたものが次の表2である。表2に示さ

れるように、目立って多く視覚からの転用例が認められたのは英語（43%）である。次いで日本語（29%）も転用割合が高いといえる。

表2　視覚から他の感覚への意味転用（%）

|  |  | 平均 | 視覚→聴覚 | 視覚→触覚 | 視覚→味覚 | 視覚→嗅覚 |
|---|---|---|---|---|---|---|
| 1 | 英語 | 43 | 60 | 38 | 33 | 42 |
| 2 | 日本語 | 29 | 58 | 13 | 19 | 24 |
| 3 | スペイン語 | 21 | 43 | 7 | 17 | 18 |
| 4 | 中国語 | 20 | 28 | 17 | 22 | 15 |
| 5 | アラビア語 | 19 | 37 | 17 | 8 | 15 |
| 6 | 韓国語 | 17 | 37 | 5 | 15 | 10 |
| 6 | ドイツ語 | 17 | 43 | 3 | 5 | 15 |
| 8 | フランス語 | 16 | 38 | 5 | 12 | 8 |
| 9 | ロシア語 | 14 | 22 | 12 | 12 | 12 |
| 10 | タイ語 | 12 | 23 | 10 | 5 | 10 |
| 11 | タガログ語 | 11 | 22 | 8 | 8 | 7 |
| 12 | ベンガル語 | 7 | 13 | 5 | 0 | 8 |
| 12 | ポルトガル語 | 7 | 23 | 0 | 0 | 3 |
| 14 | マレー語 | 2 | 3 | 2 | 2 | 0 |

　しかし3位のスペイン語以下はあまり高いとは言えず（21–11%）、12位のベンガル語、ポルトガル語、マレー語においてはほとんど視覚からの転用例はみられない。

表3　14言語における視覚と触覚から他の感覚への意味転用（％）

| | 触覚　平均 | 視覚　平均 |
|---|---|---|
| 1　日本語 | 66 | 29 |
| 2　英語 | 62 | 43 |
| 3　中国語 | 60 | 20 |
| 4　タイ | 59 | 12 |
| 5　ドイツ語 | 45 | 17 |
| 6　タガログ語 | 42 | 11 |
| 7　韓国語 | 39 | 17 |
| 8　フランス語 | 37 | 16 |
| 9　ロシア語 | 32 | 14 |
| 10　アラビア語 | 29 | 19 |
| 11　マレー語 | 25 | 2 |
| 12　スペイン語 | 22 | 21 |
| 13　ベンガル語 | 10 | 7 |
| 14　ポルトガル語 | 8 | 7 |
| 平均 | 38 | 17 |

　以上をまとめると、触覚から他の感覚への意味転用は視覚から他の感覚への意味転用の約2倍存在する。

### 4.4.3　一方向性仮説に反する例

　14言語全体における触覚表現と視覚表現の割合をまとめたものが次の表4と表5である。

表4　14言語における触覚表現の割合（％）

| 触覚→聴覚 | 36 |
|---|---|
| 触覚→視覚 | 21 |
| 触覚→味覚 | 54 |
| 触覚→嗅覚 | 42 |
| 平均 | 38 |

表5　14言語における視覚表現の割合（％）

| 視覚→聴覚 | 32 |
|---|---|
| 視覚→触覚 | 10 |
| 視覚→味覚 | 11 |
| 視覚→嗅覚 | 13 |
| 平均 | 17 |

　すべての被験者がすべての転用例を「言える」と判断した場合を100％とすると、触覚表現は38％、視覚表現は17％の例が自然であると認められた。このうち、視覚表現のなかの「視覚→聴覚」を

除く例が一方向性仮説に反する例であるが、これらの方向性においては平均11.3％の例が自然であるとされた。

　以上、調査結果全体を振り返ると、転用の傾向としては視覚表現に比べ触覚表現の方が多く存在するといえる。

　しかしその一方で、特に英語において、反例が多く存在する。例えば「視覚→触覚」表現（38％）と「視覚→味覚」表現（33％）、「視覚→嗅覚」（42％）といった方向性である。

　以上、14の言語においては触覚からの転用の方がより多く、従来の一方向性仮説に沿うような傾向性がうかがえる。しかしその一方で、一定数の反例が存在することから多様性も認められる。

## 4.5　4つの言語を対象としたさらなる調査

　前節までのパイロットスタディでは、14の言語において触覚からの転用割合が視覚からの転用より高いという傾向が認められた。

　そこで本節では、インフォーマントの数を各言語60名前後に増やし、4つの言語を対象に改めて調査を行った。なお前章の予備調査では、視覚と触覚からの意味転用のみを調査したが、この調査では、五感内すべての感覚から他の感覚への意味転用について調べた。

### 4.5.1　調査概要
調査の概要は次の通りである。

表6　4言語を対象とした調査の概要

| 調査言語 | 調査人数（名） | 調査時期 | 調査機関 |
|---|---|---|---|
| 日本語 | 40 | 2010年2月 | 琉球大学（日本） |
| 英語 | 59 | 2009年3月 | オタワ大学、カールトン大学（カナダ） |
| フランス語 | 61 | 2009年3月 | モントリオール大学（カナダ） |
| スウェーデン語 | 58 | 2010年2月 | イェーテボリ大学（スウェーデン） |

調査対象者は、すべて大学生（18才～24才）の男女である。性別についても考慮すべきであろうが、今回の調査では実施機関の関係上、被験者の過半数以上（60％–70％）が女性であった。

### 4.5.2　調査に使用した語

調査に使用した語は次に挙げる表の通りである。パイロット調査と同様、楠見（1995）およびWilliams（1976）をもとに選定し、それを10語程度に絞り込んだ。ただし嗅覚と聴覚は語彙が少ないため、可能な限り多く挙げた結果、ともに5つとなった。

表7　4言語における触覚を表す語一覧

|  | 日本語 | スウェーデン語 | 英語 | フランス語 |
|---|---|---|---|---|
| 1 | かるい | lätt | light | Léger |
| 2 | あらい | sträv | rough | Rêche |
| 3 | かたい | hård | hard | Dur |
| 4 | つめたい | kall | cold | Froid |
| 5 | やわらかい | mjuk | soft | Doux |
| 6 | なめらかな | slät | smooth | Lisse |
| 7 | ねばっこい | kletig | sticky | Visqueux |
| 8 | あたたかい | varm | warm | Chaud |
| 9 | するどい | vass | sharp | Trenchant |
| 10 | おもい | tung | heavy | Lourd |
| 11 | にぶい | trubbig | dull | Émoussé |

表8　4言語における視覚を表す語一覧

|   | 日本語 | スウェーデン語 | 英語 | フランス語 |
|---|---|---|---|---|
| 1 | あざやかな | levande | vivid | Vif |
| 2 | あかるい | ljus | bright | clair |
| 3 | くらい | mörk | dark | sombre |
| 4 | くろい | svart | black | noir |
| 5 | あおい | blå | blue | bleu |
| 6 | しろい | vit | white | blanc |
| 7 | うつくしい | vacker | beautiful | beau |
| 8 | とうめいな | genomskinlig | transparent | transparent |
| 9 | あかい | röd | red | rouge |
| 10 | みにくい | ful | ugly | laid |
| 11 | あわい | matt | faint | faible |
| 12 | きいろい | gul | yellow | jaune |

表9　4言語における味覚を表す語一覧

|   | 日本語 | スウェーデン語 | 英語 | フランス語 |
|---|---|---|---|---|
| 1 | おいしい | god | delicious | délicieux |
| 2 | すっぱい | sur | sour | aigre |
| 3 | まずい | äcklig | unsavory | mauvais |
| 4 | あまい | söt | sweet | sucré |
| 5 | こくのある | smakrik | good body | qui a du corps |
| 6 | しおからい | salt | salty | salé |
| 7 | にがい | besk | bitter | amer |
| 8 | しつこい | stark smak | luscious | lourd |
| 9 | あっさりした | enkel | plain | léger |
| 10 | しぶい | smak av te är för mörk | astringent | sobre |

表10　4言語における嗅覚を表す語一覧

|   | 日本語 | スウェーデン語 | 英語 | フランス語 |
|---|---|---|---|---|
| 1 | こうばしい | aromatisk | aromatic | parfumé |
| 2 | なまぐさい | rå | fishy | malodorant |
| 3 | きなくさい | rökig | smoky | fétide |
| 4 | くさい | illaluktande | foul | nauséabond |
| 5 | かぐわしい | väldoftande | fragrant | fragrant |

表11　4言語における聴覚を表す語一覧

|   | 日本語 | スウェーデン語 | 英語 | フランス語 |
|---|---|---|---|---|
| 1 | しずかな | tyst | quiet | tranquille |
| 2 | うるさい | högljudd | loud | bruyant |
| 3 | やかましい | bullrig | noisy | agaçant |
| 4 | かんだかい | gäll | shrill | aigu |
| 5 | みみざわりな | högt och skarpt | strident | qui fait mal aux oreilles |

　これらの語を翻訳し言語毎にアンケート用紙を作成した。そして、リストアップされている共感覚表現が当該言語において表現可能であるかどうかという点について、各言語につき約60名の被験者に回答してもらった。

　なお、今回の調査で使用されたスウェーデン語、英語、フランス語におけるこれらの五感を表す語は、各言語の研究補助者による翻訳であるが、この方法が妥当であるのかどうかについては課題が残ると考えている。

### 4.5.3　触覚的領域からの転用と遠隔感覚からの転用の比較

　それでは以下、感覚別に調査結果をみていこう。はじめに、本章の検討課題1について検証する。

（4）4.5.3の検討課題
　　他の言語における触覚的領域（触覚と味覚）からの転用割合

　第3章において、日本語の形容詞を対象とした五感内の転用の方向性においては、触覚的領域（触覚と味覚）から最も多く転用が認められたが、この点について他の言語ではどうであろうか。従来の一方向性仮説に近い、一方向的な傾向性が存在するのだろうか。

#### 4.5.3.1　4言語における触覚的領域から他の感覚への意味転用の割合

　結論を先に述べると、4言語における触覚と味覚には、従来の一方向性仮説に沿う傾向性が認められる。次に示す表12と13は4言語における転用の割合をまとめたものである。

表12　4言語における触覚表現からの意味転用の割合（％）

| | 触覚→ | →味覚<br>(味) | →嗅覚<br>(におい、香り) | →視覚<br>(色、表情) | →聴覚<br>(音、声) |
|---|---|---|---|---|---|
| 1 | 日本語 | 40 | *25 | 62 | 69 |
| 2 | 英語 | 68 | 53 | 71 | 79 |
| 3 | フランス語 | 50 | 34 | 46 | 58 |
| 4 | スウェーデン語 | 52 | *18 | 76 | 42 |
| | 平均（％） | 53 | 33 | 64 | 62 |

表13　4言語における味覚表現からの意味転用の割合（％）

| | 味覚→ | →触覚<br>(感触、手触り) | →嗅覚<br>(におい、香り) | →視覚<br>(色、表情) | →聴覚<br>(音、声) |
|---|---|---|---|---|---|
| 1 | 日本語 | *10 | 54 | 46 | *26 |
| 2 | 英語 | *22 | 67 | 50 | 43 |
| 3 | フランス語 | *17 | 68 | 33 | 32 |
| 4 | スウェーデン語 | *12 | 71 | 19 | *17 |
| | 平均（％） | *15 | 65 | 45 | 30 |

この表の数字は、当該言語の母語話者が表現可能であると回答した割合を示している。

転用割合が低いもの（30％以下のもの）には*印をつけ、平均（％）に注目すると、触覚からは全感覚への転用が認められ、味覚からは触覚以外の感覚への転用が認められることが明らかになった。この結果は、従来の仮説と一致する。

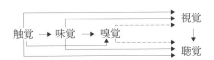

図6　山梨（1988:60）による日本語の共感覚的比喩体系（再掲）

### 4.5.3.2　4言語における遠隔感覚から他の感覚への意味転用の割合

それでは、遠隔感覚とされる視覚・聴覚からの転用割合はどうであろうか。

表14　4言語における視覚表現からの意味転用の割合（％）

| | 視覚→ | →聴覚<br>（音、声） | →触覚<br>（感触、手触り） | →味覚<br>（味） | →嗅覚<br>（におい、香り） |
|---|---|---|---|---|---|
| 1 | 日本語 | 50 | *7 | *11 | *14 |
| 2 | 英語 | 47 | *17 | *23 | *26 |
| 3 | フランス語 | 46 | *15 | *21 | *22 |
| 4 | スウェーデン語 | 33 | *14 | *8 | *7 |
| | 平均 | 44 | *13 | *16 | *17 |

表15　4言語における聴覚表現からの意味転用の割合（％）

| | 聴覚→ | →触覚<br>（感触、手触り） | →味覚<br>（味） | →嗅覚<br>（におい、香り） | →視覚<br>（色、表情） |
|---|---|---|---|---|---|
| 1 | 日本語 | *7 | *6 | *3 | *28 |
| 2 | 英語 | *8 | *11 | *7 | 34 |
| 3 | フランス語 | *7 | *11 | *15 | 31 |
| 4 | スウェーデン語 | *9 | *5 | *4 | 44 |
| | 平均 | *8 | *8 | *7 | 34 |

　従来の仮説では、「視覚→聴覚」のみ転用されるとしているが、表14、15とも、「視覚→聴覚」はほとんどが30％以下の低い割合であることから、おおむね仮説に沿った結果であることがわかる。ただし「聴覚→視覚」の方向性についても割合が高いことから、視覚・聴覚間については、一方向ではなく相互に転用が認められるということがわかった。

### 4.5.3.3　4言語における嗅覚から他の感覚への意味転用の割合
　最後に、嗅覚からの転用をみてみよう。

表16　4言語における嗅覚表現からの意味転用の割合（％）

| | 嗅覚→ | →触覚<br>（感触、手触り） | →味覚<br>（味） | →視覚<br>（色・表情） | →聴覚<br>（音・声） |
|---|---|---|---|---|---|
| 1 | 日本語 | *6 | 45 | *18 | *4 |
| 2 | 英語 | *17 | 71 | 39 | 32 |
| 3 | フランス語 | *6 | 53 | *22 | *10 |
| 4 | スウェーデン語 | *7 | 74 | 37 | *9 |
| | 平均 | *9 | 61 | 29 | *14 |

従来は、嗅覚からは視覚と聴覚へのみ転用されると考えられてきたが、いくつかの先行研究でも指摘があったように、嗅覚→味覚への転用割合は4言語とも高いことが確認された。従って、この点についてまず修正が必要である。その他、おおむね30％程度で高低を判断すると嗅覚→視覚への転用も一定数認められることがわかった。

### 4.5.4　4つの言語における触覚からの転用
前節で述べた結果を、言語ごとにみてみよう。

#### 4.5.4.1　日本語の触覚を表す語の意味転用
まずは日本語の触覚の結果である。次に示す表17は、触覚を表す11の語が、他の感覚を表す名詞（味覚＝味、嗅覚＝におい／香り、視覚＝色／表情、聴覚＝音／声）と結びつき得るかどうかを母語話者40名に回答してもらったものである。表の中の数字は表現可能であると答えた母語話者の人数を表す。表現可能な場合は○、不可能な場合は×、どちらかと言えば可能である場合（詩などの表現ならあり得るなど）は△をつけてもらい、○を1、△を0.5とした。そしてその結果を総合（％）で示した。

表17　日本語の触覚を表す語の意味転用　　　　　　　（40名）

| | （触覚→） | →味覚<br>（味） | →嗅覚<br>（におい・香り） | →視覚<br>（色・表情） | →聴覚<br>（音・声） |
|---|---|---|---|---|---|
| 1 | かるい | 24.5 | 14.5 | 18 | 27 |
| 2 | あらい | 13 | 1.5 | 11.5 | 17 |
| 3 | かたい | 10 | 2 | 34 | 24 |
| 4 | つめたい | 10 | 3 | 39 | 28.5 |
| 5 | やわらかい | 23.5 | 24 | 38.5 | 35.5 |
| 6 | なめらかな | 26 | 9.5 | 13.5 | 31.5 |
| 7 | ねばっこい | 27 | 10 | 8.5 | 20 |
| 8 | あたたかい | 14.5 | 14 | 32 | 32.5 |
| 9 | するどい | 13.5 | 17.5 | 27 | 32 |
| 10 | おもい | 8 | 7.5 | 32 | 27 |
| 11 | にぶい | 8 | 7 | 17 | 29 |
| | total | 178 | 110.5 | 271 | 304 |
| | 総合（％） | 40％ | *25％ | 62％ | 69％ |

以上から、日本語の触覚を表す語は全ての感覚へと転用されやすいが（40–69％）、嗅覚への転用割合はあまり高くはないことがわかった（25％）。

### 4.5.4.2　スウェーデン語の触覚を表す語の意味転用
　次にスウェーデン語の結果をみてみよう。

表18　スウェーデン語の触覚を表す語の意味転用　　　　　　　　（58名）

| | （触覚→） | →味覚<br>（味） | →嗅覚<br>（におい・香り） | →視覚<br>（色・表情） | →聴覚<br>（音・声） |
|---|---|---|---|---|---|
| 1 | lätt／かるい | 31 | 17 | 38 | 20 |
| 2 | sträv／あらい | 45 | 11 | 37 | 28 |
| 3 | hård／かたい | 22 | 2 | 45 | 42 |
| 4 | kall／つめたい | 38 | 9 | 48 | 30 |
| 5 | mjuk／やわらかい | 31 | 11 | 50 | 36 |
| 6 | slät／なめらかな | 32 | 4 | 44 | 14 |
| 7 | kletig／ねばっこい | 30 | 0 | 46 | 5 |
| 8 | varm／あたたかい | 39 | 14 | 45 | 30 |
| 9 | vass／するどい | 31 | 24 | 49 | 32 |
| 10 | tung／おもい | 22 | 21 | 42 | 24 |
| 11 | trubbig／にぶい | 10 | 0 | 42 | 7 |
| | total | 331 | 113 | 486 | 268 |
| | 総合（％） | 52％ | *18％ | 76％ | 42％ |

やはり「触覚→嗅覚」の転用割合が低い（18％）という点が日本語の結果と一致する。

### 4.5.4.3　英語の触覚を表す語の意味転用
　英語の結果は次の通りである。

表19　英語の触覚を表す語の意味転用　　　　　　　　　　（59名）

| | （触覚→） | →味覚<br>（味） | →嗅覚<br>（におい・香り） | →視覚<br>（色・表情） | →聴覚<br>（音・声） |
|---|---|---|---|---|---|
| 1 | light／かるい | 57 | 58 | 38 | 52 |
| 2 | rough／あらい | 32 | 12 | 45 | 50 |
| 3 | hard／かたい | 25 | 12 | 45 | 44 |
| 4 | cold／つめたい | 37 | 16 | 54 | 48 |
| 5 | soft／やわらかい | 35 | 42 | 56 | 58 |
| 6 | smooth／なめらかな | 48 | 19 | 36 | 55 |
| 7 | sticky／ねばっこい | 34 | 14 | 15 | 7 |
| 8 | warm／あたたかい | 38 | 33 | 51 | 50 |
| 9 | sharp／するどい | 52 | 47 | 41 | 55 |
| 10 | heavy／おもい | 32 | 41 | 28 | 39 |
| 11 | dull／にぶい | 52 | 48 | 51 | 54 |
| | total | 442 | 342 | 460 | 512 |
| | 総合（％） | 68% | 53% | 71% | 79% |

英語の場合は、嗅覚への転用を含め、全体的に転用される割合が高いといえる（53-79%）。

#### 4.5.4.4　フランス語の触覚を表す語の意味転用

最後に、フランス語の結果をみる。

表20　フランス語の触覚を表す語の意味転用　　　　　　　（61名）

| | （触覚→） | →味覚 | →嗅覚 | →視覚 | →聴覚 |
|---|---|---|---|---|---|
| 1 | léger／かるい | 52 | 50 | 29 | 46 |
| 2 | rêche／あらい | 21 | 3 | 23 | 38 |
| 3 | dur／かたい | 15 | 8 | 46 | 41 |
| 4 | froid／つめたい | 42 | 30 | 39 | 35 |
| 5 | doux／やわらかい | 44 | 26 | 32 | 42 |
| 6 | lisse／なめらかな | 34 | 14 | 21 | 40 |
| 7 | visqueux／ねばっこい | 34 | 6 | 7 | 11 |
| 8 | chaud／あたたかい | 37 | 21 | 34 | 35 |
| 9 | tranchant／するどい | 24 | 29 | 22 | 49 |
| 10 | lourd／おもい | 16 | 24 | 28 | 29 |
| 11 | émoussé／にぶい | 18 | 16 | 25 | 23 |
| | total | 337 | 227 | 306 | 389 |
| | 総合（％） | 50% | 34% | 46% | 58% |

英語と同様、フランス語も、嗅覚への転用も含め全体的に割合が高いという結果であった。

#### 4.5.4.5　多く意味転用される触覚を表す語

多くの母語話者に表現可能であると判断された触覚からの転用例、上位3つを言語ごとにまとめたものが次の表21である。

表21　多くの意味転用が認められる触覚を表す語

| 日本語 | 1. つめたい（→色（表情）：98%）<br>2. やわらかい（→色（表情）：96%）<br>3. やわらかい（→音（声）：89%） |
| --- | --- |
| スウェーデン語 | 1. やわらかい（→色（表情）：86%）<br>2. するどい（→色（表情）：84%）<br>3. つめたい（→色（表情）：83%） |
| 英語 | 1. かるい（→香り（におい）：98%）<br>2. やわらかい（→音（声）：98%）<br>3. かるい（→味：96%） |
| フランス語 | 1. かるい（→味：85%）<br>2. かるい（→香り（におい）：82%）<br>3. するどい（→音（声）：80%） |

「つめたい」「やわらかい」「かるい」における転用は複数の言語で認められることから、異なる言語間で多く意味転用される語に共通性があることがわかった。

#### 4.5.4.6　4.5.4のまとめ

触覚は、一方向性仮説においてはすべての感覚へ転用される感覚である。本調査の結果、やはり触覚から味覚、視覚、聴覚へと広く転用されることがわかったが（平均53-64%）、比較すると、嗅覚への転用は低めであった（平均33%）。また、異なる言語間で多く転用される語に共通性が認められることも明らかになった。それは、つめたい、やわらかい、かるいの3語である。

### 4.5.5　4つの言語における味覚からの転用

以下、味覚を表す10語が、4言語において感触・手触り（触覚）、におい・香り（嗅覚）、色・表情（視覚）、音・声（聴覚）と共起し

得るのかどうかをみる。

### 4.5.5.1　日本語の味覚を表す語の意味転用

まずは日本語の結果をみていこう。

表22　日本語の味覚を表す語の意味転用　　　　　　　　　　　（40名）

| | (味覚→) | →触覚<br>(感触・手触り) | →嗅覚<br>(におい・香り) | →視覚<br>(色・表情) | →聴覚<br>(音・声) |
|---|---|---|---|---|---|
| 1 | おいしい | 4 | 32 | 13 | 4.5 |
| 2 | すっぱい | 2 | 35.5 | 14.5 | 2.5 |
| 3 | まずい | 3 | 17 | 17 | 3 |
| 4 | あまい | 4.5 | 38 | 22 | 24.5 |
| 5 | こくのある | 4 | 19 | 6.5 | 4.5 |
| 6 | しょっぱい・しおからい | 3 | 10 | 15.5 | 3.5 |
| 7 | にがい | 2 | 9 | 24.5 | 5.5 |
| 8 | しつこい | 6.5 | 24.5 | 12 | 9 |
| 9 | あっさりした | 6.5 | 16 | 23 | 16 |
| 10 | しぶい | 2.5 | 16 | 34 | 32 |
| | total | 38 | 217 | 182 | 105 |
| | 総合（％） | *10% | 54% | 46% | *26% |

従来の仮説は、味覚からは触覚を除く全感覚へと転用されるとしている。日本語の結果もそれに沿うものであった。加えて、聴覚への転用割合もあまり高くはない（26％）。

### 4.5.5.2　スウェーデン語の味覚を表す語の意味転用

次にスウェーデン語の結果をみてみよう。

表23　スウェーデン語の味覚を表す語の意味転用　　　　　　　　（58名）

| | （味覚→） | →触覚<br>(感触・手触り) | →嗅覚<br>(におい・香り) | →視覚<br>(色・表情) | →聴覚<br>(音・声) |
|---|---|---|---|---|---|
| 1 | god／おいしい | 3 | 58 | 39 | 6 |
| 2 | sur／すっぱい | 3 | 56 | 21 | 11 |
| 3 | äcklig／まずい | 34 | 58 | 49 | 24 |
| 4 | söt／あまい | 2 | 54 | 43 | 21 |
| 5 | smakrik／こくのある | 1 | 29 | 23 | 1 |
| 6 | salt／しおからい | 2 | 35 | 20 | 2 |
| 7 | besk／にがい | 1 | 30 | 8 | 4 |
| 8 | stark smak／しつこい | 0 | 38 | 22 | 3 |
| 9 | enkel／あっさりした | 19 | 20 | 39 | 15 |
| 10 | Smak av te är för mörk／しぶい | 3 | 31 | 18 | 13 |
| | total | 68 | 410 | 282 | 100 |
| | 総合（％） | *12% | 71% | 49% | *17% |

　味覚→嗅覚の表現が目立って多く（71％）、中でも「おいしい香り」と「まずい香り」は58名全員が表現可能であると回答した。
　一方、仮説の反例である「味覚→触覚」の転用割合が低いが（12％）、反例ではない「味覚→聴覚」への転用割合も日本語と同様、低いという結果であった（17％）。

### 4.5.5.3　英語の味覚を表す語の意味転用
　英語の結果はどうであろうか。

表24　英語の味覚を表す語の意味転用　　　　　　　　　　　　　　（59名）

| | （味覚→） | →触覚<br>(感触・手触り) | →嗅覚<br>(におい・香り) | →視覚<br>(色・表情) | →聴覚<br>(音・声) |
|---|---|---|---|---|---|
| 1 | delicious／おいしい | 9 | 54 | 23 | 19 |
| 2 | sour／すっぱい | 3 | 42 | 47 | 25 |
| 3 | unsavory／まずい | 18 | 45 | 30 | 23 |
| 4 | sweet／あまい | 15 | 52 | 44 | 48 |
| 5 | good body／こくのある | 11 | 23 | 14 | 16 |
| 6 | salty／しおからい | 3 | 44 | 8 | 5 |
| 7 | bitter／にがい | 13 | 43 | 40 | 36 |
| 8 | luscious／しつこい | 24 | 35 | 32 | 31 |
| 9 | plain／あっさりした | 27 | 39 | 46 | 44 |
| 10 | astringent／しぶい | 9 | 21 | 11 | 8 |
| | total | 132 | 398 | 295 | 255 |
| | 総合（％） | *22% | 67% | 50% | 43% |

英語も日本語やスウェーデン語と同様、反例である触覚への転用のみが低い。またスウェーデン語と同じく、「おいしい香り」（92％）、「あまい香り」（88％）、「甘い声」（81％）といった表現が多く許容された。

#### 4.5.5.4　フランス語の味覚を表す語の意味転用

フランス語も他の3言語と同様、仮説に沿った傾向性が認められる一方で、スウェーデン語と同様、味覚→嗅覚への転用例が目立つという結果であった（68％）。

表25　フランス語の味覚を表す語の意味転用　　　　　　　　　（61名）

| (味覚→) | →触覚<br>(感触・手触り) | →嗅覚<br>(におい・香り) | →視覚<br>(色・表情) | →聴覚<br>(音・声) |
|---|---|---|---|---|
| 1　délicieux／おいしい | 6 | 41 | 7 | 12 |
| 2　aigre／すっぱい | 0 | 33 | 21 | 12 |
| 3　mauvais／まずい | 21 | 51 | 32 | 29 |
| 4　sucré／あまい | 1 | 42 | 8 | 16 |
| 5　qui a du corps／こくのある | 9 | 10 | 4 | 6 |
| 6　sale／しおからい | 2 | 28 | 4 | 1 |
| 7　amer／にがい | 2 | 28 | 28 | 16 |
| 8　lourd／しつこい | 10 | 39 | 9 | 17 |
| 9　léger／あっさりした | 29 | 40 | 34 | 37 |
| 10　sobre／しぶい | 4 | 21 | 12 | 10 |
| total | 84 | 333 | 159 | 156 |
| 総合% | *17% | 68% | 33% | 32% |

「味覚→嗅覚」の中でも「まずい香り」（84%）、「あまい香り」（69%）、「あっさりした香り」（66%）の3つに多く回答が集まった。

### 4.5.5.5　多く意味転用される味覚を表す語

以上、多く回答された味覚からの転用表現を次にまとめる。

表26　多くの意味転用が認められる味覚を表す語

| 日本語 | 1.あまい（→香り（におい）：95%）<br>2.すっぱい（→香り（におい）：89%）<br>3.しぶい（→色（表情）：85%） |
|---|---|
| スウェーデン語 | 1.おいしい（→香り（におい）：100%）<br>2.まずい（（→香り（におい）：100%）<br>3.すっぱい（→香り（におい）：97%） |
| 英語 | 1.おいしい（→香り（におい）：92%）<br>2.あまい（→香り（におい）：88%）<br>3.あまい（→音（声）：81%） |
| フランス語 | 1.まずい（→香り（におい）：86%）<br>2.あまい（→香り（におい）：71%）<br>3.あっさりした（→香り（におい）：67%） |

以上のように、特に「あまい」に多く他の感覚への転用が認められた。

#### 4.5.5.6　4.5.5のまとめ

以上、味覚からの転用とまとめると、4言語とも、仮説と一致する傾向性が認められた。つまり、味覚から触覚へはあまり転用されない（平均15％）。

他に共通するのは、味覚→嗅覚への転用割合が最も高いという点である（54–71％）。それでは、嗅覚からも味覚へ転用されやすいのか、この2つの感覚間の転用は相互で認められるのかどうか、次節で検討する。

### 4.5.6　4つの言語における嗅覚からの転用

以下、嗅覚を表す5つの語が、感触・手触り（触覚）、味（味覚）、色・表情（視覚）、音・声（聴覚）と共起し得るかをみる。なお嗅覚からは、触覚と味覚への転用が一方向性仮説に対する反例となる。

#### 4.5.6.1　日本語の嗅覚を表す語の意味転用

それではまず、日本語の結果をみてみよう。

表27　日本語の嗅覚を表す語の意味転用　　　　　　　　（40名）

| | （嗅覚→） | →触覚<br>（感触・手触り） | →味覚<br>（味） | →視覚<br>（色・表情） | →聴覚<br>（音・声） |
|---|---|---|---|---|---|
| 1 | こうばしい | 1 | 25 | 8 | 1 |
| 2 | なまぐさい | 2 | 32 | 3.5 | 1 |
| 3 | きなくさい | 4 | 8 | 6.5 | 3 |
| 4 | くさい | 2 | 14 | 10.5 | 1 |
| 5 | かぐわしい | 2 | 10 | 7.5 | 2 |
| | total | 11 | 89 | 36 | 8 |
| | 総合（％） | *6％ | 45％ | *18％ | *4％ |

表27が示すように、山梨（1988）の仮説が示すような視覚や聴覚への転用は多く認められず、味覚への転用のみが高いという結果であった（45％）。中でも「なまぐさい味」（80％）と「こうばしい味」（63％）とが多く回答された。

#### 4.5.6.2　スウェーデン語の嗅覚を表す語の意味転用

スウェーデン語は、視覚への転用が認められる他、日本語と同様、

反例である嗅覚→味覚への転用割合が飛び抜けて高い（74％）。

表28　スウェーデン語の嗅覚を表す語の意味転用　　　　　　　（58名）

| （嗅覚→） | →触覚<br>(感触・手触り) | →味覚<br>(味) | →視覚<br>(色・表情) | →聴覚<br>(音・声) |
|---|---|---|---|---|
| 1　aromatisk／こうばしい | 1 | 51 | 8 | 2 |
| 2　rå／なまぐさい | 14 | 50 | 28 | 7 |
| 3　rökig／きなくさい | 3 | 57 | 34 | 13 |
| 4　illaluktande／くさい | 2 | 32 | 19 | 2 |
| 5　väldoftande／かぐわしい | 1 | 26 | 19 | 3 |
| total | 21 | 216 | 108 | 27 |
| 総合％ | *7％ | 74％ | 37％ | *9％ |

「こうばしい味」（88％）と「なまぐさい味」（86％）の回答率が高いという点も日本語と共通している。加えて「きなくさい味」（98％）についてもほぼ全員が表現可能であると答えた。

### 4.5.6.3　英語の嗅覚を表す語の意味転用

英語もやはり、日本語、スウェーデン語と同じく嗅覚→味覚表現が目立って多い（71％）。

表29　英語の嗅覚を表す語の意味転用　　　　　　　　　　　　（59名）

| （嗅覚→） | →触覚<br>(感触・手触り) | →味覚<br>(味) | →視覚<br>(色・表情) | →聴覚<br>(音・声) |
|---|---|---|---|---|
| 1　aromatic／こうばしい | 3 | 28 | 5 | 3 |
| 2　fishy／なまぐさい | 15 | 54 | 34 | 26 |
| 3　smoky／きなくさい | 6 | 49 | 29 | 21 |
| 4　foul／くさい | 23 | 54 | 42 | 37 |
| 5　fragrant／かぐわしい | 4 | 25 | 5 | 6 |
| total | 51 | 210 | 115 | 93 |
| 総合％ | *17％ | 71％ | 39％ | 32％ |

「なまぐさい味」（92％）と「きなくさい味」（83％）が多くの母語話者に表現可能とされたという点はスウェーデン語と共通しているが、それに加えて「くさい味」も表現可能とする回答の割合が高い（92％）。英語については、視覚や聴覚への転用も多くみられる。

#### 4.5.6.4　フランス語の嗅覚を表す語の意味転用

最後にフランス語である。

表30　フランス語の嗅覚を表す語の意味転用　　　　　　　（61名）

| (嗅覚→) | →触覚<br>(感触・手触り) | →味覚<br>(味) | →視覚<br>(色・表情) | →聴覚<br>(音・声) |
|---|---|---|---|---|
| 1　perfume／こうばしい | 0 | 44 | 0 | 8 |
| 2　malodorant／なまぐさい | 9 | 26 | 24 | 11 |
| 3　fétide／きなくさい | 5 | 24 | 32 | 19 |
| 4　nauséabond／くさい | 3 | 27 | 7 | 3 |
| 5　fragrant／かぐわしい | 1 | 40 | 3 | 6 |
| total | 18 | 161 | 66 | 47 |
| 総合（％） | *6% | 53% | *22% | *10% |

他の3つの言語と同様、「嗅覚→味覚」表現が最も多いという結果であった（53％）。

#### 4.5.6.5　多く意味転用される嗅覚を表す語

嗅覚からの転用例の中でどの表現が多かったのかをまとめてみよう。

表31　多くの意味転用が認められる嗅覚を表す語

| 日本語 | 1. なまぐさい（→味：80％）<br>2. こうばしい（→味：63％）<br>3. くさい（→味：35％） |
|---|---|
| スウェーデン語 | 1. きなくさい（→味：98％）<br>2. なまぐさい（→味：86％）<br>3. こうばしい（→味：88％） |
| 英語 | 1. なまぐさい（→味：92％）<br>2. くさい（→味：92％）<br>3. きなくさい（→味：83％） |
| フランス語 | 1. こうばしい（→味：75％）<br>2. かぐわしい（→味：68％）<br>3. きなくさい（→色（表情）：54％） |

以上、ほとんどが嗅覚からは味覚への転用であり、中でも「なまぐさい味」という嗅覚→味覚の転用例は3つの言語で共通して多く認められた。

#### 4.5.6.6　4.5.6のまとめ

注目すべき点は、これまで一方向性仮説の反例とされてきた嗅覚→味覚表現である。今回調査した4言語すべてにおいては多いという結果であった（45-74％）。前節でみた味覚からの転用においても味覚→嗅覚表現が顕著であったことから、嗅覚と味覚という2つの感覚の結びつきが双方向で強いことがわかった。中でも「なまぐさい味」という表現は複数の言語で多く認められた。

一方、これまでの仮説では転用されるとされた視覚と聴覚へは、英語（視覚・聴覚）とスウェーデン語（視覚のみ）にのみ認められた。

### 4.5.7　4つの言語における視覚からの転用

それでは最後に、遠隔感覚（視覚・聴覚）からの転用をみる。はじめに、視覚を表す12の語が、他の感覚を表す語（音・声（聴覚）、感触・手触り（触覚）、味（味覚）、におい・香り（嗅覚））と共起し得るかどうかをみていこう。

#### 4.5.7.1　日本語の視覚を表す語の意味転用

はじめに、日本語の結果である。

表32　日本語の視覚を表す語の意味転用　　　　　　　　　　（40名）

| | （視覚→） | →聴覚<br>（音・声） | →触覚<br>（手触り・感触） | →味覚<br>（味） | →嗅覚<br>（香り・におい） |
|---|---|---|---|---|---|
| 1 | あざやかな | 12.5 | 1 | 2.5 | 5.5 |
| 2 | あかるい | 39 | 2.5 | 0.5 | 3 |
| 3 | くらい | 39 | 2.5 | 0 | 1 |
| 4 | くろい | 3.5 | 0 | 1 | 1.5 |
| 5 | あおい | 2 | 2 | 7 | 6.5 |
| 6 | しろい | 1 | 3 | 1 | 3 |
| 7 | うつくしい | 39 | 6.5 | 4 | 12.5 |
| 8 | とうめいな | 35.5 | 6.5 | 7 | 7 |
| 9 | あかい | 3 | 2 | 1 | 1.5 |
| 10 | みにくい | 20.5 | 2 | 2 | 1.5 |
| 11 | あわい | 11.5 | 4 | 25.5 | 23 |
| 12 | きいろい | 34 | 3 | 1 | 1 |
| | total | 240.5 | 35 | 52.5 | 67 |
| | 総合（％） | 50％ | *7％ | *11％ | *14％ |

視覚→聴覚が最も高く（50%）、仮説に沿うという結果であった。

### 4.5.7.2　スウェーデン語の視覚を表す語の意味転用

スウェーデン語の結果は次の表19の通りである。

表33　スウェーデン語の視覚を表す語の意味転用　　　　　（58名）

| | （視覚→） | →聴覚<br>（音・声） | →触覚<br>（手触り・感触） | →味覚<br>（味） | →嗅覚<br>（香り・におい） |
|---|---|---|---|---|---|
| 1 | levande／あざやかな | 49 | 41 | 19 | 20 |
| 2 | ljus／あかるい | 33 | 3 | 5 | 4 |
| 3 | mörk／くらい | 33 | 4 | 8 | 2 |
| 4 | svart／くろい | 4 | 3 | 0 | 1 |
| 5 | blå／あおい | 2 | 1 | 1 | 1 |
| 6 | vit／しろい | 2 | 3 | 0 | 0 |
| 7 | vacker／うつくしい | 51 | 18 | 4 | 9 |
| 8 | Genomskinlig／とうめいな | 6 | 8 | 4 | 1 |
| 9 | röd／あかい | 2 | 3 | 2 | 1 |
| 10 | ful／みにくい | 44 | 10 | 4 | 3 |
| 11 | matt／あわい | 6 | 1 | 10 | 4 |
| 12 | gul／きいろい | 1 | 2 | 1 | 2 |
| | total | 233 | 97 | 58 | 48 |
| | 総合（%） | 33% | *14% | *8% | *7% |

ここでも聴覚への転用以外の方向性である反例は、全体的に低い転用割合である（7-14%）。

### 4.5.7.3　英語の視覚を表す語の意味転用

英語についてはどうであろうか。

表34　英語の視覚を表す語の意味転用　　　　　　　　　　　　（59名）

| （視覚→） | →聴覚<br>（音・声） | →触覚<br>（手触り・感触） | →味覚<br>（味） | →嗅覚<br>（香り・におい） |
|---|---|---|---|---|
| 1　vivid／あざやかな | 46 | 8 | 28 | 30 |
| 2　bright／あかるい | 37 | 2 | 5 | 4 |
| 3　dark／くらい | 44 | 10 | 13 | 7 |
| 4　black／くろい | 13 | 2 | 8 | 6 |
| 5　blue／あおい | 25 | 3 | 4 | 2 |
| 6　white／しろい | 13 | 2 | 3 | 6 |
| 7　beautiful／うつくしい | 54 | 25 | 24 | 50 |
| 8　transparent／とうめいな | 25 | 10 | 5 | 5 |
| 9　red／あかい | 5 | 2 | 3 | 2 |
| 10　ugly／みにくい | 52 | 11 | 15 | 24 |
| 11　faint／あわい | 53 | 54 | 54 | 53 |
| 12　yellow／きいろい | 2 | 0 | 1 | 1 |
| total | 443 | 159 | 213 | 248 |
| 総合（％） | 47% | *17% | *23% | *26% |

やはり、反例ではない聴覚への転用（47%）を除き、その他の感覚への転用割合は低い。

### 4.5.7.4　フランス語の視覚を表す語の意味転用

最後にフランス語の結果をみてみよう。

表35　フランス語の視覚を表す語の意味転用（61名）

| （視覚→） | →聴覚<br>（音・声） | →触覚<br>（手触り・感触） | →味覚<br>（味） | →嗅覚<br>（香り・におい） |
|---|---|---|---|---|
| 1　vif／あざやかな | 42 | 13 | 32 | 28 |
| 2　clair／あかるい | 52 | 0 | 4 | 5 |
| 3　somber／くらい | 47 | 5 | 4 | 5 |
| 4　noir／くろい | 9 | 2 | 4 | 3 |
| 5　bleu／あおい | 2 | 1 | 2 | 2 |
| 6　blanc／しろい | 12 | 1 | 1 | 2 |
| 7　beau／うつくしい | 56 | 16 | 9 | 27 |
| 8　transparent／とうめいな | 18 | 4 | 7 | 3 |
| 9　rouge／あかい | 1 | 2 | 1 | 1 |
| 10　laid／みにくい | 47 | 18 | 22 | 24 |
| 11　faible／あわい | 51 | 47 | 54 | 51 |
| 12　jaune／きいろい | 6 | 1 | 1 | 1 |
| total | 448 | 148 | 204 | 217 |
| 総合（％） | 46% | *15% | *21% | *22% |

フランス語もやはり、他の3言語と同様、反例ではない聴覚への転用が最も多い（46％）。

#### 4.5.7.5　多く意味転用される視覚を表す語

多くの母語話者に表現可能であるとされた視覚からの転用例をまとめてみてみよう。

表36　多くの意味転用が認められる視覚を表す語

| | |
|---|---|
| 日本語 | 1. あかるい（→音（声）：97％） |
| | 2. くらい（→音（声）：97％） |
| | 3. うつくしい（→音（声）：97％ |
| スウェーデン語 | 1. うつくしい（→音（声）：88％） |
| | 2. あざやかな（→音（声）：84％） |
| | 3. みにくい（→音（声）：76％） |
| 英語 | 1. うつくしい（→音（声）：92％） |
| | 2. あわい（→感触（手触り）・92％） |
| | 3. あわい（→味：92％） |
| フランス語 | 1. うつくしい（→音（声）：92％） |
| | 2. あわい（→味：89％） |
| | 3. あかるい（→音（声）：85％） |

以上のように、英語の「あわい感触（視覚→触覚）」（92％）、「あわい味（視覚→味覚）」（92％）、およびフランス語の「あわい味（視覚→味覚）」（89％）といった表現はすべて一方向性仮説の反例であるが、多くの母語話者が表現可能であると回答した。

#### 4.5.7.6　4.5.7のまとめ

以上「視覚」から他の感覚への転用は、4言語とも聴覚へのみ意味転用されるという、従来の仮説と完全に一致した結果であった。

### 4.5.8　4つの言語における聴覚からの転用

それでは最後に、聴覚を表す語がどの感覚へ転用されるのかをみる。

#### 4.5.8.1　日本語の聴覚を表す語の意味転用

日本語の結果は以下の通りである。

表37　日本語の聴覚を表す語の意味転用　　　　　　　　　　（40名）

|   | （聴覚→） | →触覚<br>（手触り・感触） | →味覚<br>（味） | →嗅覚<br>（におい・香り） | →視覚<br>（色・表情） |
|---|---|---|---|---|---|
| 1 | しずかな | 2 | 0 | 1 | 29.5 |
| 2 | うるさい | 4 | 10.5 | 2 | 13 |
| 3 | やかましい | 2 | 1 | 2 | 8 |
| 4 | かんだかい | 1 | 0 | 1.5 | 3 |
| 5 | みみざわりな | 5 | 0 | 0 | 3 |
|   | total | 14 | 11.5 | 6.5 | 56.5 |
|   | 総合（％） | *7% | *6% | *3% | 28% |

聴覚からは、従来の仮説においては、どの感覚へも転用されないとされているが、視覚への転用のみが比較的高い（28%）。

### 4.5.8.2　スウェーデン語の聴覚を表す語の意味転用

スウェーデン語はどうであろうか。

表38　スウェーデン語の聴覚を表す語の意味転用　　　　　　（58名）

|   | （聴覚→） | →触覚<br>（手触り・感触） | →味覚<br>（味） | →嗅覚<br>（におい・香り） | →視覚<br>（色・表情） |
|---|---|---|---|---|---|
| 1 | tyst／しずかな | 5 | 1 | 2 | 33 |
| 2 | högljudd／うるさい | 2 | 1 | 0 | 34 |
| 3 | bullrig／やかましい | 10 | 0 | 0 | 28 |
| 4 | gäll／かんだかい | 3 | 0 | 2 | 17 |
| 5 | högt och skarpt／みみざわりな | 6 | 12 | 7 | 16 |
|   | total | 26 | 14 | 11 | 128 |
|   | 総合% | *9% | *5% | *4% | 44% |

やはり全体的に転用割合が低い中で（4～9%）、日本語と同様、視覚への転用割合だけが高い（44%）。

### 4.5.8.3　英語の聴覚を表す語の意味転用

英語の結果も日本語、スウェーデン語と共通性が認められる。

表39　英語の聴覚を表す語の意味転用　　　　　　　　　　　（59名）

| | (聴覚→) | →触覚<br>(手触り・感触) | →味覚<br>(味) | →嗅覚<br>(におい・香り) | →視覚<br>(色・表情) |
|---|---|---|---|---|---|
| 1 | quiet／しずかな | 6 | 7 | 3 | 33 |
| 2 | loud／うるさい | 4 | 10 | 5 | 22 |
| 3 | noisy／やかましい | 1 | 3 | 1 | 18 |
| 4 | shrill／かんだかい | 5 | 5 | 5 | 15 |
| 5 | strident／みみざわりな | 8 | 8 | 6 | 11 |
| | total | 24 | 33 | 20 | 99 |
| | 総合% | *8% | *11% | *7% | 34% |

以上のように、聴覚→視覚の転用割合のみが比較的高いことがわかる（34%）。

### 4.5.8.4　フランス語の聴覚を表す語の意味転用

最後に、フランス語である。

表40　フランス語の聴覚を表す語の意味転用　　　　　　　　（61名）

| | (聴覚→) | →触覚<br>(手触り・感触) | →味覚<br>(味) | →嗅覚<br>(におい・香り) | →視覚<br>(色・表情) |
|---|---|---|---|---|---|
| 1 | tranquille／しずかな | 8 | 1 | 2 | 43 |
| 2 | bruyant／うるさい | 1 | 1 | 1 | 7 |
| 3 | agaçant／やかましい | 1 | 0 | 0 | 6 |
| 4 | aigu／かんだかい | 10 | 31 | 34 | 32 |
| 5 | qui fait mal aux oreilles／みみざわりな | 2 | 1 | 9 | 7 |
| | total | 22 | 34 | 46 | 95 |
| | 総合% | *7% | *11% | *15% | 31% |

フランス語もやはり聴覚→視覚が比較的高いという結果であった（31%）。以上から、聴覚においては視覚への転用が最も高いという点は4言語に共通する特徴であるといえる。

### 4.5.8.5　多く意味転用される聴覚を表す語

最後に、表現可能であると判断された視覚からの転用表現をまとめてみてみよう。

表41　多くの意味転用が認められる聴覚を表す語

| 日本語 | 1. しずかな（→色（表情）：74%）<br>2. うるさい（→色（表情）：33%）（→色（表情））<br>3. うるさい（26%）（→味） |
|---|---|
| スウェーデン語 | 1. うるさい（→色（表情）：59%）<br>2. しずかな（→色（表情）：57%）<br>3. やかましい（→色（表情）：48%） |
| 英語 | 1. しずかな（56%）<br>2. うるさい（37%）<br>3. やかましい（31%）（→色（表情）） |
| フランス語 | 1. しずかな（（→色（表情）：73%）<br>2. かんだかい（→色（表情）：54%）<br>3. かんだかい（→香り（におい）：58%） |

以上のように特に「しずかな色（表情）」という表現は4言語に共通して多く存在することが分かった。

### 4.5.8.6　4.5.8のまとめ

聴覚からの意味転用は、4言語とも聴覚→視覚の方向性のみが高いという結果であり、その他の感覚への転用はほとんど認められなかった。また、「しずかな色（表情）」という表現はすべての言語で多く存在することもわかった。

## 4.6　4章のまとめ

以上、4言語における五感内の意味転用に関する考察を、次の表42にまとめる。

表42　4言語における五感内の意味転用の割合（%）

| 触覚 | →味覚 | →嗅覚 | →視覚 | →聴覚 |
|---|---|---|---|---|
|  | 53 | 33 | 64 | 62 |
| 味覚 | →触覚 | →嗅覚 | →視覚 | →聴覚 |
|  | *15 | 65 | 45 | 30 |
| 嗅覚 | →触覚 | →味覚 | →視覚 | →聴覚 |
|  | *9 | 61 | 29 | *14 |
| 視覚 | →聴覚 | →触覚 | →味覚 | →嗅覚 |
|  | 44 | *13 | *16 | *17 |
| 聴覚 | →触覚 | →味覚 | →嗅覚 | →視覚 |
|  | *8 | *8 | *7 | 34 |

(5) 4言語における五感内の意味転用と従来の仮説との比較
　　(i) 触覚はすべての感覚へ転用される（仮説と一致）
　　(ii) 味覚は「味覚→触覚」を除き、すべての感覚へ転用される（仮説と一致）
　　(iii) 嗅覚は味覚、視覚へと転用される（「嗅覚→味覚」は仮説と一致しない）
　　(iv) 視覚は聴覚へと転用される（仮説と一致）
　　(v) 聴覚は視覚へと転用される（仮説と一致しない）

ここで本章冒頭の検討課題を振り返ろう。

(6) 第4章の検討課題
　　(i) 他の言語における触覚的領域（触覚と味覚）から他の感覚への転用割合
　　(ii) 従来の仮説において反例とされていた方向性の割合に関する検証　　　　　　　　　　　　　（本章（3）再掲）

(i) について、第3章の日本語の形容詞を対象とした五感内の転用の方向性においては従来の仮説に沿う傾向性、すなわち触覚的領域（触覚と味覚）から多く転用が認められたが、本章では、他の言語においても同様に存在するのかどうかについて検証してきた。その結果、表42が示すように、触覚からは4言語ともすべての感覚へ意味が転用されることがわかった。ただし、スウェーデン語の触覚→嗅覚だけはあまり多く転用されない（18%）。一方、味覚からは、触覚を除く全感覚へと転用されるが、スウェーデン語については聴覚へはあまり多く転用されない（17%）。

以上のようにスウェーデン語の一部の転用割合は低いものの、転用割合の平均をまとめると、4つの言語における五感内の意味転用は、ほぼ従来の仮説と一致することが明らかになった。ただし嗅覚→味覚、および聴覚→視覚の2つの方向性がそこに加わる。

表12　4言語における触覚表現からの意味転用の割合（％）（再掲）

| | 触覚→ | →味覚<br>（味） | →嗅覚<br>（におい、香り） | →視覚<br>（色、表情） | →聴覚<br>（音、声） |
|---|---|---|---|---|---|
| 1 | 日本語 | 40 | *25 | 62 | 69 |
| 2 | 英語 | 68 | 53 | 71 | 79 |
| 3 | フランス語 | 50 | 34 | 46 | 58 |
| 4 | スウェーデン語 | 52 | *18 | 76 | 42 |
| | 平均（％） | 53 | 33 | 64 | 62 |

表13　4言語における味覚表現からの意味転用の割合（％）（再掲）

| | 味覚→ | →触覚<br>（感触、手触り） | →嗅覚<br>（におい、香り） | →視覚<br>（色、表情） | →聴覚<br>（音、声） |
|---|---|---|---|---|---|
| 1 | 日本語 | *10 | 54 | 46 | *26 |
| 2 | 英語 | *22 | 67 | 50 | 43 |
| 3 | フランス語 | *17 | 68 | 33 | 32 |
| 4 | スウェーデン語 | *12 | 71 | 49 | *17 |
| | 平均（％） | *15 | 65 | 45 | 30 |

　一方、上記の（ii）について、反例とされてきた方向性は第3章の日本語の形容詞においては確認されたが、他の言語においても存在するのかどうか、そしてその割合はどの程度なのか。さらに日本語についても、第3章のインターネットの実例の結果と母語話者の直感とが一致するのかどうかという点について、本章では複数の言語における五感相互、すべての組み合わせにおいて検証してきた。その結果を次のように結論づける。

（7）4言語における反例とされてきた方向性に関する検証結果
　　（i）嗅覚→味覚→4言語とも転用される
　　（ii）視覚→味覚、および視覚→嗅覚→4言語とも転用されない
　　（iii）聴覚→視覚→4言語とも転用される

　すなわち、従来の仮説では反例とされてきた嗅覚→味覚、聴覚→視覚は、4言語すべてで転用が認められる。
　また、4言語における転用の方向性には共通性が認められることから、共感覚的比喩の転用の方向性には普遍的傾向が存在する可能性がある。

(8) 4言語における五感内の意味転用の共通性
    (i) 触覚的領域（触覚・味覚）から他の感覚への意味転用がもっとも多く認められる点は従来の仮説と一致する
    (ii) 視覚からは聴覚へのみよく転用されるという点も仮説と一致する
    (iii) ただし嗅覚→味覚表現が多く認められる点については、従来の仮説と異なる
    (iv) 聴覚から視覚への転用が一定数認められる点も仮説とは異なる。
    (v) よく意味転用される語に注目すると、異なる言語間に共通性が認められる。

すなわち、4言語に認められる共通性とは次の図7に示す通りである。

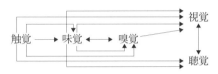

図7　4言語における五感内の転用の共通性

　以上、4つの言語における形容詞の五感内の意味転用は、嗅覚→味覚、聴覚→視覚を除き、従来の仮説と一致することが明らかになった。
　4つの言語において多くの母語者に許容された表現は、次の通りである。
(9) 4つの言語において多くの母語者に許容された表現
    (i) うつくしい音（声）：
        日本語（98%）、スウェーデン語（88%）、英語（92%）、フランス語（92%）
    (ii) しずかな色（表情）：
        日本語（73%）、スウェーデン語（57%）、英語（56%）、フランス語（70%）

　一方で、色の言葉（くろい、あおい、しろい、あかい、きいろい）はほとんど転用されないという点も4言語に共通して認められ

る。

　今後の課題を最後に述べる。今回調査した言語は、日本語を除き印欧語族に偏っていることから、他の言語についても調査する必要がある。多くの言語を調査することによって今回明らかになった点が裏づけられるのではないかと考えている。

　また、仮説と一致する方向性の中にも、使用できる表現とそうでないものとがある。例えば、「甘い声」は許容されるが、「苦い声」や「辛い声」は容認されない。こういった表現の不在の問題は、比喩の拡張は部分的であるという部分的写像（partial mapping）の問題と考えることができるが（Lakoff 1993）、共感覚表現もすべて均質というわけではない。どのようなタイプの共感覚表現が一般的転用傾向に合致する、あるいは合致しないのか、また、合致しない共感覚表現にはそれを成立させる特別な条件があるのかないのかなどについて今後さらに検討する必要がある*6。

---

*1　なお、「視覚」を表す語から他の感覚への転用については、武藤ほか（2010）にもロシア語およびフランス語における一方向性仮説の反例に関する分析がある。その結果、ロシア語とフランス語においても仮説に反する例が一般に使用されていることがわかったとし、次のように結論付けている。
　　（…）さらに、§3、§4では、ロシア語およびフランス語の視覚を表す形容詞の味覚、嗅覚への実際の転用例を見てきた。分析対象とした用例がインターネットの検索サイトから収集したものであるので、日常言語でどこまで自然に使用されるかは議論の余地があるが、実際の使用例をとおして、共感覚比喩が一方向ではなく、多様であることが証明できたと思われる。（武藤ほか 2010: 213）

*2　武田（2002）も、中国語の感覚表現に関する分析の結果を、次のように述べている。
　　しかしながら、嗅覚には、聴覚・視覚との相違点、味覚との連続性など、看過できない嗅覚固有の性格も存在するため、その扱いは慎重でなければならない。さらに各感覚の具体的表現を詳細に分析し、嗅覚表現と比較することが必要とされるが、今後の課題とする。（武田 2002: 62）

*3　視覚の語のうち、vision の 17 語、dimension の 11 語の選定は楠見（1995）によるものであり、その他の語については Williams（1976）を参考にした。

vision（視覚）17語
1. あざやかな（vivid）
2. かがやきのある（shiny）
3. あかるい（bright）
4. くらい（dark）
5. くろい（black）
6. すんだ（clear）
7. あおい（blue）
8. しろい（white）
9. うつくしい（beautiful）
10. とうめいな（transparent）
11. にごった（opaque）
12. あかい（red）
13. みにくい（ugly）
14. ぼんやり（vague）
15. あわい（light）
16. きいろい（yellow）
17. つやのある（glossy）

dimension（次元）11語
1. うつろな（blank）
2. たかい（high）
3. ひくい（low）
4. おおきい（big）
5. ちいさい（small）
6. ふとい（thick）
7. ほそい（thin）
8. あつみのある（thick）
9. ちみつな（fine、dense）
10. こい（deep、thick）
11. うすい（thin）

その他15語
1. するどい（acute）
2. ぼんやりした（faint）
3. ふかい（deep）
4. たいらな（even）
5. へいたんな（flat）
6. いっぱいの（full）
7. あさい（shallow）
8. くうどうの（hollow）
9. からの（empty）
10. どろだらけの（muddy）
11. すいへいの（level）
12. ふとった（fat）
13. きらきらした（brilliant）
14. みどりの（green）
15. ピンクの（pink）

*4 山梨（1988: 60）の図3-5では、すべての触覚表現が「一方向性仮説に反しない例」であるとされ、視覚表現は「視覚→聴覚」をのぞく方向性すべてが「一方向性仮説に反する例」とされる。以下ではこれに従い、触覚を仮説に反しない例、そして視覚を仮説に反する例と位置づけ考察する。

*5 先述の通り、語の選択は楠見（1995: 134）およびWilliams（1976）によるが、ここから今回は、触覚は11語、そして視覚は12語に絞り調査を行っている。

*6 武藤ほか（2010: 213）にも次のような指摘がある。
また、転用の可否が語彙によって異なったり、転用の度合いに言語差があったりするのはなぜか、さらには、元々の意味から転用までの意味変化に言語普遍性があるか、など、検討すべき課題は山積している。（武藤ほか2010: 213）

第5章
# 味覚を表す形容詞の意味分析

## 5.1 仮説の提示と本章の課題

　第5章では、味覚形容詞の意味分析を通して共感覚的比喩の動機づけを明らかにする。

### 5.1.1 仮説の提示

　五感内における感覚間の意味の転用は、従来もっぱら共感覚的比喩によって説明されてきた。ただし五感内に限定した分析では、感覚間の意味転用のメカニズムについて統一的な説明ができない。
　そこで本書では次の仮説を立てて検討する。
　「共感覚的比喩」は五感を表す語における多義性の一部である。
　→多義語の意味のネットワーク全体を捉えれば、その転用はメタファー・メトニミー・シネクドキーによって動機づけられる。
　すなわち感覚間の意味転用についても、多義構造全体をみてなされるべきであることを主張する。
　分析の対象として本書では、五感の1つである味覚を取り上げる。これまで基本義と転用先の感覚のみを対象としていては説明ができなかった比喩のメカニズムが、多義全体を分析することで説明が可能になるならば、上の仮説は立証される。
　村田（1989）には、山梨（1988:60）による日本語の共感覚的比喩体系について次のような指摘がある。

> 　味覚と嗅覚がX1（引用者注：共感覚の意）になる場合の判断には、山梨もゆれを認めている通り、例えば、「あまい香り、あまったるい音色」が可能と判断されている例でも、「からい香り、すっぱい音色」だと文脈ぬきで判断を強いられたら、％をつけたくなる人もいよう（引用者注：容認度が落ちるの意）。

> 味覚の基礎は「甘い、にがい、すっぱい、からい」というのが心理学のみならず一般の感覚だとすれば、<u>どうして「あまい」表現にだけ判断があまくなってしまうのか</u>、別に説明が必要となろう。
> 　　　　　　　　　　　　　　　　　（村田 1989: 66、下線は引用者）

本章での考察の結果、こうした課題に対しても説明が可能になるだろう。

### 5.1.2　なぜ味覚なのか

　五感の中でなぜ味覚に焦点を当てるのか。日本語の味覚を表す形容詞は一般に「甘い・辛い・苦い・酸っぱい・渋い」の5つであるとされており、限定された語数の感覚領域である。よって感覚領域の全体を記述できるということが理由の1つである。

　これまでの日本語の共感覚的比喩の研究においては、おもに英語と日本語の共通性が強調されてきた。しかしその一方で、亀井他編(1996)や国広(1970)では、「甘い」と'sweet'の相違について触れられている。

> 日本語のアマイが「魅惑的な（声、ことば）」とか「厳しさに欠ける（判断、態度）」という、マイナスの評価を表わすのに対し、英語のsweetは、「かわいい（child）」とか「優しい／親切な（words, manner）」といった、プラスの評価を表わす。
> 　　　　　　　　　　　　　　　　　　　（亀井他編 1996: 286）

> 「あまい」のような単語は幾つかの共感覚的用法を持っていて（［味覚］あまい菓子；［嗅覚］あまい香；［聴覚］あまいムード音楽；［情緒］；あまい恋）それぞれの感覚分野に属することができるが、英語の'sweet'と同様ではない。[12]
> 　　[12]　英語の'sweet voice'に対して「あまい声」を当てることはできず、「美しい声」としなければならない。更に「子にあまい親」は、'parent who is indulgent to his orher child'であり、「栓があまい」は'the stopper is loose'であって、'sweet'を用いることはできない。
> 　　　　　　　　　　　　　　　　　　　（国広 1970: 111）

こういった指摘に対し、英語との差異を明確にしたい。

　さらに味覚は、文化を反映する言葉としても興味深い。荻野

(1996)では語彙が文化を反映するケースをいくつか挙げているが、個々の語にどんな意味を認めるか、それ自体が文化であるとしている。そして日本人の多くが、味覚という感覚自体を考えると論理的に説明がつかないにも関わらず「甘い」と「辛い」を反対語であると納得する、すなわち反対関係の認定にも文化が反映されるとしている。次に挙げる国広（1982）にも同様の指摘がある。

　…このように味覚形容詞が限られているために、われわれはさまざまの微妙に異なる複合的な味を上記五語の中に押し込めて表現している。
　コノ煙草ハアマイ（カライ）。
　コノ酒ハアマ（カラ）クチダ。
　コノ漬物ハ塩気ガアマイ。　　　　　　　　（国広1982:151）

また日英語における味覚を表す語の体系自体にも相違がある。次に挙げるのは英語の味覚を表す語の体系として国広（1982）で取り上げられている「ヘニング（Henning）の味の正四面体」である。

（国広 1982: 150）

図1　ヘニング（Henning）による英語の味の正四面体

これに対し日本語について述べられているのは、国広（1982）と柴田（1995）である。このうち柴田では、次の図を示している。

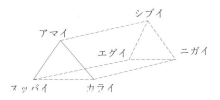

（柴田 1995: 89）

図2　柴田（1995: 89）による日本語の味覚を表わす語の体系

この図について柴田は、次の様に説明している。

> アマイとカライは、相対立する味であるが、一方で、融和できる味でもある。アマイとスッパイも同様である。それに対して、アマイとニガイ、カライとスッパイ以下は互いに融合できない味であることがわかる。こうして、アマイとカライの関係は、アマイとスッパイの関係と同じ価値のものといえる。(中略) 残るニガイ、シブイと比べると、アマイ、カライ、スッパイは、おいしいと感じることのある味、ニガイとシブイは、おいしいと感じることのない味である。(中略) そうすると、おいしいことのある三語と対立する面を考えて、ニガイ、シブイを配置することになる。しかし、この二語が相互に融合して第三の形容詞をつくることはないので、ニガイとシブイを、アマイとカライ、アマイとスッパイのそれぞれを実線で結んだようには結ぶことはできない。いま、実線で結べないものは点線で結ぶことにすると、上の図のようになる。シブイは、柿のアマガキ・シブガキのペアがあることを考慮すると、アマイと直接つながるところにシブイがあると考えられる。こういう三角柱を作ってみると、一つ空いた頂点がある。ここに入れる味覚形容詞がないかと思いめぐらすと、そうだ、エグイがある。
>
> (柴田 1995: 87-88)

このように、日本語と英語の味覚形容詞は、一般に考えられている語の体系そのものに相違がある。

### 5.1.3 意味の妥当な記述に向けて

本節では多義語をどのように記述すべきか、関連する先行研究をみた後、本書における分析の視点を定める。

本書が依拠する認知言語学では、同音異義語と多義語、そして単義語は互いに連続しており (cf. Tuggy 1993)、Langacker (1988) が指摘するように、言語表現の意味は本質的に多義的であると考える。

> A frequently-used expression typically displays a network of interrelated senses.　　　　　　　　　　　(Langacker 1988: 49)

> よく使われる表現は、典型的には相互に関係のある意義のネットワークを形成している。

そして意味転用の範囲や方向性を厳密に予測することは出来ないが、共時的に慣習化している複数の意味の派生を動機づけることは可能であるとする。

一方、国広（1982）では、多義語と同音異義語を次のように定義づけている。

> 「多義語」（polysemic word）とは、同一の音形に、意味的に何らかの関連を持つふたつ以上の意味が結びついている語を言う。
>
> 「同音異義語」とは、同一の音形に、意味的に何らかの関連を持たないふたつ以上の意味が存在する場合に生じるふたつ以上の語のことである。　　　　　　　　　　　　　（国広1982: 97）

本書でもこの定義に従い、以下の分析を行なう。

多義語における、より中心的な意義である基本義と他の副次的な意義である派生義とがどのような関係で結ばれているのかという問題について、従来多くの研究が行われてきた。これまでに提案された多義構造のモデルのうち、主なものに国広（1994）とLangacker（1988）がある。このうち国広の「現象素モデル」はFillmore（1982）の「フレーム」を多義構造のモデルとして応用したものであるが、このモデルの限界としてメトニミーによる多義しか扱えないという指摘がある（籾山2001）。またLangackerのネットワーク・モデルでは、節点（node）と連結線（arc）からなる多義ネットワークを提唱しているが、先の国広と同様、このモデルにも記述の限界がある。すなわちメタファーとシネクドキーによる意味の転用については説明可能でも、メトニミーによる多義を説明できないという点である（瀬戸1997、籾山2001）。そして籾山（2001）では、ともに意味の転用である比喩と多義（語）について多義語のモデルを比喩の観点から検討し、国広（1982、1986、1994、1995）などで提案されている各種の多義の意味関係の大半を隠喩（メタファー）、換喩（メトニミー）、提喩（シネクドキー）に集約出来るとしている。

以上の研究をまとめると、多義化の動機づけにはメタファー、メトニミー、シネクドキー*1という3つの認識原理が関わるという結論が導き出される。よって本書でも籾山（2001）に従い、複数の多義的別義を3つの比喩に基づくものとして記述する*2。

### 5.1.4　分析の手順
　従来の日本語の味覚形容詞の意味に関する研究においては「甘い」の否定抽象義*3 にのみ議論が集中してきた。また日本語の味覚形容詞「甘い」におおよそ相当するとされる*4 英語の'sweet'についてDirven（1985）に比喩を含めた形での多義構造の分析があるのに対し、日本語の「甘い」については、比喩の観点からその構造を示したものは管見の限り無い。他の味覚形容詞「辛い」「苦い」「酸っぱい」「渋い」「おいしい」についても同様で、その多義性を詳しく論じたものはなく、分析の必要がある。
　そこで本章では、日本語の味覚を表す形容詞全般について、各々幾つかの多義的別義に分類した上で、その多義構造を比喩に基づく転用として示す。従来、多くの国語辞典における多義語の記述は、個々の意味の羅列に留まり、意味相互の関係づけが明らかでない。「甘い」などに相当する語を有する言語は少なくないと思われるが、言語によってその意味の転用は様々であることが予想される。従って、ある語における複数の意味間に何らかの関連性を見出しその有契性を記述することは、言語に反映する人間の認知に関する考察を深めるとともに、日本語学習者の多義語の習得に対する何らかの助けになると思われる。
　より妥当な意味の記述に向けて、類義性あるいは反義性を持つと思われる形容詞を組み合わせて分析を行なう。組み合わせのパターンは、次に示す5つである。
①「甘い」と「辛い」：おもにその反義性をみる
②「渋い」と「苦い」：おもにその類義性をみる
③「酸っぱい」と①、②：基本五味全体の相違および類義性を確認する
④「まずい」と「うまい」、および「おいしい」：おもにその類義性

と反義性をみる

## 5.2 「甘い」と「辛い」の意味分析

以下ではまず、「甘い」と「辛い」の意味を検討する。味覚を基本義とする形容詞、甘いと辛いには多様な意味がある。そこで、その複数の意味を共時的に分析し多義派生を支える心理的動機づけを探ることによって、多義の構造を明らかにする。

### 5.2.1 分析の前に

日本語の味覚を表す形容詞の意味に関する研究では、従来、おもに「甘い」のみが分析の対象となってきた。それは英語の'sweet'に対して甘いの否定抽象義に注目が集まったためである。すなわち、英語の'sweet'が肯定的な意味だけを表すのに対し、日本語の甘いは「考え方が甘い」などの否定的な意味をも表す。従って、従来の研究においては、英語と比較しつつ、日本語の甘いの特徴を論じたものが研究の中心となっている*5（Backhouse 1994、近 1997、Jantima 1999）。このうち、Backhouse（1994）の分析を次に挙げる。

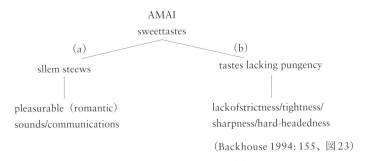

図3　Backhouse（1994: 155）による AMAI の分析

ここでは、日本語の甘いの意味は大きく2つの方向に転用され、1つは快い、甘い味に類似するもの、そしてもう1つは、何かが足りない、欠けているというものである、と論じられている。そしてこのような転用はまず、同じ味覚ドメインで転用され（'taste lacking pungency')、さらに抽象的なドメインである評価のドメイン（'domain of assessment'）に転用されるとしている。

　また近（1997）では、日本語の甘いと英語の 'sweet' の意味構造について考察した結果を次のように結んでいる。

> sweet は、その最も基本的な意義素 'having the taste or flavor characteristic of sugar, honey, etc.'（RHD*6）を厳密に保ちながら、様々に転用される。そのため、人間の外観、性格等、常に好ましい意味を伴い、比喩的転用がなされてゆく。一方、「甘い」は、基本義である味覚を表す場合、「砂糖や蜜のような味わい」の他に、「本来求められる味覚に達していない」等の意義特徴も見出される。そのため、比喩転用に当たっては、好ましい意味を伴う転用と、「不足」という意味を伴う転用との二方向でなされる。この点が sweet とは極めて異なる。

（近1997:63）

この結論は、Backhouse（1994）とほぼ同様の見解である。

　一方 Jantima（1999）は、英語 'sweet' とタイ語 /waan/ と比較して日本語の「あまい」について論じている。ここで Jantima は、Backhouse（1994）の分析では 'sweet' について説明ができない、すなわち英語においても 'not sharp in taste' という意味で 'sweet' が使われているが、抽象ドメインにおける 'sweet' には否定的な評価の意味がないという点を指摘し、再考の必要があるとしている。そして「あまい―からい」の対義関係に注目し、あまいの否定抽象義の転用プロセスについて次のように述べている。

段階A：独立の段階

```
0                                              あまい
────────────────────────────────────────────────►
```

「？このケーキはあまい、しかし、あのケーキよりはからい」という表現が成り立たないことからも、「あまくない」ことを表すために他の形容詞が使えない。つまり「からい」「すっぱい」と対義関係を為していない。

段階B：対等な対義関係の段階

「日本酒はあまいものだ」「日本酒はからいものだ」が両方言える。すなわち、日本酒がからいものかあまいものか限定できない。

段階C：一元化の段階

「カレーはからいものだ」が言えるのに対し「?カレーはあまいものだ」が言えないことから、段階Bで対等な対義語であった「あまい―からい」の対義関係が、段階Cでは対等でなくなり、「あまい」より「からい」の方が顕著になる。

(Jantima 1999: 145-148、各図下の要約は引用者)

図4　Jantima（1999: 145-148）によるあまいの否定抽象義の転用プロセス

さらに段階Cについて、ここで「あまい」は極ではなく「からさ」の軸上を移動する相対的な評価となるとし、他の言語と比べて段階Cの場合は日本語独特なものであるとしたうえで次のように述べている。

> このように、言語現象レベルにおいて、「あまい」は/sweet/・/waan/と同じ意義を持っているが、<u>味覚ドメイン内の対義関係の段階から見ると相違点がある</u>ことが分かる。これにしたがって、<u>味覚ドメイン外における日本語の「あまい」に否定的な意味があることは、味覚ドメイン内での対義語化の段階から影響を受けるからだ</u>と考えられる。つまり、段階Cの場合、「からい」が顕著になり、「あまい」は「からい」のスケールに乗ってしまって一方向の対義関係をなしている。そして、メタファーによって味覚ドメイン外へ広がる際に、このような関係を持ち、拡張していくと考えられる。拡張されたこの段階での「あまい」の対義語は、「きびしい」「かたい」「からい」である。

第5章　味覚を表す形容詞の意味分析　133

例えば、"点が辛い―あまい""しつけがきびしい―あまい"
"守備がかたい―あまい"などである。

（Jantima 1999: 166、下線は引用者）

　以上、甘いの否定抽象義の転用プロセスに関する先行研究をみた。各研究で見解の相違がみられるものの、日本語の「甘い」の意味拡張が他の言語と比べ広範囲に渡るのは、基本義（味覚）に既に否定的な意味が存在することによる、という主張はこれら3つの研究に共通している。ただし、日本語の甘いについて比喩の観点からその構造を示したものはない。「辛い」についても同様で、分析の必要がある。また味覚という感覚自体を考えると説明がつかないにも関わらず、日本語母語話者の多くが甘いと辛いを反対語であると認識しているが、本節では両語の反義性についても論じる。

### 5.2.2 「甘い」の分析
　実例を挙げ「甘い」の多義的別義を分析し、最後に多義構造を示す。

#### 5.2.2.1 「甘い」の多義的別義
①別義1（基本義）：〈糖分などが持つ〉〈刺激が少なく〉〈好ましく快い〉〈味〉

　基本義は、典型的には砂糖や蜜などの味を表し、一般的に〈快く好ましい味〉である。

（1）ただ、自分は、女があんなに急に泣き出したりした場合、何か**甘い**ものを手渡してやると、それを食べて機嫌を直すという事だけは、幼い時から、自分の経験に依って知っていました。　　　　　　　　　　　　　　　（『人間失格』）
（2）もう甘いものといったら、黒砂糖のかたまりか、慰問袋へ入れるくろん坊アメの横流しくらい、粉ミルクのやさしい味は、この上ないもので、だから食べ盛り**甘い**ものに飢えきった私に、そうきつくはしからず、減るとわかっていて缶をかくしもせず、母がいい、あの時、赤ちゃんは生後半年くらいだったかしら。　　（『アメリカひじき・火垂るの墓』）

例えば（1）の例においては、甘い味は女が機嫌をなおすような優しい味である。この別義1の甘さについては、厳密に糖分を含むとは限らず、派生的な意味として新タマネギの甘さなど、素材が本来持つ味わいを指す場合もあるという指摘がある（近 1997: 55）。

　別義1′：〈「別義1」の主体が発する〉〈好ましく快い〉〈匂い〉

　また「甘い」が嗅覚を表す場合がある。

（3）お菓子作りの本を眺めているだけで、とても幸せな気分になり、頭の中で想像してはワクワクしたものです。そうして実際作ってみて、オーブンから漂う甘いにおいに何ものにも変えられない楽しさを発見したのです。

　　　　　　　（http://www.age.ne.jp/x/nakany/room/tearoom.htm）

（4）毎日140種類のパンが店頭にかわいくディスプレイされている。（中略）なかでも人気メニューは、フルーツたっぷりの"チェリーデニッシュ"（¥180）や、やわらかい生地の"ハチミツソフト"（¥120）。（中略）甘いにおいが立ち込める店内は、今にもおなかがすいてきそう。

　　　　　　　（http://www.awawa-asa.co.jp/asa/ns10.htm）

別義1の味を持つものは通常、ある種の匂いを有することが多いということから、味覚と嗅覚という2つの属性の同時性に基づくメトニミーであると考えられる。つまり、ある匂いが別義1を連想させる場合、その匂いを甘いという。そしてこの嗅覚的刺激は、人の食欲を刺激するような好ましいものである。

②別義2：〈(辛みや塩分などの) 口中における刺激が〉〈基準に達しておらず〉〈相対的に〉〈弱い〉〈さま〉

またカレーや酒などの刺激の強い飲食物について、塩気や辛みの少ないさまを甘いという。

（5）たいそうな御馳走といえる、山を越えてはるばる運ばれてくる魚はいたく塩づけにされていて、たまに塩の甘い魚があれば、それは最上等の珍重すべきものとされた。

　　　　　　　　　　　　　　　　　　　（『楡家のひとびと』）

（6）席には女の飲む甘い酒と果物とが運ばれ、──然し人々は余りそれに手を出さなかったが、只芳江だけがそれを重ね、

　　　　　一人ははしゃいでいた。　　　　　（『小僧の神様・城の崎にて』）
以上に挙げた例は、魚（の塩気）と酒（の辛み）を表すが、他にも、味噌、醤油等に対しても使われる。この別義2は基本義の〈刺激が少ない〉という意義特徴との類似性に基づく、メタファーによる意味の転用であると考えられる。
　③別義3：〈恍惚感を喚起させ〉〈誘い込むような〉〈好ましく快い〉〈刺激・行為・感覚（あるいは状態）〉
　この別義3への意味の派生は、別義1の〈好ましく快い〉という意義特徴との類似性に基づくものである。基本義において味覚領域に限定されていた快感が、別義3では他のすべての感覚領域へ転用される。
　それではまず、五感内で人に快感をうながすある種の刺激の性質を表す、甘いの例をみてみよう。
（7）千頭さんは、かぐや姫みたいな髪をしている。その髪と、やや甘い表情の眼もとを見ると、太郎の胸は揺すぶられるのであった。　　　　　　　　　　　　　　（『太郎物語』）
この甘い目元という視覚的な刺激は、見る者に胸が揺すぶられるような、うっとりとした恍惚感を呼び起こす。
　そして次に示す例は、聴覚的な刺激によるものである。
（8）着物を脱がせたり、洗ってやったりするのが、いかにも親切なものいいで、初々しい母の甘い声を聞くように好もしかった。　　　　　　　　　　　　　　　　　　　（『雪国』）
ここで聞き手は、甘いと形容されるある種の声の性質について好ましく感じている。次の例も同様である。
（9）「まあ、お上手ですわ、ちっとも踊りにくいことはございませんわ」（中略）やさしい、かすかな、いかにも綺羅子らしい甘い声でした。　　　　　　　　（『痴人の愛』、p.266）
　また次に挙げるのは嗅覚への転用例であるが、先の別義1′で挙げた、同じく嗅覚への転用である（3）（4）とは意味が異なる*7。
（10）彼女の息は湿り気を帯びて生温かく、人間の肺から出たとは思えない、甘い花のような薫りがします。――彼女は私を迷わせるように、そっと唇へ香水を塗っていたのだそう

ですが、そう云う仕掛けがしてあることを無論その頃は知りませんでした。　　　　　　　　　　　　　　　（『痴人の愛』）

(11) 綾波は僕の背中におぶさる。綾波の胸の膨らみを背中に感じる。綾波の<u>甘い</u>においが鼻腔をくすぐる。
　　　　（http://www.asahi-net.or.jp/~GW6K-KSI/AD2021/maison11.htm）

(12) ポーチには彼女が残した<u>あまい匂い</u>がなかなか消えずにいた。　　　　　　　　　　（中村編（1995）p.259.（3371））

　ここでは、匂いの主体が甘い味という属性を持たない。よって、(3)(4)が直接基本義である味覚を連想させるのに対し、これら女性が発する甘いにおいにおいてはそれが抽象化されており、基本義の快いという意義特徴のみが残っている。

　最後に、触覚には次のような例がある。

(13) 指をすき間から入れて相手をすると、ころころところがりよってきて、舌でペロペロなめ、まだ歯の出揃わない<u>歯ぐき</u>で、<u>シコシコ</u>とかむのでした。なんと<u>可愛い</u>、子犬の乳臭いにおいと<u>甘い感触</u>。私はそこを動けなくなってしまいました。　　　（http://www.aianet.ne.jp/~fuohdan/No.01/Ken01.htm）

(14) 少女はどこもかしこも<u>柔らか</u>で、あたたかく、そして<u>甘い感触</u>がする。まるで砂糖菓子のように甘い、唇。その感触があまりにも心地よくて、オスカーはいつまでも唇を離すことが出来ない。
　　　　　　（http://www.fastnet.ne.jp/~wilnes/story/sugar.html）

ここでもある種の触覚的刺激により、恍惚感が喚起されていることがわかる。

　また五感内の刺激に限らず、五感外へも別義3は広く転用される。

(15) このフレイザーの著書は、全篇これ、<u>甘い詩的な</u>、原始的な人間の生活から溢れて来るういういしさに満ちている。
　　　　　　　　　　　　　　　　　　　　　（『太郎物語』）

　さてこれまで別義3では、ある種の刺激や印象の性質を甘いとする例をみてきたが、次に挙げるのはある種の行為を甘いとする例である。

(16) 年貢の軽減は日本の百姓たちにとってどんなに大きな<u>甘い</u>

誘惑だったことでしょう。にもかかわらず貧しい百姓たちは誘惑に勝ってくれました。　　　　　　　　　　（『沈黙』）

(17) 駒子は窓ガラスに額を押しつけながら、「どこへ行った？ ねえ、どこへ行った？」と、甲高く呼んだ。「危いじゃないか。無茶をするね。」と、島村も声高に答えたが、甘い遊びだった。　　　　　　　　　　　　　　　　　　　　（『雪国』）

(16)における誘惑とは人の行為をいうが、それと同時に受け手にとっては誘い込まれるような快い刺激である。つまり刺激と行為には連続性が認められる。また(17)では、遊びという行為について恍惚感が伴ったさまを甘いとしているが、これは後の別義4との中間例であると考えられる。この点について詳しくは後で述べる。

　別義3から最後に、感覚（あるいは状態）の性質における甘いを確認する。

(18) 川ちゃんを騙した女は、川ちゃんを巧みに誘惑し、一度だけ店の二階で甘い思いをさせておいて、（中略）どこかへ消えてしまった、というのである。　　　　（『新橋烏森口青春篇』）

(19) しかし多くの場合、女はじつにつまらない理由から泣いているにすぎないし、涙を流すことは甘い愉楽でさえあるのだ。　　　　　　　　　　　　　　　　　　　　（『聖少女』）

この甘い思い、甘い愉楽とは、人間の言動によって喚起される感覚である。

　以上、別義3の甘いでは、おもに五感における刺激そのものの性質（例えば、甘い声）とある種の行為の性質（甘い誘惑）、そしてなんらかの行為の結果得る感覚の性質（甘い思い）における、〈恍惚感を喚起させ誘い込むような好ましく快い〉さまをみてきた。まとめとして次に示す例は、これら刺激、行為、感覚の連続性を示すものである。

(20) 庄九郎は、お万阿の唇を吸った。（甘い）なんとあまいものか。庄九郎は女の唇を吸うのははじめてであった。
　　　　　　　　　　　　　　　　　　　　（『国盗り物語』）

女の唇の味（ただし基本義の糖分とは無関係である）という刺激、接吻という行為、そして接吻という行為によって得る感覚（あるい

は状態)、ここではそれらすべてを〈好ましく快い〉と感じて「甘い」と表現しているのである。

④別義4：〈恋愛関係にある人間が〉〈醸し出す〉〈恍惚感を伴った〉〈親密な〉〈さま〉

一方、別義3との類似性に基づくメタファーにより、甘いが恋愛関係にある2人の仲睦まじい様子を表す場合がある。

(21) 徹（沢村一樹）と別れた真理子（羽田美智子）と権（木梨憲武）との夫婦仲は良い方向へ向かう。権に思いを寄せる珠子（榎本加奈子）は、二人の甘い雰囲気にため息をつく。
(http://intertv.or.jp/drama/199907shoshimin.shtml)

(22) 肝心の新婚生活の方はどうかというと、いずこも同じ、甘い生活、ということに尽きるような気がします。
(http://www.math.kochi-u.ac.jp/docky/essays/married_j.html)

ここでは、恋愛関係にある二人が醸し出す、うっとりとした〈恍惚感を伴う〉親密なさまを甘いとしているが、この意味は先の別義3と近いものである。

⑤別義5：〈行為や状態が〉〈基準に達しておらず〉〈余裕が残り〉〈ゆるい〉〈さま〉

別義2の〈刺激が相対的に弱い〉という意義特徴との類似性に基づき、ここでの甘いは〈余裕が残りゆるいさま〉を表す。

(23) 犬が遊ぶ時は口を使って咬む事しかありません。甘がみという言葉があればそれで、人が痛がるほど咬むこととは違います　　　　　　(http://www.npf.co.jp/QAD124.htm)

(24) 編み目を甘くしてセーターを編む。

甘がみとは痛くない程度にごく軽く噛むこと、また編み目が甘いとは密ではなく大きく余裕があることを意味する。これらに共通するのは〈余裕が残った〉ゆるい状態であるということであり、ここではプラスとマイナス、どちらの評価も伴わない。

ただしこういった例に連続すると思われる、次の例ではどうであろうか。

(25) ねじ（の締め）が甘い、楔の打ち込みが甘い、鍵が甘い。

ここでは、多く中途半端なというニュアンスからマイナス評価が加

わる。そしてここでのマイナス評価は、次の別義6につながるものである。

⑥別義6：〈物事に対する思考・態度などにおいて〉〈基準に達しておらず〉〈（完全に遂行する）慎重さ・厳密さが〉〈欠如した〉〈さま〉

別義5の〈（本来求められる）基準に達していない〉という意義特徴に基づくメタファーにより、別義6は〈物事に対する思考・態度などにおいて完全に遂行する慎重さ・厳密さが欠如したさま〉を表す。典型的には次のような例である。

(26) 防災協では「火山ガスの危険性を知りながら、『大丈夫だろう』という<u>甘い</u>判断で火口見物をしている有疾患者が多い」と分析。（http://www.kumanichi.co.jp/dnews/990228/kiji1.1.html）

(27) 公的債務がいかに拡大し続けているか、国民は知らなさ過ぎる。インフレで解消できるなどといった<u>甘い見方</u>も捨て去るべきだ。（http://www.zaiten.co.jp/mag/9910/23.html）

(28) 従ってテキストはできるだけ易しいのを選んでやりたいと思うが、「易しいから予習しなくて助かる」といったような<u>甘い考え方</u>で授業に望むことのないようにしてほしい。
（http://srg.prof.cuc.ac.jp/ALBUM/1999-net/menu/jikamen/jikanwar/shouka/eigo-b.htm）

(29) 本人は「7・8分の力で投げましたが、あまり良い調子の投球ではありませんでした。プロは<u>甘い球</u>は簡単に打たれますね」と感想を述べていた。
（http://ifc.cplaza.ne.jp/dragons/camp/camp9802/okinawa980225.htm）

これらの表現に共通するものは、本来求められる慎重さあるいは厳密さが欠如した思考や態度である。

またこのような思考や態度が、物事を徹底的に遂行するという厳しさに欠けたさまを表す場合もある。

(30) 制作期間が1ヶ月半と短かったため、アニメーションとしての<u>詰めが多少甘い</u>と思われるが、CGを始めて半年時点での作品としては満足している。

(31) かくして不倫の連絡はばっちり奥さんにキャッチされ、おまけに録音までとられてしまった。(中略)こうした相談を受けてみると、男は気をつけているようでも実にワキが甘い。　　　　(http://www.m-m.co.jp/report/report_C313.html)

こうした思考や態度はまた、次に示すような楽観的過ぎる考え方や見方にもつながる。

(32) 間もなく東京ともお別れかな、という気もするし、そんなにうまいこと北川大学へ入れている、と当てにすることも甘いような気がする。　　　　　　　　　　　　(『太郎物語』)

(33)「周囲全部に納得してもらって何かやろうなんて、甘いんだよ」　　　　　　　　　　　　　　　　　　(『太郎物語』)

次の意味もまた、厳しさや厳密さの欠如との類似性を基盤にして派生したものであると考えられる。

(34)(寺への布施をするなどは、利口者のすることではない。存外、そういう美談好きの甘い男ではあるまいか)と思いなおさざるをえなくなった。自分の美談に酔える男かもしれない。いわば、見かけほどの利口者ではない。つまりその程度の利口者ならば、土岐の殿様に推挙しても害はなかろう、と思いかえしたのである。　　　　　(『国盗り物語』)

さらに次に示すように、そのような性質を持つものの属性を表すこともある。

(35) 家に帰り、バックアップCDを起動しようとしたところ、読み込みません。レスを拝見させていただいたのですが、「YAMAHAのドライヴは読み書きが甘い」「PS7500はCD読み込みに時間がかかる」と書いてありました。
(http://www.dengeki.ne.jp/game/wwwboard/log/199903/messages/16303.html)

そして、これらの100％の厳密さが欠け完全でないさまを表す属性から、次に示すような性質や機能が本来求められるほどの水準に満たないという意義特徴が浮かびあがる。

(36) 甘いピントを何とかしたい。遠景のピントの甘さは「仕様」

だという話です。PC Watch デジカメランキングの山田氏の調べでは、無限遠モードが1メートル程度に設定してあるそうです。

(http://www.st.rim.or.jp/~kimu/palm/cyber-shot-faq2.html#2-3)

以上、別義6における甘いは、慎重さに欠け（例えば、甘い判断）、厳密さに欠けた（詰めが甘い）、時に水準に満たない属性（甘いピント）をも表すという〈完全に遂行する慎重さ・厳密さが欠如したさま〉を表す。

⑦別義7：〈相手に対する扱いにおいて〉〈（本来求められる）厳しさが〉〈欠如した〉〈さま〉

別義6ではおもに、主体の行為において厳密さが欠けたさまを表した甘いであったが、この別義7においては〈相手に対する扱いにおいて厳しさが欠如したさま〉を表す。

(37)映画に対する見方は結構真剣で、また普通の評論家のような甘い評価は全くしません。どちらかといえば辛口評価だと思います。

(http://www.hayashi.elecmie-u.ac.jp/Hay.ashiLab/Member/OLD_STUDENTS/1995/kashiwakura/info/hobby/movie/movie.html)

ここでの甘いは、つらさが意味する厳しさやつらさが欠如した状態を表しており、「辛い」と対義関係にある（詳しくは後述）。次の例も同様である。

(38)煙草一箱ぐらいでこちらの刃を相手に感じさせたのは三〇点のマイナスでも甘いくらいだ。　　　（『パニック・裸の王様』）

(39)　児童書なので無意識的にその分点が甘いという感じはあるかもしれないが、児童書だからこそ出せる雰囲気に脱帽。

(http://www.inac.co.jp/mystery/result/voter/sdata01/110.html)

(40)松永蔵相の大蔵省処分は甘すぎる（中略）大蔵省の処分を松永蔵相は自分で厳しい処分をしたと言っているが、頭数が112人と多いだけでは厳しいとは言えない。

(http://202.208.81.21/forum_library/BBS_MSG_980428105432.html)

ここで基準となるのは一般的・標準的基準であり、それと比較した

上で、採点・評価などが緩やかなさまを指して甘いという。

このような評価態度の他にも、相手に対する待遇に本来求められる厳しさが欠け、結果的に相手に対する好意や優しさにつながるものもある。

(41)「どうしても、会いたくないんならいいよ、会わなくて」父は言った。「あなた、そんな**甘いこと言っちゃだめ**ですよ。人間いやでも努めなければいけないこともあるわよ」

(『太郎物語』)

(42)…あんたはんも余っ程なお方やな」「余っぽど、どうなんだ」「奥さんに**甘う**おすな」「奥さんばかりじゃない。女には生れつき**甘く**出来てるんだ」「ほんまに**甘う**おすな」「**甘いのはいいじゃないか**」「いかんわ」

(『小僧の神様・城の崎にて』)

(43)然し彼の癖として、自分の方からは如何に**女に甘くとも**、又**甘いと思われても**困らないが、女の自分に対する気持を**甘く解する**事は恐れていた。　(『小僧の神様・城の崎にて』)

(44)素質がよく勉強して大成していった者は、赤の他人だろうが重んじて一族に加えてゆく。そうでない者は親類だとて断じて**甘い顔は見せない**。　(『楡家のひとびと』)

ここでの意味は、別義6の〈厳密さが欠如したさま〉との類似性に基づく意味の転用であると考えられる。しかし同時に甘いことを言う相手には優しく好意的であるということにもなることから、別義3の〈好ましく快い〉という意義特徴との連続性も認められる。

⑧別義8：〈ある物事や状況において〉〈(本来予想されるよりも)厳しさやつらさが〉〈少ない〉〈さま〉

別義8では、〈ある物事や状況において厳しさやつらさが少ないさま〉を表す。

(45)「バラ色の人生」それは、充実している人生かな。**甘い人生**だけじゃなくて、やりがい・生きがいのある人生。

(http://www5.wisnet.ne.jp/~sachiko/elegant/rose1.htm)

(46)王子だからって、**甘い人生**を送っていると思ったら、大違いさ！

(http://do-amenity.co.jp/explo3-1.htm)

(47) …特に、図書館の仕事は「締切のない」甘い仕事だ！という思いである。学事や企画に関わっている「事務職員」は、成績発表、履修の受付、文部省への申請文書の作成と、締切を遅らせることのできない仕事が山積している。
(http://www.woogie.mihama.n-fukushi.ac.jp/nfuweb/sugiyama/97/sug97001.htm)

人生や仕事は、本来厳しいものであるが、予想よりも楽で緩やかな状況であれば、それを甘いという。

ただし現実は、往々にして予想より厳しくつらいものである。よってこの用法は、否定形で多く用いられる。

(48) 貴美は、出雲殿で、披露宴の料理を運んでいる。(中略) 料理運びといっても、甘いもんじゃない。コース制、フリードリンク制になってて、休む間もなく、働くのである。
(http://wwwst.kinjo-u.ac.jp/~s9623141/baito3.html)

(49) 「ボクシングはそんな甘いもんじゃないと思うの。あなたは一年もトレーニングをしたといって感動しているけれど、四年もブランクがあって、一年くらいで元に戻ると思うのはボクシングを甘く見すぎている証拠よ」「厳しいことをおっしゃる」　　　　　　　　　　　　　　　（『一瞬の夏』）

ボクシングや仕事が甘くないということは、それが通常予想される通り厳しいということである。

以上、別義7と別義8における甘いは、相手に対する扱いなどにおいて、厳しさに欠ける態度（甘い採点）、あるいは、本来予想されるよりも厳しさやつらさが少ないさま（甘い仕事）を表す。そしてこれらの意味は、「辛さ」の意味する厳しさやつらさが欠如しているさま（すなわち「厳しくない」という類義表現に置き換えられる）ということから、連続性があると考えられる。

### 5.2.2.2 「甘い」の多義構造

以上に挙げた多義的別義間の関係を多義構造図として示したものが、次の図5である。点線で囲った2つのブロックは、左側がプラス評価、右側がマイナス評価の領域をそれぞれ表し、中間にあるも

のは中立的なものである。また点線で示した矢印については、転用の動機づけとして考えられるもう1つの方向性である。このように比喩のモティベーションについては、1つに限定されるとは限らない（cf. 山梨（1995: 58））。

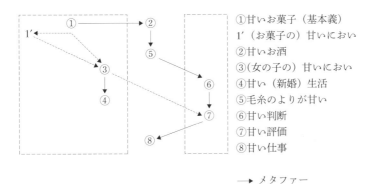

図5 「甘い」の多義構造

## 5.2.3 「辛い」の分析

それでは次に「辛い」の意味について、甘いと比較しながら検討する。

### 5.2.3.1 「辛い」の多義的別義

①別義1（基本義）：〈唐辛子やワサビなどが持つ〉〈激しく強い〉〈味覚的刺激〉

基本義においては（唐辛子やワサビなどの）辛みに対する味覚的刺激を表す。

(50) 唐辛子が辛いのは、カプサイシンという辛味成分のせいで、この成分は胃の粘膜を刺激することによって、消化液の分泌を促す効果を発揮する。

(http://city.hokkai.or.jp/~mitsuo/kimuti.html)

辛い味を喚起するものは他に、コショウなどの香辛料があるが、いずれも〈激しく強い味覚的刺激〉である。

第5章 味覚を表す形容詞の意味分析　145

②別義2：〈(辛みや塩分などの) 口中における刺激が〉〈相対的に〉〈強い〉〈さま〉

また〈(辛みや塩分などの) 口中における刺激が相対的に強いさま〉を表す場合がある。

(51) 同じ酒でも甘いものを食べたあとでは、酸っぱくて**辛い**と感じ、酢のものを食べたあとで飲むと、甘く感じたりします。　　　　　(http://www.gekkeikan.co.jp/databank/data/00082.html)

(52) しばらくはそこにすわって**辛いお酒**を飲みながら踊りを見ていたの。　　　　　　　　　　　(中村編1995:.294 (3850))

(53)「味噌はあんまり入れるなよ、**コンビーフが辛い**からな。それと、めざしも入っているし」　　　　　　　　　(『太郎物語』)

(54) 1人住まいの母親がえらく**からいみそ汁**を作っていて驚いたことがある。　　　　　　(http://www.cea.or.jp/senia01.html)

これは、甘いの別義2の口中における刺激が弱い状態と対を為すもので、酒の刺激の強い方、および塩気の強い方の味を表す。これは別義1の強い刺激との類似性に基づく、メタファーによる意味の転用であると考えられる。

③別義3：〈相手に対する扱いにおいて〉〈(本来求められるよりも) 厳しさが〉〈強い〉〈さま〉

これも甘いの反義語で、辛いには〈相手に対する扱いにおいて厳しさが強いさま〉を表す場合がある。ここでは甘いの別義7の「点が甘い」に対して「点が辛い」という用法がある。

(55) 小説でも、よく構成された小説、あるいは世界全体を構成しようとしている小説に対しては、日本の文芸評論家はすごく**点が辛い**のです。
(http://envi1.ti.chiba-u.ac.jp/students/doctor/hama/untitled/j_nature_1.html)

また甘い評価に対して、辛い評価という表現も可能である。

(56) 私はソファーに対するのと同じようにサンドウィッチに対してもかなり**評価の辛い**方だと思うが、そのサンドウィッチは私の定めた基準線を軽くクリアしていた。　(『世界の…』)

(57) 他の作者の作品などと相対的に比較すれば「おもしろい」

作品だと思いますが、あえて**辛い**評価をしました。それだけエラリイ・クイーンの作品は質が高いということです。
　　　　　　　　　(http://www.hoshi.ac.jp/atsushi/books/queen/007.htm)

　ただし、甘い処分という表現があるのに対し「？辛い処分」という表現は許容され難く「厳しい処分」の方が適切であろう。このようにここでの意味のすべてが甘いと対応しているわけではない。この〈相手に対する扱いにおいて厳しさが強いさま〉という意味への転用は、別義1の味覚的経験との類似性に基づくメタファーによるものであると考えられる。

　④別義4：〈ある物事や状況において〉〈(本来予想されるよりも)厳しさやつらさが〉〈強い〉〈さま〉

　次に、物事や状況がつらく厳しいさまを表す辛いをみてみよう。

(58) 江藤賢一郎が左翼へ行かないのは、彼の思想ではなくて、利害を打算した結果だった。このせち**辛い**時代に、打算を忘れた者は人生の敗北者になるにきまっているじゃないか……と彼は思っている。　　　　　　　(『青春の蹉跌』)

(59) 新緑と連休がうれしい5月である。この世はとかく、**せち辛い**。それが身にしみるからこそ、せめて気分を変えてみたい、との思いがつのる
　　　　　　　　　(http://www.marusans.co.jp/back/191/19101.html)

「せち辛い」と辛いとを別語として考えるべきだという指摘もあるだろうが、この辛いの意味には別義3と類似性が認められることから、本書ではこれを辛いの別義に含める。

　一方、次に挙げる例はやや修辞性が感じられ、他の例と比べると同程度に慣習化しているとはいえないが理解は可能である。

(60) 「…全く、あの程度の頭で、よく商売して行けると思うよ」「世の中は**辛い**ようで甘い。甘いようで**辛い**」そこへ丁度、頃合よく、お汁粉が出て来た。(中略) 傍にちゃんと、シソの実の**辛く**煮たのもそえられてあった。「ほんとだ。甘くて、**辛い**よ」藤原は笑った。　　　　　　　(『太郎物語』)

またここでの辛いには、次のような副詞的用法もある。

(61) なんとか相手のミスからPKを得て1点のリードを取り、**か**

**らくも**逃げ切ったが、まったく安心して見ていれない試合
　　だった。(http://www.inh.co.jp/~deco/jubilo/jleag1/ju990403a.html)
これは、苦しい状況をやっとの事で切り抜けた様子を表す。これは、もっぱら「からくも〜する」という形でのみ用いられる文章語ではあるが、ある状況を切り抜けた際の厳しさを表していることから、別義3と類似性が認められる。

### 5.2.3.2 「辛い」の多義構造

　以上の分析をまとめたのが、次に示す図6である。別義4については別語として考えるべき可能性があることから、点線で示し他の意味と区別した。

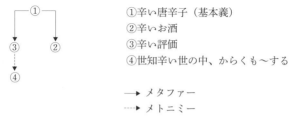

図6 「辛い」の多義構造

　以上、本節では甘いと辛いの意味およびその相互関係について検討した。

## 5.3 「渋い」と「苦い」の意味分析

　次に本節では、味覚形容詞「渋い」と、基本義において近い意味を持つ「苦い」について、両語の類義性と相違を分析する。

### 5.3.1　分析の前に

　はじめに、両語の基本義が類似した意味を有するという点についてごく簡略に触れておく。次に挙げる実例は国立国語研究所（西尾）(1972)からの引用であるが、ともに野草の味を表す。
　(62)こないだ食べたのは、ほんとは食べられないんですって、

だけど毒にはならないんですって、などといっていて、野辺の香りどころの話ではないが、こっちは何を食わされてもみんなビールの肴にしてしまうから、イヤにツンツン匂うやつでも**苦い**やつでも別に気にかからない。

(国立国語研究所（西尾）1972: 100)

(63) あらゆる草を、どんなに**渋く**固かろうと、虫の喰った跡によって毒草でないと知られる限り、採って食べた。

(国立国語研究所（西尾）1972: 102)

さらに次の「日本茶」の味の形容においては、「苦い」と「渋い」が共起している。

(64) 鶴来が、「よう、よう…」と甘ったれたような声を出して、「おれに**渋い**のをくれよ。うんと**渋い**の。うんと濃くして、**苦い**やつ…」としつこく茶をせびる。

(国立国語研究所（西尾）1972: 101)

以上、基本義における苦いと渋いの意味の類似性を確認した。

味覚を基本義とする形容詞渋いは、味覚を表す意味においてはマイナスである意味が他の感覚領域においてはプラスに転じることから（例えば渋い顔や渋い声）、甘いにおけるプラス的意味からマイナス的意味への方向性とは正反対ながら、比較的広い範囲に意味が転用されるという点では似通っている。ただし甘いとは異なり、渋いの多義性について分析を行った研究は管見の限り無い。よって分析の必要がある。

## 5.3.2 「渋い」の分析

はじめに、渋いの分析を行なう。まず多義的別義を順にみていく。

### 5.3.2.1 「渋い」の多義的別義

①別義1（基本義）：〈熟さない柿などが持つ渋みに対する〉〈不快な〉〈味覚的刺激〉

基本義である別義1においては、熟さない柿などの渋みに対する、舌の表面を乾燥させるような不快な味覚的刺激を表す。しかし例えば、濃いお茶などの少量の渋みについてはそれを楽しむという習慣

がある。

(65)「いや、今度のは気付け薬です。<u>茶を濃く煮出してあります</u>よって<u>渋い</u>かしらんが、小半刻たたずに気が晴れますよ」
(『華岡青洲の妻』)

ただし先にも触れたように、基本的には渋い味そのものについては〈不快な〉ものである。

(66) バンコマイシン：目的は、内因性感染症治療。口腔内や消化管によって引き起こされる感染を対象とする。(中略)<u>渋くてまずい</u>。
(第1章 (1))

この基本義における〈不快感〉という意義特徴に基づき、次の別義2へと意味が転用される。

②別義2：〈不快感あるいは不満足感が〉〈表情に表れているさま〉

もともとは次の例に示されるように、実際に渋い物を食べてその味を不快に思い顔をゆがめるといった状況があったのだろうと思われる。

(67) 実は、市販（ベビー用）のほうじ茶を飲ませてみたら、<u>渋い顔してました</u>。やっぱり、果汁が甘くてお好みのようです… (http://www.wise.or.jp/forum/board_03/messages/00362.html)

(68)「わがはいの小説は二万部も売れた」<u>渋茶</u>をすすりながら<u>渋いカオをして</u>、フン先生は考えた。「わがはいは<u>堕落</u>しつつある。ひじょうにあぶないところにおちこんでいる。わがはいの小説はこれまで、ひとが読もうとしないところにのよさがあったのだ。
(『ブンとフン』)

これら渋い顔（をする）が表す意味と基本義との関係は、渋い物を食べた後のような顔という、時間的隣接に基づくメトニミーによって動機づけられる。ここからさらに、次に示すような例においては、実際に渋い味のものを食べた後でなくても内心の不快から顔をゆがめるさまを表し得るようになる。

(69) フランス側会見室でスペイン紙の女性記者がマイクを握ったが、苦しいフランス語で要領を得ず皆<u>渋い顔</u>に。「わが国の会場運営についての感想を」という、素朴な質問と分かるまで時間がかかった。

　　　　（http://www.tokyo-np.co.jp/toku/world.new/paris/980428w9.htm）

(70) 本に張りつけてあるバーコードは、まさしくコンピュータ管理のためのものに違いないが、本はコンピュータ管理されるのですねと質問をしたら、<u>渋い顔</u>をされて、その話はしてもらっちゃ困るよキミ、なんていう感じの応対であった。　　　（http://ibuki.ha.shotoku.ac.jp/~k2295030/com8.html）

以上のように、基本義とは直接関係なく、困惑し不快に思う状況によって気持ちが表情に表れ出ているさまを表す。従って (71) のような例も可能になる。

(71) 香港　<u>辛い料理に渋い顔</u>　（中略）「このカレー辛過ぎますかね」。いつも昼食を食べる日本料理屋のマスターが困り果てていた。日本人にとっては普通のカレーだが、香港人客からは「辛過ぎて食べられない」と苦情が出ているという。
　　　　（http://www.tokyo-np.co.jp/toku/world/week.old3/990313w8.htm）

(71) では、辛すぎるものを食べた後に思わず顔を歪め、不快に思うさまを渋い顔と表現している興味深い例である。

　またこの別義2は、(69)(70) に認められた困惑感に加え不満足感をも表す。

(72) 日本海の真夏の味覚・ウニ漁が二十一日、三国町で解禁となり、海岸一帯でウニが初水揚げされた。しかし、初日は粒が例年より小さく、水揚げ量は昨年の約三分の一で、海女さんたちは<u>渋い表情</u>だった。
　　　　（http://www.chunichi.co.jp/news2/local/newlocal/199907/l19990722_fukui0.htm）

(73) 追加点を取れず、ベンチ前で<u>渋い表情</u>の加茂監督［共同］
　　　　（http://satellite.nikkei.co.jp/topic2/wcup98/40photo.html）

この点については、後に類似表現である苦い顔との相違点を分析する際に再び触れる。

③別義3：〈（柿渋のような）赤茶色〉

　また、渋いには、渋い味を持つ柿渋そのものの色を表す意味がある。

(74) 13. 柿**渋色**（柿色）柿渋、紅柄で染めた、**しぶい**黄赤色。英

名は「ブリックダスト」で、煉瓦のくすんだ色。

　　　　　　　（http://www.joho-kyoto.or.jp/%7Edesign/col/col_028.html）

(75) 柿渋色（かきしぶいろ）柿色は平安末期の「永昌記」に現れているように古くから使われている色名だが、近世になると柿渋と弁柄（べんがら）を用いる顔料染めによる、赤みの茶である柿渋色を柿色というようになった。

　　　　　　　（http://www.warlon.co.jp/design/）

そして以下のような例は、後に示す別義5へとつながるものである。

(76) 美歩志窯　田原弓　茶や鉄色の渋い渋い色調、いかにも土ものらしい鈍い光沢を放つ肌、信楽の土から生まれたそれらの味わいが、最近伊賀の土へ変わったことで、微妙な違いをもたらしている。

　　　　　　　（http://www.aminet.or.jp/nakao/kamamoto/kama/mihosi.html）

基本義からこの意味への転用は、味覚として渋いものが持つ色、つまり味覚と視覚という2つの属性の同時性に基づくメトニミーによるものであると考えられる。この渋色に対する評価が、以降のプラス評価の意味への転用を引き出す要因となる。

④別義4：〈相手に対する対応などにおいて〉〈進んで好意的でないさま〉

別義2で認められた、おもに視覚によって確認される不快な様子がさらに、相手への対応などにおいて好意的でない様子を表すようになる。

(77) 一方、保育所の受け入れ態勢はどうか。母親が求職中の場合の入所について調べてみると、「よほどタイミングがよくないと無理」（墨田区）▽「はっきり言って難しい」（江戸川区）などほとんどが渋い返事。渋谷区のように「期限付きで預かる場合もある」というのは例外的だった。

　　　　　　　（http://www.mainichi.co.jp/eye/strange/1999/0831.html）

(78) 当然iMacは以前から欲しい欲しいと言っていましたが、私はイマイチのり気になれなかったんです。だからパンフレットを見ても「うーん」と渋い返事。

　　　　　（http://www.portnet.ne.jp/%7Erocket/imac-h/imac15.html）

　また「渋い」は、特に金品を出し惜しみするさまを表す場合もある。

(79)「取引先」の法則　せかす客ほど、<u>金払いが渋い</u>。(33歳男性、専門・技術職)

　　うるさいクライアントに限って値切ってくる。(27歳男性、専門・技術職)

　　　　　（http://event.yahoo.co.jp/docs/event/newlife98/kaisha/deki.html）

(80)我が娘の小遣は月五千円である。この額については「まあ、五千円も！」という人、「へえ、五千円ですか、足りますか」という人、(暗に自分は「贅沢してるのに、<u>子供には案外、シブイ</u>のねえ」といいたげに)「響子ちゃんはおえらいのねえ」という人、いろいろである。　　　　　(『娘と私の部屋』)

この金品を出し惜しみするさまと別義2との連続性は、次のような例によって示される。

(81)一応、同氏は用途を聞き<u>渋い顔で小銭を渡す</u>。「早く出て行け」という態度だが、息子たちはしてやったりの顔だ。

　　　　　（http://www.tokyo-np.co.jp/toku/worlld.old/cairo/980502w9.htm）

　以上のように、ここでの〈相手に対する対応において進んで好意的でないさま〉を表す「渋い」への意味の転用は、別義2の不快な様子との類似性に基づくメタファーによるものである。

⑤別義5：〈動きや様態が〉〈滞って円滑でないさま〉

　そして別義5では、〈動きや様態が滞って円滑でないさま〉を表す。

(82)99/6/13 河童池 10:00〜18:00 晴れ　着いたら、まずハリスカッツケでやった。今日は、うまい人でも、<u>食いが渋い</u>といっていた。数回で、魚が寄ったが、どうも食いが続かない。　　　　　（http://www.aurora.dti.ne.jp/~shiomi31/99*6*13.html）

(83)ビリヤード用語集　渋い　ポケットの設定が難しいつまり<u>入れにくい台（反対語甘い）</u>淡路亭　日本を代表するビリヤードテーブルのメーカー　その代表作 Galion（ガリオン）は甘い台として有名だがポケットの設定によっては<u>渋い台</u>

にすることもできる。

（http://www.ed.kagu.sut.ac.jp/~j1496071/ttable.html）

　これは、別義4の〈（相手に対する対応などにおいて）進んで好意的でない〉という意義特徴と類似性が感じられることから、メタファーによる意味の転用である。
　また慣用度は低いが、次に挙げるような表現についても理解は可能である。

（84）千鳥ヶ淵の満開の桜の木の下で、隣を歩いていた吉川さんが不意に「今年の桜は渋いねえ」と言いました。「渋い」とは、例年よりも花の咲く量が少なく、咲き方に派手さがないという意味です。吉川さんのその言い回しこそ、**渋くて格好いい**と思いました。

（http://www.harumi.katsushika.tokyo.jp/~atsuzo/yoshikawa3.html）

（84）では、順調に予定通り満開に咲くはずの桜が何らかの理由で滞って少な目に咲くさまを渋いとしている。こういった表現に表れる渋いの意義特徴、つまりおとなしくひかえめといった意義特徴が、おもに奥ゆかしさを表す別義6への意味転用を支えるもう1つのモティベーションである可能性もある。

⑥別義6：〈地味で落ち着いた〉〈深い魅力や趣があるさま〉

　一方、別義6は〈地味で落ち着いた深い魅力や趣があるさま〉を表す。これは別義3の「渋色」が有するプラス評価的意味と類似性が感じられることから、メタファーによる意味の転用であると考えられる。

（85）渋い秋　この絵のイメージは秋の寂しい感じが出るように渋い色ばかりを使って書いてみました。グラデーションを使ったことによってより一層秋らしさが出せたと思う。

（http://www.iino-hs.suzuka.mie.jp/sakuhin1/B127.HTM）

ここでは秋らしさを醸し出す色を渋いとしているが、色以外の属性をも渋いと表現できる。次の（86）は、小紋の柄の例である。

（86）ただし、そのそばに縫いかけとおぼしくひろげられた反物はどうしたものか小紋のひどく渋い柄……と見る間に女は奥へ駆け入って、六畳の向うの障子をあけ、九尺ほどの縁

側から天井をのぞくようにして、…
　　　　　　　　　　　　　　　　　　　（『焼跡のイエス・処女懐胎』）
　また次の例は、視覚的特徴を表すという点は先の色と同様であるが、さらに抽象化が進んだものである。

(87) 船頭は中年の、<u>世の中の裏も表も知りつくしたような渋い面がまえ</u>であった。　　　　　　　　　　　　（『剣客商売』）

(88) 普段は物静かなFOV最少年のギターのお兄さん。男は多く語らずとも心は伝わる、やはり<u>小田さんの渋いマスク</u>に弱い女性も多いそうで。けっこうミステリアスな存在だと思うんだけど、気のせいかな。
　　　　（http://www.geocities.co.jp/Playtown-Denei/2389/FOV/member.html）

(89) ナオ・シェン・クレイモア。29歳。<u>ロマンスグレイの渋い風貌</u>ではあるのだが、ネジがどこか外れた事で有名な貴族。
　　　　　　　　　　（http://www.kusa.ac.jp/~l04l068/SWnovel2.htm）

　渋い面がまえ、渋いマスク、渋い風貌のような表現においては、別義3の色とは異なる視覚的特徴を渋いとしている。
　この渋いの意味は、さらに聴覚と嗅覚へも転用される。

(90) Sweet Red Vain & nbsp; ノリのいいロックンロールや<u>渋いブルースナンバー</u>を気持ちよく演奏する4人組。
　　　　　　　　　　　　　（http://www.d-line.cmo.ne.jp/srv.html）

(91) トランペッター＆ボーカルの一人二役をこなし、ルイアームストロング本人か？　と思わせる程の<u>渋い歌声</u>で会場を湧かせました。　　（http://www.tennoz.co.jp/news/970813engei.html）

(92) ●8×4フォーメン　スプレータイプでデオドラントとリフレッシュが売り。香りはビターシトラスとビターグリーン。<u>ビターというから、もっと渋い香り</u>を想像したが、いたって爽やか。
　　　　　　　　（http://www.health.ne.jp/library/3000/w3000061.html）

(93) 彼の手は絵具でよどれ、息は<u>葉巻のしぶい香り</u>がした。
　　　　　　　　　　　　　　　　　　　（中村編 1995: 263.（3427））

　以上のように「渋い声」などの例が表す聴覚的特徴や、「渋い香り」という嗅覚的特徴における渋いは、地味で落ち着いた深い魅力を備

えた属性を表す。そしてこれらの意味は、先に挙げた視覚的特徴と共通する意義特徴であるプラス評価的意味を有する。

さらにこの渋いの意味は、五感内に限らず広く転用される。

(94)「わたし、男性より女性が性にあっているような気がするの。それで、女性になることにきめました」「それはよい。きみはいまのままの姿でいた方がいい。じつに<u>渋い魅力</u>。ほれ、若尾文子、あの人そっくりだよ」　　　　　　　　（『風に吹かれて』）

このプラス評価的意味を表す渋いは、マイナス評価的意味よりもむしろ頻出する意義特徴である。

#### 5.3.2.2 「渋い」の多義構造

以上の考察から、「渋い」の意味は次の多義構造にまとめられる。

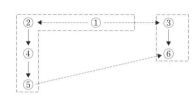

①渋い柿（味）（基本義）
②渋い顔（視）
③渋色（視）
④渋い態度・返事、金遣いが渋い
⑤食いが渋い、戸が渋い
⑥渋い声（聴）、香り（嗅）、マスク（視）、演技

──→ メタファー
┄┄▶ メトニミー

図7 「渋い」の多義構造

渋いの意味の転用には評価的要因が関与しており、別義1から5の意味は、点線枠で示したようにプラスの意味とマイナスの意味の2つに大別される。また別義5から別義6への点線の矢印は、考えられる別の動機づけである。

### 5.3.3 「苦い」の分析

次に「苦い」の意味について渋いとの類似性に触れながらみていく。

### 5.3.3.1 「苦い」の多義的別義

①別義1（基本義）：〈熊の胆、魚の腸などが持つ苦みに対する〉〈不快な〉〈味〉

先の渋いの基本義と同様、われわれの生活では少量の苦みを楽しむ習慣はあるが、苦みそのものについては基本的には不快な味である*8。

(95) スーパーで、ニガウリを売っていた。（中略）味見してみる。うげげ。**とても苦い**。食えたものではない。仕方ないので、塩味を濃くしてごまかしてみようと考える。再度、味噌を投入。（http://www.adguard.co.jp/taki/dream/essay/mt970921.htm）

基本義におけるこの不快感に基づき他の別義へと意味が転用されるという点についても、渋いと同様である。

②別義2：〈つらさや苦悩感が〉〈表情に表れているさま〉

基本義における不快感がさらに、〈内心のつらさや苦悩が表情に表れているさま〉を表すようになる。

(96) 何も知らないエディはハリーに言われるまま大勝負に出て、50万ポンドの借金を作ってしまう。その返済の猶予は1週間。返せなければ、エディと仲間たちの指をつめると脅された。この勝敗の結果を知ってエディの父親JD（スティング）は**苦い顔**をする。

（http://www.spe.co.jp/movie/lockstock/story.html）

この苦い顔（をする）という意味への転用も、渋いと同様、もともとは苦いものを食べた後、不快な顔になるという経験に基づくメトニミーに基づくものであると考えられる。

そうなると、同じく不快な様子が表情に表れる「渋い顔」との相違とは何であろうか。以下の例をみていただきたい。

(97) 亡くなる二日前に言葉をかけた自治会長（50）は「孤独死」とは違うとしながら、**苦い表情**を浮かべた。「寿命やったら防がれへん。でも、四十代なんて短い寿命の人もいる。仮設暮らしでなければ、もっと長生きできたやろうに」

（http://www.kobe-np.co.jp/sinsai/98yonen/ren-yonen2.html）

(98) 過去、普賢から何度も痛い目に遭わされた道徳はその時の

恐怖を思い出し**苦い**表情になった。

　　　　　　（http://www.apk.ne.jp/~taki/itadaki_/itadaki119.html）

（99）「わたしの値段が銀三百枚なのかね」これがキチジローに話しかけた私の最初の言葉でしたが、その時**苦い**笑いが私の口もとに浮びました。ユダが主、基督を売った値段は銀三十枚だった。私はその十倍の値をつけられている。

　　　　　　　　　　　　　　　　　　　　　　　　（『沈黙』、p.196）

（100）漂着があったのは芦原町浜坂の海岸など延べ約三キロで、これで八回目になる。十五日に町職員や地元漁協が回収作業を終わらせたばかりだったが、無情にも、再び直径三―五センチの無数の油玉が砂浜に波状の曲線を描いている。（中略）回収作業を終えた直後の漂着に、同本部では「船首部の重油抜き取り作業は終わったはずだが」と**苦い**表情。　（http://www.fukuishimbun.co.jp/jp/znews219.html）

渋い顔においては不満足性が顕著であったのに対し、ここでは苦悩やつらさといった深刻な要素が顕著となる。従って用例（97）から（100）における苦いは、渋いとは置き換えられない。次に示す例も同様である。

（101）そうした日本の風景の一つ一つを彼はまるでいつか故国の誰かに教えてやるためのように食い入るような眼で見つめる。だがもはや二度とその故国には戻れぬ自分にふと気がつくと、**苦い**諦めの笑いがゆっくり、こけた頬うかぶ。　　　　　　　　　　　　　　　　　　　　　　（『沈黙』）

これは、二度と故国に戻れないという深刻な状況に対する困惑を表すもので、やはり渋いとは置き換えられない。

③別義3：〈つらさや苦悩感が〉〈声に表れているさま〉

　別義2ではおもに表情に表れていた不快感が、ここでは聴覚的意味へと転用される。

（102）《ウメヅ》の艦長は**苦い**声で呻いた。「どうせ、全部ニセモノやろうけど、もしかしたら、本物の法円が混じってるかもしれへん。迂闊に手出しできへんな」

　　　　　　　（http://hok.gnj.co.jp/orion/fa/19990303/4.html）

(103)「油断するんじゃないよ」リオが低い声で言った。「あの女、背中のホルスターに得物を隠してるんだ。素手だと思って下手に近づいちゃ、危ないよ」「……ああ、良くわかったよ」俺は<u>苦い声</u>で答えた。油断するな、ってのはもっともな忠告だ。

(http://www.campus.ne.jp/~songbird/Notorious/notorious3.htm)

視覚的意味においては保たれていた渋いとの類義関係は、この別義3においては保たれていない。先にみた、「渋い声」がもっぱらプラスの意味を表すのに対し、ここではその意義特徴は認められないからである。

なおこの別義3における内心の不快感の表出という意義特徴が、先に挙げた別義2と共通することから、類似性に基づくメタファーによる意味の転用であると考えられる。

④別義4：〈人の行為やある状況によって引き起こされる〉〈つらさや苦悩感〉

別義4では、別義2と3から進んでさらに、つらさや苦悩感そのものを表すようになる。

(104)学生と少年たちは、たびたび笑った。そしてその笑いは、いつものくすぐったい卑猥な笑いとは微妙に異なっているのだ。あいつは、あいつは、うまくやっていやがる、と僕は<u>苦い感情</u>になって考えた。　　　（『死者の奢り・飼育』）

(105)おれたちは完全な保育設備のなかで育つ赤ちゃん同然、どちらへころんでもかすり傷一つおわない。その考えはつねにかれを苦しめ、かりたてる<u>苦い考え</u>だったが今は幸福な虚脱感と一緒にそれがやって来ていた。

（『死者の奢り・飼育』）

ここでは、苦いが意味する考えや感情が当事者を不快にさせ、苦悩させている。

また、不快感そのものを表す苦いには次のような例もある。

(106)二十代の青年にとって、SKDの若い踊り手たちと一緒に番組を作る仕事が、楽しくないはずはなかった。今にして思えば、あれは私の<u>苦い青春</u>における、奇妙に幻想的

　　　　な一時期であったような気がする。　　　　（『風に吹かれて』）

（107）そうだ。あの遊山の思い出は私には苦い。いずれにしろ遊山の一行は皆若かったのに、若さの持つ暗さと苛立たしさと不安と虚無感とが、あの遊山の一日を隈なく彩っていたように思われる。　　　　　　　　（『金閣寺』）

ここでは、青春や思い出の性質をつらさや苦悩感を伴うものとし、それを苦いとしている。

　そしてそのつらさや苦悩感とは、次に示すように、実際に何らかの被害を被った後の気持ちを表すことが多い。

（108）ツメダニに刺されると、かゆみも強く、1週間ほど続き皮膚に赤色丘疹を起こします。真夏の夜にダニに刺されて1度苦い経験をすると、不安になってダニノイローゼにかかる人も少なくありません。（http://lux.japan.co.jp/223.html）

（109）だが、あのピシッと掌に吸いつくボールの感触、ストライクを見逃した際の苦い後悔、走者としてセカンドをうかがう心のふるえ、などは、永く私の記憶に残った。
　　　　　　　　　　　　　　　　　　　　　　　（『風に吹かれて』）

（110）「私にはだから、布教の意味はなくなっていった。たずさえてきた苗はこの日本とよぶ沼地でいつの間にか根も腐っていった。私はながい間、それに気づきもせず知りもしなかった」最後のフェレイラのこの言葉には司祭も疑うことのできぬ苦い諦めがこもっていた。　（『沈黙』）

真夏の夜にダニに刺される、あるいはバッターが大事な場面でストライクを見逃すなど、いずれも当事者は直接的な被害を被っている。そしてここでの意味は、別義2のつらさや苦悩感との類似性に基づくメタファーにより意味が転用される。


　5.3.3.2　「苦い」の多義構造
　以上の「苦い」の分析をまとめたものが次に示す図8である。

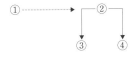
　①苦いお茶（味）（基本義）
　②苦い顔（をする）
　③苦い声（聴）
　④苦い感情、考え（視）

　──→　メタファー
　┄┄→　メトニミー

　図8　「苦い」の多義構造

　以上のように苦いにおいては、基本義である味覚から、視覚および聴覚へと意味が転用される*9。

### 5.3.4　「渋い」と「苦い」の類似点と相違点

　最後にまとめとして、渋いと苦いの類似点と相違点を確認する。

　まず類似点については、2点挙げられる。1点目は、ともに基本義において不快な味を表すということであり、そしてもう1点は視覚への転用は、メトニミーによるものであるということである。ここでもう一度確認してみよう。

（111）「わがはいの小説は二万部も売れた」渋茶をすすりながら**渋い**カオをして、フン先生は考えた。「わがはいは堕落しつつある。ひじょうにあぶないところにおちこんでいる。わがはいの小説はこれまで、ひとが読もうとしないところにそのよさがあったのだ。　　　　　　　　（本章（68））

（112）少年の顔はフットボールの鞠のように脹れあがって、顔の色もそれに近く、頭の毛も眉毛も消えていた。誰だかわかる筈がない。「お兄ちゃん、僕だよ。ねえ、お兄ちゃん」少年は青年の顔を仰いだが、青年はそれを認めかねるように**苦い顔**をした。　　　　　　　　　（『黒い雨』）

以上のように、「渋い顔」と「苦い顔」は、ともに内心の不快感が表情に表れたさまを表す。

　次に相違についてであるが、苦いがもっぱら基本義からのマイナス的意味を保つのに対し、渋いにおいてはプラス的意味に転じるという点が最も顕著である。従って、例えば同じく聴覚への転用であっても意味に違いが生じる。

（113）10月8日　木曜日　この日はじめて、豊田先生の研究室

へ取材に行った。とても、<u>渋い声と落ち着いた話し方</u>が印象的だった。

(http://www.yc.musashi-tech.ac.jp/~g9831047/9831047/nikki.html)

(114)「大きなお世話だ」俺の<u>苦い声</u>に対して、インディラは笑いを残して通話を切った。薮蛇だった。やれやれ。

(http://www1.kcn.ne.jp/~hiromi-k/meneki.htm)

そして視覚への転用においても同様に、「渋い」においては肯定的な意味があるのに対し「苦い」においてはない。

(115) 船頭は中年の、世の中の裏も表も知りつくしたような<u>渋い面</u>がまえであった。　　　　　　　　　　(本章 (87))

ただし、苦いと何らかの関連性がある「苦み走った」という表現は、次に示すように渋いと同様、肯定的な意味を表しうる。

(116) 立花吾郎警部補 (若林　豪) 紺のスリーピースを着こなす<u>苦み</u>走った男。小田切警視の部下の捜査一課刑事。

(http://home.intercity.or.jp/users/KYano/Gmen/G2A.html)

(117) 以降マキノは寿々喜多脚本を相次いで映画化、同年の『鮮血の手形』ではこのニヒルなヒーローを阪東妻三郎が演じ、その<u>苦み</u>走った表情と群を抜いた剣捌きのスピード感で人気が爆発、マキノ時代劇は他社作品を興行力で大きく引き離してゆく。

(http://web.kyoto-inet.or.jp/people/mk-pai/satuei1.html)

また「苦み走った」と「渋い」がともに現れる、次のような例がある。

(118) 顔の造形による個性によってかなり様々なイメージに分かれるが、本来は「<u>苦み走った渋い男</u>の魅力」というやつでしょう。海外ならアラン・ドロン、チャールズ・ブロンソンといった人たちがいる。かつては小林旭そして松村雄基、木村拓哉という流れになる。

(http://www.pastelnet.or.jp/users/kyoya-u/Idol-Analysis02.htm)

ここでは、苦み (走った) と渋いがともにプラスイメージで現れており、ここから両語の意味が近いことが分かる。以上から、「苦い」

もまた「渋い」と同様、プラス抽象義へと意味が転用する可能性を潜在的には持っているのであろうと思われる。

　以上、本節では渋いと苦いの複数の意味を分析し両語の類似点と相違点を明らかにした。

## 5.4　「酸っぱい」の意味分析

　本節では「酸っぱい」の複数の意味について実例に基づき検討する。

### 5.4.1　「酸っぱい」の分析

#### 5.4.1.1　「酸っぱい」の多義的別義

①別義１：〈基本義〉〈酢や夏ミカンなどが持つ〉〈味覚的刺激〉

　別義１、すなわち基本義は、酢や夏ミカンなどの食物が有する味覚的刺激を表す。

(119)　シーカーサというのはオキナワ特産の柑橘類で、香りが強くて少し酸っぱい味がします。

(http://www.nhm.gr.jp/dressing2.html)

(120)　造りたての濁り酒は一昼夜で酸っぱくなる。これはアルコールが酸化されて酸に変ることによる。

(http://www.hit.ac.jp/News/NL/1998/98April/Page10.html)

(119)の例は柑橘類の味、そして(120)の例は酸化された酒の味をそれぞれ表す。

②別義２：〈別義１の主体が発する〉〈嗅覚的刺激〉

　一方、別義２は〈別義１を有する主体が発する〉〈嗅覚的刺激〉を表す。

(121)　品質の面から最高級のお酢を考えてみましょう　どうやら酸っぱければ酸っぱいほどいいというわけではないようです。(中略)においも酸っぱいにおいがすればいいってわけでもないし　別に独特の味があるわけでもないし

(http://www.nnet.ne.jp/~ikf/essay/essay984.htm)

(122)　道の脇に落ちているゴミは、みんなとりどりに散らかり、その交差点の角にあるサンリオショップの入口のへこみ

　　　　　からは、何ともいえない**酸っぱい**においが、絶間なくあ
　　　　　たりへあふれております。
　　　　　　　　　　　　　（http://www.ifnet.or.jp/~iwama/geromizu.html）
　（123）空気がムンとして、何か**すッぱい**臭気がしていた。
　　　　　　　　　　　　　　　　　（中村編 1995: 269.（3527））

以上のように別義2においては、別義1の属性を有するものは通常、ある種の匂いを有することが多いということから、味覚と嗅覚という2つの性質の同時性に基づくメトニミーにより意味が転用されると考えられる。つまり、ある種の匂いが酸っぱい味を連想させる場合、その匂いを酸っぱいという。

　また、腐った食物が往々にして別義1、すなわち酸っぱい味を有し、かつ別義2の酸っぱい匂いを発することが多いというわれわれの経験から、酸っぱい匂いが次のように腐った食べ物を表す場合もある。

　（124）文化祭は2日間ありますが、私のクラスはお団子屋さんをやりましたが、2日目のお団子は1日目よりもちょっと柔らかく、**酸っぱい**においがしたため、ちょっぴり変な噂が流れました。
　　　　　（http://www.yc.musashi-tech.ac.jp/~g9831185/seikatsu.html）

以上、別義2においては、味覚から嗅覚へ、2つの性質の同時性に基づくメトニミーにより意味が転用される例をみた。

　③別義3：〈不快感あるいは拒否感が〉〈表情に表れているさま〉
　また別義3は、〈不快感あるいは拒否感が〉〈表情に表れているさま〉を表す。これは、非常に酸っぱいものを食べた後にはある種の不快感が生じるという、われわれの経験が基になっている。すなわち、味覚（的経験）と、その後に生じる不快感という2つの事項の時間的隣接に基づくメトニミーにより意味が転用される。以下、例をみてみよう。

　（125）ヒロのようす　この頃あげたもの（中略）ベビーダノンは甘すぎる気がしたので、（こんなにおいしいものを覚えてしまったら、後が怖い）プレーンヨーグルトに切り替えた。でもますます**酸っぱい顔**をして嫌そうだ。

(http://www.kis-net.ne.jp/user/kazyu/rinyu2.htm)

（125）の例は、実際に酸っぱいものを食べた後の拒否感が、表情に表れているさまを表している。ここでの不快感は、直喩＊10表現にも現れる。

（126）撮影中に見せた、そらの面白い顔。まるで**梅干を食べたようなそらの酸っぱい顔**。

(http://www.d1.dion.ne.jp/%7Eroseleaf/album7.htm)

一方、次に示す例においては、（125）の例とは異なり、酸っぱい食物を口にした後ではなくても、不快感が表情に表れているさまを酸っぱいが表している。

（127）さすがに眠くなり各自部屋に引き揚げたのが4時。その物音に目が覚めた小西は、次の日8時起床だったため、まんまと「何だよ後3時間しか眠れねぇじゃねぇかよ。」と**酸っぱい顔**。同室の桑原と藤岡をほくそえませた。

(http://www.sfc.keio.ac.jp/~s90466yf/califo.html)

（128）「では、武蔵から飛び立った飛行機があの船を威嚇してくれるんでしょうか？」葛西がすがるような目をして訊いた。「いや」徳川が**酸っぱい顔**をする。「木村が艦長である以上、我々の状況を的確に判断して、もっとも適切だと思う作戦をぶつけてくると思いますよ」

(http://members.tripod.co.jp/fikucer/caf44zlh_12.3.htm)

（129）話がくどくなりそうだった。助けが欲しくなって私はイスラとマルセロの方を振り向いた。きっとイスラは、**また難しい話かい**、と**酸っぱい顔**をしてくれるはずである。

(http://www.shobunsha.co.jp/html/nazemeki/12.html)

なおこのような例は、次の別義4との中間に位置するものであると考えられる。

以上、基本義である不快な味とそれに伴う不快感という、2つの事項の時間的隣接に基づくメトニミーによって味覚から視覚へと意味が転用される例をみた。

④別義4:〈(結果的に口中に別義1を生じさせる) 不快感あるい
　は拒否感〉

酸っぱいには次に示すように、「酸いと甘い」という慣用的用法
がある。

(130) 善にも強ければ悪にも強いと言ったような猛烈な気性か
　　　ら、種々な人の世の艱難、長い政治上の経験、権勢の争
　　　奪、党派の栄枯の夢、または国事犯としての牢獄の痛苦、
　　　その他多くの訴訟人と罪人との弁護、およそありとあら
　　　ゆる社会の酸いと甘いとを嘗め尽して、今は弱いもの貧
　　　しいものの味方になるような、涙脆い人と成ったのであ
　　　る。　　　　　　　　　　　　　　　　　　　　（『破戒』）

この「酸い」は酸っぱいと基本義が同じであると思われるが、「甘
い」が表す快感*11とは対極にある不快感を表す。ここから、次の
ような表現も理解が可能になる。

(131) 彼は酸っぱい気持ちで、もう女なんか相手にすまいと決
　　　めて、…　　　　　　　　　　　　　　（金田一 1978: 1024）
(132) あの日の、予期せぬ君の台詞に僕はすっかり言葉を失っ
　　　ていたんだ　だから今頃になってこんな風に酸っぱい思
　　　いを嚙みしめている
　　　　　　　　　　　(http://www.mine.ne.jp/tani/jun/bmailz2.html)

以上から、酸っぱい気持ちや酸っぱい思いなどの表現における酸っ
ぱいが担う意味は、ある種の不快感、あるいは拒否感であると考え
られる。そしてこれらの意味は、味覚と直接結びつく次のような意
味とは、明らかに性質が異なるものである。

(133) 収穫したての未熟っぽい青いレモンを食べ、とても酸っ
　　　ぱい思いをした矢野さん。
　　　　　　　(http://www.ntv.co.jp/megaten/library/date/98/10/1018.html)

酸っぱいにおけるこの不快感という意義特徴により、やや修辞性は
感じられるが、次のような表現についても理解が可能になる。

(134) 何をむさぼり　いくら着飾りアダムとイブよ　満たされ
　　　るのか見上げる空は　酸っぱい雨が　人間（ひと）はあ
　　　ふれて逃げ場もないさ（この国JAPAN、詞：石原信一、

曲：吉田拓郎）

(http://www.aimiya.com/takuro/album/kando/konokuni.html)

一方、酸っぱいと何らかの関連を持つと考えられる「甘酸っぱい」においては、次のような表現が存在する。

(135) 全編完全収録のサントラカセットや小説なんかも持っていたのだが何時の間にか処分してしまった。残念。（中略）メロディ・フェアを聞くと<u>当時の**甘酸っぱい**気持ちが蘇る</u>。

(http://www.armonicos.co.jp/%7Eyamada/favorites/movie/melody.html)

(136) このアルバムは…そう。高専 3 年の時によく聞いていた CD（中略）その時付き合っていた彼女との想い出の曲です。これを聞くと**甘酸っぱい**気持ちになる。恋愛中の人には是非聞いて欲しいな。　(http://ryo.ram.ne.jp/cd.html)

(137) 今回、撮影で着たのは、10 年ぐらい前に買った服なんだけど、ちょっと<u>懐かしくて**甘酸っぱい**気持ち</u>になった（笑）。

(http://www.tcp-ip.or.jp/%7En-okmt/chiaki-junon-199707.html)

これは、別義 4 の酸っぱい気持ちが表す不快感とは異なり、およそ〈懐かしさによって引き起こされる、切なさを伴うある種の快感〉を表していると考えられる。

一方、先の「甘い」の分析において、甘いにおける〈恍惚感を喚起させ〉〈誘い込むような〉〈好ましく快い〉〈刺激・行為・感覚〉という意義特徴について述べた。

(138) 川ちゃんを騙した女は、川ちゃんを巧みに誘惑し、一度だけ店の二階で**甘い**思いをさせておいて、あとはそれを餌に半年がかりで川ちゃんのボーナスや貯金をそっくりかすめとり、どこかへ消えてしまった、というのである。

(本章 (18))

この甘い（思い）と甘酸っぱい（気持ち）との間には、何らかの平行性が感じられる。また、この甘酸っぱい（気持ち）と類似性が感じられる、次のような例も時折見受けられる。

(139) 瑠璃子さんの熱い吐息を感じながら、瑠璃子さんへの**酸っぱい**気持ちにひたりながら、僕は胸をきゅっと締め付けられるような痛みを感じるのだった。
（http://village.infoweb.ne.jp/%7Efxba0022/shizuku/yun.htm）

(140) その昔の知り合いとはもう会うこともないんだけど、この今目の前にいる知り合いを通じて再会したかのような、なんとも**酸っぱい**気持ちになるです。
（http://www.alc.co.jp/en/edit/momose/hibi9810.htm）

ここでの酸っぱい（気持ち）は、下線を施した部分にも示されるように甘酸っぱい（気持ち）と近い意味で用いられていると思われるが、やや慣用性が高い新規な表現である。

⑤別義5：〈繰り返し同じことを言い続け（結果的に口中に別義1を生じさせ）るさま〉

また、酸っぱいには、口を酸っぱくして言うという慣用的用法がある。

(141) 『結局、親が「人には優しく」、「人にウソを着いては行けません」、「我侭はいけません」などと**口を酸っぱくして言う**ことの裏には、「血縁者には優しく」、「血縁者にウソをついては…」という親自身も気がついていない意外な意味が隠されているのである。
（http://www.ic-net.or.jp/home/kyoko/727/207.html）

この別義5は、同じことを何度も言い続けるという行為によって生じる、口中の何等かの物質が基盤となっている。

すなわち、同じ事を何度も言うという原因によって、口中に酸味が生じるという結果が生じると考えられるからである。よってこれは原因と結果のメトニミーの表現である。

### 5.4.1.2 「酸っぱい」の多義構造

以上、酸っぱいの多義的別義を用例とともに分析した。その結果をまとめたものが次の図9である。なお、別義5の意味は慣用句にのみ認められるものであることから、実線の意味と点線で示すことにより区別した。

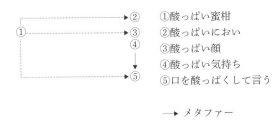

図9 「酸っぱい」の多義構造

以上、本節では酸っぱいの意味について考察した。

### 5.4.2 「甘い」「辛い」および「渋い」「苦い」との類似点

以下では、これまでの分析をふまえ、「酸っぱい」と他の味覚形容詞（甘いと辛い、および渋いと苦い）を比較し、その意味転用の動機づけにおける類似点と相違点を確認する。

#### 5.4.2.1 「甘い」との類似点

「甘い」においては「酸っぱい」と同様、嗅覚への転用が認められる。

（142）お菓子作りの本を眺めているだけで、とても幸せな気分になり、頭の中で想像してはワクワクしたものです。そうして実際作ってみて、オーブンから漂う**甘い**においに何ものにも変えられない楽しさを発見したのです。

(本章用例 (3))

（143）毎日140種類のパンが店頭にかわいくディスプレイされている。(中略) なかでも人気メニューは、フルーツたっぷりの"チェリーデニッシュ"(¥180) や、やわらかい生地の"ハチミツソフト"(¥120)。(中略) **甘い**においが立ち込める店内は、今にもおなかがすいてきそう。

(本章 (4))

この意味への転用もまた、以下に挙げる「酸っぱい」の別義2における味覚から嗅覚への転用と同様に、甘い味を有するものは通常、ある種の匂いを有することが多いということから、味覚と嗅覚とい

う2つの属性の同時性に基づくメトニミーにより意味が転用される。

 (144) 品質の面から最高級のお酢を考えてみましょう　どうやら酸っぱければ酸っぱいほどいいというわけではないようです。（中略）においも**酸っぱい**においがすればいいってわけでもないし　別に独特の味があるわけでもないし
（本章（121））

以上から、「酸っぱい」と「甘い」における味覚から嗅覚への意味の転用現象において、類似点が認められるということになる。


### 5.4.2.2 「渋い」「苦い」との類似点

次に「渋い」と「苦い」との類似点である。「酸っぱい」は「渋い」と「苦い」と同様、もともとは実際に渋い物を食べてその味を不快に思い、顔を歪めるという状況が想定される。

 (145)「わがはいの小説は二万部も売れた」**渋茶をすすりながら渋いカオをして**、フン先生は考えた。「わがはいは堕落しつつある。ひじょうにあぶないところにおちこんでいる。わがはいの小説はこれまで、ひとが読もうとしないところにそのよさがあったのだ。
（本章（68））

この渋い顔（をする）という表現は、渋い物を食べた後のような顔であることから、時間的隣接に基づくメトニミーによるものであるという点については既に述べたが、これは次の「酸っぱい」と近いものである。

 (146) ヒロのようす　この頃あげたもの（中略）ベビーダノンは甘すぎる気がしたので、（こんなにおいしいものを覚えてしまったら、後が怖い）プレーンヨーグルトに切り替えた。でもますます**酸っぱい顔をして**嫌そうだ。
（本章（125））

一方、次に示すような例においては、実際に渋い味のものを食べた後でなくても不快感から顔を歪めるさまを表し得る。

 (147) 第一航空戦隊の司令官時代、「赤城」を見学に来たある部外の人が、艦の上空、二機の戦闘機が組んずほぐれつ空中戦の訓練をしているのを仰いで、「実にうまいもんだな

あ」と感嘆の声を発すると、山本は急に渋い顔になった。そして、「君、あれを遊び事のように思って見てもらっては困るよ。ああやって急降下をやると、肺の中に出血して、命が縮むんだ。　　　　　　　　　　　（『山本五十六』）

(148) 何も知らないエディはハリーに言われるまま大勝負に出て、50万ポンドの借金を作ってしまう。その返済の猶予は1週間。返せなければ、エディと仲間たちの指をつめると脅された。この勝敗の結果を知ってエディの父親JD（スティング）は苦い顔をする。　　　　　　（本章（96））

以上のように、ここでは味覚とは直接関係なく、困惑し不快に思う状況により気持ちが表情に表れ出ているさまを表す。以上から、このような例は次の「酸っぱい」に近い意味を表すと考えられる。

(149) さすがに眠くなり各自部屋に引き揚げたのが4時。その物音に目が覚めた小西は、次の日8時起床だったため、まんまと「何だよ後3時間しか眠れねぇじゃねぇかよ。」と酸っぱい顔。同室の桑原と藤岡をほくそえませた。
　　　　　　　　　　　　　　　　　　　　　　（本章（127））

以上、「酸っぱい」と「渋い」「苦い」における視覚への転用には類似性が認められるという点を確認した。

5.4.2.3　「辛い」との類似点

また、「酸っぱい」は「辛い」とも類似点がある。「辛い」には〈ある物事や状況において〉〈（本来予想されるよりも）厳しさやつらさが〉〈強い〉〈さま〉を表す意味がある。

(150) 江藤賢一郎が左翼へ行かないのは、彼の思想ではなくて、利害を打算した結果だった。このせち辛い時代に、打算を忘れた者は人生の敗北者になるにきまっているじゃないか……と彼は思っている。　　　　　　　（本章（58））

(151) 新緑と連休がうれしい5月である。この世はとかく、せち辛い。それが身にしみるからこそ、せめて気分を変えてみたい、との思いがつのる　　　　　　　（本章（59））

ここでは、「せち辛い」と「辛い」の関係性を考慮する必要がある

が、こういった用例における「辛い」には、およそある状況における厳しさやつらさが強いさまという意味が感じられる。以上から、この「辛い」と次の「酸っぱい」（酸い）の別義4との間には、類似性が認められる。

> （152）およそありとあらゆる社会の**酸い**と甘いとを嘗め尽して、今は弱いもの貧しいものの味方になるような、涙脆い人と成ったのである。　　　　　　　　　　（本章（130））
>
> （153）彼は**酸っぱい**気持ちで、もう女なんか相手にすまいと決めて、…　　　　　　　　　　（本章（131））

5.4.2.4　5.4のまとめ

以上、「酸っぱい」と味覚を基本義とする他の形容詞（渋い、苦い、甘い、辛い）とを比較し、その類似点を確認した。結果、本節で取り上げた5つの形容詞における意味転用の動機づけは、以下の3種にまとめることができる。それは、味覚と嗅覚という2つの性質の同時性に基づくメトニミー（酸っぱい／甘いにおい）、そして味覚（的経験）とその後に生じる不快感という2つの事項の時間的隣接に基づくメトニミー（酸っぱい／渋い／苦い顔（をする））、さらに基本義との類似性に基づくメタファー（酸い（と甘い）／（せち）辛い）の3つである。

以上から、評価意識の逆転現象がみられる「甘い」と「渋い」を除き*12、基本五味における意味の転用には、基本義である味（から受けるわれわれの印象）が、転用の動機づけに直接的に関わっていると結論づけることができよう*13。

## 5.5　「まずい」「うまい」「おいしい」の意味分析

「おいしい」においては昨今、次のような用法が若者を中心に定着しつつある。

> （154）人材募集（中略）あなたに楽な仕事や**おいしい条件**は提示できません。しかし、楽しい仕事・気分が良い職場は用意できます。

⟨http://inst.or.jp/inst_vol2/watsnew/j_bosyu.html⟩

「おいしい」が味覚以外においても広く使われるようになったのは、最近の現象である。よって限定された表現ではあるが、インターネットのホームページや日常の会話ではよくに使用されている。

その現状を踏まえて本節では、新しい意味*14・用法を含めた「おいしい」の意味を分析し、その多義構造を明らかにする。

### 5.5.1　分析の前に

「まずい」と「うまい」、そして「おいしい」は従来、関連語と捉えられている。

> うまい　形容　反対語は「まずい」で、ほぼ意味的に対義の関係にある。
> おいしい　味がよいことを表す。「うまい*15」にほぼ対応するが、「うまい」が舌先の美味感覚だけでなく、味わい深さ、こくのある滋味をも含めるのに対し、「おいしい」は味覚のよさをさす。　　　　　　　　（森田1988: 194–197、下線は引用者）

ここではおいしいはうまいにほぼ対応し、まずいはほぼ意味的に対義の関係にあるとしていることから、これら3つの語の関係は、うまいとおいしいが類義関係、そしてまずいはうまい、おいしいと反義関係である、ということになる。ただし、具体的にどう類似しどう異なるのかといった点については、森田（1988）を含む従来の研究（cf.国立国語研究所（西尾）1972、飛田1991など）で十分に分析されてきていない。

そこで本節では、これら3つの語が有する複数の意味とその関連性を明らかにする。はじめに、まずいとうまいを反義語として分析し、その結果を踏まえ、まずいとうまいには認められない、おいしいの意味を記述する。

### 5.5.2　「まずい」の分析

それでははじめに「まずい」の意味を実例とともにみていく。

### 5.5.2.1 「まずい」の多義的別義

①別義1（基本義）：〈飲食物の味が〉〈悪い（と感じられ不快に思う）さま〉

基本義においては、飲食物の味が悪いさまを表す。

(155) ニューヨークの食事は（中略）「**まずい**」。（中略）マクドナルドにいっても<u>アメリカで一番**まずい**</u>のはニューヨークかも。　　　　（http://csm.cplaza.ne.jp/community/tjny2.html）

(156) 何と云う名前か知らないが、マシマロウの様な口ざわりで、適度の甘みにバナナの風味があって、**まずいお菓子**ではない。　　　　　　　　　　（中村編1995: 292 (3828)）

この意味と、うまい（おいしい）の基本義との関係は、AならばBでない、すなわち、まずければうまく（おいしく）ないという関係は成り立つが、AでなければBであるは成り立たないことから、連続的反義関係にあると考えられる。

またこの意味には、国立国語研究所（西尾）（1972: 16）でも指摘されているように、客観的な属性（飲食物の味が悪いさま）のみならず、個人的な好悪、つまりある種の味をまずいと感じる側の存在が深く関わってくる。

②別義2：〈技術（あるいはその結果としての出来映えの程度）が〉〈低くて劣っているさま〉

別義2は、技術あるいはその出来映えの程度が、低くて劣っているさまを表す。次に挙げる(157)では、最近の若者が書く稚拙な文章をまずいとしている。

(157) 最近の若者は（中略）日本語が下手で**まずい文章**しか書けなくなってしまいました。

　　　　（http://home.catv.ne.jp/dd/wakayama/letter.htm）

基本義においては、もっぱら飲食物の味の悪さのみを表す狭い意味であったのが、この別義2においては意味が広がる。従ってこれは、シネクドキーによる転用であると考えられるが、それを分かりやすく示すのは次のような例である。

(158) 肉を食べて唖然。（中略）なぜこんな**まずい料理**が作れるのか不思議。

(http://www.supportnews.co.jp/readers/field11/page1.html)

まずい料理とは、味が悪いさま（基本義）と出来ばえが劣っているさま（別義2）の両方を含む表現であると考えられることから、(158) は基本義と別義2との中間に位置するものであるといえよう。

また次に示すように、出来ばえが劣っているさまに加え技術（能力）が劣っているさまを表す場合もある。

(159) 正確さを気にするあまり音楽的に<u>まずい演奏</u>をする場合もありますが、そこは音楽は"なまもの"なので。

(http://www.cse.ec.kyushu-u.ac.jp/~cs297014/kontra.html)

他にもまずい運転などの表現が挙げられるが、この技術（能力）が劣っているさまと、出来映えが劣っているさまにもまた、次に示すように連続性が認められ、明確に分けることは出来ない。

(160) <u>へたな演奏</u>と<u>まずい歌</u>ですが、まぁ聞いてみてください。

(http://member.nifty.ne.jp/TOSHIE/teigi.htm)

③別義3：〈見映えが〉〈悪いさま〉

一方、次に示す意味は、別義1（基本義）とのメタファーによるものである。

(161) カラスって誰だろう、（中略）一人<u>まずい顔の女</u>でみんなに好かれなくて、（中略）
―カラスはあれに違いない、とみんなが言う。

(http://www.magazine.co.jp/features/movies/yodogawa/1124picasso/home.html)

この意味への転用もまた類似性に基づくものあり、かつ別義2との連続性を感じさせる。例えば、「まずい字」という用例においては、別義2の技術の低さと別義3の見映えの悪さの両方を含意する。

なお、別義3の反義語は「美しい」であり、うまいやおいしいではない点に注意したい。

④別義4：〈事態の進展（あるいはその結果）が〉〈思いのほか不都合で〉〈望ましくないさま〉

そして別義4は、事態の進展が思いのほか不都合で望ましくないさまを表す。

(162) 談話会後、体調が急激に悪化。(中略) 根本の原因は疲労か。(中略) **まずい**なあ。明日も休めないし。
　　　　(http://www.astron.s.u-tokyo.ac.jp/~chiaki/diary/990608.html)

(163) それに居酒屋に行くと、下手に日本酒に手を出して**まずい**思いをするよりも、味が分かっているビールのほうが間違いないのでよく飲むようになった。
　　　　(http://www.sibata.co.jp/~ken/sake/b_syo.htm)

(164) 「なんや会議中かいな、**まずい時に来たかなぁ**」
　　　　(http://www.collegium.or.jp/~musa/chordiary_backnumber/c_diary092.html)

(165) ヒカリは黙ったまま、トウジを見つめた。トウジは自分が何か**まずい**ことを言ったのかと焦った。
　　　　(http://www2.big.or.jp/~nary/img_html/3b01.html)

この意味は、基本義における味の悪さに対する不快感と類似性が感じられることから、メタファーによる転用であると考えられる。

　また、別義3で挙げた「まずい顔」という表現がこの別義4においても認められるが、意味が異なる。

(166) まあな、と言って芳太郎は**まずい**顔をした。父がさらしもののようになっているところを想像すると、智彦のなかに生々しいつらい気持がわきおこった。
　　　　(http://www2.big.or.jp/~kazami/titi.htm)

以上のようにここでは、見映えの悪さ（別義3）ではなく、事態の進展を望ましくなく思う内心の不快感を意味する。

### 5.5.2.2 「まずい」の多義構造

　以上、まずいの別義をみてきたが、それをまとめたものが次の図10である。

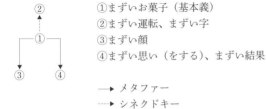

図10 「まずい」の多義構造

　別義1と別義2のどちらを基本義（プロトタイプ的意味）と認めるかという問題については、議論の余地がある。本書では味を基本義としたが＊16、すべての多義語が明確に同定できる基本義を持っているとは限らないことから（cf. Langacker 1988: 52）、別義1と別義2の両方が基本義である可能性もあると考えられる。

### 5.5.3　「うまい」の分析

　次に「うまい」の多義性をみる。先のまずいと比較しつつ両語の反義性を明らかにする。

#### 5.5.3.1　「うまい」の多義的別義

①別義1（基本義）：〈飲食物の味が〉〈良い（と感じられ好ましく思う）さま〉

基本義は飲食物の味が良いさまを表し＊17、まずいの基本義とは反義関係にある。

(167) **うまい**どんぶり！（中略）醤油ベースのタレが、おいしさを引き立てています。
(http://www.foods.co.jp/products/marumiya/DONBURI/gyuu-hako.html)

(168) おかずも一品多く、すき焼きも**うまい**ところを一番先に食うのが当たり前。
(http://asahi.cab.infoweb.or.jp/paper/edu/kishibe.html)

(169) ハードな1日も、この**うまい**ビールのためにあったのではないかと思うほどだったのだ。
(http://www.incl.ne.jp/~tyranno/okinawa5.html)

②別義２：〈技術（あるいはその結果としての出来映えの程度）が〉〈巧みで優れているさま〉

そして別義２は、技術、あるいはその出来映えの程度が巧みで優れているさまを表す。

(170) いくら美容師が<u>カットがうまい</u>から・・といって、毎週のようにカットにいくわけにはいかない。
　　　　　　　　（http://www.akiba.or.jp/select/990701/er366p.html）

(171) 自分でいうのもなんだが、私は非常に<u>嘘がうまい</u>と思う。
　　　　　　　　（http://cg.rc.kyushu-u.ac.jp/~hamano/990422a.html）

(172) ウインスレットは、格別<u>うまい演技</u>とは思わなかった。他の候補者がほとんど英国人だっただけに、ここはうまくバランスをとって、米国人のハントで決まりだと思っていた
　　　　　　　　（http://zakson.zakzak.co.jp/geino/n_March98/nws2010.html）

用例（170）から（181）は、技術が優れているさまを表すが、結果としての出来映えが優れているさまを表す場合もある。

(173) 自分にあったセリフを考え、<u>うまいギャグ</u>などが思いついたら、それはその人自身の財産になります。
　　　　　　　　（http://plaza.harmonix.ne.jp/~k-miwa/magic/round/serifu.html）

ただし、まずいと同様、出来映えを表す場合と技術を表す場合とは連続しており、明確に分けることはできない。

(174) 可愛くて、性格が良くて、気が利いて、<u>料理がうまい</u>（中略）そんな人を探してるんですけどね。
　　　　　　　　（http://bre.soc.i.kyoto-u.ac.jp/~okada/marriage.html）

ここから、この別義２と基本義がシネクドキーにより動機づけられるという点もまずいと同様である。そしてこの別義２はまずいの別義２と反義関係にある。

③別義３：〈思考・態度が〉〈優れており〉〈適切であるさま〉

さらに、思考・態度が優れており適切であるさまへと意味が拡張する。

(175) この言葉が本当に私が「やりたいこと」を示しているか、わからない。<u>うまい言葉</u>が見つからないのである。

　　　　　（http://www.mag.keio.ac.jp/~sat/database/seisaku.html）

(176) FF4のムービーをCDXAFINDやCDXAですいだそうと、がんばったのですがうまくいきません。<u>うまいやり方</u>があったら教えてください

　　　（http://www.dengeki.ne.jp/game/wwwboard/log/199810/messages/6753.html）

(177) 口でくわえたり、かじる動物も多いが、水中ならではの<u>うまい方法</u>を採用した動物もいる。それは掃除機のような吸い込み方式である。

　　　（http://www.kahaku.go.jp/museum/research/zoology/kaisei/hp-6/su/index.html）

(178) さすがに満男は寅さんのこれまでの恋をよく観察していて、<u>うまい表現</u>で説明してくれます。

　　　　　（http://www.network.or.jp/haru/movie/kanso/tora44.html）

(179) 次の演習時間に答案の中から問題ごとに模範解答を選んでその解答者を指名するので、（中略）どうしても<u>うまい考え</u>の浮かばなかった者はこれらを参考にするがよい。

　　　（http://flex.ee.uec.ac.jp/www/japanese/edu/95IC1/5-23/denjikien-syuu.html）

これらは、巧みで優れているさま（別義2）を踏まえた上で、その場に相応しい手際の良さといったような適切さを表すものである。よってこの意味は、別義2との類似性に基づくメタファーによる転用であると考えられる。

　④別義4：〈事態の進展あるいはその結果が〉〈思いのほか好都合で〉〈望ましいさま〉

　一方別義4は、次のような意味を表す。

(180) リーチをかけて<u>うまく行けば</u>倍満もあるから結構おいしい手かと考える。

　　　　　（http://www.mahjong.or.jp/quiz/ans9744.html）

(181) みなさんがお上手なのはいうまでもなく、それぞれちゃんと個性が出てます。でも、それが<u>うまい具合</u>に融合されていてとても自然な1つの作品になりました。

(http://cgi.psn.ne.jp/~n-nami/union/union01.html)

このうまいは、事態が運良く望ましい方向へ進展し、それを望ましく思うさまを表す。

次に挙げる「うまい話」も同様である。

(182) あなたはうまい金儲けの話や芸能のスカウトなど、お金や名声にかかわる誘いに弱いようです。そんな<u>**うまい話**はそうそう転がってはいません</u>。

(http://www2.shift.ne.jp/~naka/ans13.html)

ただしこれは、しばしば裏があるといったマイナスの意味を含むことが多く、その点、もっぱらプラスの意味だけを持つ「おいしい話」とは対照的である（詳しくは後述）。

同様に、一人得をするという意味を表す「うまい汁を吸う」という慣用表現もある。

(183)「国民の犠牲で、乱脈経営をした当事者ばかりが<u>**うまい汁を吸う**ことになる</u>」とただしました。

(http://www.jcp.or.jp/Giin/Kokkai/143/kijima-0917.html)

以上、別義4におけるうまいは、まずいの別義4と、反義関係にある。

### 5.5.3.2 「うまい」の多義構造

以上「うまい」の別義をみてきたが、その結果をまとめたものが、次に示す図11である。

①うまいお菓子（基本義）
②うまい運転、うまい字
③うまい言葉、うまい考え
④うまい話、うまい汁（を吸う）

⟶ メタファー
┄▶ シネクドキー

図11 「うまい」の多義構造

まずいとうまいの多義構造が明らかになったところで、両語を比較してみよう。

図10と11から、まずいとうまいはほぼ反義の関係であることが確認できるが、別義3において意味の非対称性が生じる。すなわち、まずいの別義3が〈見映えが悪いさま〉（まずい顔）を表すのに対し、うまいの別義3は〈思考・態度が優れており適切であるさま〉を表す。
　なお、うまいの別義1と別義2についても、まずいと同様、どちらも基本義である可能性がある。

### 5.5.4 「おいしい」の分析
　最後に「おいしい」の意味を、うまい、まずいと比較しながら検討する。

#### 5.5.4.1 「おいしい」の多義的別義
①別義1（基本義）：〈飲食物の味が〉〈良い（と感じられ好ましく思う）さま〉
　基本義は、うまいと同じく、飲食物の味が良いさまを表す。
（184）しかし、県内外から客が集まってくるというのに、理由がないことはないはず。どうやらその秘密は、**おいしい****ネタ**にあるようだ。
　　　　　　（http://www.cap.or.jp/gourmet/ekimae/data/GRM0112.html）
よってここで問題となるのは、両語の意味の相違である。次の例は両語がともに現れる例である。
（185）家庭的な、**料理のおいしい**お宿　青木屋旅館（中略）当館の**料理はうまい**です。（中略）ぜひ来てみてください。
　　　　　　（http://www.challenger.co.jp/mitsumata/inn/inn2.html）
以上のように、基本義においては両語が表す意味にほとんど違いは感じられない。ただ、「おいしい」の方がより丁寧な印象であることから、うまいは男性が、そして、おいしいは女性が好んで使う傾向にある、というような位相の差はある。
②別義2：〈食欲をかき立てるような〉〈嗅覚的・視覚的属性〉〈あるいは別義1に直接関わる（話・文章の）内容〉
　一方、別義2の「おいしいにおい／色」には、次のような例があ

る。

(186) いもが焼けはじめると**おいしいにおい**に誘われて、みんな集まってきます。

(http://www.obs.misato.wakayama.jp/~kamies/furusato.html)

(187) 『**おいしいにおい**がするよ、なんか買って〜』『イカ焼きでいい？ じゃ、お土産で....おうちで食べてよ』

(http://www.catnet.ne.jp/gimmick/ode4.html)

(188) またある時はかくれんぼの最中、息をころして潜んでいる暗い押し入れのすき間から、何ともいえぬ**おいしい匂い**がまよい込んできたりする。

(中村編（1995）p.272.（3568））

(189) 衣の粉、卵、パン粉の順につけ、180℃の揚げ油に入れ、**おいしい色**に揚げる。

(http://www.bcc-net.co.jp/rkb/cooking/cook-990603.htm)

(190) **おいしい色**はグリーン20代から50代の主婦400人に実施した「おいしいと感じる色」調査によると、第1位は「グリーン」だったそうです。（中略）どうやら野菜や果物の連想させる色が人気のようですね。(98.9.17日本経済新聞夕刊13面「女性かわらばん」)

(http://www.webstyle.ne.jp/wn-old12.html)

(191) ラーメンは黄色が一番**おいしい色**とされ、製めん業者は黄色の色を出すために大変苦労しているようです。

(http://www.hiryu.co.jp/ramen/mag/9610/9610-3.html)

これらは、基本義の味を持つものは、通常、ある種の匂いや色を有することが多いということから、味覚と嗅覚、あるいは味覚と視覚という2つの性質の同時性に基づくメトニミーによる意味の転用である。比較的新しい用法で、やや修辞性は感じられるが、「*うまい／まずい匂い」や「*うまい／まずい色」という表現はないのに対し、おいしいだけが嗅覚と視覚へと転用される*18。

また、別義3には他に、「おいしいレシピ／話／アイデア」などの表現がある。

(192) フレスタの**おいしいレシピ**　季節の素材を生かした料理

や**おいしい話**を満載（中略）おすすめのメニューを（中略）フレスタがバラエティ豊かにご紹介いたします。

(http://www.fresta.co.jp/recipe/recipe.html)

(193) ここはキッチン　お料理しながら**おいしい話をしましょう**（中略）キノコとベーコンのサラダの作り方（中略）このサラダはあるレストランで食べたのを自分流にアレンジしたものです。

(http://ccm.gs.niigata-u.ac.jp/kobatti/kitchin.html)

(194) ここではちー君の知ってる**おいしい話**を（儲け話ではない、念のため）紹介します。第2回我が家のレシピ（1）茶碗蒸し　(http://www.sol.dti.ne.jp/~chii-kun/manjare2.html)

(195) 漬け物を使ってありさえすれば、料理のジャンルは一切問いません。小林カツ代さんに負けない、面白**おいしいアイデア**大募集!!

(http://www.tv-tokyo.co.jp/bangumi/koubo/990426.htm)

(196) レモンダイエット（引用者注：レストランの情報誌）の使い方を募集します。**おいしいアイデア**お待ちしています。

(http://cgi.foods.co.jp/lemonbbs/)

(197) ちょっと気になる**おいしい本**をご紹介します。（中略）全国の保育園から、ご自慢の給食メニューを集め、まとめられた給食レシピです。

(http://www.nonbee.co.jp/~leo/note/tsubomi/book.html)

これらの例においては、いずれも別義1と直接的な関連があり、かつおいしさを誘発するような内容を意味する。

③別義3：〈別義1と接し〉〈期待感・好ましさのあまり〉〈顔をほこばせたさま〉

一方、CMなどを中心に、一部で「おいしい顔」という表現が使用されている。

(198) **おいしい顔**あつまれ（中略）ごはんやお米を題材とした料理などの食事の様子をテーマにしたもの　募集期間　平成10年9月1日（火）から9月30日（水）まで

(http://www.pref.miyagi.jp/nousan/Oisikao_syousai.htm)

(199) 「**おいしい顔**」を見つけたい　雪印「おいしい顔ってどんな顔!?」キャンペーン。

(http://www.sendenkaigi.com/promo/1999/9905.htm)

(200) お魚を食べた時の「**おいしい顔**」をお送りください。とびきりの「おいしい顔さん」にはすてきなプレゼントが！

(http://www.kon-shoku.co.jp/)

(201) 今日からうれしい給食が始まりました。可愛いランチボックスのふたを開けて、いただきま〜す。(中略) 梅組さんの**おいしい笑顔**でいっぱいです。

(http://kids.drive.co.jp/asoka/hpage/jh/H9/yotei/04/02.html)

この意味は、基本義である味覚の好ましさとそれに伴う快感との時間的隣接に基づくメトニミーによるものであると考えられる*19。すなわち、おいしいものを目の前にし（あるいは口にし）、その期待感、好ましさのあまり思わず顔をほころばせたさまを表す。しかし慣用度としてはまだ低く、現段階では社会方言の一種であるように思われる。

④別義4：〈ある事物が〉〈格別の価値を持つことから　深い満足感が得られ〉〈望ましいと感じるさま〉

別義1では、飲食物の味がよいと感じられ好ましく思うさまをみたが、別義4では味覚的快感に限定されず、広く人間にとって快く好ましいさまを表す。

(202) より美しい生活、より快適な生活、より**おいしい生活**を求めて、衣・食・住のすみずみにいたるまで徹底的にこだわるイタリアーノ。

(http://www.butaman.ne.jp:8000/~grinc/)

(203) **おいしい生活**をバックアップする通販ショップ「コンシャスショップ」へようこそ（中略）いつもイキイキした**おいしい生活**のための耳寄り情報と選りすぐりの商品をご紹介いたします。

(http://www3.mediagalaxy.co.jp/meika/meiji_order/)

(204) 週刊朝日増刊qualita楽しまなくっちゃ!!　イタリア的**おいしい生活**　（中略）もっと生活を楽しみ、もっと人生を

愛するために——週刊朝日からイタリアの人たちのアイデアを集めた増刊をお送りします。

(http://pps.asahi-np.co.jp/span/syukan/az981025.htm)

これはあらゆる面で価値や利益が高く、結果として深い満足感が得られる生活をいう。そして次に示すような例が、この別義4と基本義との中間に位置するものと考えられる。

(205) 「<u>おいしい</u>生活応援団」は、<u>食品</u>を中心に超お買い得の商品を御紹介、販売するたいへんお得なショッピングスペースです。　(http://www.sky-net.or.jp/maru/about.htm)

また次に示す例は、身体（健康）にとって格別の利益があるという意味を表す。

(206) 「力水」は高純度のミネラルを含んだ体にやさしいお水です。大切な体のために、<u>体に</u><u>おいしい</u>「力水」をおすすめします。

(http://www.mochikichi.co.jp/Special/WaterSP/seibun.htm)

(207) <u>頭に</u><u>おいしい</u>スナック　頭が良くなる要素30種類を入れた頭が良くなるスナックでお子さまのおやつやビールのおつまみに。(中略) <u>目に</u><u>おいしい</u>スナック　ビタミンAが豊富でこれを食べることにより、視力が向上するスナック。　(http://www.interlink.or.jp/nakamats/goods.html)

そしてこの格別な価値の高さは希少価値へと繋がり、様々なものの属性を表し得る。

(208) ゆきこの旬の<u>おいしい人</u>たち　各界で活躍する、今ホットな人物へのデジタルインタビュー。

(http://www.superstation.co.jp/yukiko/index.html)

(209) ショーン・コネリーがボンドを演じた頃の作品に親しんでいる人なら、<u>おいしいギャグ</u>がてんこ盛り。

(http://www.sankei.co.jp/mov/review/98/austinpowers/index.html)

(210) そのネタとは「読売ジャイアンツ杯最下位賞」です。日頃からプロ野球ネタの好きな演出家様がこの<u>おいしいネタ</u>を無視するわけはありません。

(http://www2.big.or.jp/~deecloud/kako/kenkai38.html)

また次に挙げるのは、他の感覚、視覚と聴覚への転用が顕著な例である。

(211) キャンプ in HOKKAIDO CONTENTS ～<u>**おいしい景色**</u>を探して～　北海道編キャンプ場情報
　　　　　　　　　　　　（http://www.ibj.co.jp/~junimura/002-2.htm）

(212) 徳島・香川県境にあり、<u>小豆島、屋島、そして本州と瀬戸内海</u>の**おいしい景色**が　楽しめる峠である。
（http://galaxy.nucl.eng.osaka-u.ac.jp/~knagatom/Bunsuirei/text_d/shk.html）

(213) アフリカ（中略）他の地域にて収録された貴重なエスニック・ソースより、（中略）<u>土着モノ</u>から（中略）ハウス・ブレイク、（中略）など、<u>世界をまたにかけた</u>**おいしい音**のコレクションだ。
　　　　　（http://www.crypton.co.jp/dtm/samplicd/zerog/ethnic1.html）

(214) 見た目とは違いビンテージギター的なサウンドを放出する。フロント・リア PU のミックスが<u>一番**おいしい音**</u>である。　　　　（http://www.mwnet.or.jp/~tank/guitar3.htm）

(215) たとえば3オクターブ以上の音域が出せる人がいても、そのすべてがいちばん**おいしい声質**ではない。
　　　　　（http://www.gao.ne.jp/~ken/tmn/oldbook/volume1_2.html）

これらも、通常味わえないような格別の価値を意味する。
　一方、「うまい」の別義4と次に示す「おいしい」は類似した意味を表す。

(216) あなたはうまい金儲けの話や芸能のスカウトなど、お金や名声にかかわる誘いに弱いようです。そんな**うまい話**はそうそう転がってはいません。　　　　（本章（150））

(217) 分かってちゃいても、人間、儲け話、**おいしい話**にはころっとだまされてしまいます。
　　　　　　　　（http://www.amy.hi-ho.ne.jp/thallium/nyumon.htm）

(218) この不景気なご時世にただで商品がもらえる?!　そんな**おいしい話**があるとおもいますか？　それがあるんです！
　　　　　（http://stu.kdcnet.ac.jp/~kdcsc/inaoka/98/0002.html）

従って、このような例においては「おいしい」を「うまい」と置き換えられる。ただし次のような例になると、置き換えられない。

(219) スライダー？　ダメですねえ。打者に<u>**おいしい**ボール</u>かなと思ったりしてね。

　　　　　(http://www01.u-page.so-net.ne.jp/fd5/emi5911/week_s0.1.html)

(220) するどい玉はすべて「お願い！」と叫んでよけていた。そしてふわふわ〜ととんできた<u>**おいしい**ボール</u>だけを自分のモノにする。

　　　　　(http://www.infosite.ne.jp/yoshimi/hitokoto/0003.html)

おいしいボールとは、当事者（打つ側）にとって打ち易い、すなわち思いのほか好都合なボールである。このように、好都合であるという意義特徴は、うまいとおいしいの両方に認められるが、「*うまいボール」とは言い難いことから、おいしいの方に、より広い用法が認められる。

　さらに別義4は、思いがけず、費やした労力以上の成果が得られ、得であると感じるさまを表す。

(221) 作者も働いていた広告業界が舞台で、その内情がリアルで興味深いし、イギリス人のスポーツ、クリケットについても学べる<u>1冊で2度も3度も**おいしい**作品</u>です。

　　　　　(http://www.inac.co.jp/~maki/award/result/imp/135.html)

(222) サッカーができればどこでもいいような、Jリーグくずれの高額年俸選手は解雇し、地元出身で、下手でも安い年俸で仕事をしてくれる選手をもっと登用せよ。県民のチームに対する親しみは増し、なおかつチームの財政も改善される、という<u>一挙両得の**おいしい**アイデア</u>である。

　　　　　(http://www.yano.riec.tohoku.ac.jp/~yamak/brum.html)

(223) Warasiさんによると、肌色の耐水塗料で仕上がり具合を検討するといいます。防水効果と着色の<u>2度**おいしい**やり方</u>。

　　　　　(http://www.jah.ne.jp/~donchan/LIFEHBY/KIGUDA/step16.html)

(224) 今回のテーマは「<u>イギリスは**おいしい**</u>」ならぬ、「<u>実験は**美味しい**</u>」という話。おいしい理由は2つ。1つは、綿密

な予想を立てて実験し、その通りの結果が得られたときの自分の推論に対する満足感。もう１つは、予想を遥かに越える、いや考えもしなかった結果が得られたときの「Oh、ラッキー!」という気持ち。
(http://stu.nit.ac.jp/~s979013/essay/06nobua.html)

(225) 最も**おいしい**セリフをマオから奪い、(中略)「ごめんごめん**一番おいしい**とこ言っちゃって」などと笑って言って許してもらえるのは、この人だけであろう。
(http://www.raidway.ne.jp/~unit/koko2/koko2-1a.htm)

そして次に挙げるような表現は、昨今、若者を中心に定着しつつある。

(226) ビルの管理会社でバイトしているんですが、これが**オイシイ**バイトです。(中略)一晩泊ると約１万５千円です。(中略)この不景気の中、**おいしすぎる**と思います。
(http://www.dab.hi-ho.ne.jp/hell/f-shuushoku-t.htm)

(227) くまさん(中略)このおはなしでは「**おいしい**」ところをもっていくキャラクターです。
(http://www.remus.dti.ne.jp/~poran/)

(228) 態度にムラのある彼はいくら「**おいしい**」条件でも結婚後苦労しそう。　(http://ands.sakura.co.jp/telling/telling3.htm)

(229) あなたに楽な仕事や**おいしい条件**は提示できません。しかし、楽しい仕事・気分が良い職場は用意できます。
(本章 (152))

(230) 我々が推奨銘柄をださないと、**おいしいことを言う**投資顧問や証券マンの勧める銘柄に手を出して悩みの種を新しく背負い込むというのがこれまでのパターンでした。
(http://www.neuralnet.co.jp/jpreport/19990415.htm)

他に「**おいしい思い**をする」などの表現もまた、少ない労力で予想以上の成果を得、それを得であると感じるさまを表す。

また、「**おいしい人生**」という表現もある。

(231) 『まつむら　たろう』という人(中略)友人の証言によると、**おいしい人生**を送ってるとのこと。(中略)先生と仲

が良かったり、行動が知らず知らずのうちに、**おいしい方向へ足が向いているとか…。**

(http://www.246.ne.jp/~taro/intro.html)

以上の別義4は、別義1の味のよさに対する快感との類似性に基づく、メタファーによる意味の転用であると思われる。

そして、うまいと一部共通性を持ちつつも、おいしいの別義4の方により広い意味・用法が認められる。

### 5.5.4.2 「おいしい」の多義構造

以上のおいしいの意味をまとめたものが、次に示す図12である。

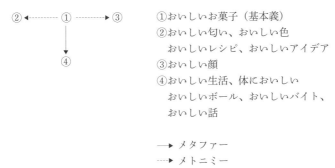

図12 「おいしい」の多義構造

おいしいには、「うまい／まずい（運転）」の別義2に認められたような「技術の巧みさ／程度の低さ」を表す意味は無く（*おいしい運転）、別義2と3のような味覚に関する意味に広く用法が認められるのが特徴的である（おいしい色、*うまい色など）。そして既に触れたように、うまい（まずい）と共通点が認められるのは、基本義を除いて別義4のみであるが（うまい話とおいしい話）、おいしいの方により広い用法が認められる（おいしいバイトと*うまいバイト）。

以上、本節では、おいしいの新たな意味・用法に注目し、関連語である、うまい、まずいと比較して、その複数の意味を共時的に分析した。昨今、特に、おいしいの別義4の、使用者の範囲に広がりが認められるように思われるが、これは、うまいの別義4では表し

得なかった、労無くして得をする事への強い満足感（時にそれに付随する罪悪感、あるいはそれを非難する気持ち）をおいしいが表し得るようになった事に起因すると思われる。

## 5.6　5章のまとめ

以上から、味覚形容詞の五感内における意味の広がりは次のようにまとめられる。

表1　日本語の味覚形容詞における五感内の意味の転用

| 味覚→ | | 嗅覚 | 触覚 | 視覚 | 聴覚 | 五感外 |
|---|---|---|---|---|---|---|
| 甘い | | ○ | ○ | ○ | ○ | ○ |
| 甘い菓子 | (＋) | 甘い香り | 甘い感触 | 甘いマスク／目元／色調 | 甘い声 | 甘いムード |
| だしが甘い | (−) | — | ねじが甘い | 甘いピント | — | 甘い誘惑／甘言 |
| 渋い | | ○ | × | ○ | ○ | ○ |
| | (＋) | 渋い香り | — | 渋いマスク／目元／色調 | 渋い声 | 渋い雰囲気 |
| 渋い柿 | (−) | — | — | — | — | 支払いが渋い |
| 苦い | | × | × | ○ | ○ | ○ |
| | (＋) | — | — | — | — | — |
| 苦い料理 | (−) | — | — | 苦い顔 | 苦い声 | 苦い想い出 |
| 酸っぱい | | ○ | × | ○ | × | ○ |
| | (＋) | — | — | — | — | — |
| 酸っぱい味 | (−) | 酸っぱい匂い | — | 酸っぱい顔 | — | 口を酸っぱくして言う |
| 辛い | | × | × | × | × | ○ |
| | (＋) | — | — | — | — | — |
| 辛い料理 | (−) | — | — | — | (塩辛声) | 辛い採点 |
| うまい | | × | × | ○ | ○ | ○ |
| うまい菓子 | (＋) | (うまそうな〜) | — | うまい絵 | うまい歌 | うまい考え |
| | (−) | | | | | |
| おいしい | | ○ | × | ○ | ○ | ○ |
| おいしい料理 | (＋) | おいしい匂い | — | おいしい顔／色 | おいしい音 | 体においしい |
| | (−) | | | | | |
| まずい | | × | × | ○ | ○ | ○ |
| | (＋) | | | | | |
| まずい料理 | (−) | — | — | まずい顔 | まずい歌 | まずいタイミング |

　本章では五感の1つである味覚を取り上げ、その意味の転用をみてきた。その多義構造を分析することによって明らかになった他の感覚への転用の動機づけを最後に確認しておく。

　「甘い」と「酸っぱい」における基本義である味覚から嗅覚への

転用は、味覚と嗅覚という2つの性質の同時性に基づくメトニミーによるものである。また「渋い」と「苦い」そして「酸っぱい」における視覚への転用は、味覚における不快さとそれに伴う内心の不快感、つまり時間的隣接のメトニミーに基づき成立している。そして「甘い、辛い、渋い、苦い、酸っぱい」における意味の転用には、基本義の味が抽象的意味に直接的に反映されている。評価意識の逆転がみられる「甘い」と「渋い」を除いて、「苦い」「辛い」「酸っぱい」においては、基本義である味の印象を保ちつつ意味が転用される。

また多義構造のうち感覚間の意味の転用に注目してみると、「甘い」においてのみ基本義である味から他の感覚へ、直接メタファーにより意味が転用される。従って従来、共感覚的比喩の中の味覚からの転用とされているものは、この「甘い」における多義的別義1から多義的別義3への転用だけが該当するのではないか。この点についての検討は本章以降に譲る。

次に、「うまい」「まずい」「おいしい」の分析においては、「まずい」と「うまい」はほぼ反義の関係であることを確認した。ただし多義的別義3において、その対称性に相違が生じる。つまり「まずい」においては、顔の造作の醜さを表すのに対し、「うまい」にはその用法はない。そして「うまい」では、思考態度がその場に相応しく適切であるさまを表す「うまい言葉（がみつからない）」という表現があるのに対し「まずい」においてはその用法は存在しない。また従来この「まずい」「うまい」の関連語として扱われてきた「おいしい」においては、「まずい」「うまい」には無い新しい意味が若者を中心に広がりつつある。こうした「おいしい」の新しい意味に本書では注目し、意味の記述を行った。

以上の意味の分析を通して明らかになったことは、こうした味覚から他の感覚への意味転用の動機づけには、ある種のパターンが存在するということである。すなわち、同時性や時間的隣接に基づくメトニミー、あるいは味の印象との類似性を基盤にしたメタファーである。

本章全体の主張として、共感覚的比喩、すなわち感覚間の意味転

用は、以上でみたように異なる意味作用のうえに成り立つもので、従来言われてきたように、ある種の印象の類似性という概念、すなわちメタファーだけでは包括的に説明し得ないということを改めて主張する。

---

＊1　第3章でも触れたように、メタファー、メトニミー、シネクドキーの定義については次に従う。
　　　　メタファー：二つの事物・概念の何らかの類似性に基づいて、一方の事物・概念を表す形式を用いて、他方の事物・概念を表すという比喩。
　　　　シネクドキー：より一般的な意味を持つ形式を用いて、より特殊な意味を表す、あるいは逆により特殊な意味を持つ形式を用いて、より一般的な意味を表すという比喩。
　　　　メトニミー：二つの事物の外界における隣接性、あるいは二つの事物・概念の思考内、概念上の関連性に基づいて、一方の事物・概念を表す形式を用いて、他方の事物・概念を表すという比喩。
　　　　　　　　　　　　　　　　　　　　　　　　　　　　　　　（籾山1997a: 31）
＊2　ただし山田（1999）では、次の様な指摘がある。
　　　基本義と派生義の関係は、その名の通り、基本義がその語の中心的な意味であり、派生義はそこからなんらかの仕方で派生された、あるいは「転用」された意味だととらえられる。派生ないし転用のすがたはさまざまであるが、その多くは「比喩」と結びつけられる。（中略）ここで問題にしたいのは、個々の語の派生義が、基本義から「一般的な意味規則、たとえば比喩のメカニズムによって完全に決まる」と言えるのかどうかである。
　　　　　　　　　　　　　　　　　　　　　　　　　　　　　　　（山田1999: 222）
本書では、意味の拡張が3つの比喩に集約されるという立場で以下の論を進める。
＊3　詳しくは次節で述べる。
＊4　以下は、Williams（1976）から「味覚」に関するとされているもののみを抜粋し整理したものである。

|  | TOUCH | TASTE | SMELL | DIMENSION | COLOR | SOUND |
|---|---|---|---|---|---|---|
| TOUCH |  |  |  |  |  |  |
| bitter | 〈OE〉 | 1000 | W3 |  |  |  |
| TASTE |  |  |  |  |  |  |
| sweet |  | 888 | 900 |  |  |  |
| sour |  | 1000 | 1340 |  |  | W3 |
| acrid = nigai, karai |  | 〈1712〉 | W3 |  |  |  |
| autere = assarisita |  | 〈1541〉 |  | 〈*1680〉 |  |  |
| brisk = sawayaka |  | 1597 |  | 〈*1727〉 | 〈1660〉 |  |
| dulcet |  | 〈1430〉 |  |  |  | 1450 |
| eager (= atui) | 〈*1544〉 | 〈1350〉 |  |  |  | 1668 |
| mellow (= amai) | 〈*1797〉 | 1440 | 〈*1644〉 |  | 〈*1563〉 |  |
| tart (= suppai) | 〈*1500〉 | 1386 |  |  |  | 900 |

(Williams 1976 から抜粋して整理したもの、太字は引用者)

(引用者注：表中の 'W3' は *Webster's Third*、'OE' は *the Oxford English Dictionary*、数字は出典年次をそれぞれ表す)

日本語の「甘い」に対する訳として 'sweet' がよく当てられるが、むしろ、'mellow' の方に「甘い」と類似した意味転用のパターンが認められる。また同じく味覚を表す形容詞であっても、日本語とは異なる語彙体系である。

*5 ただし西尾（1983b）には、味覚形容詞全般に関しての分析がみられる。

*6 RHD は *The Random House Dictionary of the English Language, Second Edition, 1987* の略号である。

*7 別義1'の（お菓子を焼く）甘いにおいと、この（女の子の）甘いにおい間の意味の区別は重要であるが、この点については第9章で述べる。

*8 この点について、柴田（1995）にも次のような指摘がある。

> 世にはニガイものの好きな人もいる。わたくし自身、小魚のつくだ煮は大好きであるが、その魅力はニガサにある。しかし、だからといって、これをおいしいとは言いにくい。ほんのちょっと食べるからいいのであって、このニガサを主体とした料理などというものは考えられない。
>
> （柴田1995: 87）

また少量の苦みを楽しむ習慣は、次の用例にも現れる。

> ゆがしにする前に酢をかけて（略）白魚に皮のある事を味わったのも珍しかった。又頭の辺りに<u>少し苦い味</u>のするのが何とも云われない程うれしかったが　　　　　　　　　　（中村編1995: 284（3721））

*9 ただし次に挙げるように、「苦い」と関わりがあると思われる表現においては、嗅覚への転用が認められる。

> ついさっきまで土の中にいたから、ふーんとくわい独特の**にがみのある**匂いが、ぷしゅっと筋が入った亀裂から、湯気とともにただようまで、気ながに焼くのだ。　　　　（中村編1995: 275（3607））
>
> 珈琲ポットからのたてたばかりの<u>ほろ苦い香り</u>が、…
>
> 　　　　　　　　　　　　　（中村編1995: 276（3626））
>
> 無花果のミルクは、<u>苦い土</u>の匂いがした。　（中村編1995: 277（3634））

＊10 「直喩」とは、およそ「～のような」という指標を持つ比喩をいう。ともに類似性基盤を持つ「隠喩」との関係など、くわしくは佐藤（1992）他参照。

＊11 詳しくは 4.2.2 節「甘い」の別義 8 を参照。

＊12 既に述べたように、「甘い」の基本義は肯定的な意味であるが、否定的な意味（別義 6 および 7）への転用があり、一方、これとは逆に「渋い」においては、基本義における否定的な意味から、肯定的な意味（別義 2、3、6）への転用が認められる。

＊13 基本義の味覚が転用先の意味に直接的に反映されることを表す、次のような用例がある。

> 小さな茶器（中国茶器のようなもの・玉露茶碗位のもの）に入れられて出される第一道のお茶は、やや<u>苦み</u>が勝ったお茶で、これは<u>人生の辛さや厳しさを表現しており</u>、雲南沱茶が用いられる。第二道のお茶は<u>甘い香りと味がする。人生の喜びや幸せを意味し</u>、蓋つきの少しおおきめの茶碗（平茶碗）で供され、大理感通寺の茶畑から穫った若い新芽を使った感通茶が用いられる。最後に出される第三道のお茶は、第二道の茶碗より更に大きめの（深めの）湯飲みで出されるが、<u>甘さと辛さが混じり</u>、これは人生の最後に今までの来し方を振り返る、楽しかったこと辛かったこと、これまでの人生の全てが包含される。（中略）侘びとか寂とか言う、日本の茶道の精神じゃあるまいが、いわば、<u>この三道茶には少数民族ペイ族の苦難の歴史と哀しい人生が表現されているのである。</u>
>
> （http://www.gulf.or.jp/~houki/essay/zuihitu/tane/sahou2.html）

＊14 ただし『日本国語大辞典』と『大辞林』では、本文例（122）に相当すると思われる例（歌舞伎・男伊達初買曾我（1753）からの用例の他、(1970) の例が一例挙げられていることからも、本書で分析した「おいしい」の意味が既に古くから存在していた可能性がある。しかしここで挙げられている例は 2 例のみであり、他の資料にもこの意味についての十分な用例の提示は、管見の限り無い。加えて、これは『日本語教育』の査読者の方からご指摘頂いたのであるが、20 年程前に流行した「おいしい生活」という宣伝文句が新しい意味の定着のきっかけになったという可能性もあることから、本書では、現代語に広く認められる「おいしい」の意味・用法を記述するという立場で、以下、論を進める。

＊15 これは「味のよいことを表す感覚形容詞」（森田 1988: 194）という第一義（基本義）を指す。

＊16 本書では、用法上制約がない（あるいは相対的に少ない）ものをプロトタイプ的意味と認定するという、籾山（1995: 622）に従う。ここから、各形容詞それぞれの用法上の制約を整理すると、「（名詞（句）が—なる／—くする」という用法においては、別義 1 の「（日が経って）お菓子がまずくなる／（煙草の匂いが）料理をまずくする」が容認されやすいのに対し、別義 2 はやや容認度が落ちる（「?（年をとって）運転がまずくなる／*（雨が）運転をまずくする」）ことから、ここでは別義 1 を基本義と認定した。なお、後述する「うまい」についても同様の理由で味覚を基本義とした（「?（スパイスをかけてもっと）料理をうまくする」（別義 1）、「??（経験が）運転をうまくする」（別義 2））。その他の用法上の制約については省略する。

*17 飲食物以外にも、その味わいの良さを「うまい」(おいしい)とする例がある。

　　北海道は涼しいし梅雨がない、ゴキブリだってでないのだ。(中略) それに食物がうまい。<u>空気が**うまい**</u>。水がうまい。
　　　　　　　(http://www.educ.info.kanagawa-u.ac.jp/~s995523/next.html)
　　今ではすっかり身体になじんだ、この山の自然、<u>**おいしい**空気</u>。
　　　　　　　　　　　　　　　　　　　　　　(中村編 1995: 295 (3877))

これに対し「空気がまずい」という表現については、やや慣用度が落ちるようである。そしてこれは、基本義との類似性に基づくメタファーによる意味の転用であると思われる。さらに他の味覚を表す語においても同様に、次のような用例が認められる。

　　扉を押して一歩入ると<u>**甘酸っぱい**空気</u>で、広いホールは薄暗い照明だが、人熱れでむせかえっていた。　　　(中村編 1995: 295 (3874))
　　埋立地のバラックをとりまく<u>**塩っぱい**夜の空気</u>の中で、わかっているから、という言葉だけが彼の耳にはきこえた。　(中村編 1995: 295 (3878))

*18 既に述べたように、味覚を基本義とする「甘い」と「酸っぱい」においても味覚から嗅覚へは同種の原理により意味が転用される。

　　(ケーキが焼ける) <u>**甘い**におい</u>。
　　塩漬けにされた梅がむしろの上に広げられ、<u>**酸っぱい**におい</u>が境内に満ちた。

なお「まずい色」は、「まずい」の別義3 (見映えが悪い) の意味では表現可能である。

*19 既に述べたように、次に挙げる例は味覚における不快さとそれに伴う不快感との時間的隣接に基づくメトニミーによる意味の転用である。従って「おいしい顔」とは正反対ながらも類似した意味の転用である。

　　<u>**渋**茶</u>をすすりながら<u>**渋い**カオ</u>をして、フン先生は考えた。「わがはいは堕落しつつある。ひじょうにあぶないところにおちこんでいる。」
　　　　　　　　　　　　　　　　　　　　　　　　　　　(本章 (68))

第6章

# 五感を表す動詞の意味分析

## 6.1 本章の課題

第6章では、五感を表す動詞における共感覚的比喩をみる。

はじめに、日本語の五感を表す動詞における感覚間の意味転用をみてみよう。

表1　日本語の「五感を表す動詞」における五感内の意味の転用

|  | (原感覚)嗅覚 | 味覚 | 触覚 | 聴覚 | 視覚 |
|---|---|---|---|---|---|
| (共感覚)視覚 | ○<br>香りをみる | ○<br>味をみる | ○<br>湯加減をみる | ○<br>音をみる |  |
| 聴覚 | ○<br>香をきく | ○<br>酒の味をきく | ×<br>手触りをきく |  | ×<br>景色をきく |
| 触覚 | ○<br>香りにふれる | ○<br>味にふれる |  | ○<br>音にふれる | ○<br>景色にふれる |
| 味覚 | ○<br>香りを味わう |  | ○<br>感触を味わう | ○<br>音を味わう | ○<br>景色を味わう |
| 嗅覚 |  | ×<br>味を嗅ぐ | ×<br>手触りを嗅ぐ | ×<br>音を嗅ぐ | ×<br>景色を嗅ぐ |

(第3章、表7)

このうち、例えば聴覚を表す動詞「きく」における感覚間の意味転用、すなわち共感覚的比喩表現とは次のようなものである。

(1) 台湾の作法「茶藝」でも、いいお茶ほど、うまさを聞き、香りをきいて楽しむもの。日本が知らなかった烏龍茶のおいしさ、それが「聞茶」です。
(ウーロン茶飲料、聞茶（キリンビバレッジ株式会社）のラベルより引用)

(2) 蔵元さんの挑戦、その年の気候、水、土地の文化、これらが封印された酒をきいて楽しみ、知って楽しみ、売って楽しむ。　　　　　　　　　　(http://www.chu6.co.jp/)

(1) は嗅覚的経験、(2) は味覚的経験への転用をそれぞれ表す。

　本章においては、まず前章での課題を受け、「きく」(聞・聴・訊・効・利) の複数の意味とそのつながりについて検討し、その多義構造を示す。次にその分析結果を踏まえ、例 (1)(2) のような共感覚的比喩表現を「きく」の多義のネットワークの中に位置づけることにより、感覚間の意味転用の動機づけを明らかにすることを目指す。

　さらに続く6.3節では、感覚動詞「きく」「ふれる」「におわせる」(におわす) において共通に認められる発話行動的意味に注目し、その意味を分析する。

## 6.2 「きく」(聞・聴・訊・効・利) の意味分析

### 6.2.1 分析の前に

はじめに、「きく」の意味に関する先行研究をみてみよう。籾山 (1997b) では、次の例文を示し以下のように述べている。

　(1) わからないところを先生にきいたが、教えてくれなかった。
　(2) この問題について専門家に話をきいた。
　(3) 学生が退屈そうに先生の話をきいている。

　　例文 (1)、(2)、(3) に対応する「きく」の三つの意味を、(1)〈情報・答・説明などを求める〉、(2)〈情報・答・説明などを求め〉〈(その情報・答・説明などを) 聴覚で捉える〉、(3)〈聴覚で捉える〉という相互に関連のあるものとして示すことができる。　　　　　　　　　　(籾山1997b: 127)

本書ではこの指摘を受け、きくが表す複数の意味間の関係を関連のあるものとして示すとともに、ここで挙げられている3つの意味以外の別義についても考察する。

　さらに国広 (1986) ではきくの意味について辞書の記述を引用し、次のように述べている。

　　『三省堂国語辞典第三版』の「きく」[聞く] は次のようになっている。

　　きく [聞く]

①音・声を耳に感じて知る。「―もなみだ、語るもなみだ」
②聞き入れる。「言うことをきけ」
③［道を］たずねる。
④味やかおりのぐあいを判断する。「味を―・酒を―」
　この③および④は考えようによっては①とは意味がかなり距たっていて、同音異義語としてもよいように思われよう。③と④の隔たりは、類義であるが、別語である「ゆるむ」と「たるむ」の場合よりも大きいと言えよう。この意味の距たりについてのわれわれの感じ方は主観的な場合が多く、これを客観的に測定できる基準を考えるのも難しい。これは要するに、多義語と同音異義語の境をどのように決めるかという問題である。

（国広1986:6）

本書ではここで挙げられている、これら①から④の意味間には関連性があると考え、きくを多義語とみなす。そして、きくの複数の多義的別義の間にみられる意味的な関連を比喩*1に基づく転用とし分析する*2。

　次に漢字表記の相違と意味との対応について述べる。きくには「聞・聴・訊・効・利」という複数の漢字表記が当てられ、これにより辞書の見出し語は様々である。この点について、3つの辞書の要点をみてみよう。

・『福武国語辞典』
…見出し語を2つたてる（「聞く・聴く」と「利く・効く」）。
・『学研現代新国語辞典』
…見出し語を2つたてる（「聞く」と「利く」）。
　そして「耳を傾けてきく意では、多く『聴く』と書く。」と説明がある。
・『日本語大辞典』
…見出し語を1つたてる（「利く」「効く」「聞く」「聴く」）。
　そして「聴く」を「耳を傾けて聞く」とし、例として「音楽を―」「市民の声を―」を挙げている。

　一方、籾山（1994）では、同一の音形に複数の漢字表記が対応する場合において、漢字表記の違いが意味の違いに関与しない現象

があるとしているが、きくについても同様の現象が認められる。例えば、先に挙げた辞書によると、「音楽（レコード）をきく」という表現におけるきくは、「聴く」で統一されるはずであるが、実際には次の通りゆれがある。

(3) モダンジャズでもブルーベックなんかのスクェアなやつは一枚もおいてなくて、とびきりヒップなのといわゆる new thing、それに現代音楽を<u>聴かせる</u>の。モンクってお店。よかったらいっしょに行ってみない？ 　　　　　　　（『聖少女』）

(4) 私は、大事に持っていた「日本の歌曲」という<u>レコードを</u>中西部の農場の娘パティと一緒に<u>聞いた</u>ことがあった。それには、「波浮の港」「城ヶ島の雨」「桜貝の歌」など十数曲が収録されていた。　　　　　　　（『若き数学者のアメリカ』）

また「言うことをきく」のきくについても、次に挙げるように複数の漢字表記が認められる。

(5) 二階に間借りをしている男が、<u>一度医者に見て貰えというのにどうしても聴かない</u>。この咳はそんな咳じゃないと云って隠そうとする。　　　　　　　　　　　　　　（『檸檬』）

(6) お婆様（ばあさま）が波が荒くなって来るから行（ゆ）かない方がよくはないかと仰有（おっしゃ）ったのですけれども、こんなにお天気はいいし、大丈夫だといって<u>仰有ることを聞かずに</u>出かけました。　　　　（『溺れかけた兄妹』）

以上から本書では、漢字表記の相違による区分は行なわず、意味の相違にのみ注目するという立場で以下の分析を行なう。

### 6.2.2 「きく」の分析

それでは、きく（聞・聴・訊・効・利）が有する複数の意味とその関連性を用例とともにみていこう。

#### 6.2.2.1 「きく」の多義的別義

はじめに、「きく」の多義的別義（以下、別義）をみる。

①別義1：〈聴覚的刺激を〉〈聴覚器官で〉〈捉える〉

基本義は、聴覚的刺激を聴覚器官で捉えるさまを指す。次に挙げ

る（7）は滴の音、（8）は泣き声をそれぞれ表す。

(7) 朝、寝床のなかで行一は雪解の滴（しずく）がトタン屋根を忙しくたたくのを聞いた。　　　　　　　　（『雪後』）

(8) ゆすぶってやっても、たちまちその顔はくしゃくしゃに歪み、しぼりだすような聞くに堪えぬ音声がその喉から洩れてきた。　　　　　　　　　　　　　　（『楡家のひとびと』）

これらは、聴覚的刺激が自動的に耳に感じられる状態で、池上（199：745）のいう感覚（sensation）の段階（連続した音声が聞こえてくるレベル）に当たると考えられる。

②別義2：〈言葉＊3を〉〈聴覚器官で〉〈捉え〉〈意義を認識する〉

そして別義2は、池上（1993：745）のいう認知（cognition）＊4の段階、つまり知覚内容に意味を読みとるレベルを表す。次の（9）におけるきく行為には、ただ聴覚的刺激（言葉）を捉える（別義1）だけでなく、意義を認識するという意味が含まれる。

(9) 僕の思っている海はそんな海じゃないんだ。（中略）よく聞いてくれ給（たま）え。それは実に明るい、快活な、生き生きした海なんだ。末（いま）だかつて疲労にも憂愁にも汚されたことのない純粋に明色の海なんだ。　（『遺稿』）

そして意義を認識するということは、そこに聞き手の何らかの解釈が加わることになる。

(10)「たいへんいいじゃありませんか」絵に対して素直（すなお）になった私の心は、私にこう言わさないではおかなかった。それを聞くと君は心持ち顔を赤くした——と私は思った。　　　　　　　　　　　　　（『生まれいずる悩み』）

(10)においては、「たいへんいいじゃありませんか」という言葉に対し、聞き手は顔を赤くしている。ここから、その言葉の意義を認識した後、恥ずかしく思うという解釈（意味づけ）を、聴覚的刺激に対してしていることがわかる。

またこの別義2には、他人から情報を得るという意味もある。

(11) Q．医療法人になると県の規制が厳しくなると聞いたが本当ですか。
　　　(http://www.nextlink.ne.jp/info/databank/cat13/data/1995/

19950428.0000815.html）

(12) 日本でも、（中略）文字集合の策定が行われようとしています。**聞く**ところによると、香港ではBig5をさらに増やそうという動きすらあるとか。

（http://hp.vector.co.jp/authors/VA001240/article/ucsnote.html）

聴覚的刺激を捉える（別義1）という行為とその意義を認識する（別義2）という行為は時間的に連続して生じることがあり、また、別義2は別義1からさらに進んだ行為を表している。よってこれは、メトニミーに基づく意味の転用である。

③別義3：〈何らかの要求を含んだ〉〈言葉を〉〈聴覚器官で〉〈捉え〉〈意義を認識し〉〈受け入れる〉

別義3では、言葉を捉えその意義を認識する（別義2）だけでなく、さらに受け入れるという意味を表す。

(13) 噛みつこうとするのを押しのけた。そして仲裁者が一杯飲もうと勧めるのも**聴かず**に妻を促して自分の小屋に帰って行った。　　　　　　　　　　　　　　　　　　　（『カインの末裔』）

(14) 赤ちゃんに「何月何日に生まれてきてね。」と頼んでその通りになったという話しはよく聞きますが、あれは本当です。真剣に頼めば必ず赤ちゃんは必ず**きいて**くれます。

（http://www.kln.ne.jp/aki/anzan5.htm）

(15) 「まごころこめた麺づくり　中仙道宿」のけんぼう店長が、わがままな私のお願いを**きいて**、カルボナーラを作ってくれました!!

（http://www.rakuten.co.jp/rannoshou/287204/386084/387304/）

(16) 美術史の授業にひかれ1年目から「教授に無理を**きいて**もらい」ゼミを受講、教授の手伝いもしていた。

（http://scosv.sankei.co.jp/kusano/99/people/nisijima/99nisijima.html）

(13)はおよそ従う、(14)(15)は承知する、(16)は許すという意味をそれぞれ表す。

そして別義1、2、3の3つの行為は、聴覚的刺激を捉え（別義1）→その意義を認識し（別義2）→受け入れる（別義3）という関係にあることから、別義3は、出来事の時間的連続（前後）関係

に基づくメトニミーによる意味の転用である。

④別義4：〈何らかの要求を含んだ〉〈言葉を〉〈聴覚器官で〉〈捉え〉〈意義を認識し〉〈受け入れて〉〈対応する〉

そして別義4では、何らかの要求を含んだ言葉を聴覚器官で捉え受け入れる（別義3）だけでなく、是非を判断しその要求に対し適切な対応をするという意味がさらに加わる。典型的には「わがままをきく」という表現がこれに当たる。

(17) 慎吾「いや、大したことじゃないんですけど、今月の牡牛座のラッキーカラー、青だったから」
中居「ええっ。そうなの？ 俺も牡牛座なんだけど（中略）ねえ、取り替えてよ」
渋々、慎吾は中居のわがままを**きく**。
慎吾「じゃあ俺、赤」
(http://www.ne.jp/asahi/vice-versa/online/scines-seasons/etc/secret-s.html)

(18) アリーナツアーのパンフ、武道館に行ったのに買わなかったんです。でも、やっぱり欲しい！どーしても欲しい!!広島に行かれる方、どなたか買ってきてはいただけないでしょうか？わがままを**きいて**くださる方、メール待ってます。
(http://joy1.alpha-g.ne.jp/tree2/article/t/tour/6/aeauul/)

(17)において、要求のきき手は、青いボタンが欲しいという相手の要求に対し、ボタンを相手の要求通りに取り替えてやるという対応をしている。同様に、(18)の（わがままを）きくが表す行為とは、広島でアリーナツアーのパンフレットを買うという対応である。

さらに例をみてみよう。

(19) いつ、きみたちがこの手紙を開いているかはわからないが、もし、きみたちが私のことを友と思ってくれるのなら、ひとつだけ頼みを**きいて**ほしい。倉本医院にいる、私の妻を助け出して欲しいのだ。
(http://member.nifty.ne.jp/yasujirou/YASUenme.htm)

(19)における対応とは、妻を助け出すという行為を指す。

別義4では、他に「就職の口をきく」や「訴えをきく」などの表

現が挙げられるが、これは、別義3と出来事の時間的連続（前後）関係にあることから、メトニミーによる意味の転用である。すなわち別義4の（要求に対する）対応という行為は、言葉を捉えその意義を認識し（別義2）→受け入れ（別義3）た後に、行われるものであると考えられるからである。

⑤別義5：〈求めていた〉〈情報を〉〈聴覚器官で〉〈捉える〉

別義5は、求めていた情報を聴覚器官で捉えるさまを表す。

(20) このゴアで彼等は本国にいるよりもっと詳しく日本の情勢を聞くことができた。それによると、三人の出発した前の年の十月から、日本では三万五千人の切支丹たちが一揆を起し、島原を中心にして幕府軍と悪戦苦闘した結果、老若男女、一人残らず虐殺されたとのことである。　　（『沈黙』）

(21) 加恵は奥にいたが、於継が書見の間で佐次兵衛と何か話しているというので、すぐにも於継の傍へ行ってみたいと思ったが、書見の間は大庄屋をしている佐次兵衛がその事務を執るところで家人は寄りつけないことになっていたから、女中から様子をきくこともできなかった。

（『華岡青洲の妻』）

別義5においては、言葉を捉え、その意義を認識する（別義2）行為の前段階に、ある情報を求めるという行為があったと考えられる。従って、もっぱら言葉を捉える行為のみを表す別義2とは意味に違いが生じる。

なおこの別義5と別義2の行為は時間的に連続して生じることから、これはメトニミーに基づく意味の転用である*5。

⑥別義6：〈求めている〉〈情報を〉〈（おもに）聴覚器官で〉〈捉えるため〉〈他者に対し〉〈言葉を発し〉〈問いかける〉

一方次の別義6では、求めている情報をおもに聴覚器官で捉えるために他者に対し言葉を発し問いかけるさまを表す。

(22) 何回か人にきいて、やっと探し当てた、五月さんの家は、思いがけず小さな木造の民間アパートの二階だった。

（『太郎物語』）

(23)「なぜでございます」と通辞が聞くと、「あれはもはや根が

断たれておる。もし西方の国々からこのパードレのようなお方が、まだまだ来られるなら、我々も信徒たちを捕えずばなるまいが……」と奉行は笑った。　　　　（『沈黙』）

　ここでの問いかけという働きかけ（能動的行為）は、別義5の受動的行為「様子をきく」という情報の受け取りと時間的に隣接関係にあることから、これはメトニミーによる意味の転用である。

　ただし次のような例においては、別義5と別義6との境界は曖昧になる。

（24）女中から様子を<u>きく</u>。（別義5）／女中に様子を<u>きく</u>。（別義6）

前者は耳を傾ける行為に、そして後者は問いかける行為に焦点が当たっているが、意味は非常に近い。このように別義5と6の間には連続性が認められる。

　またこの問いかけは、必ずしも音声言語によるものとは限らない。

（25）そういえばサンガム氏のところには10歳くらいの下ばたらきの少女が居る。（中略）学校行かないのかなぁ。（中略）サンガム氏はどう考えているのだろう。<u>手紙で</u>**<u>きいてみよう</u>**。　　（http://member.nifty.ne.jp/abginsky/trip/petit_india.html）

（26）わからないことがあればとりあえず、みてください。載ってなかったら<u>メールで</u>**<u>きいて</u>**ください。そうやってこのコーナーは成長します。　　　　（http://www.horse.to/）

以上に挙げた（25）と（26）は、文字言語による問いかけを表す例である。

⑦**別義7**：〈他者と〉〈言葉を〉〈やりとりする〉

　一方、別義7におけるきくは、次に示すような発話行動的意味を表す。

（27）我々はまわりの風景に目をやりながら、ゆっくりと川上に向って歩いた。そのあいだ僕も彼女もほとんど**<u>口をきかなかった</u>**けれど、それは<u>話す</u>ことがないからではなく、<u>話す</u>必要がないからだった。　　　　　　　　（『世界の…』）

（28）先生の返事はあい変わらず、そっけなかった。久しぶりで会ったのだし、あんなに、かわいがってくだすった先生のことだから、なんとか<u>言ってくださる</u>と思っていたのに、

第6章　五感を表す動詞の意味分析　　205

先生は**口をきく**のもめんどくさそうなようすをしていた。
（『路傍の石』）

以下では、この「口をきく*6」における発話行動的意味の意義特徴を明らかにするため、典型的に発話行動を表す「言う」「話す」と適宜比較しながら論を進める。なお「言う」「話す」の意義特徴に関する分析は、北邨他（1978）、柴田（1979）、元木（1983）などがあるが、このうち元木（1983）を以下に引用する。

- ハナス〈言語を運用することによって、話し手が有するまとまりのある情報を言語化し、聞き手への伝達を目的的に行う〉
- イウ〈言葉を発声し、その結果、話し手の内的な状況を外部へ表出する〉　　　　　　　　　　　　　　（元木1983:25）

さて「（口を）きく」に特徴的なのは、他の発話動詞のように発話内容を含んだコミュニケーション活動としての発話行為を表すのではなく、他者との相互関係の中で言葉をやりとりするという、その働きかけ（合い）行為自体をおもに表すという点にある。次に挙げるのは「（口を）きく」の行為的側面が顕著な例である。

(29) しかし老人たちは雪のことなど気にもとめない様子で穴を掘りつづけていた。（中略）誰も空を見上げず、誰も手を休めず、誰も**口をきかなかった**。　　（『世界の…』）

(30) 周囲のこういう変化に対して、栄二はなんの反応も示さなかった。女衒の六にも二度と眼を向けず、誰とも**口をきかず**、自分の中へ固く閉じこもっていた。　　　　（『さぶ』）

(31) 我々は向いあって、**口をきかず**に食事を口にはこんだ。
（『世界の…』）

(29)から(31)においては、見上げる、手を休める、眼を向ける、向かい合うといった、行動を表す動詞と並んで「（口を）きく」が使われている。

そしてその行動とは、他者との相互関係の中で相互的に働きかけ合うものである。

(32) 「何か落し物をなさったのですか」とかなり大きい声で呼びかけてみました。（中略）「なんでもないんです」澄んだ声でした。そして微笑がその口のあたりに漾（ただよ）いま

した。私とK君とが<u>口を利いた</u>のは、こんなふうな奇異な
事件がそのはじまりでした。　　　（『Kの昇天―或はKの溺死』）
(33) しかし大豊も引退間近なので将来的に山田は一匹狼になる
　　可能性が高い。間違っても<u>新庄</u>と<u>口をきく</u>ことはないであ
　　ろう。（http://www.cam.hi-ho.ne.jp/nkobayashi/yamada.index.html）

ただし相互の関係において、投げかける側にのみ焦点が当たる場合もある。次に示す（34）と（35）はそれぞれ、（眼前の）他者に向かって言葉を投げかけるさまを表す。

(34) 話したいと思うから、かえって話せないのです。<u>口をきく</u>
　　<u>まい</u>と思うと逆にその苦痛から解放されたくなって、「やあ、
　　こんにちは」と<u>話しかけて</u>しまうものです。
　　　　　　　　　　　　　（http://www.nayami.com/tma/shai12.htm）
(35)「おいらあ金太ってもんだ」一行が町へ出るとすぐ、その若
　　者は栄二に囁いた、「けちな博奕でしょっぴかれて島送りさ、
　　われながらざまあねえや」「<u>口をきくな</u>」と下役の一人が叱
　　りつけた、「<u>話すことはならんぞ</u>」若者は首を捻りながら舌
　　を出した。　　　　　　　　　　　　　　　　（『さぶ』）

ただしこれは、単に言葉を投げかける行為とは意味が異なる。

(36)「おい、こら！」と<u>声をかける</u>。
(37) *「おい、こら！」と<u>口をきく</u>。

(37) のような、一方的な言葉の投げかけについては非文になることから、「（口を）きく」は、（34）（35）のように言葉を投げかける意味に焦点が当たっている場合でも、その背後には他者との言葉のやりとりが必ず想定されていなければならない。

　従って次の（38）においては、相手を必要としない「独り言を言う」という行為の対極に「（口を）きく」が現れている。

(38)「ええ、そうなの。あれ以来祖父はすっかり変ってしまった
　　わ。<u>あまり口をきかず</u>、気むずかしくて、<u>独りごとばかり</u>
　　<u>言う</u>ようになっちゃったの」　　　　　　　（『世界の…』）

つまり単なる表出や一方的な言葉の投げかけではなく、他者との言葉のやりとりという二方向性を「（口を）きく」は常に含んでいるということになる。

さらに例をみてみよう。

(39) 女とは食事は板の間で男の後で食べ、歩く時は数歩後から従いてきて、男には万事敬語を使い「はい」という返事以外はほとんど口をきかず、家事と子供を育てるだけのものと考えられていた時代である。　　　　　　　　（『花埋み』）

(40) その時、例の美人の先輩が通りかかったのでした。なんでも隣の教室を予約したいんだけど大きさを見に来た、とのことでした。現在より4倍はシャイ（当人比）だったM谷は、殆ど口をきくことも出来ずに、ハイ、ハイと返事だけをしながら机を並べていたのでした。

（http://www.powerbook.org/2400/omoide/02.html）

(39)(40)では、返事（をする）という受け身的な行為の対極に（口を）きくが現れていることから、（口を）きく行為とは、双方が能動的に働きかけ合う、つまり、言葉をやり取りし合うさまを表すものであると考えられる。

また、きくは次に示すように発話能力（の可否）を表し得る。

(41) というのは、ヒロインのエイダは口をきくことができず、唯一の自分を表現する手段（＝言葉にかわるもの）がピアノだったからです。

（http://www.across.or.jp/g/movie/nbbs.cgi/mmusic:o0/3）

(42) 吉岡先生は、子供の頃の病気がきっかけで口をきくことが出来ませんでした。「口のきけない先生がどうやって授業をするのか。」島の大人達はこの新しい先生にとまどいをおぼえます。　　　（http://www.cinemawork.co.jp/kikansya.html）

(42)を、「話す」に置き換えてみよう。

(43) ?吉岡先生は、子供の頃の病気がきっかけで話すことが出来ませんでした。

以上のように、話すに置き換えるとやや不自然になることから、話すの意義特徴である聞き手への伝達を含まないケースにおいては、行為（能力）的側面をより強く表す「（口を）きく」の方がより自然になることがわかる。

また「（口を）きくには」、次のように行為の有様を具体的に表す

表現が多様にみられる。

(44) 妹は痩せがたで顔も細く、<u>ませた口をきく</u>し、することが
すばしこかった。　　　　　　　　　　　　　　　（『さぶ』）

(45)「おまけに銭箱のこともあるしですか」「<u>やけな口をきく</u>も
んじゃねえ」きびしい調子で云ってから、和助は声をやわ
らげた、　　　　　　　　　　　　　　　　　　（『さぶ』）

(46)「あんたは自分の気性のやさしいのを隠すために、わざと<u>乱
暴な口をきき</u>なさる、　　　　　　　　　　　　（『さぶ』）

これも行為を表すという「（口を）きく」の特徴に起因するものといえよう。

　さらに、もっぱら「口をきく（きいてやる）」という形で、都合をつけ（てや）る、話をつけ（てや）るという意味の慣用句的な表現*7が存在する。この「口をきく」の意味と（46）までの意味との関係は、言葉をやりとりするという行為が話をつけるという目的のためであることから、手段を表す形式で目的を表すメトニミーによる意味の転用であると考えられる*8。

(47) サラ金なんかでは『紹介屋』と呼ばれる人達がいます。「あそこでなら借りられる」と言って、<u>審査を蹴られた人に別な業者を紹介して手数料を取る</u>という商売です。元々は、「俺が<u>口をきいてやる</u>から」という手口だったそうですが、最近は、審査の甘い所の情報を流しているようです。
(http://www.mediawars.ne.jp/~ghost/dm/dm118.htm)

(48) やがて半年の訓練が終わりに近づき、デュランが「向こう（フランス）の騎兵学校に入りたい者があるか。あれば<u>自分が口をきいてやる</u>」と聞いてきた。その時幹夫氏は「行きたい」と志願し、昭和〜年にかけてフランス国立騎兵学校「ソー・ミュール」で馬術指導について<u>学ぶ機会を得た</u>のである。
(http://www.echna.ne.jp/~furusato/umakko/man/PahaUma/ChibaMikio.htm)

以上のようにこの表現もまた、結果（成果）を期待したうえでの働きかけ行為であることから、何らかのやりとりを表すものであると

考えられる。

また他にも、「陰口をきく」「憎まれ口をきく」などの表現もある。

(49) そこで内供は日毎に機嫌（きげん）が悪くなった。二言目には、誰でも意地悪く叱（しか）りつける。しまいには鼻の療治（りょうじ）をしたあの弟子の僧でさえ、「内供は法慳貪（ほうけんどん）の罪を受けられるぞ」と**陰口をきく**ほどになった。　　　　　　　　　　　　　　　　　　　　　　（『鼻』）

ただしここでは、やりとりではなく、もっぱら働きかけ行為にのみ焦点が当たっているが、やはり必ず「働きかける相手」が必要である。

以上、別義7におけるきく行為は、別義1や2の聴覚的刺激を捉える行為とは概念的には反対の関係にある*9、つまり音声の流れとしては逆であるが、別義6と類似性が認められることから、メタファーによる意味の転用である。すなわち、別義6の〈言葉を発する〉という意義特徴に類似性を認めることができるからである。

⑧別義8：〈求めている〉〈情報を〉〈味覚器官あるいは嗅覚器官で〉〈捉えるため〉〈酒あるいは香物に対し〉〈試したり調べたりして〉〈働きかける〉

一方別義8は、〈求めている情報を嗅覚器官あるいは味覚器官で捉えるため、酒あるいは香物に対し試したり調べたりして働きかける〉という意味を表す。

(50) 湯飲みは**香を****きく**ためものもと飲むためのものの二種類が用意されているという本格的なもの。静香は茶に関しては専門家なので、茶器から茶葉を取り出して分解したり、直接嚼ったりして色々試していたようだ。

（http://www.nifty.ne.jp/forum/fcuisine/report/r1001219.htm）

(51) 絞りたての大吟醸をきき酒する。香り、コク、キレ、甘、辛、酸、シブ、ニガ、等々。官能のすべてを働かせ、**酒を****きいてゆく**。

（http://www.sakejapan.com/sake/nariwaozeki/sakemake8.html）

(52) 昭和12年頃の清酒は純米酒であったと推察されるが、その生命力に感じ入った次第であった。そんな体験の上で、小

社の 20 年前後の古酒を<u>きいて</u>みたが、まだ充分に酒の力強さを感じとっている。

（http://www.daruma-masamune.co.jp/sub4.html）

以上のように別義 8 では、嗅いで調べる（香をきく）、あるいは味わって調べる（酒をきく）という行為がきくで表されており、一見、他の別義とはかけ離れているようである。しかし、求めている情報を受け止めるため何らかの働きかけをするという行為が、別義 6 と 8 に共通して認められることから、これは類似性に基づくメタファーによる意味の転用である。また、別義 1 から 7 までのきくは、おもに聴覚的経験を表しているのに対し、ここでは味覚と嗅覚的経験を表していることに注目すると、感覚間の意味転用、すなわち共感覚的比喩がこの別義 8 に認められることになる。

⑨別義 9：〈ある事物に対し〉〈何らかの働きかけをした結果〉〈能力や働きが〉〈十分に発揮され〉〈引き出される〉

別義 9 は、ある事物のききめや効能、働きが現れるという意味を表す。

(53) おまけに彼女たちはダンスのダの字も知らないのだから、身体（からだ）のこなしが洋服とまるで調和していない。（中略）それでも流行するのは、大方、<u>活動の宣伝が**きいて**いる</u>のであろう。

（http://www.aozora.gr.jp/cards/yumeno/htmlfiles/tokyojinnodaraku/TokyojinnoDaraku03.html）

他にも、「パンチがきく」「ブレーキがきく」「エアコンがきく」といった例においては、ある事物に対し働きかけをした結果、能力や働きが十分に発揮され引き出されるという意味が共通に認められる。

この働きかけとは、ききめ、効能を引き出すための前提となるものである。例えば「ブレーキがきく」という例においては、ブレーキの働きが十分に引き出されるという結果を導くためには、ブレーキを踏み込むというという働きかけが必要である。エアコンについても同様で、エアコンの電源を入れるという、エアコンという事物に対する働きかけが前提となる。さらに例をみてみよう。

(54) 香りにはわさびのにおいはなく、甘めで醤油のこうばしい

においですが、かむとわさびが<u>きいて</u>きます。
　　　　　　　　　　（http://www1.plala.or.jp/cappo/oyatsu1/wasabi.html）
　（55）クロウは分裂病をひとつの病気ではなく、異なったふたつ
　　　の症候群からなっていると見た。（中略）タイプⅠは陽性症
　　　状を示し、<u>精神薬が**きく**</u>。タイプⅡは陰性症状を示し、<u>精
　　　神薬がきかない。</u>　（http://www.hi-ho.ne.jp/itabashi/model.html）

（54）においては、噛む（食する）という働きかけが、そして（55）では薬を服用するという働きかけが、それぞれ（わさびの）刺激と（薬の）効能という結果を引き出している。

　そしてこの別義9は、別義8と類似性が認められることから、メタファーによる意味の転用である。すなわち別義8と別義9においては、ある事物に対する働きかけという行為が共通して認められるが、別義8では酒・香物に限定されていた事物が別義9ではブレーキ、エアコン、わさび…など様々になり得る。そして、それらの事物に対する働きかけという行為を前提として、能力や働きが十分に引き出されるさまを別義9は表すのである。

⑩別義10：〈人間の〉〈感覚あるいは判断が〉〈十分に発揮され〉
　〈有効に働く〉

　また別義10は、人間の感覚あるいは判断が十分に発揮され有効に働くという意味を表す。例をみてみよう。

　（56）古歌の、〈侘びぬれば今はた同じ難波なる身をつくしても逢
　　　はんとぞ思ふ〉を、ふと源氏が口ずさんだのを聞いて、車
　　　にちかくいる惟光は、さっそく、ふところ硯に、柄の短い
　　　筆などをそっと、さし出す。（いつにかわらず、<u>気の**利く**男</u>
　　　だ）と源氏は好もしく、懐紙にしたためた。　　（『新源氏物語』）
　（57）ぱちり、と太刀をおさめ、庄九郎は雨の中をすたすたとゆ
　　　く。一寸さきも見えぬ闇だがこの男には多少<u>眼が**利く**</u>らし
　　　い。　　　　　　　　　　　　　　　　　　　（『国盗り物語』）

この意味には他に「機転がきく」、「指先がきく」などの表現が挙げられるが、いずれも、人間の感覚あるいは判断が有効に働くさまを表している。

　ここでの意味は、別義9に、新しく〈有効に働く〉という意義特

徴がつけ加わることにより成立していることから、メタファーに基づく意味の転用である。すなわち別義9と10は、ある事物の能力や働きが十二分に発揮されるさまをともに表すという点に類似性が認められるが、別義9では必要であった働きかけを別義10では必要とせず、また事物が眼や気など人間の感覚や判断に限定されるという点が別義9とは異なると考えられる。

⑪別義11：〈ある事物の〉〈属性が〉〈希望通りに存在している〉

別義11は、ある事物の属性が希望通りに存在しているさまを表す。

(58) 根室市街を抜けると道は海蝕崖の上の台地の一本道を行くようになる。ここまでくると樹木も育たないのか、見晴らしが**きく**。右手の遠くに海が見え、まっ平らな島も見えた。
(http://village.infoweb.ne.jp/~fwgk5746/5hokkaido1.htm)

他にも「割引が／保存が／やり直しが／無理がきく」などの例が挙げられる。なお、ここでの事物とは、例えば「この考え方は応用がきく」「この病気は保険がきく」といった例においては、（この）考え方であり、（この）病気に相当する。そしてそれらの事物の属性が希望通りに存在するさまを「(応用が／保険が) きく」という。さらに例をみてみよう。

(59) サーミパックTMには（中略）、いずれも、肌触りが良く洗濯が**きく**特殊繊維（VeltexR）製の専用カバーと固定に便利なマジックテープがセットされている。
(http://www.kamedamed.co.jp/tpqpressrls.htm)

(60) 1996年4月より胃、大腸や肺の手術なども健康保険が**きく**ことになりましたが、今後、さまざまな病気の手術に保険が認められ、医者の技術も向上し、手術をしても余り痛まないですむ時代が来るのではと期待しております。
(http://www.dokidoki.ne.jp/home2/shiminhp/rapa.htm)

(59)においては、洗濯が出来るまたは出来ないという2つの選択肢が考えられるが、表現者の希望が前者である場合、それが可能であるさまを「洗濯がきく」と表現する。「保険が／割引が／応用が…」についても同様で、常に出来る・出来ないという2つの選択肢

が存在する中で、表現者の希望が達成されるというさまを「きく」という。

　この別義11は、別義10と類似性が認められることから、メタファーによる意味の転用である。つまり、先の別義10の「くすりがきく」という表現においては、薬の効能が引き出され、十分に発揮されるさまを表すのと同時に、病気を治すという、薬本来に期待される属性が希望通りに存在するさまを表すと考えられるからである。なお、ここには当然、薬を飲んでも病気が治らないという可能性が一方では存在していた。ここから、別義11の属性が希望通りに存在しているさまと共通性が認められるということになる。

### 6.2.2.2 「きく」の多義構造

　以上から、きくの多義構造は、次に示す図1のようにまとめられる。

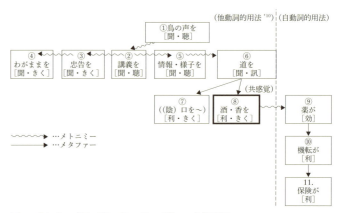

図1　「きく」（聞・聴・訊・効・利）の多義構造

　以上、本節では、動詞「きく」（聞・聴・訊・効・利）を多義語とし、多義的別義1から11までを認め、それぞれの意味を記述した。そして、多義的別義相互の関係を検討し、その多義構造図を示すなかで、「きく」における共感覚的比喩表現を多義のネットワーク全体の中に位置づけた。

## 6.3 五感を表す語における発話行動的意味の分析

五感を表す動詞「きく」(聴覚)、「ふれる」(触覚)、「におわせる(におわす)＊11」(嗅覚)は、次に示すように、ともに言葉を発するという発話行動的意味、即ち「聴覚」に関わる意味を表す。

(61)「やっぱり東京へ置いておくべきかしら」黒谷夫人は遂に言った。「それは、やっぱりその方がいいと思います」太郎がまともらしい<u>口をきいた</u>。　　　　　(『太郎物語』)

(62) 窓の外から車掌が「みなさん、故障ですから暫くお待ち願います」と<u>触れ歩いた</u>。すると三人四人と窓からまた外に出た。　　　　　　　　　　　　　　　　(『黒い雨』)

(63) 五、六日して少年は来た。(中略) 源氏は可愛がって、そば近く使い、<u>あれこれ話をしながら、それとなく空蝉のことを匂わせる</u>。　　　　　　　　　　　　　　(『新源氏物語』)

本節ではこれら、聴覚、触覚、嗅覚の動詞における発話行動的意味をみる。そして他の発話動詞(イウ、ハナス、ノベル、シャベルなど)と比較することにより、類似点および相違点を明らかにする。

### 6.3.1 分析の前に

前節では籾山(1997b: 127)を踏まえ、「きく」(聞・聴・訊・効・利)を多義語＊12とし、複数の意味間の関係について分析を行った。続けて本節では、前節で示された「きく」の多義的別義(以下、別義)のうち、別義6(道をきく)および別義7(口をきく＊13)に注目し、その発話行動的意味についてさらに検討する。

一方「ふれる」については、類義語「さわる」との比較により、これまでおもに次の3点が指摘されている。まず、「ふれる」と「さわる」の接触の仕方の相違について述べたものには、徳川(1972)、長嶋(1974)、森田(1988)、日本国語大辞典第二版編集委員会編(2001)などがある。このうち、長嶋(1976)を次に挙げる。

　　サワル：接触の度合いが〈強く〉・〈接触面が広く〉・〈持続的〉、
　　　　　　〈感触に対する主体(あるいは客体)の意識〉が含ま

れる。

 フレル：〈主体の意識とは無関係に〉〈客観的・物理的に〉捉え、接触の度合いが〈<u>弱く</u>〉〈<u>瞬間的</u>〉、接触面の広さは特に問題にならない。文語的。

（長嶋 1976: 126–127、下線は引用者）

「サワル」に比べ「フレル」という行為が弱く、瞬間的であるという指摘は、徳川（1972）、森田（1988）、日本国語大辞典第二版編集委員会編（2001）などにも共通して認められる。

 また主体と客体の制限については、徳川（1972）、長嶋（1976）、森田（1988）に、そして取りうる文型については、徳川（1972）、森田（1988）でそれぞれ述べられているが、本書で取り上げる「ふれる」（におわせる）における発話行動的意味については、森田（1988）、日本国語大辞典第二版編集委員会編（2001）などで若干、触れられているものの、これまで十分に検討されていない。よって分析の必要がある。

 次に発話行動的意味に関する先行研究について、北邨他（1978）、柴田（1979）、元木（1983）、籾山（1987）（1997b）（1997c）（1999）などがあるが、このうち、元木（1983）と北邨他（1978）の分析結果を次に挙げる。

 ハナス〈言語を運用することによって、話し手が有するまとまりのある情報を言語化し、聞き手への伝達を目的的に行う〉

 イウ 〈言葉を発声し、その結果、話し手の内的な状況を外部へ表出する〉

（元木 1983: 25）

|  | 意義特徴 | | | | |
| --- | --- | --- | --- | --- | --- |
| 対立項 | イウ | ハナス | ノベル | シャベル | カタル |
| 基本動作 |  | 言語を発する | | | |
| 1. 発話手段 | 音声又は文字 | 音声 | 音声又は文字 | 音声 | 音声 |
| 2. 内容への言及 | しなければならない | しなくてもよい | しなくてもよい | しなくてもよい | しなければならない |
| 3. 引用格 |  | | | | |
| 4.「〜ト」の直前 | とる 制限なし | とる 平叙文 | とる 平叙文 | とらない | とる 平叙文又は感嘆文 |
| 5. 目的格の名詞 | (未検討) | (未検討) | 「N＝Nの内容」であって、話し手自身が言語化した物事 | (未検討) | 話し手自身が言語化した物事 |
| 6. 共同動作者格「〜ト」 | とらない（一方的動作） | とる（相互的でありうる） | とらない（一方的動作） | とる（相互的でありうる） | とらない（一方的動作） |
| 7. 聞き手の存在 | 前提とはしない | 前提とする | 前提とする | 問題にしない例がある | 前提とする |
| 陳述性 8. 内容 | 主観的事実としての判断・感情 | 客観的事実としての判断・情報 | 客観的事実としての判断・記述 | 客観的事実としての情報 | 主観的事実としての判断・記述 |
| 9. 機能（表出態度） | 表明 | 伝達 | 表明 | 伝達・雑談 | 伝達 |
| 10. 文体的価値 | 中性 | 中性 | 書き言葉的 | 話し言葉的 | 書き言葉的 |
| 11. 付随するニュアンス |  | 相手に配慮しながら | フォーマルな場で、確信を持って、など | 急速・多量に、言ってはいけないこと、無意味なこと、など | 相手に配慮しながら |
| 12. 派生的用法 |  | | 美化語的 | 戯語的 | |

(北邨他1978: 93、表Ⅲ)

本章では以下、おもにこの北邨他（1978）の表の項目に沿って、「きく」「ふれる」「におわせる」における発話行動的意味を分析する。

## 6.3.2 「きく」「ふれる」「におわせる」の分析

### 6.3.2.1 発話手段

はじめに、発話手段について検討する。北邨他（1978: 75）では次の例を示し、「イウは文字言語・音声言語ともに用いられるが、ハナスは音声言語のみに限られる。」としている。

　　この論文でK氏の<u>言っている</u>ことは…（用例（12））

?先日、手紙でお話ししましたように……（用例（13））

(北邨他1978:75、下線は引用者)

この点について「(口を)きく」(別義7)についてみてみると、「ハナス」と同様、基本的には音声言語のみを表す。

(64) a. ?彼とは昨日はじめて<u>メールで口をきいた</u>。
　　 b. 　彼とは昨日はじめて<u>口をきいた</u>。

ただし例外的にではあるが、次のような文字言語を表す例もある。

(65) ここで、<u>作者が顔を出して口をきく</u>のは、得策ではないかもしれない。しかし、私が<u>書きつづけて行こうとしている小説の構成</u>を、(後略)　　　　　(『砂の上の植物群』、p.43)

次に、「(道を)きく」(別義6)および「ふれる」と「におわせる」の例をみてみよう。

(66) どういう原因でなったのかは説明が大変そうだったので聞けませんでしたが、こんど<u>手紙で聞いて</u>みようと思っています。　　　　(http://www.asahi-net.or.jp/~xz2n-kwmr/aust14.htm)

(67) その他、詳しくは直接<u>メールできいて</u>みてください。

(68) <u>人物描写</u>なども、(中略) 最小限にしか<u>触れられて</u>いない。例えば、主人公の江藤賢一郎は、身長が五尺八寸二分で、容姿に自身があるという<u>叙述</u>がはじめの方にあるだけで、どんな顔をしているかは読者の想像にまかせられている。

(『華岡青洲の妻』)

(69) 「休会になったあとまで、あんまり余計なことはするな」という意味が、<u>電文の言外に匂わせて</u>あった。　　(『山本五十六』)

(70) しかし、当時の新聞を丹念に読んでみても、海軍が事変の拡大にそんなに不賛成だったという事は、少しも分らない。<u>それを匂わせた</u>ような記事すら、見いだすことは出来ない。

(『山本五十六』)

以上のように、「(道を)きく」(別義6)および「ふれる」「におわせる」は、「イウ」と同様、文字言語をも表し得る。

6.3.2.2　内容への言及

次に内容への言及について検討する。北邨他（1978:75）では、

イウは常に「〜ヲ」や「〜ト」のようにその内容を文脈中に明示しなければ使えないとし、次の例を示している。

　　多勢の人に向かって話すのは苦手です。（用例（16））
　　＊多勢の人に向かって言うのは苦手です。（用例（17））
　　多勢の人に向かって意見を言うのは苦手です。（用例（18））
　　　　　　　　　　　　　　（北邨他1978: 75、下線は引用者）

この点について「ふれる」「におわせる」をみてみると、「イウ」と同様、内容への言及をしなければならない。

(71)「ええ、でも麻布の方がお書きになった物を御覧になって知っていらっしゃると思うと、いやあね」「知っていたって誰も**そんなことに触れる**＊14**奴**はないよ」　　『小僧の神様』

(72)出馬の**意向をにおわせる**。

さらに「きく」についてみると、別義6については内容への言及を必要とするが、別義7については必ずしも内容への言及を必要としない。

(73) a. ?私は彼にきいた。
　　　b.　私は彼に噂の真相をきいた。

(74)初対面の人と**口をきく**のは苦手です。

「きく」の別義7が有するこの性質は、「ハナス」と同様である。

### 6.3.2.3　共同動作者格「〜ト」

さらに北邨他（1978: 74）では、「イウは共同動作者の『〜ト』をとらず、とるとすれば『〜ニ』の形になる。一方、ハナスは『〜ニ』も『〜ト』もとることができるが、『〜トハナス』になると、『会話・やりとり』をあらわす。つまり、ハナスは『〜ト』をとって相互的な動作をさすこともできるが、イウは常に一方的な動作＊15である。」とし、次の例を挙げている。

　　人と話すのが好きですか。（用例（1））
　　＊人と言うのはきらいです。（用例（2））
　　　　　　　　　　　　　　（北邨他1978: 74、下線は引用者）

この点について、まず「（口を）きく」（別義7）についてみると、「ハナス」と同様、共同動作者格「〜ト」をとり相互的な動

作を表し得る。

 (75) a.　今日は疲れて、<u>家の者と口をきく</u>のも億劫だ。
   b.　<u>彼と口をきいた</u>のは初めてだった。
 (76) しかし大豊も引退間近なので将来的に山田は一匹狼になる可能性が高い。間違っても<u>新庄と口をきく</u>ことはないであろう。
                 （本章 (33)）

ただし前節でも述べたように、「(口を) きく」は一方的な動作をも表し得る。次に示す例は、眼の前の他者に向かって言葉を投げかけるさまを表す。

 (77)「おいらあ金太ってもんだ」一行が町へ出るとすぐ、その若者は栄二に囁いた、「けちな博奕でしょっぴかれて島送りさ、われながらざまあねえや」「<u>口をきくな</u>」と下役の一人が叱りつけた、「<u>話すことはならんぞ</u>」若者は首を捻りながら舌を出した。
                  （本章 (35)）

一方「(道を) きく」（別義6）および「ふれる」と「におう」については、共同動作者格「〜ト」を取らない。

 (78) a.　?先日の学会では、<u>先生と</u>（一緒に）そのテーマにも若干<u>ふれた</u>よ。
   b.　先日の学会では、そのテーマにも若干<u>ふれた</u>よ。
 (79) a.　?<u>彼と</u>（一緒に）その秘密を<u>におわせた</u>。
   b.　彼に自分の秘密を<u>におわせた</u>。
 (80) 司祭が番人たち<u>に</u>横瀬浦は何処だと<u>聞く</u>と、しばらく、ためらった後、櫂を漕いでいる男が答えた。  （『沈黙』）

以上から、これらについては「イウ」と同様、一方向的な動作であるといえる。


### 6.3.2.4　内容（判断態度）と機能（表出態度）

以下で検討する、内容（判断態度）と機能（表出態度）について、北邨他 (1978: 83) では、次のようなものであるとしている。まず判断態度とは「話し手が自分の表出する内容を何だと思っているか」という、いわば内向きの陳述性であり、そして表出態度とは「話し手が自分は何をしていると思っているか」という外向きの陳述性で

ある。さらに内容（判断内容）については、いずれも話し手の判断といえる内容であるが、（9）の方がより冷静な、確定的な事実としての発言という感じがするのに対して、（10）は「腹立ちまぎれ」といった状況を連想させるとしており、次の例を挙げている。

　　あいつはバカだと話してやった。（用例（9））
　　あいつはバカだと言ってやった。（用例（10））
（北邨他 1978: 75、下線は引用者）

そして、ハナスの内容が「一般的に認められた、つまり、かなり客観的な判断内容や情報」であるのに対して、イウの内容が「個人の主観的な判断や感情」である*16 ためであろうと分析している。

　一方、機能（表出態度）について北邨他（1978: 74）では、ハナスは何らかの情報を伝達する動作であるのに対して、イウは自分の感情や価値判断を表明する動作*17 なのであるとし、次の例を挙げている。

　　山口さんは玉三郎のデスデモーナを見に行って、「よかったよ。」と話してくれた。（用例（7））
　　先生が私の演奏を聞いて「よかったよ。」と言ってくださるのはめずらしい。（用例（8））　　（北邨他 1978:.74、下線は引用者）

以上の先行研究を踏まえて本書では、伝達を聞き手の存在を前提とし、かつ相手と合意に達することを目的とするものとして分析する。

　はじめに、「ふれる」について検討する。「ふれる」の内容と機能は、次に示すように客観的事実としての判断・記述を表出するものであると考えられる。

(81) a.　歴史的事実に**触れる**。
　　 b.　?自分の感情に**触れる**。
(82) 滝蔵爺さんは病人に気をつかって病気のことには**触れず**、昔からの云い伝えや半分は嘘のような話をする。もっともらしく話すので矢須子さんがよく笑う。　　（『黒い雨』）
(83) お手元の資料にはございませんが、今年中に予定されております事業、あるいはオープンする施設等についてご紹介を申し上げ、また、新年度予算についての基本的な考え方

などについて、若干、**触れ**させていただきたいと思います。
　　(http://www.city.sapporo.jp/somu/kaiken/kaiken2001/gijiroku01.htm)

(84)窓の外から車掌が「みなさん、故障ですから暫くお待ち願います」と**触れ**歩いた。すると三人四人と窓からまた外に出た。　　　　　　　　　　　　　　　　　　　　(『黒い雨』)

そしてその表出の仕方は、次に示すようにある情報を紹介するものであることが多い。

(85)ソヴィエトについては、テーゼでは、中国とスペインに関連してついでに**触れ**られているにすぎない。他の国に関しては、革命的展望が設定されているにもかかわらず、一般にソヴィエトに対する言及はない。
　　　　　　　　(http://www.top.or.jp/~trotsky/1930-1/9-soukai.htm)

(86)仕事をしている以上、会社内でのおつきあいは避けられないものです。(中略)ここでは特に昇進・昇格を中心に**触れ**てみましょう。　　(http://www.zensan.or.jp/life/f_tsukiai.html)

一方「におわせる」の内容と機能は、「イウ」と同様、個人の主観的な判断や感情を表出するものである。

(87)a.　心の内を**におわせる**。
　　 b.　?歴史的事実を**におわせる**。

(88)しかし、井上の知るかぎり、山本が戦争反対**匂わす言葉**を口にしたのは、これが最後であった。陛下の胸中はよく分っているとはいえ、すでに「聖断」が下ったのであって、少なくとも公にはこの日以後、山本は一切の反戦論を口に出さなくなったと言われている。　　　　　　(『山本五十六』)

さて「口をきく」(別義7)について検討する前に、北邨他(1978)の「シャベル」についての指摘をみておこう。北邨他(1978:84)では、相互的な(〜ト)シャベルの機能は伝達ではないとし、次の例を示している。

　　昨日は一日中主人とつまらないことを**しゃべ**っておりましたの。(用例(56))

　　**しゃべ**っているのはだれですか。(用例(61))

(北邨他 1978:84、下線は引用者)

　3.4.3で見たように*18相互的シャベルの内容はあまり意味のないことがらでそれが相手に届くことはほとんど問題にされない。むしろ「友だちとしゃべる」など、シャベルコトそのものに価値を認めていると考えられる。そこで、「ことばをかわすこと自体を目的とする機能」を考え、これを「雑談」と呼んでおくことにする。1.7.3で触れたように、（〜ト）ハナスにも雑談の機能を持つと見るべき場合がある。

　あの方と話していると、まるで夢見心地になってしまいますの。
（用例（64））　　　　　　　　（北邨他 1978:86、下線は引用者）

　さて、「（口を）きく」には、この「シャベル」の言葉を交わすこと自体を目的とする機能、すなわち雑談に近い機能が認められる。次に挙げるのは、初対面のあいさつにおける会話例である。

(89)「私は与平という者です」と男のほうから話しかけてきた、「おまえさんはここへ来てからもう半月以上にもなるのに、誰とも口をききませんね、なにかわけがあるんでしょうが、あんまり黙っているのも躯のために毒ですよ」　　　（『さぶ』）

(90) それからふと気がついたように、「おめえ初めて口をきいてくれたな、あにい」と云った。――慥かに、それから栄二は少しずつ人と口をきくようになった。（中略）一人、二人というふうに、挨拶をしあう者が殖えていった。　（『さぶ』）

(91) ためしに、これから3ヶ月間彼女とエレベーターで2人っきりになっても、絶対に口をきくまいと心に誓ってごらんなさい。（中略）口をきくまいと思うと逆にその苦痛から解放されたくなって、「やあ、こんにちは」と話しかけてしまうものです。　　　　（http://www.nayami.com/tma/shai12.htm）

(92)「何か落し物をなさったのですか」とかなり大きい声で呼びかけてみました。（中略）「なんでもないんです」澄んだ声でした。（中略）私とK君とが口を利いたのは、こんなふうな奇異な事件がそのはじまりでした。

（『Kの昇天―或はKの溺死』）

　これらの例においては、客観的事実の伝達というよりは、あまり意

味のない事柄を、ことばをかわすこと自体を目的として交わし合っている。以上から、「口をきく」は「シャベル」に近い機能を持つものと考えられる。

　そして前節でも述べたように、「(口を) きく」の背後には、他者との言葉のやりとりが必ず想定されていなければならない。従って次の例においては、聞き手を必要としない「独り言を言う」という一方向的な行為の対極に「(口を) きく」が現れている。

(93)「ええ、そうなの。あれ以来祖父はすっかり変ってしまったわ。あまり口をきかず、気むずかしくて、独りごとばかり言うようになっちゃったの」　　　　　　　　　　（本章 (38)）

すなわち、聞き手を想定するという点は、「ハナス」と同様である。

(94)「おいらあ金太ってもんだ」一行が町へ出るとすぐ、その若者は栄二に囁いた、「けちな博奕でしょっぴかれて島送りさ、われながらざまあねえや」「口をきくな」と下役の一人が叱りつけた、「話すことはならんぞ」若者は首を捻りながら舌を出した。　　　　　　　　　　　　　　　　　　（本章 (35)）

　さらに、次の例では「返事（をする）」という受動的行為とは対極に「(口を) きく」が現れていることから、（口を) きく行為とは、双方、能動的に働きかけ合う、つまり、対等に言葉をやり取りし合うさまを表すものであると考えられる。

(95) その時、例の美人の先輩が通りかかったのでした。なんでも隣の教室を予約したいんだけど大きさを見に来た、とのことでした。現在より4倍はシャイ（当人比）だったM谷は、殆ど口をきくことも出来ずに、ハイ、ハイと返事だけをしながら机を並べていたのでした。　　　（本章 (40)）

　また「口をきく」には、次のように交話能力そのものを表す用法があるが、この用法が表れるのも、言葉を交わすこと自体を目的とするという「口をきく」の特徴に起因するものと思われる。

(96) というのは、ヒロインのエイダは口をきくことができず、唯一の自分を表現する手段（＝言葉にかわるもの）がピアノだったからです。　　　　　　　　　　　　　（本章 (41)）

　ただし「陰口をきく」（別義7）という表現については、次に示

すように「イウ」と同様、個人の主観的な判断や感情を表出するものである。

(97) ある人は、彼女は"アクマ"だと<u>陰口をきく</u>。

(http://hadashi.product.co.jp/effect/)

一方、北邨他（1978:89）では、「カタル」について次のような指摘がある。

> また、カタル動作は多くの場合、<u>たくさんの発話の積み重ね</u>であり、その中には何度かの質問・応答などのやりとりが含まれている。（中略）<u>これに対してイウは一回ごとの発話について用いられることが多い</u>。カタルは個々の発話の集合である「談話」を指して用いることが多い。言うなれば「集合動詞」あるいは「総括動詞」とでも呼ぶべき性質の動詞である。
>
> （北邨他1978:89-90、下線は引用者）

「口をきく」は、さらにこのカタルの特徴とも共通点が認められる。次の例は、親しくなった友人同士としての会話のやり取り、すなわち複数の会話の積み重ねを表す。

(98) 彼女は銀行員で、いつも窓口で顔をあわせているうちに<u>親しく口をきくようになり</u>、一緒に酒を飲みにいってそのついでに寝たのだ。　　　　　　　　　　　（『世界の…』）

そしてこの「会話のやり取り」には、次に示すようにある程度の時間が必要である。

(99) おっかさんは、めったに<u>口をきいた</u>ことがない。<u>口をきく時間さえ惜しそうに見える</u>。いつもうつ向いて、指の先だけ動かしているのだ。　　　　　　　　　　（『路傍の石』）

また次の例においては、（ハイという）返事という一回性の発話が「口をきく」の対極に表れている様子や、挨拶という一回性の発話は交わすが、医者とは怖くて口をきけない、つまり複数の会話のやり取りはできないでいるという状況が表れている。

(100) その時、例の美人の先輩が通りかかったのでした。（中略）現在より4倍はシャイ（当人比）だったM谷は、<u>殆ど口をきくことも出来ずに、ハイ、ハイと返事だけをしながら机を並べていたのでした</u>。　　　　　　（本章(40)）

第6章　五感を表す動詞の意味分析　225

(101) かなりの高熱の者でも医師が着いたとなるとただちに裸になり、床に起き上って医師の来室を待った。姿が見えると眩暈をおさえて<u>丁重な挨拶を交わす</u>。脈を診て貰う最中でさえ頭を下げ続けている。<u>医者と口をきく</u>などということはほとんどない。<u>怖くて口もきけない</u>のである。だから診察中はひたすら頭を下げ続け、「後ろ」、「右」、「もうよい」といった命令に操り人形のように従うだけである。 (『花埋み』)

また「口をきく」には発話の仕方を表す例が数多くみられるが、これら発話の仕方については一回性の発話ではわからないものである。

(102) 彼女は真赤に唇を塗り、身軽に店の中を歩きまわり、<u>物馴れた酒場女のような口をきいた。</u> (『砂の上の植物群』)

(103) 妹は痩せがたで顔も細く、<u>ませた口をきく</u>し、することがすばしこかった。 (『さぶ』)

(104) ばかなまねをするなよ、穏やかにやるんだ。どなったり、<u>相手をへこますような口をきいちゃ</u>あいけない。したでに出るんだ、金持は痛いはらをさぐられるのを嫌うからな、 (『さぶ』)

一方「ふれる」は、イウと同様、一回性の発話*19を表す。

(105) 「つまりね……ざっくばらんに言った方がいいわね。あなたは私と結婚するおつもりなの？」結婚という話に<u>触れながら</u>、羞恥の表情は見せなかった。 (『華岡青洲の妻』)

(106) 大学生の加島のことも、冴子のことも全然話題には出なかった。鮎太もそれに<u>触れては</u>不可ないような気がして避けていた。 (『あすなろ物語』)

さらに北邨他（1978：85）には、シャベルについて次のような指摘がある。

　　＊離婚の理由を記者におしゃべりした。（用例（60））

　　シャベルは共同動作者格「～ト」をとる場合と間接目的格「～ニ」をとる場合があるが、オシャベリスルは（60）のように「～ニ」をとらない。（中略）すなわち、シャベルは一方的

なものと相互的なものとがあり、相互的なシャベルはオシャベリスルで置きかえることができる。(中略)一方的なシャベルの目的語は(62b)のような「秘密」や(60a)のような「口外をはばかること」の意味を持つものでなければならない*20。
離婚の理由を記者にしゃべった。(用例(60a))
友達に強盗の計画をしゃべってしまった。(用例(62b))

(北邨他1978: 85、下線は引用者)

そして北邨他(1978: 85)では、一方的な(～ニ)シャベルの機能はハナスと同様に伝達であると考えられる。聞き手に向かってある内容を表出し、それが相手に届いたことを確認又は意識することまでを含むとしている。

さて、この「一方的な(～ニ)シャベル」の特徴については、「におわせる」と共通性が認められる。次のように「におわせる」の目的語も、一方的なシャベルと同様、秘密や口外をはばかるものであると考えられるからである。

(107) 主人公に重大な謎(秘密)を持たせることは重要です。ドラマの序盤ではなんとなく謎や秘密があることを匂わすのです。中盤で少しずつ謎(秘密)を打ち明けていかせます。終盤でその謎(秘密)の真実を打ち明けさせます。　(http://www.gijirenai.com/setumei/dolama_setumei.htm)

また、次の例に表れる、聞き手に向かってある内容を表出し、それが相手に届いたことを確認又は意識することまでを含むという伝達という機能も、一方的な(～ニ)シャベルと共通するものである。

(108) 10年前に何かあって、男の方はすっかり忘れているのに相手の女はそれをしっかりかっきり覚えていてそれを微妙に匂わすんだよね。「………って覚えてる?」って聞いて、「あ。何でもないの。いいの、忘れて」と寂しそうな表情を見せたり。

(http://www.entrance.ne.jp/~re-suke/monologue/mono23.html)

(109) 「あのね、シャロン様のこと、どうお思いになった?」「可愛らしい方でしたね。」(中略)そうじゃなくって、と義姉は焦れったそうにしていたが、あくまで気付かぬフリ

を押し通した。**匂わす**だけではダメと思い切ったのか、はっきりと聞いてきた。「あなたもそろそろ30になるのだし、家庭を持つことも考えていいのじゃないかしら？」
(http://www2.ocn.ne.jp/~zion/yuuutu01.html)

そしてこの「におわせる」の特徴は、ハナスの伝達と同じように、カタル場合は聞き手の反応に気を配り、自分の言うことことが伝わっていることを確かめながら話して行く、つまり話の場からのフィードバックを含む動作、という感じがある（北邨他 1978: 89）という、カタルの特徴とも部分的に共通するものである。

#### 6.3.2.5　引用格

「口をきく」「におわせる」「ふれる」は、次に示すように引用格を取らない。

(110) a.　?彼とは今日初めて「こんにちは」と**口をきいた**。
　　　b.　彼とは今日初めて**口をきいた**。
(111) a.　?「彼が犯人だ」と**におわせた**。
　　　b.　彼が犯人であることを**におわせた**。
(112) a.　?そして先生は次に、「最近、研究の方はどうですか」と**ふれた**。
　　　b.　そして彼は次に、研究の進行について**ふれた**。

この点について元木（1983）では、次の例を示し以下のように述べている。

「この野郎」とイッタ。（用例（5a））

彼はボソボソとハナシタ。（用例（8a））

「〜とイウ」の場合は、「〜と」の形が発言の具体的内容を提示するために用いられるのに対して、「〜とハナス」の場合には、「〜と」の形は「ハナス」という行為の為される様子を表現するために用いられる。
（元木1983: 24、下線は引用者）

この元木（1983）の指摘に近いと思われるのは、次に示す「ふれる」の例である。

(113)「ニーベルンゲンの歌」に登場するジーフリトは、その当時、すでにポピュラーな英雄として、数々の武勇を知ら

れていた。そのため、物語本編では、彼の過去の武勇は、**さらりと触れられる**に過ぎない。

(http://www5b.biglobe.ne.jp/~moonover/2goukan/niberunku/niberunku-retold3.htm)

ただし「陰口をきく」という表現については、引用格が取れる。

(114) あの弟子の僧でさえ、「内供は法慳貪（ほうけんどん）の罪を受けられるぞ」と**陰口をきく**ほどになった。

(本章（49））

### 6.3.2.6 付随するニュアンス

最後に、付随するニュアンスについて簡単にみておく。先行研究で指摘されていた「ふれる」の基本義における瞬間性*21は、発話行動的意味においても表れる。

(115) 児童虐待については、さる平成10年2月議会で寺内一夫議員が「中学生のナイフ事件と子供の人権、教師の人権と児童虐待について」と言う一般質問の中で**若干触れら**
**れ**ております。

(http://www.sunfield.ne.jp/~keigo/giin/ippan/0006.html)

(116) 脳科学のワークショップでかつ1時間という短時間の講演ということで、自然勾配法の導出などの理論部分はほぼ省略されていたが、理論家の聴講者を意識した最新のテーマも**少しだけ触れられた**。

(http://www.med.hokudai.ac.jp/~neubio-w/news/news3_4.html)

(117) 物語本編では、彼の過去の武勇は、**さらりと触れられる**に過ぎない。

(http://www5b.biglobe.ne.jp/~moonover/2goukan/niberunku/niberunku-retold3.htm)

(118) ソヴィエトについては、（中略）**ついでに触れられている**にすぎない。

(http://www.top.or.jp/~trotsky/1930-1/9-soukai.htm)

以上のように、若干、少しだけ、さらりと、ついでになどの瞬間性を表す表現と「触れる」はともに現れやすい。

また嗅覚という感覚が有する、感度の低さという特徴は、副詞にも表れる。

(119) 源氏は可愛がって、(中略)**それとなく**空蝉のことを**匂わせる**。　　　　　　　　　　　　　　　　　　　　(本章 (63))

(120) ほんとに「The Americans never saw」であったのかどうか、デーヴィッド・カーンが、「解読術に有効なあらゆる武器が動員された」と書いているのは**暗に**そのことを**匂わせている**ようにも思われる。　　　　(『山本五十六』)

(121) 正美は2年程前からサンタの正体に気付いたようで、師走になると**なんとなく**クリスマスプレゼントの話題を**匂わす**あたりの手口は実に巧妙です。

(http://www.tama.or.jp/~nova/dtp/97.12.1-15.html)

以上のように「におわせる」は、それとなく、暗に、なんとなくといった副詞とは共起しやすいのに対し、「*はっきり／*明確に」(におわせる) などの表現とは共起しないことがわかる。

### 6.3.2.7　まとめ

その他、北邨他 (1978) の表で挙げられていた項目を整理してまとめたものが次に示す表である。

表1　「きく」「ふれる」「におわせる」の意義特徴

| 対立項 | 意義特徴 | | | |
|---|---|---|---|---|
| | (陰) ロヲキク (別義7) | (道ヲ) キク (別義6) | フレル | ニオワセル |
| 基本動作 | 言語を発する | | | |
| 1. 発話手段 | 音声 | 音声又は文字 | 音声又は文字 | 音声又は文字 |
| 2. 内容への言及 | しなくてもよい | しなくてもよい | しなければならない | しなければならない |
| 3. 引用格 | 口をきく→とらない　陰口をきく→とる | とる | とらない | とらない |
| 4.「〜ト」の直前 | 制限なし | 疑問文のみ | | |
| 5. 目的格の名詞 | (未検討) | (未検討) | (未検討) | (未検討) |
| 6. 共同動作者格「〜ト」 | とる (相互的でありうる) | とらない (一方的動作) | とらない (一方的動作) | とらない (一方的動作) |
| 7. 聞き手の存在 | 前提とする (問題としない例もある→「口の利けない人」) | 前提とする | 前提としない | 前提とする |

|  |  |  |  |  |  |
|---|---|---|---|---|---|
| 陳述 | 8.内容 | 主観的事実としての判断・情報 | 疑問に思っていること | 客観的事実としての判断・情報 | 主観的事実としての判断・情報 |
|  | 9.機能（表出態度） | 雑談 | 質問（問いかけ） | 表出 | 表出 |
|  | 10.文体的価値 | 中性 | 中性 | 書き言葉的 | 中性 |
|  | 11.付随するニュアンス | 背後に常に相互的なやりとりが想定される | 問いかけ | 瞬間的 | 暗示的 |
|  | 12.派生的用法 | （未検討） | （未検討） | （未検討） | （未検討） |

　以上の考察から、以下の点が明らかになった。まず「口をきく」（別義7）は、聞き手と言葉を交わすこと自体を目的とする、多くの発話の積み重ねである。多くは何ら重要性のないことを言い交わす雑談であることから、相互的なシャベルと共通点が認められる。また「ニオワセル」は、ある内容（秘密に類すること）を他人の耳に入れてしまう、時として非難されるべきものであることから「一方的なシャベル」と類似点が認められる。そして「フレル」は、相手の存在を認めてはいるが一方的な伝達であり、内容に必ず言及することから、「ノベル」と一部は異なりつつも、非常に近い性質を有する。

　以上、本書における「きく」「ふれる」「におわせる」の発話行動的意味に関する考察は、おもに北邨他（1978）の分析結果の範囲内の部分的なものにとどまった。五感を表す基本義との関係を含め、それぞれの表現についてのさらなる考察は今後の課題とする。

### 6.4　6章のまとめ

　本章では、感覚動詞のうち、ケーススタディとして「きく」「ふれる」「におわせる」（におわす）を取り上げ、その意味を分析した。まず6.2節では、動詞「きく」（聞・聴・訊・効・利）について、11の多義的別義を認め次のように意味を記述した。(1)〈聴覚的刺激を〉〈聴覚器官で〉〈捉える〉（鳥の声をきく）、(2)〈言葉を〉〈聴覚器官で〉〈捉え〉〈意義を認識する〉（話をきく）、(3)〈何らかの要求を含んだ〉〈言葉を〉〈聴覚器官で〉〈捉え〉〈意義を認識し〉〈受け入れる〉（言うことをきく）、(4)〈何らかの要求を含ん

だ〉〈言葉を〉〈聴覚器官で〉〈捉え〉〈意義を認識し〉〈受け入れて〉〈対応する〉（わがままをきく）、(5)〈他者に求めた〉〈情報を〉〈聴覚器官で〉〈捉える〉（女中から様子をきく）、(6)〈求めている〉〈情報を〉〈（おもに）聴覚器官で〉〈捉えるため〉〈他者に対し〉〈言葉を発し〉〈問いかける〉（人にきく）、(7)〈他者と〉〈言葉を〉〈やりとりする〉（口をきく）、(8)〈求めている〉〈情報を〉〈味覚器官あるいは嗅覚器官で〉〈捉えるため〉〈酒あるいは香物に対し〉〈試したり調べたりして〉〈働きかける〉（酒を／香をきく）、(9)〈ある事物に対し〉〈何らかの働きかけをした結果〉〈能力や働きが〉〈十分に発揮され〉〈引き出される〉（薬がきく）、(10)〈人間の〉〈感覚あるいは判断が〉〈十分に発揮され〉〈有効に働く〉（機転がきく）、(11)〈ある事物の〉〈属性が〉〈希望通りに存在している〉（洗濯がきく）。また、これらの多義的別義間の関係についても併せて考察し、比喩（メタファー・メトニミー）による意味の転用という観点から共時的に分析し、多義構造図を示した。そして、「酒をきく」（聴覚→味覚的経験への転用）、および「香をきく」（聴覚→嗅覚的経験への転用）という、動詞「きく」における共感覚的比喩表現を多義構造全体の中に位置づけ、感覚間の意味の転用現象の動機づけを明らかにした。

続く6.3節においては、「きく」、「ふれる」、および「におわせる」（におわす）という、聴覚、触覚、嗅覚を表す動詞に共通に認められる「言葉を発する」という発話行動的意味に注目し、分析を行なった。分析の手順として、北邨他（1978）で挙げられている、発話手段、内容への言及、共同動作者格「〜ト」、内容（判断態度）と機能（表出態度）、引用格、付随するニュアンスなどの項目を各々検討し、他の発話動詞（イウ、ハナス、ノベル、シャベルなど）と比較するなどして、「きく」、「ふれる」、および「におわせる」（におわす）と他の発話動詞との類似点を次のように示した。まず「（口を）きく」（別義7）は、聞き手と言葉を交わすこと自体を目的とする、多くの発話の積み重ねである。多くは何ら重要性のないことを言い交わす雑談であることから、「相互的なシャベル」と共通点が認められ、また「ニオワセル」は、ある内容（秘密に類

すること）を他人の耳に入れてしまう、時として非難されるべきものであることから「一方的なシャベル」と類似点が認められる。そして「フレル」は、相手の存在を認めてはいるが、一方的な伝達であり、内容に必ず言及することから、「ノベル」と一部は異なりつつも、非常に近い性質を有する。そして、本節の分析の結果明らかになった、「きく」、「ふれる」、および「におわせる（におわす）」間における相違点を最後に表にして示した。

---

*1　既に述べたように、主要な比喩としてメタファー、メトニミー、シネクドキーの3種が挙げられるが、このうちシネクドキーについては本書の分析においては関わりがなかった。
*2　「きく」の意味に関する研究は他に、国立国語研究所（宮島）（1994＝1972）、籾山（1987）などがあるが、「きく」（聞・聴・利・効・訊）の意味、全般の関連性に言及した研究は管見の限りない。
*3　ここでいう言葉とは、「音形と意味が結びついたもの」を指す。
*4　さらに国広（1994：23）では「認知」について、「知覚内容にある解釈を加えたもの」としており、客観的な反映とされる知覚と主観的な認知とを区別しているが、この別義1と2の区別もこの考えに基づくものである。
*5　この別義5および6の意味記述と意味の関連性に関する分析は、籾山（1997b）を踏まえたものである。
*6　この別義7は「口をきく」という句の形のみなので、その点について他の別義（語）とは異なるが、「口をきく」と「きく」との間に意味の関連性が認められるため、本書では区別せず別義に含める。
*7　慣用句については、国広（1985：7）の「二語（以上）の連結のしようが固定しており、全体の意味は構成語の総和からは出て来ないもの」という定義に従う。
*8　ただしこの「口をきく」の意味には、別義4で挙げた「わがままをきく」などの表現における（要求に対する）対応という行為とも連続性が感じられる。
*9　国広（1994：23）では、動詞「取る」について、次の例を示し、「概念的には何の関連もなく中略）、むしろ反対の関係にあるが（中略）、手の動作そのものを見ると、それは同一である」としている。
　　（1）私は一番大きいのを取った。〈獲得〉
　　（2）庭の雑草を取った。〈除去〉　　　　　　　　　　　（国広 1994：23）
そして、このような意味間の関連性について、「語の指示物である外界の現象そのものを基盤としてその多義を考えなければならない」とする。そして、このような多義を認知的多義（cognitive polysemy）とし、他の多義と区別しな

ければならないとしているが、「きく」における多義もまた、この認知的多義に当たると考えられる。

*10　国立国語研究所（宮島達夫）（1994 = 1972: 684）では、動詞の形態論的性質と語い的意味との関係について述べる中で、感覚動詞「きく」などについて、他動詞の特徴としての〈はたらきかけ性〉の低さなどにも触れ、様々な例を示す中で、自他の区別は意味と密接な関係はあるが、意味的分類そのものではないとしている。本書でも、漢字の差異で意味の分類をしないという点に加え、自他の区別のみによる分類は行わないという立場で分析を行った。

*11　「におわせる（＝語幹＋(-s) aseru 型）」および「におわす（＝語幹＋(-s) asu 型）」がともに「におう」の使役形であるのかについては議論が必要であるが、本書ではともに使役形とし、以下論を進める。また、およそ、嗅覚的刺激を嗅覚器官で捉える（「桜の花が<u>におう</u>」）という意と、この発話行動的意味との関連性については、ある気配や雰囲気などを感じ取る（例：少年の面影が何処かに<u>におう</u>）や、はっきりとは断定できないがそれらしい感じがする（例：下心が／不正が<u>におう</u>）という意などの、「におう」が有する多義的別義との連続性という観点から、つまり「におう」の多義構造全体からの議論が必要であるが、この点についての詳しい検討は今後の課題である。

*12　「多義語」と「同音異義語」については、国広（1982: 97）の定義に従う。

*13　この別義7は「口をきく」という「句」の形のみではあるが、「口をきく」と別義6「きく」との間に意味の関連性が認められるため、区別せず別義に含める。

*14　「ふれる」は多義語であり、用例（2）で挙げた意味（およそ、広く告げ知らせる意）とここでの意味（話や書き物の中で言及するの意）とは、厳密には別義が異なる。従って「ふれる」全体が有する複数の意味とその関連性についての分析を示すべきであるが、その点についての検討は今後の課題とし、本書においてはこれらがともに発話行動的意味を担うということから、区別せず分析の対象とする。

*15　この点について、柴田（1979: 90）にも同様の指摘がある。

*16　ただし「自分の考え／心の内をハナス」などの表現も可能であることから、ハナスの内容は必ずしも客観的なものに限定されないようにも思われ、また、イウについても「事実だけをイウ」などの表現も可能であることから、必ずしも主観的判断や感情に限定されないように思われる。従って、この点についてさらに検討の余地があると考えられるが、以下の分析では便宜上、「ハナス」の内容を（一般に認められ得る）客観的なもの、そして「イウ」を主観的判断や感情とし論を進める。

*17　柴田（1979）にも同様の指摘がある（「イウは伝達を目的とせずに単に〈ことばや音声を発する〉という表出の機能を持っている」（p.88）、「『ハナス』と比べて、イウの機能は〈一方的〉である」（p.90））が、この点について籾山（1997c: 24–25）では、「『言う』が『伝達を目的としない』のであれば、そもそも『一方的である』とか『相手に対して配慮している』といった伝達の仕方は問題にならないはずである。従って、記述に矛盾があることになる」とし、「言う」の多義的別義に「『言う』相手（聞き手）の存在を前提としない」用法と「『言う』相手の存在を前提とする」用法をともに認めている。なお、元木

(1983: 24) においても、「ハナスは〈言語を用いること〉によって、〈聞き手〉に何らかの〈伝達〉を行なうという目的的な行為であるといえる」という指摘がみられる。

＊18　これは 3.5.2 節の間違いであると思われる。

＊19　これは、先行研究で指摘されていた「触れる」の基本義における瞬間性と関連が深いものと思われる。

＊20　柴田（1979: 91）でも「シャベルは表出の仕方に〈コントロールがきいていない〉点に特徴が認められる。人の秘密をついうっかりシャベルのも〈コントロールがきいてない〉からである」という指摘がある。

＊21　ただし瞬間性とはいっても、厳密に一瞬や一秒ではなく、ある程度の時間の幅があるようにも思われる。

第7章
# 食に関するオノマトペ*1 の意味分析

## 7.1 先行研究と本章の課題

　本章では、味覚を表す擬音語・擬態語、すなわち食に関するオノマトペについて考察する。はじめに、味（覚）に関する先行研究には次のような指摘がある。

　　<u>味覚の概念</u>は、狭義にはいわゆる四原味をさすにとどまるが、日常的には食物を口にしたときの感覚を総称して使われる。<u>すなわち狭義には味覚器官で受容される感覚をさし、広義には食べるという行為に参加する味覚以外の器官で受容される感覚を含む</u>。これには触覚、温度感覚など口中で生起するものだけでなく、視覚、嗅覚、聴覚などを通して受容される感覚もある。
　　　　　　　　　　　　　　　（松本 1983: 62、下線は引用者）

　　味表現は、まず、食味表現と外部環境表現に二分される。食味表現は、食そのものに関する表現であり、外部環境表現は、食をとりまく環境に関する表現である。　　　（瀬戸 2001: 1-2）

以下、本章における味も、広義に、食べるという行為に参加する味覚以外の器官で受容される感覚を含むものとし、食そのものだけでなく、食をとりまく環境を含むものとする。つまり、「現実に存在する広義の味覚はさまざまな感覚を複合したもの」（石毛 1983: 22）と捉える。

　さらに、次のような指摘がある。

　　現実にわれわれが食物を評価するときには、<u>狭義の味覚以外のさまざまな感覚を動員して総合的な判断をくだしているのである</u>。視覚による食物の外観が、うまい、まずいに影響するので料理人は盛りつけにこる。臭覚の大切なことは鼻をつまんでカレーライスを食べたら味気ないものであることからわかる。歯

ざわり、舌ざわりなどの食物のテクスチャーに関する感覚やビールを飲んだときののどごしの感覚まで動員される。おなじ料理でも熱いか冷たいかという温度感覚によって味はかわる。酒をトクトクとつぐ音、パリパリと音をいわして［ママ］塩センベイを食べるときのように、ときとしては聴覚も味の評価にかかわってくる。
(石毛 1983: 16、下線は引用者)

…そして、その感覚の心地良さによって<u>美味しいあるいは不味い</u>と表現するのである。美味しい、不味いは単に身体の生理的条件や飲食に関わる感覚できまるのではなく、それを<u>如何に感情的に受けとめるか</u>によって左右されるのが普通である。
(松本 1983: 62、下線は引用者)

(岡安 1995: 88、図1)

図1　岡安（1995: 88）による「おいしさ」に関連する要素

以上に挙げた先行研究おいては、われわれは味覚だけではなくさまざまな感覚を動員して、食物を総合的に評価しているという点が指摘されている。

これらを受け本書では、味を表す表現のうち、食に関するオノマトペについて「1.評価による分類」と「2.感覚による分類」の2点に注目し考察する。

1の課題についてごく簡略に述べると、例えば、食品に対するプラス評価*2を表すもの（〜していておいしい）には、「さっぱり」や「しっとり」などが、逆にマイナス評価を表すもの（〜していてまずい）には、「かすかす」や「ぱさぱさ」などがある。すなわち、その食品にどんな属性が期待されているかにより、ある時には熱さがおいしさを表したり（<u>あつあつの</u>おでん）逆に冷たさであったりする（<u>ひんやりした</u>素麺）という点を、各オノマトペが表す属性を

整理した上で明らかにする。

　2の課題については、評価による分類をみた後、それでは各々のオノマトペがどの感覚を表し得るか、および交差感覚的な融合効果〈クロスモーダル〉とは何かという点をみる。例えば、こりこり（としたアワビ）は、（こりこりとした）音（聴覚）とこりこりとした食感（触覚）を同時に表していると考えられるが、その複数の感覚によって成り立つ複合感覚表現について、転用の動機づけを含め考察する。

## 7.2 評価による分類

　はじめに本節では、食に関するオノマトペを評価により分類し検討する。

### 7.2.1　味の評価とは

　石間（1995）では、「おいしい」という感覚の6つの要素を次のようにまとめている。

　①口中感覚（満足感）
　②健康への要求：甘みを抑えたケーキを上品でおいしいケーキとみなす。豚の脂などの動物脂肪を動脈硬化のもととみる。
　③ホメオスタシス（生体の恒常性）：人間は様々な食品を食べるが、自然に平衡状態を保っていて、要らないものは食べなくていい、食べないものは必要ではないと考える。
　④食べなれたもの（食生活の保守性）：食べ慣れたものをおいしいと感じる。
　⑤手に入れがたいもの（高級感、低級感）
　⑥食べやすい（軟らかい）もの

　　　（石間 1995: 117–120、「おいしい」という感覚の六要素より要約）

すなわちおいしさは、口中感覚だけに限定されるものではなく、様々な要素により成り立っていることがわかる。

　一方、石毛（1983）では次のような指摘がある。

　　大脳生理学とは無関係なアナロジーでいえば、個人の脳のなかには、生まれてからあとに形成された広義の味覚に関するパ

ターン化された回路のようなものがあると考えたらよさそうである。<u>そのパターンにてらしあわせながら、われわれは味の評価をおこなっている</u>。そのパターンは文化的に形成されたものなので、パターンのありかたは、その個人の所属する文化によってことなるものであろう。

ブラックボックスのなかにある回路のパターンを知る手がかりとなるものが、広義の味覚を表現するさまざまなことばである。文化とは価値の体系である。言語は文化を反映するものである。とすれば、生理学的味覚の研究が客観性をもつ科学の問題であるのに対して、文化の側からする味覚表現の分析には、ことばのしめす価値をめぐって、広義の味覚をあらわすことば相互間の構造をとらえることを欠かすことができないであろう。

（石毛 1983: 17、下線は引用者）

味の評価に関わる日本語のパターン化された回路とは何か。それを探るため、食に関するオノマトペをケーススタディーとして整理・分類していくというのが、本章の目的である。

### 7.2.2　属性の内訳

はじめに本節では、食に関するオノマトペの属性およびテクスチャーに注目し、その内訳を整理する。まずテクスチャーについて、松本（1983）に簡略な説明があるので以下に挙げる。

> <u>テクスチャーとは歯ごたえ、舌ざわりといった口腔内での物理的感覚を総称する語である</u>が、適当な訳語がない。嗜好の決定に強い影響を及ぼすものであるだけに、食品に対する連想語もテクスチャーに関するものが最も多い。日本語ではテクスチャーの表現にバリバリ、カリカリ、ツルツルといった擬音語を使用することが圧倒的に多いのが特徴であるが、これらの語について主成分分析をした結果は、かたい―やわらかい、冷い［ママ］―あたたかい、油っぽい―水っぽい、ゴム様―フレーク状、ふんわり―重い、ツルツル―粘っこい、バリバリ―粉々の８個の主要次元に還元された。（松本 1983: 62–63、下線は引用者）

次に、早川他（2000）、井川（1991）、森（1995）、瀬戸代表

(2001) で挙げられている食に関するオノマトペを対象とし、それらのテクスチャーおよび属性を大まかに分類しまとめたものが次に示す表1である。

なお、(+) のブロックにあげられているものは、食品に対するプラス評価 (おいしさを表すもの)、「−」はマイナス評価 (まずさを表すもの)、そして ( ) 内はどちらでもないものを表す。

表1 「食に関するオノマトペ」の「属性」および「評価」による分類

【触覚—温冷覚】に関わるもの

(+)　　　　　　　　　　　　　　　　　　　　　　　　　　(−)
[温]
あつあつ
ほっかほか
ぽかぽか
ぐつぐつ*3
ことこと
じゅうじゅう
ふうふう

[冷]
きーん
ひんやり
(ひやっ)

【触覚—痛覚】に関わるもの

(+)　　　　　　　　　　　　　　　　　　　　　　　　　　(−)
[辛味的刺激]
(かっか)　　　　　　　　　　　　　　　　　　　　ちくちく
(ちりちり)
(ひりひり、ぴりぴり、ぴりっ)

[鼻腔内の刺激]
すーすー、すーっ
つ (−) ん、つんつん

【触覚—テクスチャー—歯応え*4】に関わるもの

(+)　　　　　　　　　　　　　　　　　　　　　　　　　　(−)
からっ、からり　　　　　　　　　　　　　　　じゃりじゃり、じゃりつく
かりかり
こりこり、こりっ
さくさく、さくっ、さっくり
ざくざく、ざっくり
しこしこ
しゃきしゃき、しゃきっと、しゃっきりと
しゃくしゃく
しゃりしゃり

ばりばり、ばりばり
ぷちぷち、ぷちっ、ぷつぷつ、ぷっつり、ぷつん
ぽりぽり
ぽきぽき
(がりがり)
(きしきし、きしっ、ぎしぎし、ぎちぎち)

### 【触覚―テクスチャー―硬軟】に関わるもの

(＋)　　　　　　　　　　　　　　　　　　　　　　　　　(－)
[軟]
(くにゃくにゃ、くにゅくにゅ)　　　　　　　　　　　　しなしな
(ぐにゃぐにゃ、ぐんにゃり)　　　　　　　　　　　　　ぶよぶよ
ほやほや
やんわり
(ふにゃふにゃ)

　　　　　　　　　　　　　　　　　　　　　　　　　　[硬]
　　　　　　　　　　　　　　　　　　　　　　　　　　かちかち、がちがち
　　　　　　　　　　　　　　　　　　　　　　　　　　こちこち

### 【触覚―テクスチャー―舌ざわり、口当たり】に関わるもの

(＋)　　　　　　　　　　　　　　　　　　　　　　　　　(－)
すべすべ　　　　　　　　　　　　　　　　　　　　　　ごりっ
(つぶつぶ)　　　　　　　　　　　　　　　　　　　　　ごわごわ
　　　　　　　　　　　　　　　　　　　　　　　　　　ごつごつ
　　　　　　　　　　　　　　　　　　　　　　　　　　ごろごろ
　　　　　　　　　　　　　　　　　　　　　　　　　　ざらざら、ざらついた

### 【触覚―テクスチャー―粘性】に関わるもの

(＋)　　　　　　　　　　　　　　　　　　　　　　　　　(－)
とろとろ、とろっ、とろり　　　　　　　　　　　　　　どろどろ、どろり
(にちゃにちゃ)
(ぬめぬめ)
(ねちねち)
(ねっとり、ねとねと)

### 【触覚―テクスチャー―乾湿】に関わるもの

(＋)　　　　　　　　　　　　　　　　　　　　　　　　　(－)
[乾]　　　　　　　　　　　　　　　　　　　　　　　　かさかさ、がさがさ
さらさら、さらっ、さらり　　　　　　　　　　　　　　かすかす
ほくほく、ほこほこ、ほっこり　　　　　　　　　　　　すかすか
　　　　　　　　　　　　　　　　　　　　　　　　　　ぱさぱさ
　　　　　　　　　　　　　　　　　　　　　　　　　　ぼそぼそ
　　　　　　　　　　　　　　　　　　　　　　　　　　もそもそ

[湿]
しっとり　　　　　　　　　　　　　　　　　　　　　　ぐちゃぐちゃ
　　　　　　　　　　　　　　　　　　　　　　　　　　じくじく
　　　　　　　　　　　　　　　　　　　　　　　　　　じめじめ
　　　　　　　　　　　　　　　　　　　　　　　　　　だぶだぶ
　　　　　　　　　　　　　　　　　　　　　　　　　　びしょびしょ
　　　　　　　　　　　　　　　　　　　　　　　　　　べしゃべしゃ
　　　　　　　　　　　　　　　　　　　　　　　　　　べたべた

## 【触覚─テクスチャー─弾性】に関わるもの

(＋)　　　　　　　　　　　　　　　　　　　　　　　　　　　　　　　　（－）
ぷっちん、ぷりぷり、ぷりんぷりん、
ぷるぷる、ふるふる、ぷるんぷるん
むちむち、むっちり、むにゅむにゅ
もちもち、もちっ、もっちり
ふっくら
ふわふわ、ふわっ、ふんわり

## 【味覚表現─濃淡】に関わるもの

(＋)　　　　　　　　　　　　　　　　　　　　　　　　　　　　　　　　（－）
[淡]
あっさり
さっぱり
すっきり
[濃]
(＋)　　　　　　　　　　　　　　　　　　　　　　　　　　　　　　　　（－）
こっくり＊5　　　　　　　　　　　　　　　　　　　　　　　　　　ぎしぎし
こってり　　　　　　　　　　　　　　　　　　　　　　　　　　　　ぎとぎと
（どっしり）　　　　　　　　　　　　　　　　　　　　　　　　　　ごてごて
（ぼってり）
（こてこて）
（ずっしり、ずどーん（と））
まったり
（もったり（とした））

## 【聴覚─擬音】に関わるもの

(＋)　　　　　　　　　　　　　　　　　　　　　　　　　　　　　　　　（－）
じゅるじゅる（啜り音）
ちゅるちゅる（啜り音）
つるつる、つるっ（啜り音）
（ずるずる）（啜り音）
しゅわしゅわ（泡立ち音）

## 【視覚─形─形態】に関わるもの

(＋)　　　　　　　　　　　　　　　　　　　　　　　　　　　　　　　　（－）
（ぱらぱら）　　　　　　　　　　　　　　　　　　　　　　　　　ばらばら、ばらけた
（ぽろぽろ）　　　　　　　　　　　　　　　　　　　　　　　　　くちゃくちゃ
（ほろほろ）

## 【その他】

(＋)　　　　　　　　　　　　　　　　　　　　　　　　　　　　　　　　（－）
きらきら
きりりと
しっかり
しみじみ
たっぷり
どんより
はんなり
ぴーんと
（ぷんぷん）
ほっとする
ほのぼの（した）

以上本節では、食に関するオノマトペをその属性および評価により分類して示した。

### 7.2.3 用例による確認

次に本節では、前節の表について具体例に基づき確認していく。

#### 7.2.3.1 食品に対するプラス評価を表すオノマトペ

まず、食品に対するプラス評価を表すオノマトペをみていく。はじめにまとめて以下に挙げる。

表2 食品に対するプラス評価を表すオノマトペ

> あつあつ、あっさり、からっ・からり、かりかり・かりっ、きーん、きらきら、きりり（と）、ぐつぐつ、こっくり、こってり、ことこと、こりこり・こりっ、さくさく・さくっ・さっくり、ざくざく・ざっくり、さっぱり、さらさら・さらっ・さらり、しこしこ、しっかり、しっとり、しみじみ、しゃきしゃき・しゃきっと・しゃっきりと、しゃくしゃく、しゃりしゃり、じゅうじゅう、じゅるじゅる、しゅわしゅわ、すーすー・すーっ、すっきり、すべすべ、たっぷり、ちゅるちゅる、つるつる・つるっ、つ（ー）ん・つんつん、どっしり（した）、とろとろ・とろっ（とした）・とろり、ばりばり・ばりばり、はんなり、ぴーん（と）、ひやっ、ひんやり、ふうふう、ぷちぷち・ぷちっ・ぷつぷつ・ぷっつり・ぷつん、ふっくら（した）、ぷっちん・ぷりぷり・ぷりんぷりん・ぷるぷる・ふるふる・ぷるんぷるん、ふわふわ・ふわっ（とした）・ふんわり、ぽきぽき、ほくほく・ほこほこ・ほっこり、ほっかほか（の）、ぽかぽか、ぼってり、ほっ（とする）、ほのぼの（した）、ほやほや、ぽりぽり、ぼりぼり、まったり（とした）、むちむち・むっちり・むにゅむにゅ、もちもち・もちっ・もっちり、やんわり

これらのオノマトペについて、用例とともにみていこう。

① 「温覚」に関わるもの

はじめに、熱さを連想させるものをみる。

(1) "お弁当の御飯がいつまでも**ほっかほか**"とキャッチフレーズで…
　　　　　　　　　　　　　　　　　　　　　　　（天沼1993:.347）

(2) かりっと皮がくだけると、**あつあつ**の具が口にひろがる。
　　　　　　　　　　　　　　　　　　　　　　　（天沼1993:60）

(3) おかげで"できたての**ほかほか**天どん"を主人とふたり、

…感謝しながら味わいました。　　　　　　（天沼1993: 346）
（4）道ばたで買った**ホカホカ**のタイ焼きを、かぷっと頬ばると
　　きのウマさ…　　　　　　　　　　（中村1995: 用例3744）
ほっかほか（のお弁当）、あつあつ（の具）はいずれも、単にその食品が熱いということだけでなくおいしいということも含意している。つまり、食べるときに求められる十分な熱さがその食品に備わっている、ということに対するわれわれの満足感が、「あつあつ」「ほかほか」の意味に含まれている。他に、「ぽっかぽか、ぽかぽか」もこのタイプに分類できる。
　また、音がその食品の熱さを連想させるものもある。
（5）**ぐつぐつ**煮た実だくさんのしるものは、寒い夜にふさわし
　　いおかずです。　　　　　　　　　　　　　（天沼1993: 98）
（6）鶏ガラでとったスープに、18種類のスパイスと鶏肉、玉ね
　　ぎ、（…）等を加え、3日間**グツグツ**煮込んだまさにホーム
　　メードカレー。
　　　　　（http://www.inv.co.jp/tama/kunitachi/garasu/garasu.html）
（7）じっくり**コトコト**煮込んだスープ（商品名）
　　　　　　　　　　　　（株式会社ポッカコーポレーション PLN）
（8）たっぷりの水をはって火にかけ、**ことこと**と2時間くらい
　　ゆでます。　　　　　　　　　　　　　　　（天沼1993: 124）
（9）**じゅうじゅう**と音をたてている焼きたてのビーフステーキ。
　　　　　　　　　　　　　　　　　　　　　　（天沼1993: 158）
ぐつぐつ、ことこと、じゅうじゅうはすべて調理の音を表すが、これらのオノマトペもまた、その食品の熱さを表すのと同時においしさをも表すと考えられる。すなわち、汁物、スープ、ステーキには十分に熱いということが期待されているからである。
　②「冷覚」に関わるもの
　一方、冷たさを表すオノマトペには「ひんやり」「ひやっ」がある。
（10）**ひんやり**、つるっと喉ごしを楽しむ夏の麺。全国の麺どこ
　　ろから自信作をお届けします。

(「お中元ギフトカタログSUMMER GIFT 2002」、ユニー（株）営業本部営業企画、p.22)

(11) かき氷を敷いたガラスの容器、**ひやっとした舌ざわり**が涼味満点。
(天沼1993: 293)

夏の麺（冷や麦、素麺）、かき氷といった食品は冷たくてはじめておいしいものである。従って、こうした冷たさを表すオノマトペも熱さを表すものと同様、十分に冷たいということによって生ずる食品のおいしさ、すなわちプラス評価的意味を表す。

　③「淡泊さ」に関わるもの
　そして、味の淡泊さを表す「あっさり」「さっぱり」も、おいしいという属性を含意する。

(12) 夏の風物、**冷や麦**は、手軽で**あっさり**としておいしい。
(天沼1993: 3)

(13) その**さっぱり**した味が現代人の口にあって、最近はちょっとした**ヨーグルト**ブームです。
(天沼1993: 139)

(14) フランスのブイヤベースに似ているのだが、サフランなどは使っていないので、**さっぱり**としておいしかった。
(中村1995: 用例3791)

われわれは、冷や麦やヨーグルトといった食品に対して味の淡泊さを期待しているので、その欲求が満たされるとおいしいという満足感に繋がる。他に「すっきり」もこれらと同タイプのものである。

　④「濃厚さ・油っぽさ」に関わるもの
　これとは逆に、濃厚さが期待される場合がある。「こっくり」と「こってり」がそれに当たる。

(15) 常備菜を**こっくり**と保存のきくように作るには、甘く感じないように作るのがひけつ。
(天沼1993: 120)

(16) きのこ入りの**こってり**した白いソースが主役です。／このソースが**こってり**した味なので、使うさかなは…
(天沼1993: 123)

(17) わたしはまだまだビフテキだの、ステューだの、**こってり**した本格的洋食が旨いなあ。
(中村1995: 用例3740)

他に「まったり」も同タイプに分類できるが、以上のように食品に

よっては、味の濃厚さが期待されるのである。

⑤「歯応え」に関わるもの

さて、歯応えを表し、かつおいしさを表すオノマトペは数多くある。まず「からっ」「からり」「かりかり」「こりこり」「しこしこ」をみる。

(18) **からっ**と揚げたてんぷらと、ふっくらご飯。　（天沼1993:55）

(19) たらの芽は天ぷらが王者だろう。**からっ**と揚がるとおいしい（…）　　　　　　　　　　　　　　　（中村1995:用例3705）

(20) やや引目の温度の油に入れ、4,5分したら火加減を少し強めにして**からり**と揚げます。　　　　　　　（天沼1993:57）

(21) さて、衣をほどよくつけるのも衣をつけたらすぐ揚げるのも、**かりかり**したフライにするこつだ。　　（天沼1993:59）

(22) **こりこり**したいなかそば独特の味にみんな大喜び

（天沼1993:127）

(23) ローマの市場の食物はみんなとにかく元気がいい。（…）口にふくむと**コリッ**として「野菜です」という香ばしさが口の中にさっと広がる。　　　　　　　　（中村1995:用例3692）

(24) 武蔵野台地からわきでる水もさらし水によく、そばのこしを強くした。「深大寺そばは**しこしこしている**」というのが通の評。　　　　　　　　　　　　　　　　　（天沼1993:146）

以上のように、からっ／からり／かりかり（と揚げたフライ）、こりこり（したいなかそば）、しこしこ（したそば）はいずれも、ある程度のかたさを有する食べ物に対する歯応えを表すだけではなく、その食品に対するおいしさをも表している。すなわち、てんぷらや田舎そばといった食品には、ある種の歯応えとかたさが期待されるからであり、それが備わっていることで食品への満足感が満たされる、つまりおいしいと感じられるからである。

さらに、次にあげる「さくさく、さくっ、さっくり、（ざくざく、ざっくり）」「しゃきしゃき・しゃきっと・しゃっきりと、しゃくしゃく、しゃりしゃり」「ぱりぱり・ばりばり」「ぷちぷち、ぷちっ、ぷつぷつ、ぷっつり、ぷつん」「ぽりぽり・ぼりぼり」「かりっ」もまた、同タイプに分類できる。

(25) 小麦全粒粉を使って**サクサク**と香ばしい食感に焼き上げたマクビティビスケット。この素朴で深みのある英国伝統のおいしさに、リッチな味わいのミルクチョコレートを組み合わせました。
（「ミルクチョコレートダイジェスティブビスケット」パッケージ、明治製菓株式会社）

(26) **しゃきしゃき**したうどの歯ざわり、甘ずっぱい味がさっぱりしていて、これから夏にかけておいしい食べ物です。
（天沼 1993: 152）

(27) **しゃきっ**とした酢のもの。なるべく細い千切りにして水で洗い、10分間ほど水につける。 （天沼 1993: 152）

(28) 古く堅くなったパンを、ごく薄く切る。バター、ねりがらしの順でぬり、粉チーズをふって天火で焼く。こうばしく、**ぱりぱり**と歯ざわりも楽しい。 （天沼 1993: 275）

(29) **プチッ**とはじける豊かな旨み
（「磯のうたげ　こもち昆布」パッケージ、カネハツ食品株式会社）

(30) **ぽりぽり**と歯切れがよく、調味料がしみ込んで、こばん色においしくつける方法をＳさんに聞きました。《たくあん》
（天沼 1993: 364）

(31) 「フライド」だから**カリッ**と香ばしい。選びぬかれたカリフォルニア産大粒アーモンドをシュガーコートし、**カリッ**と香ばしくフライしました。
（「グリコアーモンドチョコレート・フライド」パッケージ、江崎グリコ株式会社）

以上のように、これらのオノマトペはある種の歯応え（食感）と歯切れ音、および咀嚼時の音*6 を表すとともに、その歯応えと音を好ましいと思う気持ち、すなわちその食品に対するプラス評価の気持ちをも表す。他に、「ぽきぽき」も同タイプに分類できる。

⑥「弾性」に関わるもの

さらに、ある種の弾性を表し、かつおいしいという気持ちを表すものは以下のようなものである。

(32)《冷凍したこんにゃくは》**ぷりんぷりん**した口ざわりがなく

なって、さくさくとかみきれてしまう。　　　（天沼 1993: 326）

(33) **鮮度のいいわたは黄色をしており、（…）ぷりぷりしてかたく**、ダメなものはぐにゃっとして柔らかい。
（中村 1995: 用例 3894）

(34) **むちむち**としたきめの細かい白いはだの上に梅干じょうゆのたれをかけて食べるのである。《らっかせいどうふ
（天沼 1993: 377）

(35) おひつに移し、72度前後になったときが、いちばん**ふっくら**とおいしいのですが…　　　（天沼 1993: 318）

(36) 内釜全体が熱くなるので、**お釜で炊いたようなふっくらごはんになります**　　（http://www.bicbic.com/bcc/kaden/rice_cooker/）

われわれは通常、こんにゃくにはぷりんぷりんした歯応えを、そしてごはんに対してはふっくらした属性を期待する。ここでは、「ぷっちん・ぷるぷる・ふるふる・ぷるんぷるん」、「むちむち・むっちり・むにゅむにゅ」、「もちもち・もちっ・もっちり」、「ふわふわ、ふわっ、ふんわり」といったオノマトペもまた同タイプのものである。

⑦「乾―湿」に関わるもの

ある種の乾燥感を表す「さらさら（さらっ、さらり）」もまた、プラス評価を表す。

(37) わりあい**さらさら**した粉で、口の中がざらつくことはない。
（天沼 1993: 142）

(38) 香辛料がきいているし、油を使うわりに**さらっとして夏向きのごちそう**。　　　（天沼 1993: 143）

適度に水分が抜けておいしい状態を表すものは他に「ほくほく・ほこほこ・ほっこり」がある*7。

(39) **男爵はホクホク**した口当たりで、マッシュポテトやポテトコロッケ向き　　　（中村 1995: 用例 3691）

一方、湿り気を表す「しっとり」もまた、プラス評価を表すと考えられる。

(40) まだおこげが半分ぱりぱりしているときがおいしいという人、**スープをふくんでしっとり**したのがいいという人、好

第7章　食に関するオノマトペの意味分析

みは…　　　　　　　　　　　　　　　（天沼 1993: 149）

(37)(38)の粉や、夏向きのごちそうには、「さらさら、さらっ」とした適度の乾燥感が求められた。一方で、水気を含んだある食品をおいしいと評価する場合、われわれは「しっとり」と表現する。

⑧「粘性」に関わるもの

粘性を表すオノマトペには「とろとろ、とろっ、とろり」がある。

(41)本格焼酎、常圧蒸留酒で漬け込んだ**とろり**とうまい梅酒原酒です。　　（http://www.rakuten.co.jp/b-bear/101237/101246/）

(42)柔らかい！信じられない、口の中で**トロリ**ととけて…これが本当に牛肉なの!?　　　　　　　　　（中村 1995: 用例 3744）

「とろり」などの粘性に関わるものにもおいしいという気持ちが含まれている。

⑨「舌触り、口当たり」に関わるもの

そして舌触り、口当たりを表す「すべすべ」も同様である。

(43)ブルーベリーやプラムを思わせるほどの十分な果実香、ほどよい甘味、樽香が複雑。**すべすべ**した口当たり、しっかりとしたボディ、落ち着きのある上質な全体像。これは美味しい。

　　（http://www.fuchu.or.jp/~class30/html/wine_usa_california_monterey.html）

(43)においてはワインのすべすべした滑らかな口当たりを、楽しみ、味わっている様子が表れている。

⑩「音」に関わるもの

そして、おもに麺類を啜り上げる音を表すオノマトペには、「じゅるじゅる、ちゅるちゅる、つるつる、つるっ」がある。

(44)開催中　★のどごし**つるつる**のおいしい生うどん！滋養強壮・栄養豊富なこだわりの有機小松菜生うどん！

　　　　　　　　　　　（http://www.rakuten.co.jp/smc/431424/）

ここでは、麺類などのおいしいものを、音とともにおいしそうに素早く口へ運ぶという場面が想定される。また、同じく音を表すものには「しゅわしゅわ」があるが、これもまた、気泡性の飲料物が有するある種の爽快感を表すものと考えられる。

⑪「刺激」に関わるもの

「かっか」、「すーすー、すーっ」、「つ（ー）ん・つんつん」は、舌に対するある種の刺激を表す。

 (45) ペパーミントの蜂蜜は、そば蜜のようなこってり系の香り
   と味なんだけれど、<u>後味に**すーっと**ミントの清涼感</u>があっ
   て、なかなか美味しいものです。
    （http://www.geocities.co.jp/NatureLand/3503/soap02-2-047.html）

 (46) 夏は特に、スパイスが利いて<u>**かっか**と辛い</u>カレーがおいし
   い。

カレーやワサビなど、辛さが期待される食品に対して「かっか」「つ（ー）ん」が使われる場合、その刺激を心地良いと感じている。すなわちミントの「すーっと」した刺激は、清涼感を伴う快感なのである。

### 7.2.3.2　食品に対するマイナス評価を表すオノマトペ

次に、食品に対するマイナス評価（まずさ）を表すと考えられるオノマトペである。

表3　食品に対するマイナス評価を表すオノマトペ

> かさかさ、がさがさ、かすかす、かちかち・がちがち、ぎしぎし、ぎとぎと、ぐちゃぐちゃ、でてでて、ごりっ、ごろごろ、ごわごわ、じくじく、しなしな、じめじめ、じゃりじゃり・じゃりつく、すかすか、だぶだぶ、ちくちく、どろどろ・どろり、どんより（した）、ぱさぱさ、ばらばら・ばらけた、びしょびしょ、ぶよぶよ、ぷんぷん、べしゃべしゃ、べたべた、ぼそぼそ、もそもそ

それでは以下、具体例とともに確認していく。

①「濃厚さ・油っぽさ」に関わるもの

「ぎしぎし」と「ぎとぎと」は、いずれも濃厚さや油っぽさを表し、かつ期待されない属性を表す。

 (47) 北欧ではにしんはしこうに合った高級魚かもしれないが、
   生にしんを酢づけにして、さらにこれを冷やしてあるので、
   <u>あぶらが**ぎしぎし**して</u>いて、われわれ左党にはまったく…
           （天沼1993: 67）

(48) 少ない給食予算の中で腹をくちくし、栄養価を満たすため、必要以上に大きなパンが**ぎとぎと**のマーガリンといっしょに毎日出される。／朝っぱらからそんな**ぎとぎと**したものはごめんだね。　　　　　　　　　　　　（天沼 1993: 73）

(49) 手羽中からにじみ出るべとついた油のくどさも加わり、このカレーの**ギトギト**は手のつけられない状態に。
　　　　　　（http://www2q.biglobe.ne.jp/~curry/retocheck.orien.html）

前節でみたように、ある程度の油っこさをおいしいと感じている場合、「こってり」と表現するが、適量と感じる油分が度を越しているなど、それを不快に感じる場合には、「ぎしぎし」「ぎとぎと」と表現する。このタイプのオノマトペは他に「ごてごて」や「どんより」がある。

② 「乾―湿」に関わるもの

そして乾燥感を表すものには、「かすかす」「ぱさぱさ」「ぼそぼそ」「すかすか」がある。

(50) この夏みかんは**かすかす**で少しもうまくない。／こんな**かすかす**の大根を売るなんてひどい店だ。　　　（天沼 1993: 25）

(51) 養殖ものも最近はよくなったが、配合飼料を使ってた当時のうなぎは味が**ぱさぱさ**。　　　　　　　　　（天沼 1993: 253）

(52) 私は（…）**パサパサ**と口いっぱい拡がる古いパンを、むせるように飲みこんだ。　　　　　　　（中村 1995: 用例 4315）

(53) 途中で停電したせいか、きょうの御飯は**ぼそぼそ**している。／パンをむき出して、3日間冷蔵庫に入れておいたら**ぼそぼそ**になった。　　　　　　　　　　　　　　（天沼 1993: 353）

(54) せろりなどは1ヶ月以上になると見た目は青々としていても**すかすか**。／ジュースの抜けた"**すかすかもの**"を売ったうえ、半分以上もくさらせている。《季節はずれのグレープフルーツ》　　　　　　　　　　　（天沼 1993: 167）

例えば、かすかす（の夏みかん）、ぱさぱさ（のうなぎ）、ぼそぼそ（のごはん）、すかすか（のセロリ）は、いずれも単なる乾燥感だけでなく、各食品に対するマイナス評価が含まれている。すなわち、どの食品にもある程度の水気が期待されているにも関わらず、それ

が満たされていない場合である。他に、「かさかさ・がさがさ」「もそもそ」が同タイプのオノマトペである。

　一方、水気の多さを表すものとして、先に「しっとり」をみたが、同様に水気の多さを表す「びしょびしょ」「じくじく」をみてみよう。

（55）レンジでチンした後、そのままお弁当に詰めると、水分で衣がびしょびしょになります。そこで、チンした後、クッキングペーパーの上で、水分と余分な油を切ると、衣のパリッとしたままです。

(http://www2.odn.ne.jp/~cat09250/cooking2.html)

（56）厚手の鍋でごま油を大さじ1～2を熱し、干しいたけ、こんにゃく、にんじん、たけのこ、里芋、ごぼうを一度に加え、木べらを使って全体にまんべんなく油が回るように炒める。火加減は強めの中火。（弱火だと野菜などからじくじく水気が出てきてしまう）　(http://www.mansai.jp/recipe/R/0081.html)

「しっとり」とは異なり、ここでは「水気が多さ」は期待されない属性であり、びしょびしょの衣、じくじくの煮物はまずさを表す。同タイプのものとして、他に「べしゃべしゃ」「べたべた」「じめじめ」「ぐちゃぐちゃ」「だぶだぶ」がある。

③「歯応え」に関わるもの

　他にも、ある種の歯応えを表す「じゃりじゃり・じゃりつく」も、先にみたもっぱらプラス評価を表す「さくさく」「しゃきしゃき」「ぱりぱり」などとは異なり、食品に対するマイナス評価、すなわちある種の不快感（まずさ）を表す。

（57）このしじみはじゃりじゃりしてとても食べられたものではない。

（天沼 1993: 155）

④「形態」に関わるもの

　ある種の形態（粒状）を表す「ばらばら・ばらけた」「くちゃくちゃ*8」も同様である。

（58）見ると海苔巻きが作ってあって、きれいに皿に並んでいる。（中略）久しぶりのお米に感激して思わずお皿にたくさん取ったのだが、ご飯はくちゃくちゃで軟らかく、酢もミリ

第7章　食に関するオノマトペの意味分析　253

　　　　　ンも入ってないから味気ないことこの上ない。

　　　　　　　　　　　　（http://homepage2.nifty.com/t-michikusa/kuril.htm）

以上のように、くちゃくちゃ、ばらばらの御飯は、もっぱらマイナス評価を表す。
　⑤「刺激」に関わるもの
　ある種の刺激を表す「ちくちく」についても、快感を伴う刺激である「すーっ」などとは異なり、やはりもっぱら不快感を表す。
　(59) 結果から言うと、やっぱりその時は美味しく思えなかったんです。渋くて、口の中が**ちくちく**する……やっぱり赤ワインは苦手かなぁ、なんて思いながら、グラスに2杯ほど飲んであとは冷蔵庫にしまっちゃいました。

　　　　　　　　　　　　（http://www.wine-kan.co.jp/column001.html）

ワインの味を表現する際、「（口の中が）すーっとしておいしい」という表現は容認されるのに対し、「*（口の中が）ちくちくしておいしい」という表現は容認され難い。
　⑥「舌触り、口当たり」に関わるもの
　それでは、舌触り、口当たりを表す「ざらざら」「ごつごつ」はどうであろうか。用例をみてみよう。
　(60) 月桂冠の博物館。水は**ざらざら**しておいしくない。最後に試飲させてもらった酒はまあまあ。古い製法で作ったという酒は口に含むと味が濃いのにのどごしすっきり、後味もいいというあまり飲み慣れないものだった。

　　　　　　　　　　　　（http://www.creator.club.ne.jp/~jagarl/diary200203b.html）

　(61) ていねいにしないと、口あたりが**ごつごつ**して味も悪い。

　　　　　　　　　　　　　　　　　　　　　（天沼 1993: 121）

「*口当たりが**ごつごつ**しておいしい」や「***ざらざら**しておいしい」という表現が容認され難いことから、やはりこれらの表現もある種の不快感を表すと考えられる。他に、「ごりっ」「ごろごろ」も同様に、食品に対するマイナス評価を伴う舌触り・口当たりを表す。
　⑦「粘性」に関わるもの
　先においしさを表す粘性として「とろり」などを挙げたが、同じく粘性を表す「どろどろ・どろり」はどうであろうか。

(62) 夕飯は、お米を煮てどろどろのスープ状態になったものが出てきた。それと、梅干1個。その、**どろどろのまずいことといったら、たとえようがない。**

(http://isweb35.infoseek.co.jp/gourmet/clinclin/aboutme/2.html)

「とろりとしてうまい」に対し、「?どろどろしてうまい」という表現がやや容認され難いことから、「どろどろ」が表す意味にもまた、不快感が含まれている。

⑧「硬―軟」に関わるもの

「まずさ」を表すものとして最後に、硬―軟を表すものをみる。まず、かたさを表すものには、「かちかち」「がちがち」がある。

(63) すごい！シナボン買ってこれたんですねぇ。（中略）お近くだったらたのみたかったところなんだけど…（中略）東京に数店舗あるスターバックスコーヒーにシナモンロール¥250がありますが、味はなんとか似ているんですが、**かちかち**なんです。

(http://user.shikoku.ne.jp/okabesky/kako/file2/eat02.htm)

「（シナモンロールはシナボンに）味は似ているが、かちかちなんです」という表現から、「かちかち」が期待されない属性であることが分かる。期待されないかたさを表すものは他に、「がちがち」がある。

そして柔らかさを表す「しなしな」も同様である。

(64) もやしを時間差で入れるのは、もやしのしゃきしゃき感を残したいから。**野菜がしなしなしちゃうとおいしくありません。**炒める順番が重要です。

(http://homepage2.nifty.com/atsuko_tp/R0134_buta-syouga2.htm)

以上のように、先にみた適度な柔らかさを表す「やんわり」「ほやほや」とは異なり、やはり「しなしな」はその柔らかさを好ましくないと捉えている。それでは、同じく柔らかさを表す「ぶよぶよ」はどうであろうか。

(65) 日本では大人気のカップヌードルも、アメリカ製のものはかなり期待はずれでございます。とにかく、麺が違う。**ぶよぶよ。**

(http://kahoojapan.hoops.ne.jp/usa/a-noodle.htm)

第7章　食に関するオノマトペの意味分析　255

以上のように「ぶよぶよ」にもまた、その食品を口にした者の不快感が含意される。麺類には通常、「ぶよぶよ」ではなく「しこしこ」した、ある程度のかたさと歯応えが期待されるからである。

### 7.2.3.3　プラス評価とマイナス評価のどちらにも限定できないオノマトペ

最後に、プラス評価とマイナス評価のどちらにも限定できないものをみる。

表4　プラス評価とマイナス評価のどちらにも限定できないオノマトペ

> かっか、がりがり、きしきし・きしっ・ぎしぎし、ぎちぎち、くにゃくにゃ・くにゅくにゅ、くちゃくちゃ、ぐにゃぐにゃ・ぐんにゃり、こちこち、ごつごつ、こてこて、ごろごろ、ざらざら・ざらついた、ずっしり、ずどーん（と）、ずるずる、ちりちり、つぶつぶ、にちゃにちゃ、ぬめぬめ、ねちねち、ねっとり・ねとねと、ぱらぱら、ひりひり・ぴりぴり・ぴりっ、ひやっ、ふにゃふにゃ、ほろほろ、ぽろぽろ、もったり（した）

以下、用例とともに確認する。

① 「濃厚さ」に関わるもの

濃厚さを表す「こてこて」は、次に示すようにおいしさとまずさの両方を表し得る。

(66) アイスもチョコレートがおいしいし、ケーキもマッドチョコレートっていう**こてこて**のチョコレートが一番おいしい。
　　　　　　　　　　（http://www.livingincairns.com.au/wh/file/wh_02.html）

(67) そんなに砂糖を**こてこて**と入れたら甘たるくてしかたがないよ。　　　　　　　　　　　　　　　　　　（天沼1993: 123）

もっぱらプラス評価を表す「こってり」に対し、「こてこて」はプラスにもマイナスにも転じ得る。他に「ずっしり」も同様である。

(68) ガナッシュ　ショコラ　ガナッシュがたっぷり入った濃厚な味。**ずっしり**と、そしてしっとりしたお味が最高です。
　　　　　　　（http://www.rakuten.co.jp/selectea/439150/439890/）

(69) 中にはしゃくしゃくとしたココナツがたっぷりと。ぎゅっと詰まったそれは、ふかふかではなく、**ずっしり**…甘いものは好物だが、これは少しくどい。

(http://k-ryosha.jp/travel/03/970807.html)

同様の例として、他に「ずどーん（と）」「どっしり」「ぼってり」「もったり（した）」が挙げられる。

②「形態」に関わるもの

「形態」を表す「ぽろぽろ」もまた、プラス評価とマイナス評価の両方を表し得る。

(70) 養殖ものも最近はよくなったが、配合飼料を使っていた当時のうなぎは味はぱさぱさ。**ぽろぽろ**身が欠けちゃうんです。　　　　　　　　　　　　　　　　　　　　（天沼1993: 366)

(71) 小なべにすったえびを移し、砂糖、塩、食紅少しをいれ湯せんにして、しゃもじで**ぽろぽろ**になるようにいりつけ、そぼろを作ります。　　　　　　　　　　　　（天沼1993: 367)

(72) 繊維素をたっぷり含んだ穀物の王様オートミール。小麦粉を入れていないので、**ポロポロ**した口当たり

(http://www.cookie-grace.com/menu/top.html)

以上のように「ぽろぽろ」はそれ自体、特に食品に対する評価を伴わない。単に細かい粒状のものの集合体といったような、ある種の形態を表すのみである。

③「刺激」に関わるもの

ある種の刺激を表す「ひりひり・ぴりぴり・ぴりっ」も、それを好ましいと感じるか否かにより、プラスとマイナス両方の意味を表し得る。

(73) **ぴりっ**とした七味とうがらしをおとせば、これからの夜寒にまた一味である。《うどん：玉子とじ》　　（天沼1993: 304)

(74) 私は（…）この**ピリッ**とした味の冷たいスープを、夏のセビリアで毎夜のように楽しんだことも、思い出していた。

（中村1995: 用例3841)

(75) 中辛のカレーは美味しいですよね。ボクは味が分からないくらい辛いのや、舌が**ひりひり**したり胃がもたれるような辛いカレーは苦手です。やっぱりカレーは中辛か甘口です

(http://www04.u-page.so-net.ne.jp/fd5/i-mariko/profile-1.html)

他に「ちりちり」も同タイプのオノマトペである。

④「歯触り」に関わるもの

歯触りを表す「がりがり」「きしきし・きしっ・ぎしぎし・ぎちぎち」もまた、プラスにもマイナスにも限定できないものである。まず以下は、不快感を表す例である。

(76) 場ちげえのいもを売りやがって、たきつけを惜しみゃあがるから、<u>なま焼けの**がりがり**いも</u>でもってな、…

（天沼 1993: 59）

(77) 「なんだ、これは！」とほき出したくなるまずさです。<u>**ガリガリ**していて果物の水みずしさがない</u>上に微妙な薬臭さが匂います。　(http://homepage1.nifty.com/laja/zuiki/younasi.html)

(78) 夕飯は、エビとパプリカとトマトのペンネ、キャベツと野菜のスープ。最悪なことに、ペンネの湯で加減が間違っていて**キシキシ**と固さがとっても残る出来となってしまった。う〜かたい〜。まずい…

(http://home.catv.ne.jp/ss/pink/12gatsu.html)

しかし次に挙げる例は、プラス評価もマイナス評価も含意しない。

(79) あさつきは新潟ではそば屋の薬味にも使われているほどポピュラーなもの。これに<u>みそをつけて**がりがり**食べる</u>が、強烈なにおいが…

（天沼 1993: 59）

(80) 白あえ、木の芽あえ、何を食べても<u>たけのこ自体がかまぼこのようにやわらかくて、かすかに**きしっ**とした歯ごたえを残している</u>のだから、これは料理以前のものかもしれない。

（天沼 1993: 68）

以上から、これらのオノマトペについてもやはりプラスにもマイナスにも限定できない。

⑤「舌触り、口当たり」に関わるもの

一方、ある種の舌触り、口当たりを表す「つぶつぶ」は、次の例に示されるように好ましいという気持ちを表す場合が多い。

(81) ぷるぷるアロエとさわやかライム　**つぶつぶ**アロエの不思議食感とキリッとさわやかライムのおいしさ

(http://www.asahi-net.or.jp/~wf5t-hrd/can/list/yasai0.htm)

(82) 森永乳業すっきりしたミックスヨーグルト ■小粒果汁が"

つぶつぶ"たっぷり○こういう果汁たっぷりは食べていて本当に旨いですね。一口一口が、ホント、口に運ぶのがうれしいです。　　　　　（http://sendai.cool.ne.jp/yogurt/yg/yg14.html）

(83) じゃがいもはうらごしするとなめらかになりますが、あえてつぶつぶが残った状態でも歯触りが楽しめます。

　　　　　　　（http://www5.ocn.ne.jp/~ysp/potetosoumon.html）

しかし (83) では、「なめらか」に対し「あえてつぶつぶの残った状態」という表現がみられることからも、もっぱら好ましさを表すとは限定できず、やはり中立的なものであると考えられる。

⑥「音」に関わるもの

それでは、麺類を啜る音を表す「ずるずる」は、先にみたプラス評価を伴う「つるつる」「ちゅるちゅる」と比べ、どうであろうか。

(84) そばセットのジューシーも、もちろんいいお味。おいしいおそばをずるずる食べて、そのままここでお昼寝させてぇ～、といいたくなるお店です。

　　　　　　　（http://www.namcle.com/2st/columnmsoba.htm）

(85) 結局僕だけがお茶漬けをずるずるとやることになった。わざとおいしそうにずるずるずると音をたてて食べるものの誰も目をくれない。

　　　　　　　（http://www.alc.co.jp/multi/korea/kitaoka/allround/mr_kitaoka/column_15.html）

(86) あと口の中に食べ物が入ってるときはしゃべらないこと。音をたてて食べないこと。特にラーメンなど日本式にずるずる音を立てると下品なんだそうです。

　　　　　　　（http://www.hpmix.com/home/hanasanchi/C3_11.htm）

(84) (85) のような例からは、「つるつる」と同様、プラス評価がイメージされると考えられる。しかし (86) の「ずるずると音を立てて食べる」からは、ときにマイナス評価が喚起されることから、「ずるずる」もまた、もっぱらプラス評価を表すものと限定はできない。

⑦「粘性」に関わるもの

粘性を表すオノマトペの多くは、特にプラス、マイナスを含まな

い。

(87) 豆腐は適当に切ってさらに盛るのだから切り方にこつがある。弾力性があって**ぬめぬめ**しているから静かにそーっと包丁を入れたのではだめ。《らっかせいどうふ》

(天沼 1993: 243)

(88) こんなうまいかつおを、生まれてから食ったことがない、といってよかった。**ねっとり**として、甘味があり…

(天沼 1993: 245)

(89) 子どもの好物ウインナーソーセージ。暑くなると、表面に**ねとねと**が出ることがあります。これは表面の水滴に空気中の細菌がついて粘り出していると思われますから、…

(天沼 1993: 245)

(90) **ねとっ**といえば里芋、酸っぱいとなると梅干しか浮かばない、自分の発想の貧しさがほとほと情けない。

(中村 1995: 用例 3690)

以上のように「にちゃにちゃ」「ぬめぬめ」「ねちねち」「ねっとり」「ねとねと」は、先にみたプラス評価を含む「とろっ、とろり」、あるいはマイナス評価の「どろどろ、どろり」とは異なり、どちらの評価にも限定されない。

⑧「硬─軟」に関わるもの

そして、硬─軟を表す「くにゃくにゃ」「くにゅくにゅ」「ぐにゃぐにゃ」「ぐんにゃり」「ふにゃふにゃ」も、やはりどちらか一方には限定できず、中立的なものであるといえる。

(91) 日本人は包丁さばきをたいせつにするから、あまり**ぐにゃぐにゃ**の卵の食べ方はじょうずではない。／ところきょうは、その**ぐにゃぐにゃ**な半熟料理のうち、…／まだ完全に焼き上がらず、**ぐにゃぐにゃ**で八分焼きかと思うころ…

(天沼 1993: 101)

(92) …さっとしょうゆで味つけする。火が強すぎると固くなるし、弱いと**ぐにゃぐにゃ**になる。《あわび》　(天沼 1993: 101)

(93) そして笑顔で（…）かばんの中から**ぐんにゃり**したオレンジ色の固まり（キムチ）を出した。　(中村 1995: 用例 3948)

(94) 今度は、水道の水で洗って、おけの水につけておくと、**ふにゃふにゃにやわらかくなる**。　　　　　　（天沼 1993: 322）

以上のように、これらのオノマトペには食品に対する評価は特に含まれず、ただ硬―軟という状態のみを表している。

⑨「形態」に関わるもの

さらに、ある種の形態を表す「ぱらぱら」はどうであろうか。

(95) 本式のすし桶でやると、（…）御飯がいい塩梅にひろがる。それをまぜているうちに（…）**ぱらっとした御飯**になる。
　　　　　　　　　　　　　　　　　　　　　（中村 1995: 用例 4314）

(96) 合いびき肉 150 グラムを、しょうゆ大さじ 2、酒大さじ 1.5、砂糖大さじ 3 で**ぱらぱら**にいり上げます。　　（天沼 1993: 271）

(97) 外国のお米は日本米と比べ水分が少ないため、**炊きあがったとき****パラパラ****している**。

(95)(96) については、食品に対するプラス評価が含意される。しかし (97) については、特に評価は含まれない。つまり、「ぱらぱら」は常にプラス評価を表すわけではない。

その他、形態を表す「ほろほろ」もまた、プラスにもマイナスにも限定されない。

(98) 私はぶ器用なたちで、ゆでたえんどうに竹ひごを刺しているうちに、茶色の皮がはじけて中身が**ほろほろ****とこぼれ落ちてしまう**ことがよくあった。　　　　　　（天沼 1993: 365）

以上、本節では、オノマトペそれ自体が担うプラス評価とマイナス評価、そしてそのどちらにも限定されないものの 3 つを、用例とともにみた。

## 7.2.4　食感覚を表すオノマトペと 'imagery'

### 7.2.4.1　Langacker（1988: 63–68）：'imagery'

　一方 Langacker（1988）では、'imagery' という概念が提唱されている。

> I refer instead to our amazing mental ability to "structure" or "construe" a conceived situation in many alternate ways.
> 　　　　　　　　　　　　　　　　　　　　　（Langacker 1988: 63）

(問題になっている状況を様々な方法で「構造化する」あるいは「捉える」能力)

そしてこの具体例として、次の例が挙げられている。

background assumptions and expections（背景的想定と期待）

(Langacker 1988: 67)

(9) (a) He has <u>few</u> friends in high places.
(b) He has <u>a few</u> friends in high places.

The sentences in (9) could perfectly well be used to describe the same situation (let us suppose that precisely three friends are involved in each case), but they clearly differ semantically. ...

On intuitive grounds, one is inclined to say that *few* is somehow negative, while *a few* is basically positive.

(Langacker 1988: 67-68)

(用例 (9) は、同じ状況（地位のある友人を3人だけ持っているという状況）であるが、意味は異なる。直感的に言えば、few は否定的で、a few は肯定的である。)

これは、"Because of imagery, two expressions that have the same content, or describe the same objective situation, may nevertheless have different meanings: (Langacker 1988: 63)"、つまり、同じ内容を持つ、あるいは同じ客観的状況を描く2つの表現が、Imagery によって異なる意味を持つことがあるという指摘である。

### 7.2.4.2 用例による確認

この 'imagery' と食に関するオノマトペとの関わりについて考えてみよう。すなわち、同じ客観的状況をわれわれがどう捉えるかによって異なる意味を持つという Langacker (1988) の指摘が、食に関するオノマトペにおいてどう現れるのか。

まずはじめに、「ぎとぎと」「こってり」について。これらが表す客観的状況は同じく、油分が多く、味が濃厚であるさまを表すが、それをどう捉えるかによって異なる意味を持つことになる。

(99) 朝っぱらからそんな**ぎとぎとした物**はごめんだね。

(天沼 1993: 73)

(100) 豚骨ラーメン 520円（中略）**こってり**した味の好きな方
におすすめです。
(http://www.j-sapa.or.jp/eigyo_info/sanyo/miyajima_d/1/2.html6075bytes,1999/06/21)

例えば、豚骨ラーメンという食べ物に対して、「ぎとぎと」は否定的、「こってり」は肯定的にその状況（油分の多さ、濃厚さ）を捉えている。

同様に、「もそもそ」と「ほくほく」も同じく、やわらかく、水分が少ないさまを表すが、意味は異なる。

(101) このふかし芋は、**ほくほく**としていてほんとうにおいしい。
(天沼 1993: .349)

(102) ＊このふかし芋は、**もそもそ**としていてほんとうにおいしい。

(102)が容認され難いことからも、「もそもそ」は否定的、「ほくほく」は肯定的にその食品の属性を捉えていることがわかる。

同様に、ある程度のかたさを有するものにおいて、水分が無く、乾燥したさまを表す「かさかさ」および「からっ・からり」「ぱりぱり」もまた、水分が足りないと否定的に捉えるか、それを良しと捉えるかで異なる意味を持つことになる。

(103) パンに、ビスケット生地でなく、ビスケットクリームを塗った感じ。（中略）「ちょっとモソモソした表面で、さらに、中の生地も**カサカサ**して、なんか喉乾きそう！」
(http://member.nifty.ne.jp/watermelon/crayonhouse.htm)

(104) **からっ**と揚げたてんぷらと、ふっくらご飯。
(天沼 1993: 55)

(105) やや引目の温度の油に入れ、4、5分したら火加減を少し強めにしご**からり**と揚げます。
(天沼 1993: 57)

(106) 弱火でゆっくりといためるのが**パリパリ**した歯ざわりを残すこつの一つ。《田作り》
(天沼 1993: 275)

パイの生地などにおける、乾燥した状態や食感を肯定的に捉えれば「ぱりぱり」と、そして否定的に捉えれば「かさかさ」などと表現

することになる。

　さらに例をみてみよう。先に水気が多いさまを表すものとして「べたべた」と「しっとり」を挙げた。

（107）新鮮なずわいがには毛がにと違ったおいしさがあり、酢につけて食べると舌に**しっとり**としていくら食べてもあきないほどだ。　　　　　　　　　　　（天沼1993:149）

（108）？…酢につけて食べると舌に**べたべた**としていくら食べてもあきないほどだ。

以上のように、（108）が非文になることからも、「べたべた」は否定的にその水分の多さを捉え、逆に「しっとり」は肯定的に捉えていることがわかる。

　そして、水分・脂気などが抜けてまとまりのない状態になっている「ぱさぱさ」と「ぱらぱら」も、「ぱさぱさ」はその状況を否定的に捉えていることにより、そうでない「ぱらぱら」とは異なる意味を持つことになる。

（109）決して表面を波立たせないような、ごくごくとろ火で煮続けること。火が強すぎると、肉が**ぱさぱさ**になって、だしがらでしかなくなってしまう。　　　（天沼1993:253）

（110）合いびき肉150グラムを、しょうゆ大さじ2、酒大さじ1.5、砂糖大さじ3で**ぱらぱら**にいり上げます。

　　　　　　　　　　　　　　　　　　　　（天沼1993:271）

　さて金田一（1988）には、「子音ではg、z、d、bのような濁音は、鈍いもの、重いもの、大きいもの、汚いものを表し、一方、清音は、鋭いもの、軽いもの、小さいもの、美しいものを表す。」という指摘があるが、この指摘は、およそ「清音はプラス評価を、そして濁音はマイナス評価を表す」とまとめることができる。この指摘がわかり易く表れているのが、「とろとろ、とろり、とろっ」と「どろどろ、どろり、どろっ」、および「しゃりしゃり」と「じゃりじゃり」の対立である。

（111）野菜が柔らかくなって、しかも噛むと**シャリシャリ**、ポリポリ音が出るだけの歯ざわりがあり、色は変わっておらず、（…）むろん生ではなく、水が出てべとついていな

い（…）　　　　　　　　　　（中村 1995: 用例 3682）

(112) このしじみは**じゃりじゃり**してとても食べられたものではない。　　　　　　　　　　　　　　（天沼 1993: 155）

(113) 蒸し時間は長いほど肉のあぶらみがとけ出し、**とろっと**しておいしい。　　　　　　　　　（天沼 1993: 230）

(114) ?蒸し時間は長いほど肉のあぶらみがとけ出し、**どろっと**しておいしい。

「しゃりしゃり」と「じゃりじゃり」は同じく、舌ざわりが滑らかでなく荒いさまを表すが、その状況を「しゃりしゃり」は肯定的、「じゃりじゃり」は否定的に捉えている。「とろっ」と「どろっ」についても同様で、同じ状況に対して前者は肯定的、後者は否定的である。

以上、本節では食に関するオノマトペを評価により分類した。


## 7.3　感覚による分類　複合感覚表現

次に本章では、食に関するオノマトペを感覚によって分類する。

### 7.3.1　各オノマトペが表す感覚

次に挙げる表 5 は、実際の食事の場面を想定し、各オノマトペが表し得るすべての感覚を記したものである。

表5 「食感覚を表すオノマトペ」が表し得る感覚

| オノマトペ | 分類 | 食前 | | | 口に入れた瞬間 | 咀嚼中 | | | 咀嚼後 | 連想される食品名 |
|---|---|---|---|---|---|---|---|---|---|---|
| | | 視覚 | 聴覚 | 嗅覚 | 触覚 | 味覚 | 聴覚 | 触覚 | | |
| アツアツ | 触覚（温覚） | 湯気 | | | 温覚 | | | | | うどん、おでん、鍋もの |
| アッサリ | 味覚表現（濃淡） | | | | | 濃淡 | | | | 酢の物、浅漬け、吸い物 |
| カサカサ ガサガサ | テ*9（乾湿） 聴覚（擬音） | 乾湿 | | | 乾燥感 | | 歯切れ | 破砕音 | | パイ、クラッカー、コーンフレーク |
| カスカス | テ（乾湿） | 乾湿 | | | | 歯切れ、口当たり | | | | 麩菓子、おから |
| カチカチ ガチガチ | テ（硬軟） | 硬軟 | | | 圧覚 | | | 破砕音 | | アイスキャンディー、飴、餅 |
| カッカ | 触覚（痛覚） 味覚表現（辛味） | | | | 痛覚 | 辛味 | | | | カレー、キムチ、唐辛子 |
| カラッ カラリ | テ（歯応え） | 乾湿 | | | 歯切れ | | | 破砕音 | | 唐揚げ、天ぷら、フライ |
| カリカリ カリッ ガリガリ | テ（歯応え）、聴覚（擬音） | | | | 歯応え | | | 破砕音 | | かりんとう、煎餅、梅漬け 氷、氷砂糖、生姜甘酢漬 |
| キーン | 触覚（冷覚） | 清涼感 | | | 痛覚（こめかみ） | | | | 喉越し | ビール、酒類 |
| キシキシ ギシギシ ギチギチ | テ（歯応え）、聴覚（擬音） | | | | 歯触り | | 歯触り | 咀嚼音 | | りんご、いんげん、するめ 生煮えのネギ、にら |
| ギトギト | 味覚表現（濃淡） | 濃淡 | | | | 油っぽさ | 濃淡感 | | | 鰻蒲焼き、豚角煮、揚げ物 |
| （キラキラ*10） | | | | | | | | | | |
| キリリ キリッ | 味覚表現 その他 | 清涼感 | | | | ドライ感 | | | 喉越し | 辛口の酒 |
| クチャクチャ グチャグチャ | 視覚（形態） | 形態 | | | 歯応え | | | 咀嚼音 | | 砕けたクッキー、おかゆ |
| クニャクニャ クニュクニュ | テ（硬軟） | 硬軟 | | | 歯応え | | | 咀嚼音 | | 軟骨 |
| グツグツ | 聴覚（擬音） | 湯気 | 調理音 | | 触覚（温覚） | | | | | 鍋焼きうどん |
| グニャグニャ グンニャリ | テ（硬軟） | 硬軟 | | | 歯応え | | | 咀嚼音 | | コンニャク、グミ、鶏皮 |

| オノマトペ | 分類 | | | | | | | 例 |
|---|---|---|---|---|---|---|---|---|
| コチコチ | テ（硬軟） | 硬軟 | | 歯応え | | 咀嚼音 | | 堅焼きあられ、氷砂糖 |
| ゴツゴツ | テ（舌触り） | 平滑感 | | 口当たり | | | | 堅焼きあられ |
| コックリ | 味覚表現（濃淡） | | | | 濃淡感 | | | 野菜の煮物 |
| コッテリ | 味覚表現（濃淡） | 濃淡 | | 油っぽさ | 濃淡感 | | | 豚角煮、豚骨スープ |
| コテコテ ゴテゴテ | 味覚表現（濃淡） | 濃淡 | | 油っぽさ | 濃淡感 | | | お好み焼き、豚カツソース |
| コトコト | 聴覚（擬音） | 湯気 | 調理音 | 触覚（温覚） | | | | スープ、煮込み料理 |
| コリコリ コリッ ゴリッ ゴリゴリ | テ（歯応え）、聴覚（擬音） | | | 歯応え | | 咀嚼音 | | アワビ、クラゲ、ナマコ、軟骨、ごぼう |
| ゴロゴロ | テ（口当たり） | 硬軟 | | 口当たり | | 咀嚼音 | | 堅焼きあられ |
| ゴワゴワ | テ（口当たり） | 硬軟 | | 口当たり | | | | 煎餅、おかき |
| サクサク サクッ サックリ | テ（歯応え）聴覚（擬音） | | | 歯切れ | | 破砕音 | | クッキー、パイ |
| ザクザク ザックリ | 聴覚（擬音） | | | 歯切れ | | 破砕音 | | 粗挽きビスケット、冷凍ミカン |
| サッパリ | 味覚表現（濃淡） | 濃淡 | | | 濃淡感 | | | キュウリの酢の物、サラダ |
| サラサラ | テ（乾湿） | 濃淡 | | | 濃淡感 | 啜り音 | 喉越し | お茶漬け、雑炊、スープ |
| サラッ | テ（粘性）テ（乾湿） | 粘性 | | 舌触り | 濃淡感 | | 喉越し | 雑炊、酒、スープ |
| サラリ | テ（粘性） | 粘性 | | 舌触り | | | 喉越し | 梅酒 |
| ザラザラ ザラツイタ | テ（舌触り）、聴覚（擬音） | 平滑感 | | 舌触り | | | | ざらめ、ヴィシソワーズ |
| ジクジク | テ（乾湿） | 乾湿 | | 舌触り | | | | 熟れすぎた果実 |
| シコシコ | テ（歯応え） | | | 歯応え | | | | うどん、そば、冷麺 |
| （シッカリ） | | | | | | | | |
| シットリ | テ（乾湿） | 乾湿 | | 舌触り | | | | カステラ、パウンドケーキ |
| シナシナ | テ（乾湿） | 硬軟 | | 歯応え | | | | 湿気た海苔、煎餅 |
| （シミジミ） | | | | | | | | |
| ジメジメ | テ（乾湿） | 乾湿 | | 舌触り | | | | 湿気た海苔、煎餅 |

| オノマトペ | 分類1 | 分類2 | 分類3 | 分類4 | 分類5 | 分類6 | 分類7 | 例 |
|---|---|---|---|---|---|---|---|---|
| シャキシャキ シャキットシタ シャッキリ シャクシャク | テ（歯応え） | 硬軟 | | | 歯切れ | | 破砕音 | | レタス、千切りキャベツ |
| シャリシャリ ジャリジャリ ジャリツク | テ（歯応え）、聴覚（擬音） | | | | 歯応え | | 咀嚼音 | | かき氷、シャーベット、梨 |
| ジュウジュウ | 聴覚（擬音） | 湯気 | 調理音 | | 触覚（温覚） | | | | 焼肉 |
| ジュルジュル | 聴覚（擬音） | | | | | | | 啜り音 | （各人の好みであれば特に指定無し） |
| シュワシュワ | 聴覚（擬音） | 泡立ち | 泡立ち音 | | 口腔内の刺激 | | | 喉越し | ソーダ、ビール、シャンパン |
| スカスカ | テ（乾湿） | 形態 | | | 口当たり | 乾燥感 | | 喉越し | 麩菓子 |
| スカッ | その他味覚表現 | 清涼感 | | | 口腔内の刺激 | | | 喉越し | サイダー類 |
| スースー | 触性（痛覚） | | | 薬香 | 痛覚（鼻奥） | 辛味 | | | ミント飴、ミントガム |
| スーッ | テ（粘性） | | | | 口当たり | 濃淡感 | | 喉越し | 日本酒 |
| スッキリ | 味覚表現（濃淡） | 透明感 | | | 口当たり | 濃淡感 | | 喉越し | 吸い物、辛口の酒 |
| ズッシリ ズドーン | 味覚表現（濃淡） | 濃淡 | | | 口当たり | 濃淡感 | | | 豚骨ラーメン |
| スベスベ | テ（舌触り） | 平滑感 | | | 舌触り | | | | 大福 |
| ズルズル | 聴覚（擬音） | | | | | | 啜り音 | 喉越し | そば、とろろ、うどん |
| （スンナリ） | | | | | | | | | |
| ダブダブ | テ（乾湿） | 乾湿 | | | 口当たり | 舌触り | | | 汁気の多すぎる煮物 |
| （タップリ） | | | | | | | | | |
| チクチク | 触覚（痛覚） | | | | 痛覚（舌） | 舌触り | | | いちじく、メロン |
| チュルチュル | 聴覚（擬音） | | | | | | 啜り音 | 喉越し | カレーうどん |
| チリチリ | 触覚（痛覚） | | | | 痛覚（舌） | | | | 唐辛子、サイダー類 |
| ツブツブ | テ（舌触り） | 粒状 | | | 舌触り | | | | 苺、数の子 |
| ツルツル ツルッ | 聴覚（擬音）、テ（平滑感） | 平滑感 | | | 舌触り | | 啜り音 | 喉越し | そうめん、うどん、そば |
| ツ（ー）ン ツンツン | 触覚（痛覚） | | | | 痛覚（鼻奥） | 辛味 | | | わさび、辛子 |
| ドッシリ | 味覚表現（濃淡） | 濃淡 | | | | 濃淡感 | | | カツ丼、スパゲッティーミートソース |
| トロトロ トロッ トロリ トロン | テ（粘性） | 粘性 | | | 舌触り | | | 喉越し | とろろ、温泉玉子、かゆ |

| オノマトペ | | | | | | | |
|---|---|---|---|---|---|---|---|
| ドロドロ ドロリ | テ（粘性） | 粘性 | | 舌触り | | 喉越し | カレー、かゆ、シチュー |
| ドンヨリ | 視覚（形態） | 透明度 | | | 澄濁感 | | スープ |
| ニチャニチャ ニチャッ | テ（粘性） | 粘性 | | 舌触り、歯応え | | 咀嚼音 | キャラメル、ガム、納豆 |
| ヌメ（ヌメ）（ッ） ヌラヌラ ヌルヌル ヌルッ ヌルリ ヌメヌメ ヌメッ | テ（粘性） | 粘性 | | 舌触り、口当たり | | | ナメコ、納豆、モズク酢、揚げ茄子 |
| ネチネチ ネチャネチャ ネッチ（ャ）リ | テ（粘性） | 粘性 | | 舌触り、歯応え | | | キャラメル、ガム |
| ネットリ ネトネト ネバネバ | テ（粘性） | 粘性 | | 舌触り、口当たり | | | 納豆、水飴、胡麻豆腐 |
| パサパサ バサバサ | テ（乾湿） | 乾湿 | | 口当たり、乾燥感 | | 喉越し | パン、鶏のささみ、焼き魚 |
| ハラハラ バラバラ バラケタ | 視覚（形態） | 形態 | | 口当たり | | | 炒り卵、鶏そぼろ、ピラフ |
| バリバリ | 聴覚（擬音） | | | 歯切れ | | 咀嚼音 | 厚焼き煎餅、あられ、レタス |
| パリパリ | 聴覚（擬音）、テ（乾湿） | 乾湿 | | 歯切れ | | 咀嚼音 | 薄焼き煎餅、ポテトチップス |
| （ハンナリ） | | | | | | | |
| ピーン | 評価（直線的） | | | 舌触り | | 喉越し | 酒 |
| ビショビショ ピチョピチョ ピチャピチャ | テ（乾湿） | 乾湿 | | 舌触り | | | 水気の多すぎる芋・かぼちゃ、おじや |
| ヒリヒリ ピリピリ ピリッ ヒイヒイ | 触覚（痛覚）、味覚表現（辛味） | | | 痛覚（舌） | 辛味 | | 唐辛子、キムチ、カレー |
| ヒヤッ ヒンヤリ | 触覚（冷覚） | 清涼感 | | 冷覚（舌） | | | アイスクリーム、かき氷 |
| フウフウ | 聴覚（擬音） | 湯気 | | 温覚 | | 吹く音 | うどん、ラーメン |
| フカフカ | テ（弾性） | 弾性 | | 口当たり、歯応え | | | パン、パンドクーキ |
| プチプチ ブツブツ プッツリ プツン ブツブツ | テ（歯応え） | 粒状 | | 歯切れ、舌触り | 歯応え | 咀嚼音 | いくら、数の子、とびっこ 辛子明太子 |

第7章　食に関するオノマトペの意味分析

| | | | | | | | |
|---|---|---|---|---|---|---|---|
| フックラ | テ（弾性） | 硬軟弾性 | | | 口当たり、歯応え | | ごはん、中華まん、ケーキ |
| フニャフニャ | テ（硬軟） | 硬軟 | | | 歯応え | | マシュマロ、はんぺん、麩 |
| ブヨブヨ | テ（硬軟） | 硬軟 | | | 歯応え、口当たり | | 肉の脂身、鶏皮 |
| ブッチン プリプリ プリンプリン プルプル フルフル | テ（弾性） | 弾性 | | | 歯応え、舌触り | | プリン、ゼリー ゼリー、えび、刺身 ゼリー、プリン、ババロア |
| フワフワ フワッ フンワリ （ブンブン） | テ（弾性） | 乾湿 | | | 口当たり、歯応え | | 麩菓子、マシュマロ |
| ベシャベシャ ベショベショ | テ（乾湿） | 乾湿 | | | 舌触り | | 煮崩れた野菜、芋、かぼちゃ |
| ベタベタ | テ（粘性） | 粘性 | | | 舌触り | | 麩菓子、水飴、だんご |
| ベッチャリ ベットリ | テ（乾湿） | 乾湿 | | | 舌触り | | 煮崩れた野菜・芋・かぼちゃ、海苔の佃煮 |
| ベトベト | テ（粘性） | 粘性 | | | 舌触り | | ジャム、キャラメル |
| ポキポキ | 聴覚（擬音） | | | | 歯応え | 歯切れ音 | ポッキー、プリッツ |
| ホクホク ホコホコ ホッコリ | テ（乾湿） 触覚（温覚） | 乾湿 湯気 | | | 口当たり | | 焼き芋、ベークドポテト 焼き芋 |
| ボソボソ | テ（乾湿） | | | | 口当たり、乾燥感 | | ごはん、そば、おから |
| ホ（ッ）カホカ ポカポカ | 触覚（温覚） | 湯気 | | | 温覚 | | ごはん、焼き芋、中華まん |
| ポッテリ | 味覚表現（濃淡） | 重量感 | | | | 濃淡感 | お好み焼き |
| ホットスル | 外部環境 | | | | | | 肉じゃが、味噌汁 |
| ホノボノシタ | 外部環境 | | | | | | 田舎料理 |
| ホヤホヤ | テ（硬軟） | 硬軟 | | | 歯触り | | たけのこの穂先 |
| ホロホロ | 視覚（形態） | 粒状 | | | | | そら豆 |

| | | | | | | | |
|---|---|---|---|---|---|---|---|
| ポリポリ ポリポリ | 聴覚（擬音） | | | 歯応え | | 歯切れ音 | 煎餅、たくあん、あられ たくあん、煎餅 |
| ポロポロ | 視覚（形態） | 弾性 | | 口当たり | | | そぼろ、炒り卵、ピラフ |
| マッタリ | 味覚表現 | | | | 濃淡感 | | カスタードクリーム、ウニ |
| ムチムチ ムッチリ ムニュムニュ | テ（弾性） | 弾性 | | 歯応え、口当たり | 歯応え | | 餅、だんご、ういろう |
| モゴモゴ モソモソ モッタリ | テ（乾湿） | | | 乾燥感 | 口当たり | | 焼き芋、千切りキャベツ |
| モチモチ モチッ モッチリ | テ（弾性） | 弾性 | | 歯応え、口当たり | 歯応え | | パン、大福餅 |
| ヤンワリ | テ（硬軟） | 硬軟 | | 口当たり | | | パウンドケーキ、カステラ |

以下この表について、用例とともに検討していく。

## 7.3.2 メトニミーによる転用

はじめに、メトニミーに基づく転用をみる。

### 7.3.2.1 触覚―視覚

まず、視覚的刺激を受けて触覚的経験を感じるという、触覚と視覚の複合感覚表現をみる。はじめに、「ぱらぱら」を取り上げる。

次に示す「ぱらぱら」は、触覚的経験を表す。

(115) 器に移し、好みの量の肉味噌をまぶしながらいただきます。もし、肉味噌が**パラパラ**して食べにくいなと感じたら、一端火をいれます。

(http://www.i-sys.ne.jp/tomoko/nikumiso/nikumiso.html)

器の中の肉味噌に、箸などで触れている場面である。

一方、次に示す「ぱらぱら」は、「テレビで」という表現からも、接触を伴わない視覚的経験を表すと考えられる。

(116) 昨日、今日と二日続けてテレビで「あらかじめ冷ご飯に溶き卵を混ぜてから炒める」という、27さんのやり方が

紹介されていました。弱い火力と、テクニック不足を補えそうだし、確かに**パラパラっと仕上**がってるけど、どんなもんですかねー。

(http://piza.2ch.net/log/food/kako/956/956687314.html)

しかしここでは、視覚的刺激を受けて触覚的刺激を感じているという場面が想定されることから、厳密にいえば視覚と触覚の両方の感覚が関わっていると考えられる。次に示す例も同様である。

(117) おなかが空いたので、チャーハンを作って食べました。今回は、ごはんを鍋に入れる前に卵と混ぜ合わせてみました。(中略) さらにそのおかげで、<u>いいカンジに**パラパラ**っと仕上がりました。</u>

(http://www.geocities.co.jp/HeartLand-Kaede/8281/diary2000-11.html)

もう1つ例をみてみよう。次に示す「ぷりぷり」は、やはり接触を伴わないことから、視覚的経験を表している。

(118) わたしの実家(辰野)の近くに林養鶏所がありましたが、(中略) 小さいときそちらの養鶏所にいき、かごいっぱい卵を買いに行っていましたが…きみが濃くて勿論新鮮で<u>**プリプリ**盛り上がっていて</u>、その美味しさは今でもわすれませんね。

(http://plaza.rakuten.co.jp/rei31/diaryold/20020112/)

しかし次に示す「ぷりぷり」は、視覚的経験を表すのか触覚的経験であるのか、どちらかに限定するのは難しい。

(119) レストランで久々に豪華な御食事を。そこのかにがまたおいしくて、私の好物。<u>身が大きくて**プリプリ**してて</u>おいしいのだ。　(http://happycouple.hoops.ne.jp/may.html)

(120) 北海道カニ7尾セット...ジュンとした甘味はズワイ特有。もちろん、カニみそは酒の肴に最高です。<u>ギッシリと詰まった新鮮で**プリプリ**のカニ身</u>。焼ガニもこれまた旨い！

(http://st5.yahoo.co.jp/itsmo/eh2513.html)

(121) 宿詳細ガイド　グルメ民宿はまもと　(中略)。宿泊施設の応対と設備　今日1日の活力は朝食から！、<u>新鮮で**プリプ**</u>

リしたヒラメのお造り。

(http://tabi.joy.ne.jp/inn/htm/102305s.htm)

すなわちここでも、視覚的刺激により触覚的経験が想起されていることから、視覚と触覚の両方の感覚が生きている。

　一方、従来の感覚論では、視覚の触覚性という概念が指摘されている（cf. 佐々木1987）。これは「見ることの深層に、対象を触覚的になぞる過程が潜んでいる」（コンディヤク1948）という主張であるが、この視覚の触覚性が顕著に表れているのが、次のような用例である。

(122) 煙が漂っているあいだ、わたしたちは互いの顔を眺めていた。東の目がわたしの顔に触れている。　　　　（『生』）

(123) 突然、東の両目がひっくり返って白目になった。あっ、わたしは小さな叫び声をあげた。黒目は戻ったが、視線はない。「だいじょうぶ？」大きな声を出した。視線が伸びて、わたしの目に届いた。「あなた、おれが死んだら死ぬんでしょう？」　　　　（『生』）

ここでは、「見るということは、手で触れて対象を知ること、すなわち触覚的な対象把握の『徴し（マーク）』にすぎない」というBerkeley（1709）の指摘がよく表れている。このような、やや修辞性の感じられる表現のみならず、食感覚を表すオノマトペにもこの視覚の触覚性が現れる。例をみていこう。

　「ねばねば」は、前章の分類では粘性に分類された。次に示す例は包丁や箸による接触が認められることからも、触覚的経験を表すと思われる。

(124) 今では日本でもおなじみのモロヘイヤのスープ。半月型の包丁で葉の形が無くなり**ネバネバ**するまで刻み、鳥や兎のスープに入れる。

(http://homepage1.nifty.com/thoth/food.htm)

(125) 納豆料理。1. 納豆を**ネバネバ**するまで混ぜます。（納豆は混ぜれば混ぜる程おいしいらしい）2. そこにお醤油と片栗粉を混ぜます。

(http://www.geocities.co.jp/Foodpia-Olive/1666/nattouryouri.htm)

第7章　食に関するオノマトペの意味分析　273

しかし次のように、視覚的経験をも表し得る。

(126) <u>ネバネバしているのは</u>、決して大豆が腐っているわけではありません。よく「納豆は大豆が腐った物だ」と聞きますが、これは誤解です。
(http://home4.highway.ne.jp/momi/nat4.html)

(127) 先日 NHK の今日の料理で、梅肉エキスの作り方を<u>放送していました。黒くネバネバするまで煮詰めていました。</u>
(http://www.tim.hi-ho.ne.jp/agtusa/honduke/umebosi/bainiku.html)

ここでも、視覚的印象により触覚的経験が想起されている。

さらに「ふんわり」においても同様の現象がみられる。

(128) バターと砂糖半量を入れ、<u>白っぽくフンワリするまで木ベラですり混ぜます。</u>
(http://www.tigercrown.co.jp/cakeland/etc_story/recipe/page69.htm)

(129) ○お湯で抹茶小2をダマが残らないようによく混ぜ合わせる。大きなボウルに生クリームと混ぜ合わせ、<u>泡立て器で少しフンワリするまで泡立てる。</u>
(http://www.e-recipe.org/regulars/158/011029_4.html)

このような例においては、木ベラや泡立て器による間接的な接触が認められることから、触覚的経験が関わっているといえるが、次のような例ではどうであろうか。

(130) お客さんの判定で、勝利を収めたのは原西・宮川組。勝因は、原西さんのお得意料理である、うす味のスクランブルエッグ。<u>なかなかふんわりしてて、おいしそうでした。</u>
(http://www.netlaputa.ne.jp/~taki/TENGEKI/Totten/970308.htm)

これはテレビ番組についての感想であるが、このように「ふんわり」についても触覚的経験が直接関わらなくても視覚的経験を表し得る。

「かりかり」についても同様に、次の例は食べたときの食感（触覚）」を想像しながら目で捉えているという状況であるが、フライパンの中の食品が「かりかり」の状態であると表現できるのは、過

去に同様の状態のものを食したという触覚的経験が基盤となっている。

(131) バターをフライパンにとかし、アーモンドを加える。きつね色になるまでゆっくり炒める。パン粉を加え、1分くらい**カリカリ**になるまで炒める。
(http://www.e.okayama-u.ac.jp/~taguchi/kansai/kalafior.htm)

(132) タイ料理…作り方：卵を7〜10分ゆでる。；赤小玉ねぎを切る。；赤小玉ねぎとドライ・チリを**カリカリ**になるまで揚げる。
(http://www.tsukubacity.or.jp/inter/cook/recipe2k8.html)

さらに「ぎとぎと」は、次に示すように触覚的経験（133）と味覚的経験（134）を表すことがある。

(133) スープを飲もうものなら口の中が**ギトギト**になってしまう。美味しいんだけど、脂がしつこい…
(http://homepage2.nifty.com/funaty-kun/life/gourmet.html)

(134) ダイエット体験記…わたしの場合は無性にケーキとか甘いココアとか、**ギトギト**の中華料理が無性に食べたくなって我慢しきれずに中止しました…
(http://fishon.hoops.ne.jp/health/diet/diet.htm)

しかしこれが、次に示す例においては、これら触覚と味覚での経験を基盤にして視覚的表現が成り立っている。

(135) 牛足とひよこ豆の煮込み…並んでいるものの中から、あえてグロテスクなものを選ぶ傾向にあるWinminが、こればかりは「あまり美味しくない」と言いました。味がない、と言うのがその理由。見た目にもかなり油**ギトギト**です。
(http://homepage2.nifty.com/cheekynuts/2001/jama.htm)

その他、同様に、視覚的印象により触覚的経験が想起されるオノマトペの例を以下に挙げる。

(136) （焼肉屋のテーブルで）この**クニャクニャ**したやつが内臓だよ。

(137) （オーブンの中をみて）今日のスポンジは**シットリ**焼き上

がった。
(138) (鍋の中をみて) カボチャ煮も私が作るといつもこんな風に**ベタベタ**になってしまう。
(139) このまま触らずに冷蔵庫で生地をねかせ、**ネットリして**きたら取り出します。
(140) この炊飯器のご飯、古くて、もう**パサパサ**だよ。
(141) このお餅、子供のほっぺたみたいに**スベスベ**していておいしそうだね。
(142) 「ういろう」って、この**ムチムチ（モチモチ）**したお菓子のことだよ。

これらは、どれもある種の形状などを視覚で捉えているが、それがある種の触感を持つということを経験的に知っていることにより視覚表現が成り立っている。つまり、触覚での経験を基盤にしたメトニミーによるものである。すなわち、「ぱらぱら／ぷりぷり／ねばねば／ふんわり…」したものが固有に持つ独特の形状から、それを視覚的に認知しただけで触ったらぱらぱらしているだろうという推測が成り立つのである。

以上から、視覚—触覚の複合感覚表現は、触覚的経験に基づくメトニミー表現であるとまとめることができる。

### 7.3.2.2 触覚—視覚—聴覚

次に本節では触覚—視覚—聴覚の複合感覚表現をみる。まず「ぷちぷち」を検討する。「ぷちぷち」は、先にもみたように、ある種の口内感覚（触覚）を表す。

(143) この値段で、うに・あわび・トロ・ボタンエビなど計10カンがつく。**プチプチ**のいくら、**こりこり**としたあわび、口の中でとろけるような大トロやボタンエビなど、どれも文句なしのうまさ。
(http://www.shop-sapporo.com/cgi-bin/shop/index.cgi?html=main&shopID=fo0044)

しかし触覚的経験のみを表すのではなく、視覚そして聴覚的経験をも同時に表し得る。次に示す（144）は視覚的意味が顕著な例であ

る。

(144) 新米が美味しいこの季節、<u>炊き立ての真っ白いご飯に**プチプチ**の明太子をたっぷりのせて</u>、はふはふとお召し上がりいただきたい!!

(http://www.rakuten.co.jp/minamoto/414524/414525/)

一方、次に示すような「塩漬けにしたプチプチのいくら」という表現においては、口中感覚のみならず、噛み切った時の音をも表すのではないだろうか。

(145) 北海道を代表する魚卵の代表格たらこ・塩数の子・塩いくらをセットにしました。秋のオホーツク沿岸の川に戻ってきた産卵期の社家の卵粒を<u>一粒一粒ほぐして塩漬けにした**プチプチ**のいくら</u>、スケソウダラの成熟欄を生のまま塩漬けにしたさらさらのたらこ、ニシンの卵を塩漬けにしたコリコリの数の子です。

(http://www.hokkaidou.co.jp/gyoran/gyoran3ten.htm)

つまり、ぷちぷち（のいくら）は、触覚的印象（噛み切ったときの食感）、そして視覚的印象（粒状のものが細かくぎっしり詰まっている様子）および聴覚的印象（噛み切ったときの音）のすべてを表しているのだと考えられる。

次に挙げる「つるつる」も同様である。まず例をみてみよう。

(146) <u>そうめんを**ツルツル**と食べる</u>のは、おいしさも格別で「涼をとる」とはまさにこのことかも知れません。

(http://www3.justnet.ne.jp/~tetu2/soumen1.htm)

(147) これの書きかけが、みんな<u>モズク</u>ですよ。そうそう、<u>カボスとしょうゆで**ツルツル**って食べると、おいしいアレ。</u>

(http://www2.big.or.jp/~nary/eva/0004.html)

(148) ものの見事に靴を食べたチャップリンだが、この映画ではスパゲティを<u>こんなにおいしそうに**ツルツルツル**と食べる。</u> (http://203.174.72.111/kirutokiruto/kiruto_047.htm)

「つるつる」は、まず、麺類を啜るときの音を表しているが、他にも（つるつるした）表面の触覚的な感じが思い浮かぶのではないか。そうであるなら、食べるときにつるつると音をたてる食べ物は、つ

第7章 食に関するオノマトペの意味分析　277

るつるした表面と触感を持つものであることが多いという経験を基盤とするメトニミーによって動機づけられる可能性もある。つまり、例えば「つるつるうまい冷やしうどん」という表現は、聴覚（啜り上げる音）、視覚（表面の光った感じ、あるいは一気に啜り上げる様）、そして触覚（食感、喉ごし）のすべてを表現している。

　さてそれでは、「しゅわしゅわ」と「ぱりぱり」についてはどうであろうか。

(149) 僕にとってのおいしいジン・リッキーの条件を挙げておこう。冷たい事。ジンの味がする事。ライムがちょっぴり酸っぱいぐらいである事。<u>タンサンが**シュワシュワ**している事。</u>

（http://www10.u-page.so-net.ne.jp/kb3/cmgensan/omake/omake03.html）

(150) おすすめメニュー：（中略）それから『えびせん』。<u>ピンク色で**パリパリ**したお菓子みたいのを、その場で揚げてくれる。</u>お酒は『シークァーサーサワー』がおすすめ♪かなりハマります。

（http://homepage2.nifty.com/komyu/kanto.htm）

ここでも先の「つるつる」と同様に、われわれは見た目（視覚）と音（聴覚）と食感（触覚）とを同時に想起するのではないだろうか。つまり「しゅわしゅわ」については、細かい泡がたくさん立っている様子（視覚）、泡立ち音（聴覚）、口に含んだときの舌触り、喉ごし（触覚）のすべてを「しゅわしゅわ」が表していると考えられるし、また「ぱりぱり」についても、見た目の乾燥感（視覚）、かたい食感（触覚）、歯切れ音（聴覚）のすべてを「ぱりぱり」が表している。

　次に示す「かちかち」「かりっ」も同様である。

(151) この千歳飴、**カチカチ**して（て）歯が立たないよ。

(152) その水気が少なくなるまで焼き、仕上げにフタをとって強火で水分を飛ばしましょう。焦げるのでは？と思うくらいまで焼いてみてください。<u>きっと**カリッ**と仕上がるでしょう。</u>

(http://www.kirin.co.jp/about/g_r/dojo/faq/lib/tech_qa001.html)

（153）もしBBQで出すなら、焦げ目がつく前に取り出し、周りを炙ると、中がジューシィーで外はカリッと仕上がる。たまったジュースでグレィビィを作ってもおいしい。

(http://www.geocities.com/choysum_hk/cooking/cookingtop.html)

以上のように、視覚的印象、食感（触覚的刺激）、音（聴覚的刺激）のすべてを「かちかち」「かりかり」が表している。

　また次に示す「しゃきしゃき」「しゃりしゃり」についても、見た目（視覚）のしゃっきり感とともに、食べたときの音（聴覚）と食感（触覚）が同時に感じられる。

（154）もやしは全部投入。スープの余熱でシャキシャキおいしく煮える。

(http://homepage2.nifty.com/ryugujyo/hawaii/9906/jun99.htm)

（155）生野菜をシャキシャキおいしく仕上げるには、食べる直前に冷水で洗うのがコツです。

（156）真冬にしゃりしゃりに凍ったつけ物を出すのはつらい。
〔天沼 1993: 154〕

（157）ときどきかきまぜて、しゃりしゃりの感じに仕上がるとよいでしょう。《シャーベット》　　〔天沼 1993: 155〕

（158）11月ごろなら3日目ぐらいがしゃりしゃりしてほどよい。
〔天沼 1993: 155〕

（159）しゃりっと快い音をたて、口いっぱいにこうばしいかおりがひろがるえびや野菜の"かきあげ"は、ついはしが出る。　　　　　　　　　　　〔天沼 1993: 156〕

これらもまた、「しゃきしゃき」あるいは「しゃりしゃり」した触感と歯切れ音を持つものは、通常、ある種の形状を有することが多いということから、触覚および聴覚と視覚という3つの属性（性質）の同時性に基づくメトニミーによる転用である。

　最後に「さらさら」をみてみよう*11。さらさらは聴覚的経験と視覚的経験の両方を表し得る。はじめに、典型的に聴覚的経験を表す例を確認する。

（160）水は、直接石に当たって「サラサラ」と高鳴る波長の音

第7章　食に関するオノマトペの意味分析　279

を出します。
(http://www.yamaguchi.ntt.ocn.ne.jp/wnnc/special/water01_08.htm)

次に、さらさらが触覚的経験を表す例は、例えば次のような例である。

(161) 仕上げ機から出てくる茶を指先でつまむと、(中略)**さらさら**した手触りが気持ちいい。

(http://www.minaminippon.co.jp/kikaku/cha/cha1-3.htm)

ここでも、さらさらと音を立てるようなものは触覚的に乾いたものであることが多いところから、そういう状態を表すものへと意味が転じている。つまりメトニミーである。

さらに、さらさらが次のように視覚的経験を表す場合においてもやはり、聴覚、そして触覚との連続性が強く感じられる。

(162) 彼女は、すらっと背が高くて、(中略)**肩までのさらさら**した髪がとても奇麗。

(http://www.cityfujisawa.ne.jp/~toshima/99.3~4.html)

サラサラという音が鳴る性質のものは、触覚においてもサラサラしていた。そして、その聴覚および触覚での経験によって、視覚的経験においてもサラサラという表現が可能になるのである。つまりここでも、サラサラにおける触覚的特徴と視覚的特徴という2つの性質の同時性に基づくメトニミーによって意味が転用されている。

それでは、食感覚を表すサラサラをみてみよう。

(163) お茶漬けを**サラサラ食べる**。

ここでのサラサラは、音を表すのか、素早くかき込む様子を表すのか、あるいは喉越しを表すのか、どれか1つに限定することは難しく、むしろ複数の感覚領域を表すと解釈できる。つまり「さらさら」においても、聴覚、視覚、そして触覚という3つの感覚が同時に生きている。

### 7.3.2.3 触覚—聴覚

続けて本節では、触覚—聴覚の連携をみる。まずはじめに、「さくさく」と「ぽきぽき」をみる。

(164) レアチーズケーキは270円。底から側面に少し立ち上がる形のパートシュクレは<u>バター分多めで透明感があり、**サクサク**</u>のおいしさ。その上にチーズクリーム、さらに上には厚みにして全体の2/5くらいはあるたっぷりの生クリームがのっています。

(http://www.foods.co.jp/cheese/tankentai/tokyo19.html)

(165) スティックの口どけを改良し、さらに軽快な歯ざわりでおいしさアップ。音までおいしいポッキーです。2パックだから開けたての**ポキッ！ポキッ！**としたおいしさを2度楽しめます。

(http://www.glico.co.jp/info/pocky/pokipoki/index.htm)

サクサクのおいしさ、ポキッ！ポキッ！としたおいしさという表現を聞いたとき、われわれは食べたときの食感と音とを同時に思い浮かべるのではないだろうか。

続けて例をみてみよう。

(166) 色は、とても濃い紫。香りは、ラズベリー。口に含むと、まったりした果実のうまみが感じられる。<u>歯が**キシキシ**するほどタンニンが強い</u>ですが、厚みのある味わいなので、全然気にならずに美味しく飲めます。

(http://www3.justnet.ne.jp/~yokoo-yagi/Sud_Ouest_1.htm)

(167) 完璧というほど無色透明に澄んだ湯。甘ったるい石膏臭に微かな硫黄臭も伴う優しい香り。<u>味わうと歯が**キシキシ**</u>とする濃い硫酸塩泉に独特の感触が強い。

(http://www.asahi-net.or.jp/~ue3t-cb/bbs/special/yamasemi_gunma/yamasemi_gunma_1.htm)

「きしきし」についても、歯がきしきしする際、感触と音とを同時に体験することが多いことから、触覚と聴覚が同時に連想される。次に挙げる「こりこり」も同様である。

(168) 私のおすすめはいかのげそ揚げ。活スルメイカのげそなので、**コリコリ**しておいしいんですよ。

(http://www.citywave.com/yokohama/gourmet/hamawest/a-01/main.html)

こりこりしておいしいという表現における「こりこり」もまた、食したときの食感だけでなく、音も同時に表している。次に示す「かさかさ」も同タイプに分類できる。

(169) パン・オ・ショコラ（タイユバン）どこぞで見た「フランス人のクロワッサンのおいしさの基準」はカサカサしていること、らしいけど、その意味が分かるよ。今まで食べた中では断然おいしい。

(http://www.asahi-net.or.jp/~rx7h-med/gotiso5.html)

(170) パンに、ビスケット生地でなく、ビスケットクリームを塗った感じ。そして、シャリシャリ感がある。だから、しっとり系にありがちな、「ちょっとモソモソした表面で、さらに、中の生地もカサカサして、なんか喉乾きそう！」って感じでなく、「ベットリした表面が、中のカサカサした生地をいい具合に覆っていって、何かお菓子っぽいって感じ。

(http://member.nifty.ne.jp/watermelon/crayonhouse.htm)

以上のように「かさかさ」が表し得る感覚経験は、食感（触覚）と音（聴覚）の両方である。

この点について、次のような指摘がある。西尾（1983a）は、「カサカサ（と）」と「カサカサに」の意味の相違について、

「カサカサ（と）」と「カサカサに」とは、"ある種の感じを持った音"と"水分の無い状態"というずいぶん違った意味分野に属するものになっている。しかし、単に同音であるにすぎないものだとも感じられない。　　　　　　　　　　（西尾 1983: 160)

としたうえで次のように述べている。

A. カサカサの音感自身に乾いた感じがあってその類似性が橋渡しになったという「共感覚*12」という解釈

B. カサカサと音を立てるような物が、水気を失って乾いた状態のものであることが多いところからそういう状態をあらわすものへと意味が転じる近接性に基づく「喚喩的な転用」という解釈　　　　　　　　　　（西尾 1983a: 160 より要約）

本書ではこのうちBを妥当であるとみる。本節でみてきたように、

「サクサク、ポキポキ、コリコリ、キシキシ、カサカサ」においては、音と触感とが同時に生じていることから、これは聴覚と触覚という2つの性質の同時性に基づくメトニミーであると考えられるからである。

### 7.3.2.4　二次的活性化

以上でみてきた複合感覚表現とLangacker（1988）で提唱されている二次的活性化（secondary activation）の関わりについて述べておきたい。例えば「さくさく」という表現についてである。これはメトニミーによる意味の転用であり、「さくさく」と音を立てるような物は水分を失って乾いた状態のものであることが多いことから、そういう状態を表すものへと意味が転じている。つまり、さくさくのパイという表現の中には聴覚と触覚が両方存在するのである、という点については既に述べた。

以上から、この現象を複数（の感覚の）イメージが同時に共存するという現象と捉えるとすると、こういった現象は果たしてオノマトペだけに起こり得るものなのだろうかという疑問が生じてくる。

佐藤（1992 = 1978）は、隠喩（メタファー）に関する考察の中で、「あの隠密め…」と言うべきところを「あの犬め…」と言い換えた場合について次の様に分析している。

> 隠喩においては、<u>使われた語句の本来の意味と臨時の意味の両方が生きていて二重うつしになり</u>、そこに《犬である隠密》という多義的な新しい意味が出現するに違いない。そうでなければ、わざわざ言いかえるにはおよぶまい。
>
> （佐藤 1992 = 1978: 105–108、下線は引用者）

この佐藤とほぼ同種の指摘に、Langacker（1988）がある。

> Metaphorical expressions are simply more extreme instances of semantic extensions. For example, the conventional usage of *pig* to designate a glutton implies the semantic variant [GLUTTON/pig], which is categorized as an extension from the basic variant [PIG/pig] and evokes its secondary activation. The same phenomenon is observable with morphemically

complex expressions, e. g. established idioms like *spill the beans* or *take the bull by horns*.

When these expressions are used idiomatically, the extended or "figurative" sense functions as the active node — it represents the actual notion to be conveyed — while the basic or "literal" sense is activated secondarily. The two-level semantic representation accounts for the special quality of metaphorical expressions, but the enhancement of meaning by the activation of subsidiary nodes is present to some degree in virtually every expression. The metaphorical use of novel expressions has the fundamental charatcter, the only difference being that the extended variant and categorizing judgement have not yet achieved the status of conventional units.　　（Langacker 1988: 69）

> メタファー的な表現は、意味の拡張における極端な例というのに過ぎない。例えば「大食家」を指す pig の慣習的使用は、意味的変種［GLUTTON/pig］を含意する。これは基本的変種［PIG/pig］からの拡張としてカテゴリー化され、この基本種の第二次活性化を喚起する。同様の現象が、形態論的に複合的な表現の場合においても観察される。例えば *spill the beans* や *take the bull by honrns* のような、確立されたイディオムである。これらの表現がイディオム的に使用されると、拡張義あるいは［比喩的な］意味が第一活性節点になり、それは実際に伝えたい概念を表す。一方、基本義あるいは［字義通りの］意味は二次的に活性化される。第一活性節点と副次的節点（補足的活性節点）との二つのレベルでの意味表示が、メタファー表現の特質を説明する。しかし副次的節点の活性化による意味の増幅は、表現一般に多かれ少なかれみられる現象である。新しい表現のメタファー的使用は、根本的には同じ性質を持っており、違いは、拡張された変種とカテゴリー化判断が慣習的単位の地位を持たないという点のみである。

以上から、この本来の意味と転用された先の新しい意味が同時に生

きているという現象、つまり従来のメタファー研究で指摘されてきた二次的活性化は、先にみたオノマトペが表し得る複数のイメージが同時に共存するという現象と、何ら変わりはない。つまり、複数（の感覚の）イメージが同時に共存するという現象は、オノマトペ固有のものではないといえる。

### 7.3.2.5　嗅覚―味覚、味覚―触覚

次に嗅覚―味覚、味覚―触覚を同時に表し得る表現をみていく。

（171）また、ミントのあの**スースー**した味の強弱は、ミントの種類がちがうからではありません。製菓会社が消費者がパッケージの色によって一種の固定イメージをもつように、色によってクラス分けをしているのです。

（http://www.daiichi-engei.co.jp/shop/information/language.asp?w_sub=cap&w_seqno=149）

（172）私の知人は、ミントやハッカ系のお菓子が好きだ。（中略）その時のハッカ系の「**スースー**」した味が忘れられないとか。　（http://www.nasuya.com/nikki/no.html）

スースーした味という表現には、嗅覚―味覚という複数の感覚経験が同時に関わっているが、これは鼻と口という2つの器官の近接性に基づくものであると考えられる。次に示す「つん」も同様である。

（173）今回はからし明太子を使いましたが、普通の（?）明太子でも大丈夫です。からし明太子だと、からみが**ツン**として、それはそれでおもしろい味ですが、私にはちょっと辛すぎな感じでした。

（http://plaza.across.or.jp/~y-takami/cook04.html）

つんとした味という嗅覚―味覚の複合感覚表現も、刺激を感じる部分が鼻の奥と舌という近接した器官であるという状況に基づくものと考えられる。この点について小森（1993）でも次のような指摘がある。

味覚との組みあわせは「甘い香り」「酸っぱいにおい」などの表現が可能である。このパタンはこれまでメタファーのなかでの共感覚表現としてあつかわれてきたものであるが、人間の身

体の構造上、鼻と口はつながっていて物理的にたいへん近い位置にある。したがって、少なくとも意味関係における類似性というよりは、現実のなかの隣接性によって結びついていると捉えたほうがよいのではないか。(中略) その意味で、これは喚喩にもとづいた表現とみることができる。

(小森1993: 59、下線は引用者)

ここで指摘されている「甘い」「酸っぱい」といった形容詞以外にも、「すーすー」「つん」といったオノマトペにおいても鼻と口との近接性に基づくメトニミー表現が認められる。

「ひりひり」「ぴりっ」はどうであろうか。

(174) スパイスをきかせた料理にも、デビルということばがしばしば使われます。deviled steak "悪魔のステーキ" だとか、deviled omlet "悪魔のオムレツ" なんて具合です。で、これが食べられないくらいに**ヒリヒリ**しているのかと思うとそれほどでもない。それどころか、**ピリッ**とひきしまった味で、最高においしいではありませんか。

(http://www.tigercrown.co.jp/cakeland/etc_story/story/page_9.htm)

「ひりひり」「ぴりっ」の他、「かっか」についても同様であるが、これらのオノマトペは味(味覚)と痛覚(触覚)の両方の感覚経験を表していると考えられる*13。


### 7.3.2.6 視覚─聴覚

メトニミーに基づくものとして最後に、視覚─聴覚の複合感覚表現をみる。麺類などを素早く啜り上げるさまを表す「ずるずる」は、聴覚的経験が顕著な場合(用例175)と視覚的経験が顕著な場合(176)とがある*14。

(175) なぜ日本人はクチャクチャ、**ズルズル**食べるの？タイでは音を立てて食べるのはタブー！

(http://www.thai-square.com/essay/old/essayvol113.htm)

(176) そう、女性が1人で外食をするのって結構勇気がいるものです。特にラーメン屋。オジサン達に混じってカウンターに並び、**ズルズル**食べるなんて、そんな恥ずかしい

こと出来ない！と思っていました。

(http://www.hbc.co.jp/radio/carnavi/back/c_down/oto201_1.html)

しかし、「ずるずる」が表す意味は啜り音のみ、あるいは箸を使って麺を素早く口へ運ぶ様子のみではなく、聴覚と視覚の両方を表す。つまり、素早く啜り上げる時にズルズルという啜り音が立つという動作と音との同時性に基づき、視覚と聴覚、両方の意味を表し得るのであると考えられる。

### 7.3.3　メタファーによる転用

最後に、視覚—味覚の複合感覚表現をみる。第3章で述べたように、「こってり」の基本義は味である。

(177) イタリアンっていうと、こってりとしたメニューを想像しちゃうけど、ここの料理は意外とあっさり味

(http://www.oz-net.co.jp/client/antivino/)

(178) 豚骨ラーメン520円（中略）こってりした味の好きな方におすすめです。

(http://www.j-sapa.or.jp/eigyo_info/sanyo/miyajima_d/1/2.html 6075bytes,1999/06/21)

(179) こってり味とあっさり味が選べる五百川食堂。みそラーメンの場合、こってり味は白みそダレでチャーシューは豚バラ肉を、あっさり味は赤みそダレでチャーシューは豚もも肉を、というように素材を使い分け、より味わいを深めている。

(http://www.koriyama.co.jp/ra-men0202/gohyakugawa.html)

以上のように「こってり」が味を表す際は、イタリア料理や豚骨ラーメンなどの油を多用したようないわゆる濃厚な味をいう。

一方、視覚を表す意味においてはいくつかのタイプに分かれる。

(180) アントニオ・バンデラス　情熱の国スペインの人らしくこってりとした顔をしておいでです。

(http://fish.miracle.ne.jp/ashiato/ashiato/sityou/mita/EVITA.html)

(180)は目鼻立ちのはっきりしたいわゆる彫りの深い顔を表す。また次の例が示すように濃厚な色を表す場合がある。

(181) DC50ZOOM の**こってり**とした色、階調は独特の味がある。

(http://www.dreamarts.co.jp/magazine/miscall/DC/compair/dc3/index.html)

この (181) はフィルムの色を表現したものである。同じく視覚への転用でも次のような例もある。

(182) クロロフィル美顔教室でクリームを毎日**こってり**塗る生活を続けたら、脂性肌が普通肌を通り越して、今や乾燥肌に…。

(http://www.ymg.urban.ne.jp/home/bxq02745/log3/pslg1273.html)

(182) はクリームがたっぷりと顔の表面に塗られたさまを表している。いずれも味覚における〈濃厚さ〉と類似性が感じられることから *15、メタファーに基づく転用である。

ただし次に示すような例においては、見た目と味とが同時に想起される。

(183) お洋服をコーディネイトするようにお肉の色にワインの色を合わせていけば、美食の組み合わせが完成します。お肉の脂が**コッテリ**した仔羊や牛肉には、赤でも渋みのしっかりとした「カベルネ・ソーヴィニヨン」というブドウ品種の赤ワインを合わせて下さい。

(http://www.aichi-kyosai.or.jp/essence/wine/98_10.html)

脂がこってりした仔羊といったような表現においては、視覚と味覚、両方の感覚が感じられる。次の例も同様である。

(184) とてもキメ細やかなスポンジで、それはそれは感心させられます。とても**コッテリ**した生クリームで、食感も硬めな感じで、バター風味の強い生クリームです。だけど口溶けはとても軟らかで滑らかで、口の中でシュルシュルと溶けて行く感じは、口に贅沢な食感としか言いようがない感じです。

(http://ukifunes.hoops.ne.jp/shop/c-kudo.htm)

さらに「こってり」と近い意味を持つと思われる「こてこて」にもまた、次に示すように視覚と味覚の両方の意味が感じられる。

(185) 僕達が福岡1日旅行の計画を立てているとき、先生が「一蘭のラーメンはうまいよ。先生はスープは濃くして、<u>ニンニクは大盛にして**コテコテ**にして食べる</u>ね。」という話を聞きました。

(http://ww52.tiki.ne.jp/~kanojhs2/seseragi68/page4.htm)

(186) カルボナーラ（大盛）最近ちょっとサラサラ気味のことが多いのだけど、今回もクリームのスープスパゲティみたいでした。<u>もっと**コテコテ**にして欲しい</u>のだけどなぁ。注文の時に、<u>**コッテリ**とお願いします</u>って言ってみようかな。　　　　　　（http://www.oshokuji.org/esd/19980617/）

「ニンニクを大盛りにしてこてこてにする」においては、見た目のこってり感と味の濃厚さ、つまり視覚と味覚、両方の意味が含意されると考えられる。

　以上、本章では、食に関するオノマトペを感覚により分類し検討した。

### 7.4　7章のまとめ

　以上の分析の結果を瀬戸（2003:29）による味表現分類表に基づいて分類し以下に示す。

表6　日本語の食感覚を表すオノマトペが表す感覚の分類

| | | | |
|---|---|---|---|
| 1.共感覚表現 | A.複合感覚 | A-1.「触覚―視覚」 | |
| | | A-2.「触覚―視覚―聴覚」 | |
| | | A-3.「触覚―聴覚」 | |
| | | A-4.「嗅覚―味覚」「味覚―触覚」 | |
| | | A-5.「視覚―聴覚」 | |
| | | A-6.「視覚―味覚」 | |
| | B.触覚 | B-1. 温覚―アツアツ… | |
| | | B-2. 冷覚―キーン… | |
| | | B-3. 痛覚―チリチリ、ツーン… | |
| | | B-4. テクスチャ―硬軟―シナシナ…<br>乾漆―ジメジメ…<br>粘性―ネットリ…<br>（歯応え―サクサク…）<br>（弾性―ムチムチ…）<br>舌触り―スベスベ… | |
| | C.聴覚（擬音） | グツグツ | |
| | D.視覚（形態） | バラバラ | |
| 2.味覚表現（濃淡） | | アッサリ、サッパリ、スッキリ、マッタリ、コックリ | |

　以上のように食感覚に関するオノマトペは、おおよそ味表現分類表の「共感覚表現」と「味覚表現」の2つに大別され、さらに「共感覚表現」内は4つに分類される。

　また3節の考察の結果をまとめると、食に関するオノマトペにおける共感覚的比喩体系はかなり整理される。

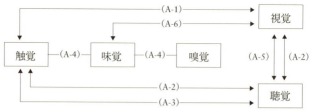

図2　食に関するオノマトペにおける共感覚的比喩体系

　すなわち、B-1以外の共起する感覚間（A-1〜A-6）の関係は、すべてメトニミーによって説明可能になる。

　そして2節の結果から、日本語の食に関するオノマトペは歯応え

を表し、かつ食品に対するプラス評価を表すものが最も多く（さくさく、ぱりぱり、こりこり、しゃきしゃき…）、次いで乾―湿を表し、食品に対するマイナス評価を表すものが多い（すかすか、もそもそ、じめじめ、べたべた…）。そしてわれわれは、食品に対して十分な熱さ、冷たさを期待し（あつあつ、ほかほか、ひんやり、きーん）、淡泊な味をおいしいと感じる（あっさり、さっぱり、すっきり）。さらに、弾性（ぷりぷり、むちむち…）および粘性（とろとろ、ねっとり…）を表すものが多く食物の評価に関わるというのも特徴の1つに挙げられる。

以上、本章では食感覚を表すオノマトペを評価と感覚によって分類し、用例とともに検証した。

---

*1 「食に関するオノマトペ」に言及した先行研究は、早川（2000）、井川（1991）、森（1995）などがあるが、管見の限り本書で行う「評価」と「感覚」に依る分類を網羅的に行なったものはない。従ってさらに検討する必要がある。

*2 以下、「プラス評価」と「マイナス評価」を判断するための指標として、「プラス評価」は「～していておいしい」、「マイナス評価」は「～していてまずい」という表現がそれぞれ当てはまるかどうかをテストした。

　「しっとり／さっぱり」していておいしい。⇔ *「かすかす／ぱさぱさ」していておいしい。

　*「しっとり／さっぱり」していてまずい。⇔ 「かすかす／ぱさぱさ」していてまずい。

*3 「ぐつぐつ」「ことこと」…以下は、正確には「温かさ」を連想させる「音」である（詳しくは後述）。

*4 このグループは、「テクスチャー」に相当し、かつ「擬音」にも相当する（この点について詳しくは後述）が、ここでは「歯応え」で統一した。また、「歯応え」「硬軟」「舌触り・口当たり」間は、極めて連続的であり、明確に分けられるものではないと考えられるが、ここでは便宜上区分した。

*5 「こっくり」とは、「色合、つや、味、やわらかさなどが、ちょうどころあいで、具合がよい様子。」（天沼1993:120）をいう。

*6 詳しくは後述

*7 ただし対象となる食品は、じゃがいも、さつまいもなどの芋類や、栗などに限定されるようである。

*8 ただし「くちゃくちゃ」については、「硬―軟」に分類できる可能性もあるように思われる。

＊9　表中の「テ」は「テクスチャー」の略である。
＊10　表に挙げられたオノマトペのうち、（　）内のものについては、先行研究に挙げられているものの、表す意味が明確でないものと思われるものを指す。
＊11　「さらさら」の表す感覚については、第3章で考察した。
＊12　共感覚という用語は、狭義にはある一定の言語形式が特定の意味と結びつくことを意味するケースを指す場合もあることから、このAの「共感覚」は、「音象徴」（sound symbolism）を指すと思われる。
＊13　以上の例をみると、「味覚」的刺激・「嗅覚」的刺激・「触覚」的刺激の3つは明確に分けられないのではないかという疑問が生じてくるが、本書では刺激を感知する「器官」（「舌」、「鼻」、およびそれ以外の「皮膚感覚」）によって感覚を区分し検討した。
＊14　ただし「ずるずる」は、以下に挙げるように時に「触覚」的経験（食感）を表す場合もあり得ることから、先の「触覚―視覚―聴覚」の複合表現に分類できる可能性もある。

>　味の評価だが麺は細いのから太いの、ほうとうのようなのまであった。店によって山芋や卵を小麦粉に混ぜているようである。**堅さ**は概して堅い。ツルツルじゃなく**ズルズル**食べるといった感じ（もっともこれは釜上げの特徴かもしれない）。　　　（http://www.ne.jp/asahi/mensei/udon/tarai.html）

＊15　この点について、詳しくは第3章参照。

第 8 章
# スウェーデン語と韓国語における味を表す表現の類型化

本章では味覚に焦点を当て、五感と比喩との関係についてさらに考察を進める。日本語以外の言語についても考察し、複数の言語の味を表す表現における共感覚的比喩表現をみる。

## 8.1 はじめに

本書では先行研究（松本1983: 62、石間1995）に基づき、味を次のように定義する。
(1) 本書における「味」の定義
　　食べるという行為に参加するさまざまな感覚を複合したものであり、味覚以外の器官で受容されるものを含む。また食そのものだけでなく食をとりまく環境を含むものとする。

すなわち狭い意味での味覚に限定することなく、広義に味を捉え、様々な感覚および食を取り巻く環境をも含むものとする。

## 8.2 先行研究概観

味を表す表現（以下、味表現）に関する先行研究のうち、大橋他編（2010）では日本語の味表現を次のように分類している。
(2) 日本語の味表現の3分類
　　(i) 味覚系表現（味覚で味を捉えた表現）（69表現）：甘い、辛い、まったり、あっさりなど
　　(ii) 食感系表現（触覚で味を捉えた表現）（77表現）：カリカリ、パリパリ、サクサク、フワフワなど
　　(iii) 情報系表現（知識で味を捉えた表現）（74表現）：産地限定、老舗の、無農薬、揚げたてなど

（大橋他編（2010）より要約）

以上、味覚系、食感系、情報系合わせて計220種の味表現をもとに、日本人の味表現使用に関して詳細な分析がある。本書においてもこれら3種の表現すべてを考察の対象とする。

一方、瀬戸（2003）においては次のような「味ことば分類表」が提示されている。

表1　瀬戸2003:29による「味ことば分類表」

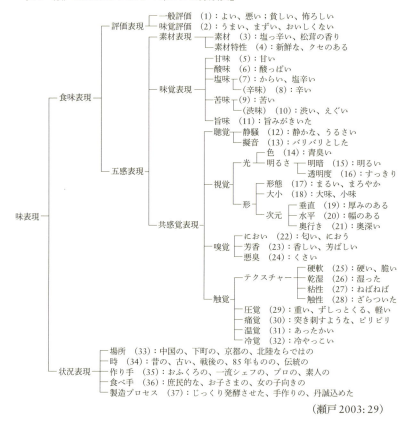

（瀬戸2003:29）

この表では味表現を「食味表現」「状況表現」の2つに分けた上で、食味表現をさらに「評価表現」と「五感表現」の2つに分けている。そして五感表現の下位分類には「素材表現」「味覚表現」「共感覚表現」の3つが設定されており、結果として日本語の味表現は計37種に分類できるとしている＊1。

294

## 8.3 問題提起

これらの先行研究をふまえ、本章では以下の2点について考察する。

(3) 第8章の課題
  (i) この瀬戸 (2003) の分類表によって、日本語以外の言語についても味表現を分類できるのか
  (ii) 日本語にはない味表現が他の言語においては存在すると予想されるが、それは一体どの程度、そしてどのような種類の表現が存在するのか
  (iii) 他の言語の味表現に現れる共感覚的比喩とはどのようなものか

## 8.4 スウェーデン語における味表現の収集と分類

そこで以下では、スウェーデン語母語話者を対象に行ったアンケート調査の結果に基づきスウェーデン語における味表現の使用実態について考察する。

### 8.4.1 調査概要

調査の概要は以下の通りである。
(4) 「スウェーデン語の味表現」調査概要
  ・調査時期：2010年2月
  ・調査場所：スウェーデン、イェーテボリ大学
  ・調査方法：自由記述式
  ・調査対象人数：約60名
  ・研究協力者：イェーテボリ大学、文学部所属の大学生3名
    （男性2名、女性1名）

この調査では150の食品を対象としたが、食品の選択については、大橋他編（2010）で挙げられていた221種の日本語の味表現すべてに対応する形で食品を挙げリストに載せた。例えば「サクサク」「パリパリ」といった味表現に対しては「パイ」「ポテトチップ

ス」といった食品をそれぞれリストに挙げた。このように作成した食品リストをもとに、それぞれの食品について直感的にどのような味表現が想起されるかをスウェーデン語母語話者に回答してもらった。

### 8.4.2　今回の調査で得られたデータ

　以上の方法で得られたスウェーデン語の味表現のデータを瀬戸（2003）の分類表により整理した。なお、以下のデータは研究協力者3名の翻訳に基づくものである。繰り返すが、本書では味を、狭い意味での味覚にとどまらずより広義に捉える。すなわち、味や食感だけでなく、大橋他編（2010）の情報系表現（知識で味を捉えた表現、例えば、産地限定、老舗、無農薬など）や瀬戸（2003）の状況表現（行列の出来る、時代が求める、腕によりをかけた、懲りに凝ったなど）、すべての項目を含むものとする。つまり、その食品の味を表現しようとする際に想い起こされるすべての表現を味表現とみなす。

表2　スウェーデン語の味表現調査のための食品リスト

| | | | | | |
|---|---|---|---|---|---|
| drinks | no.1 | wine | | no.23 | snack food |
| | no.2 | rough wine | | no.24 | nuts |
| | no.3 | fruit liquor | | no.25 | boiled or steamed ball of rice flour |
| | no.4 | full-bodied sake | | | |
| | no.5 | beer | dairy products | no.26 | cheese |
| | no.6 | thick milk | | no.27 | cheese (gets soft) |
| | no.7 | soya milk | | no.28 | cottage cheese |
| | no.8 | coffee | | no.29 | butter |
| | no.9 | tea | | no.30 | yoghurt |
| | no.10 | strong tea | | no.31 | ice cream |
| | no.11 | herb tea | sweets | no.32 | pie |
| | no.12 | café au lait | | no.33 | cookie |
| | no.13 | fizzy drinks | | no.34 | scone |
| | no.14 | cola-drinks | | no.35 | pound cake |
| | no.15 | juice | | no.36 | baumkuchen |
| | no.16 | fresh-squeezed juice | | no.37 | baked sweet potato |
| | no.17 | nectar | | no.38 | frosted doughnut |
| snacks | no.18 | chewing gum | | no.39 | granulated (crystal) sugar |
| | no.19 | sugar less gum | | no.40 | cube sugar |
| | no.20 | sugar less candy | | no.41 | chocolate |
| | no.21 | dried squid | | no.42 | semisweet chocolate |
| | no.22 | potato-chips | | no.43 | bittersweet chocolate |

|  |  |  |  |  |  |
|---|---|---|---|---|---|
|  | no.44 | jelly |  | no.90 | homemade foods (bread, jam etc.) |
|  | no.45 | custard pudding |  | no.91 | hot and freshly cooked food |
|  | no.46 | panna cotta |  | no.92 | country cooking |
|  | no.47 | jam |  | no.93 | Japanese food |
|  | no.48 | dessert (in general) |  | no.94 | French cuisine |
| hot meals | no.49 | vegetable soup |  | no.95 | junk food |
|  | no.50 | potage |  | no.96 | drug |
|  | no.51 | boil downed soup (for Chinese noodles) | cold foods | no.97 | sherbet |
|  | no.52 | tom yam kung (Thailand soup) |  | no.98 | jelly |
|  |  |  |  | no.99 | vinegared dish |
|  | no.53 | (grilled) beefsteak |  | no.100 | heavily vinegared dish |
|  | no.54 | (Korean-style) grilled meat | vegetables & fruits | no.101 | celory |
|  | no.55 | hamburger steak |  | no.102 | flesh lettuce |
|  | no.56 | meatloaf |  | no.103 | bean sprouts |
|  | no.57 | fried bacon |  | no.104 | green asparagus |
|  | no.58 | fried chicken |  | no.105 | soybean |
|  | no.59 | white meat of chicken |  | no.106 | corn |
|  | no.60 | sausage |  | no.107 | pear |
|  | no.61 | stir-frying |  | no.108 | strawberry |
|  | no.62 | deep fried food |  | no.109 | mushroom |
|  | no.63 | chicken wing tip |  | no.110 | okra (gumbo) |
|  | no.64 | stewed meat on the bone |  | no.111 | mint |
|  | no.65 | gristle |  | no.112 | citrus fruit (s) |
|  | no.66 | stewed beef in a block |  | no.113 | shredded cabbage |
|  | no.67 | stewing |  | no.114 | a carrot undercooked |
|  | no.68 | a beef bowl |  | no.115 | organic vegetables |
|  | no.69 | one pot meal | staple diet | no.116 | bread |
|  | no.70 | curry and rice |  | no.117 | pasta |
|  | no.71 | Indian curry (very hot) |  | no.118 | Chinese noodles |
|  | no.72 | kimuchi |  | no.119 | thick white noodles made from wheat flour |
|  | no.73 | boiled beans |  |  |  |
|  | no.74 | bun |  | no.120 | boiled rice |
|  | no.75 | box lunch |  | no.121 | dim sum |
| special menu | no.76 | a low-salt diet |  | no.122 | fried noodles |
|  | no.77 | lightly seasoned cooking |  | no.123 | toast |
|  | no.78 | a diet for the sick |  | no.124 | granola |
|  | no.79 | organic foods |  | no.125 | cornflakes |
|  | no.80 | special nutritive foods | seafood | no.126 | shrimp |
|  | no.81 | epicurean dishes |  | no.127 | salmon |
|  | no.82 | haute cuisine |  | no.128 | fish with plenty of fat |
|  | no.83 | wonderful food |  | no.129 | white-meat fish |
|  | no.84 | gourmet food |  | no.130 | wild fish |
|  | no.85 | dishes prepared by a famous chef |  | no.131 | roast fish |
|  |  |  | seasoning | no.132 | pepper |
|  | no.86 | traditional dishes |  | no.133 | red pepper |
|  | no.87 | local cuisine |  | no.134 | habanero chili |
|  | no.88 | dishes prepared by your mother |  | no.135 | sugar |
|  | no.89 | home cooking |  |  |  |

| no.136 | salt |
| no.137 | vinegar |
| no.138 | dressing |
| no.139 | gravy |
| no.140 | soup stock |
| no.141 | consommé |
| no.142 | heavy sauce |
| no.143 | a pinch of salt |
| no.144 | soy sauce |
| no.145 | mixture of sugar and soy sauce |
| no.146 | special sauce (traditional secret recipe) |
| no.147 | Japanese horseradish |
| no.148 | mustard |
| no.149 | herb |
| no.150 | sesame |
| no.151 | seaweed |

得られた回答をまとめたものが次に示す表3である。

表3　スウェーデン語における味を表す表現の種類数および回答数

| No | 分類名 | 種類数 | 回答数 |
|---|---|---|---|
| 1 | 一般評価 | 99 | 270 |
| 2 | 素材特性 | 90 | 218 |
| 3 | 甘味 | 8 | 103 |
| 4 | 素材 | 76 | 97 |
| 5 | 触性 | 24 | 96 |
| 6 | 結果 | 18 | 95 |
| 7 | 製造プロセス | 57 | 85 |
| 8 | 硬軟 | 16 | 83 |
| 9 | 温覚 | 11 | 71 |
| 10 | 擬音 | 13 | 68 |
| 11 | 色 | 24 | 59 |
| 12 | 乾湿 | 14 | 58 |
| 13 | 辛味 | 2 | 49 |
| 14 | 市場価値 | 7 | 45 |
| 15 | 塩味 | 5 | 44 |
| 16 | 場所 | 28 | 44 |
| 17 | 粘性 | 14 | 43 |
| 18 | 形態 | 16 | 40 |
| 19 | 酸味 | 7 | 38 |
| 20 | 時 | 18 | 36 |
| 21 | 苦味 | 6 | 33 |
| 22 | 冷覚 | 6 | 31 |
| 23 | 明暗 | 9 | 28 |
| 24 | 味覚評価 | 6 | 20 |
| 25 | 旨味 | 2 | 18 |

| No | 分類名 | 種類数 | 回答数 |
|---|---|---|---|
| 26 | 痛覚 | 8 | 15 |
| 27 | 圧覚 | 5 | 14 |
| 28 | 芳香 | 6 | 11 |
| 29 | 悪臭 | 5 | 11 |
| 30 | 作り手 | 4 | 11 |
| 31 | 量 | 4 | 11 |
| 32 | 大小 | 6 | 10 |
| 33 | 垂直 | 3 | 8 |
| 34 | 透明度 | 4 | 4 |
| 35 | におい | 4 | 4 |
| 36 | 食べ手 | 4 | 4 |
| 37 | 水平 | 1 | 2 |
| 38 | 渋味 | 0 | 0 |
| 38 | 静騒 | 0 | 0 |
| 38 | 奥行き | 0 | 0 |
| | 計 | 531（種類） | 1607（回答数） |

　表3のうち、際だって多く回答された「一般評価」および「素材特性」の味表現とは、例えば次のような例である。以下にスウェーデン語／日本語／英語／回答数の順で示す。

(5) スウェーデン語における「一般評価」と「素材特性」の味表現の例

　「一般評価」

　got／良い／good／82、starkt／強い／strong／28、god／良い／good／13、enkelt／単純な／simple／13、tråkigt／つまらない／boring／7、underbart／素晴らしい／wonderful／6、exklusivt／排他的な exclusive／6、lyxigt／贅沢な／luxurious／4、mustigt／リッチな／rich／3、sofistikerat／洗練された sophisticated／3、kraftigt／実質的な／substantial／3、enformigt／単調な／monotonous／

　「素材特性」

　fett／脂肪の多い／fat／19、smaklöst／味のない／tasteless／18、smaklös／味のない／tasteless／15、fräsch／新鮮な／13、mattande／お腹がいっぱいになる／the feeling of something satisfying one's hunger／10、fräscht／新鮮な／fresh／10、flottigt／油っこい／greasy／7、fet／脂肪の多い／fat／6、matigt／満足感のある／4、basmat／主食の／staple food／4

　さらに、この結果をカテゴリー別にまとめたものが次に示す図1である。ここでいうカテゴリーとは、瀬戸（2003）「味ことば分類表」の「食味表現」である「一般評価、味覚評価、素材表現、味覚表現、共感覚表現」の5つに、「状況表現」を加えた計6つの区分である。

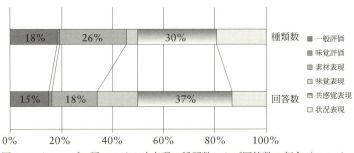

図1　スウェーデン語における味表現の種類数および回答数の割合（カテゴリー別）

　以上のように、種類数、回答数とも共感覚表現が最も多く（30%／37%）、次いで素材表現（26%／18%）、一般評価（18%／15%）の味表現も多く回答された。このうち、共感覚表現について以下で述べる。

## 8.4.3　スウェーデン語の味を表す表現に関する考察

### 8.4.3.1　スウェーデン語の味を表す表現における共感覚的比喩

　図1から、スウェーデン語において味を表す際に共感覚表現が多く使用されることが明らかになったが、その中で共感覚的比喩の一方向性仮説に反する例が多く認められたという点について述べる。一方向性仮説の反例の中でも、特に「色→味覚」表現が比較的多くみとめられる。これは瀬戸（2003）の分類表では「色」にあたる味表現で、同著では「青臭い味」「カラフルな味」「七色の（スープの）味」といった表現が挙げられているが、日本語においてはこう

いった色→味表現が商品名などにもしばしば見受けられる。

(6) 豊富温泉川島旅館の白いプリン　新鮮な豊富牛乳を使用し、なめらかでコクのあるミルク味のプリン。1つから販売可。（税込200円、特濃は300円）。お土産用にもどうぞ。
（http://www.town.toyotomi.hokkaido.jp/web/PD_Cont.nsf/0/F67E25B03C51540349256FCF0022F573?OpenDocument）

(7) 体内美人化を応援するミラクルフード『黒い蜂蜜』栄養の宝庫と言われるミラクルフード・蜂蜜と、余分なものを吸着する力を備えた竹炭。2つの力を掛け合わせた"黒い蜂蜜"で、体の中から健やかな美しさを目指しませんか。
（http://www.kamakura-suzaku.jp/ja/products/products.html）

　白いプリンの「白い」は、私達にある種の味をイメージさせる。つまり、プリンという食品が有する、食感、におい、形状といった様々な特徴のうち、ここでは色に焦点を当てて商品名とし消費者にある種の味をイメージさせているのである。他にも白いパン、白いチーズなどの例がある。「黒い蜂蜜」も同様で、黒い蜂蜜以外の蜂蜜とは異なるある種の味がイメージされる。

　以上のように、食品そのものが有する色で味を表す場合もあれば、「黒豚」「黒毛牛」などの例もある。われわれは、黒豚の味がその他の豚肉よりも美味であるとイメージしやすいが、この場合、肉そのものが黒い訳ではない。また「黄金のたれ」「金のビール」などといった例については、味を表すだけでなくある種の高級感が演出されている。

　このように、色である種の味を表す表現にも様々なタイプがあるが、本章ではこれらすべてを広義に味の表現と捉える。

　さて次に挙げるのは、スウェーデン語母語話者による色で味を表す表現である。

表4　スウェーデン語における「色→味覚」表現

| | スウェーデン語<br>（または英語） | →日本語 | 回答数計 |
|---|---|---|---|
| no.1 | vitt | 白い | 9 |
| no.2 | gult | 黄色い | 8 |
| no.3 | gul | 黄色の | 5 |
| no.4 | grön | 緑の | 4 |
| no.5 | färgglad | カラフルな | 3 |
| no.6 | röd | 赤い | 3 |
| no.7 | rött | 赤い | 3 |
| no.8 | svart | 黒い | 3 |
| no.9 | brun | 茶色の | 2 |
| no.10 | brunt | 茶色の | 2 |
| no.11 | färgstarkt | 強い色の | 2 |
| no.12 | guld | 金色の | 2 |
| no.13 | vit | 白い | 2 |
| no.14 | *nice-colored | 良い色の | 1 |
| no.15 | beige | ベージュ色の | 1 |
| no.16 | brun | 茶色の | 1 |
| no.17 | färglöst | 無色の | 1 |
| no.18 | färgrik | カラフルな | 1 |
| no.19 | färgrikt | カラフルな | 1 |
| no.20 | grönt | 緑の | 1 |
| no.21 | ljusbrunt | うす茶色の | 1 |
| no.22 | orange | オレンジ色の | 1 |
| no.23 | rödrosa | 赤ピンク色の | 1 |
| no.24 | brunt | 茶色の | 1 |

なお、これら色で表現される食品とは次のようなものである。

(8) スウェーデン語における色で表現される食品
  (i) 白い：ワイン、カッテージチーズ、塩
  (ii) 黄色い：フレッシュジュース、カスタードプリン、とうもろこし、とけたチーズ
  (iii) 緑の：ハーブティー、レタス、洋なし、海藻
  (iv) カラフルな：ゼリー、炭酸飲料、ネクター、シュガーレスキャンディ
  (v) 赤い：いちご、ジャム、サーモン

(vi) 黒い：カフェオーレ

他に、とうめいな味（ゼリー）、茶色の味（角砂糖、チョコレート）、ベージュの味（カフェオーレ）などの回答があった。

　以上、「色」に分類される表現は　計24種類、回答数は合計59であったが、これらの表現は共感覚表現（視覚→味覚表現）であり、一方向性仮説の反例である。

　その他にも仮説に反する例が数多く回答された。以下カテゴリー別に得られたデータのうちの一部をみていこう。

表5　スウェーデン語における擬音の味表現

|   | スウェーデン語<br>（または英語） | →日本語（英語） | 回答数計 |
|---|---|---|---|
| 1 | knaprig | カリカリした | 21 |
| 2 | krispig | パリパリした | 12 |
| 3 | knaprigt | ザクザクした | 9 |
| 4 | krispigt | パリパリした | 6 |
| 5 | frasigt, sprött | パリッと | 6 |
| 6 | krispiga | パリパリした | 4 |
| 7 | *crispy | パリパリした | 3 |
| 8 | *crunchy | バリバリする | 2 |
| 9 | krispigt | パリパリした | 1 |
| 10 | krasigt | ザクザクした | 1 |
| 11 | frasigt | サクサクした | 1 |
| 12 | knapriga | カリカリの | 1 |

これらは、食べた時に生じる音によって味を表す表現である。なおこれらの表現も共感覚表現（聴覚→味覚表現）であり、一方向性仮説の反例である。

表6　スウェーデン語における明暗の味表現

| | スウェーデン語<br>（または英語） | →日本語 | 回答数計 |
|---|---|---|---|
| 1 | tjockt | 濃い | 9 |
| 2 | mörkt | 暗い | 5 |
| 3 | mörk | 暗い | 3 |
| 4 | thick | 濃い | 3 |
| 5 | stark smak | 濃い | 3 |
| 6 | ljus | 明るい | 2 |
| 7 | ljust | 明るい | 1 |
| 8 | mörkare | より暗い | 1 |
| 9 | mörkast | 最も暗い | 1 |

　明暗に関することばで味を表す「明暗」の味表現は、以上計9種類、回答数は合計28であった。これらの表現もまた、共感覚表現（視覚→味覚表現）であり、一方向性仮説の反例である。

表7　スウェーデン語における形態の味表現

| | スウェーデン語<br>（または英語） | →日本語 | 回答数計 |
|---|---|---|---|
| 1 | smakrik | 美味 | 18 |
| 2 | bubbligt | 泡立った | 4 |
| 3 | extravagant | けばけばしい | 3 |
| 4 | bubblig | 泡立つ | 2 |
| 5 | grynigt | 粒状の | 2 |
| 6 | rent | きれいな | 1 |
| 7 | vackert | 美しい | 1 |
| 8 | *bubbly | 泡だった | 1 |
| 9 | poröst | 穴だらけの | 1 |
| 10 | rund | 丸い | 1 |
| 11 | runda | 丸い | 1 |
| 12 | faller ihop | 崩壊した | 1 |
| 13 | full av bitar | 小片でいっぱいの | 1 |
| 14 | plockigt | たくさんの小さな物の | 1 |
| 15 | kornig | 粒々の | 1 |
| 16 | kornigt | 粒状の | 1 |

形態（視覚的印象）に関することばで味を表す「形態」の味表現は、以上計16種類、回答数は合計40であった。

　以上、共感覚的比喩の一方向性仮説に対する反例の一部について述べた。

### 8.4.3.2　分類表に追加されるべき新しいカテゴリー

　今回の調査では、スウェーデン語の味表現には瀬戸（2003）の分類表のどのカテゴリーにも分類できない表現が存在することも明らかになった。それは次のような表現である。

| | | |
|---|---|---|
| 安い（cheap） | 不健康な（unhealthy） | 心臓に良い<br>（good for the heart） |
| 高価な（expensive） | リフレッシュする<br>（refreshing） | たっぷりの（mycket） |
| 高級な（high-class） | 健康的な（healthy） | 豊富な（full） |
| 無料の（free） | 健康的とされている<br>（alleged healthy） | 少ない（little） |
| 割安であるとされる<br>（alleged economical） | 高血圧の<br>（high blood pressure） | 少量の（liten mängd） |
| 高級な（high standard） | 体重の問題が生じる<br>（weight problems） | |
| ヘルシーな（healthy） | 心臓の問題が生じる<br>（heart problems） | |

　この結果を踏まえ、本書では瀬戸（2003）の分類表に新たにカテゴリーを3つ追加することを提案する。それは「状況表現」の下位に位置づけるのが適当である。

　(9)　スウェーデン語の味表現分類表に追加されるべき新たなカテゴリー
　　　(i)　市場価値（カテゴリー38）
　　　(ii)　結果（カテゴリー39）
　　　(iii)　量（カテゴリー40）

　このうち市場価値の表現とは、食べ物の市場価値を述べることによって味を表す表現である。

表8　スウェーデン語における市場価値の味表現

| | スウェーデン語 | →日本語 | 回答数計 |
|---|---|---|---|
| 1 | billig | 安い | 20 |
| 2 | dyrt | 高価な | 18 |
| 3 | hög klass | 高級な | 2 |
| 4 | dyr | 高価な | 2 |
| 5 | gratis | 無料の | 1 |
| 6 | påstått ekonomiskt | 割安であるとされる | 1 |
| 7 | hög standard | 高級な | 1 |

一方、結果の味表現は、食べた結果、どのような状態になるかを述べることによって味を表す表現をいう。

表9　スウェーデン語における結果の味表現

| | スウェーデン語（または英語） | →日本語 | 回答数計 |
|---|---|---|---|
| 1 | nyttigt | ヘルシーな | 37 |
| 2 | onyttigt | 不健康な | 18 |
| 3 | nyttig | ヘルシーな | 13 |
| 4 | onyttig | 不健康な | 5 |
| 5 | uppfriskande | リフレッシュする | 4 |
| 6 | onyttiga | 不健康な | 3 |
| 7 | hälsosamt | 健康的な | 2 |
| 8 | ohälsosamt | 不健康な | 2 |
| 9 | osunt | 不健康な | 2 |
| 10 | påstått nyttigt | 健康的とされている | 1 |
| 11 | smakar nyttigt | 健康的な | 1 |
| 12 | *unhealthy | 不健康な | 1 |
| 13 | *healthy | ヘルシーな | 1 |
| 14 | nyttigt? | ヘルシー? | 1 |
| 15 | högt blodtry | 高血圧の | 1 |
| 16 | viktproblem ck | 体重の問題が生じる | 1 |
| 17 | hjärtproblem | 心臓の問題が生じる | 1 |
| 18 | bra för hjär tat | 心臓に良い | 1 |

最後に、量の味表現とは、食べ物の量について述べることによって味を表す表現である。

表10　スウェーデン語における量の味表現

| | スウェーデン語<br>（または英語） | →日本語 | 回答数計 |
|---|---|---|---|
| 1 | mycket | たっぷりの | 5 |
| 2 | fylligt | 豊富な | 3 |
| 3 | lite | 少ない | 2 |
| 4 | liten mängd | 少量の | 1 |

これら3つのカテゴリーを味ことば分類表に新たにつけ加えることで、スウェーデン語母語話者から得た回答のすべてが味ことば分類表によって分類できる。

### 8.4.4　8.4のまとめ

ここで、本章の課題を振り返ろう。

(10) 第8章の課題
　　(i) この瀬戸（2003）の分類表によって、日本語以外の言語についても味表現を分類できるのか
　　(ii) 日本語にはない味表現が他の言語においては存在すると予想されるが、それは一体どの程度、そしてどのような種類の表現が存在するのか
　　(iii) 他の言語の味表現に現れる共感覚的比喩とはどのようなものか　　　　　　　　　　　　　　（本章(3)再掲）

この課題に対し、スウェーデン語の調査で明らかになった点は次の3点である。

まずスウェーデン語には、瀬戸（2003）の分類表のどのカテゴリーにも分類できない味表現が存在するが、市場価値、結果、量の3つのカテゴリーを加えることですべての表現が分類できる。そして、日本語とスウェーデン語とを比較すると、使用される味表現にずれがある。例えば、日本語においては存在する「渋い味」や「深い味」、「静かな味」といった表現が、スウェーデン語においては見当たらなかった。また、スウェーデン語には日本語ではあまり使用されることのない色→味覚表現が複数存在する。日本語ではほとんど「青臭い味」という表現のみであるのに対し（？青い味、？緑の

味)、スウェーデン語においては、白い味、黄色い味、緑の味、カラフルな味、赤い味、黒い味、茶色の味、金色の味など、比較的多くの色→味覚表現が存在する。さらに擬音の味表現、明暗の味表現形態の味表現などの一方向性仮説の反例がみとめられる。

　以上、本節ではスウェーデン語母語話者を対象とした調査の結果に基づき、スウェーデン語における味を表す表現をみた。

## 8.5　韓国語における味を表す表現の収集と分類

　それでは次に、韓国語における味を表す表現についてみていこう。

### 8.5.1　問題提起

本節では、おもに以下の2点について考察する。
(11) 8.5.1の課題
　　(i)　韓国語も、瀬戸 (2003) の分類表によって味表現を分類できるのか
　　(ii) 日本語にはない味表現が韓国語においては存在すると予想されるが、それは一体どの程度、そしてどのような種類の表現が存在するのか

韓国語は日本語以上にオノマトペが豊富な言語であるとされる。日本語の味表現全体の約3分の一を占める食感系表現（大橋他編2010）の多くはオノマトペ（擬音語・擬態語）であるが、それでは、韓国語においても豊富な食感系表現が存在するのだろうか。なお、韓国語における味の表現を考察したものには郭（2005）や睦（2005）などがあるが、本章で行うような韓国語の味表現の全体について論じたものではない。そこで以下では、韓国語母語話者を対象にアンケート調査を行ったアンケート調査の結果に基づき韓国語における味表現の使用実態について検証していく。

### 8.5.2 調査概要

本調査の概要は次の通りである。

(12)「韓国語の味表現」調査概要
　・調査時期：2012年9月
　・調査場所：韓国、啓明大学
　・調査方法：自由記述式
　・調査対象人数：60名
　・調査対象者：啓明大学生（1年生〜4年生）、男女各30名
　・翻訳協力者：琉球大学留学生3名（大学院生1名（男性）、短期交換留学生2名（女性））

食品の選択についてはスウェーデン語と同様、大橋他編（2010）で挙げられている日本語の味表現すべてに対応する形で食品を挙げリストに載せたが、そこに代表的な韓国料理を可能な限り加え、多種多様な味や食感などを網羅するよう配慮した。このように作成した食品リストをもとに、それぞれの食品をみて、直感的にどのような表現が想起（イメージ）されるかを回答してもらった。

大邱方言話者の多い大学であるという点を考慮して、アンケート記入前に大韓民国標準語で記入するよう注意をうながした。また今回の調査では調査対象者が大学生のみに限定されたものであることから、今後スウェーデン語ともさらに幅広い年齢層に対する調査が必要である。

今回の調査で使用した調査票は次のようなものである。なお、この表には韓国であまり一般的でない食品も含まれているが、それは本研究の性質上、広く世界で食されていると思われる食品を含めたことによる。

表11 韓国語における味を表す表現に関する調査で使用された調査票（一部）

세계 언어의 맛에 관한 표현에 대한 앙케이트                    A-1

저희는 이번 연구에서, 다양한 언어로 "맛"을 표현하는 방법에 대해 조사하고 있습니다. 협조 부탁드립니다.

※다음 식품, 식재료의 맛과 맛의 정도를 표현하는 경우 어떤 말이 적당한지 생각해 주십시오.

| | | |『맛』을 표현하는 말(+평가) | |『맛 없음』을 표현하는 말(+평가) | |
|---|---|---|---|---|---|---|
| | | | 1 | 2 | 1 | |
| | | | | 이외(가능한 많이, 자세히 적어주시기 바랍니다.) | 이외(가능한 많이, 자세히 적어주시기 바랍니다.) | |
| 예 | no.ex. | 프랑스빵(바게트) | 바삭바삭 | 폴깃폴깃 | 부드러운, 노르스름한, 고욱한 | 퍼석퍼석 | 딱딱한 |
| 1 | no.123 | 아이스캔디 | | | | | |
| 2 | no.35 | 아이스크림 | | | | | |
| 3 | no.156 | 볶음 국수 | | | | | |
| 4 | no.80 | 튀김 | | | | | |
| 5 | no.172 | 바지락 | | | | | |
| 6 | no.166 | 지방이 오른 물고기(참치 뱃살) | | | | | |
| 7 | no.171 | 오징어 | | | | | |
| 8 | no.199 | 돌솥 비빔밥 | | | | | |
| 9 | no.133 | 딸기 | | | | | |
| 10 | no.117 | 시골요리 | | | | | |
| 11 | no.18 | 우롱차 | | | | | |
| 12 | no.58 | 웨하스 | | | | | |
| 13 | no.103 | 맛이 진하지 않은 음식 | | | | | |
| 14 | no.153 | 우동 | | | | | |
| 15 | no.164 | 새우 | | | | | |

なお調査表に載せた食品は、次の通りである。

表12　韓国語の味表現調査のための食品リスト

| | 한국어 | 日本語 | | | |
|---|---|---|---|---|---|
| 1 | 가정요리 | 家庭料理 | 21 | 김치 | キムチ |
| 2 | 각설탕 | 角砂糖 | 22 | 깻잎 | ゴマの葉 |
| 3 | 간장 | しょうゆ | 23 | 껌 | チューインガム |
| 4 | 갈비찜 | 骨つき肉の煮込み | 24 | 냉면 | 冷麺 |
| 5 | 갈색의 진한 소스 | 濃厚なソース | 25 | 넥타 (과실음료) | ネクター（果実飲物） |
| 6 | 감귤류 | 柑橘類の果実 | 26 | 농후 우유 (일반 우유보다 맛이 진한) | 濃厚ミルク |
| 7 | 건빵 | 乾パン | 27 | 누가 (땅콩 누가) | ヌガー |
| 8 | 겨자소스 | マスタード | 28 | 누룽지 | おこげ |
| 9 | 계란과자 | 卵菓子 | 29 | 다진 고기 | ひき肉 |
| 10 | 고급요리 (미식가요리) | 高級料理（グルメ料理） | 30 | 다진 양배추 | 刻んだキャベツ |
| 11 | 고기 지방 | 肉の脂身 | 31 | 다크쵸콜렛 | ビター・チョコレート |
| 12 | 고추냉이 (와사비) | わさび | 32 | 단호박 | かぼちゃ |
| 13 | 고춧가루 | 唐辛子 | 33 | 닭 가슴살 | 鶏のささみ |
| 14 | 곱창볶음 | ホルモン | 34 | 닭 연골 | 軟骨 |
| 15 | 과실주 | 果実酒 | 35 | 닭고기 껍질 | 鶏皮 |
| 16 | 구미캔디 (왕꿈틀이) | グミキャンディ | 36 | 닭날개 | 手羽先 |
| 17 | 국물요리 (곰탕) | スープ料理（コムタン） | 37 | 대두 | 大豆 |
| 18 | 그래놀라 (곡물 시리얼) | グラノーラ（粒穀物） | 38 | 도시락 | お弁当 |
| 19 | 그래뉴당 | グラニュー糖 | 39 | 돌솥 비빔밥 | 石焼ビビンバ |
| 20 | 그레이비 (그레비 소스) | グレービーソース | 40 | 된장 찌개 | テンジャンチゲ |
| | | | 41 | 두유 | 豆乳 |

310

| | | | | | | |
|---|---|---|---|---|---|---|
| 43 | 드레싱 | ドレッシング | | 87 | 빼빼로 | ポッキー |
| 44 | 디저트류 (일반적인) | デザート類（一般的） | | 88 | 삶은 달걀 | ゆで卵 |
| 45 | 딤섬 | 点心 | | 89 | 삶은 콩 | 煮豆 |
| 46 | 딸기 | いちご | | 90 | 삼겹살、갈비구이 | 三枚肉、カルビ焼き |
| 47 | 땅콩류 | ナッツ類 | | 91 | 삼계탕 | 参鶏湯（サムゲタン） |
| 48 | 떡볶이 | トッポキ | | 92 | 새우 | えび |
| 49 | 똠양꿍 | トムヤンクン | | 93 | 생강 | ショウガ |
| 50 | 라면 | ラーメン | | 94 | 생과일쥬스 | 果肉入りのジュース |
| 51 | 리스크 (식빵 러스크) | ラスク（食パンラスク） | | 95 | 생맥주 | 生ジュース |
| 52 | 러프 와인 (떫은 와인) | 渋いワイン | | 96 | 생선구이 | 焼き魚 |
| 53 | 마 | オクラ | | 97 | 생햄 | 生ハム |
| 54 | 마쉬멜로 | マシュマロ | | 98 | 샤베트 | シャーベット |
| 55 | 마약 | 麻薬 | | 99 | 설 익은 당근 | 生煮えの人参 |
| 56 | 마카롱 | マカロン | | 100 | 설탕 | 砂糖 |
| 57 | 맛이 진하지 않은 음식 | 薄い味つけの料理 | | 101 | 셀리리 | セロリ |
| 58 | 매쉬드 포테이트 | マッシュポテト | | 102 | 소금 | 塩 |
| 59 | 맥주 | ビール | | 103 | 소금 한 스푼 | ひとつまみの塩 |
| 60 | 멜론 | メロン | | 104 | 소시지 | ソーセージ |
| 61 | 무농약야채 | 無農薬野菜 | | 105 | 소프트캔디 | ソフトキャンディ |
| 62 | 무설탕껌 | シュガーレスガム | | 106 | 솜사탕 | 綿菓子 |
| 63 | 무설탕사탕 | シュガーレスキャンディー | | 107 | 수박 | すいか |
| 64 | 무스 케이크 | ムース | | 108 | 수프 스톡 (기본 국물) | スープストック |
| 65 | 문어 | タコ | | 109 | 숙주나물 (콩나물) | ぶんどう萌やし（モヤシ） |
| 66 | 미용음식 | 美容にいい食べ物 | | 110 | 순대 | スンデ |
| 67 | 미트로프 | ミートローフ | | 111 | 스낵류 | スナック類 |
| 68 | 민물고기 | 野生の魚 | | 112 | 스윗 포테토 | スィートポテト |
| 69 | 민트 | ミント | | 113 | 스콘빵 | スコーン |
| 70 | 밀크 쵸콜렛 (다크쵸콜렛 중 단맛) | ミルクチョコレート | | 114 | 스튜 | シチュー |
| | | | | 115 | 스튜 비프 | ビーフシチュー |
| | | | | 116 | 시골요리 | 田舎料理 |
| 71 | 바움쿠헨 (롤케이크) | バウムクーヘン | | 117 | 식초 | 酢 |
| 72 | 바지락 | あさり | | 118 | 식초를 많이 이용한 음식 (홍초) | 酢をたくさん使った料理（紅酢） |
| 73 | 밥 | ごはん | | 119 | 신김치 | 酸っぱいキムチ |
| 74 | 배 | 梨 | | 120 | 신선한 양상추 | 新鮮なレタス |
| 75 | 버섯 | マッシュルーム | | 121 | 아스파라거스 | グリーンアスパラガス |
| 76 | 버터 | バター | | 122 | 아이스캔디 | アイスキャンディ |
| 77 | 번 (빵) | パン | | 123 | 아이스크림 | アイスクリーム |
| 78 | 벌꿀 | はちみつ | | 124 | 야채스프 | 野菜スープ |
| 79 | 베이컨 | ベーコン | | 125 | 엄마 손요리 | 母親の手料理 |
| 80 | 별사탕 | こんぺいとう | | 126 | 연어 | サーモン |
| 81 | 병원식 | 病人食 | | 127 | 연유 | 練乳 |
| 82 | 볶음 국수 | 揚げそば | | 128 | 오가닉 요리 | オーガニック料理 |
| 83 | 불고기 덮밥 | 牛丼 | | 129 | 오리엔탈 드레싱 | 砂糖と醤油のまぜたもの |
| 84 | 불량식품 | ジャンクフード | | 130 | 오이 | きゅうり |
| 85 | 비프스테이크 | ビーフステーキ | | 131 | 오징어 | イカ |
| 86 | 빵 | パン | | 132 | 오트밀 | オートミール |

| | | | | | | |
|---|---|---|---|---|---|---|
| 133 | 옥수수 | とうもろこし | | 169 | 코코아 | ココア |
| 134 | 와인 | ワイン | | 170 | 콘소메 | コンソメ |
| 135 | 요플레 | ヨーグルト | | 171 | 콘푸레이크 | コーンフレーク |
| 136 | 우동 | うどん | | 172 | 콜라 | コーラ |
| 137 | 우롱차 | ウーロン茶 | | 173 | 콩자반 | 豆 |
| 138 | 우엉 | ごぼう | | 174 | 쿠키 | クッキー |
| 139 | 웨하스 | ウエハース | | 175 | 크레이프 | クレープ |
| 140 | 유명 쉐프 요리 | 有名シェフの料理 | | 176 | 타피오카 | タピオカ |
| 141 | 육포 (쇠고기) | ビーフジャーキー (牛) | | 177 | 탄산음료 | 炭酸飲料 |
| 142 | 육회 | ユッケ | | 178 | 탕수육 | 酢豚 |
| 143 | 인도카레 | 超辛口のインドカレー | | 179 | 토마토 | トマト |
| 144 | 일본요리 | 日本料理 | | 180 | 토스트 | トースト |
| 145 | 잡채 | チャプチェ | | 181 | 튀김 | 揚げ物 |
| 146 | 잼 | ジャム | | 182 | 특수영양식품 (다이어트식) | 特殊栄養食品 (ダイエット食) |
| 147 | 저염식 | 減塩食 | | | | |
| 148 | 전통 비밀 조리법의 특별 소스 | 伝統的なレシピの特別なソース | | 183 | 파나코타 (부드러운 커스타드) | パンナコッタ (ソフトカスタード) |
| 149 | 전통요리 | 伝統的な料理 | | 184 | 파스타 | パスタ |
| 150 | 전통주 | 伝統酒 | | 185 | 파운드 케이크 | パウンドケーキ |
| 151 | 젤리 | ゼリー | | 186 | 파이 | パイ |
| 152 | 족발 | 豚足 | | 187 | 파인애플 | パイナップル |
| 153 | 주스 | ジュース | | 188 | 포타지 (포타슈) | ポタージュ (ポタージュ) |
| 154 | 즉석요리 (3분 카레, 짜장) | 即席料理 (3分カレー、チャジャン) | | 189 | 포테토칩 | ポテトチップス |
| 155 | 지방요리 | 地方料理 | | 190 | 퐁듀용 치즈 (녹은 치즈) | フォンデュ用チーズ (チーズ) |
| 156 | 지방이 오른 물고기 (참치 뱃살) | 脂ののった魚 (マグロ) | | 191 | 프랑스요리 | フランス料理 |
| 157 | 진한 차 | とても濃いお茶 | | 192 | 프로즌 드링크 (카라멜프로즌, 쵸콜랫프로즌) | フローズンドリンク (キャラメルフローズン、チョコレートフローズン) |
| 158 | 참깨드레싱 | ゴマ | | | | |
| 159 | 최고급요리 (프랑스정찬) | 最高級料理 (フランス料理) | | 193 | 피넛버터 | ピーナッツバター |
| 160 | 쵸콜랫 (화이트) | チョコレート (ホワイト) | | 194 | 함박스테이크 | ハンバーガー |
| | | | | 195 | 해물파전 | 海鮮チヂミ |
| 161 | 치즈 | チーズ | | 196 | 해초 | 海草 |
| 162 | 칠리 (매운 고추) | チリ (辛い唐辛子) | | 197 | 허브차 | ハーブティー |
| 163 | 카레라이스 | カレーライス | | 198 | 홈메이드 요리 | 手作りの食品 |
| 164 | 카페오레 | カフェオレ | | 199 | 홍어회 | ホンオフェ |
| 165 | 캐러멜 | キャラメル | | 200 | 홍차 | 紅茶 |
| 166 | 커스타드 푸딩 | カスタードプリン | | 201 | 후라이드치킨 | フライドチキン |
| 167 | 커티지 치즈 (하얗고 부드러운 치즈) | カッテージチーズ (白く柔らかいチーズ) | | 202 | 후추 | こしょう |
| | | | | 203 | 휘핑 크림 | ホイップクリーム |
| 168 | 커피 | コーヒー | | 204 | 흰 살 생선 | 白身魚 |

　この204食品について、韓国・啓明大学の大学生60名にその味をどう表現するか回答してもらった。

### 8.5.3　今回の調査で得られたデータ

この調査では、2,474種類の味表現を得たが（回答数は14,064）、ここから、慣習化されていない表現を除くため回答数3以下のものは除いた。その結果、460種（回答数11,447）の韓国語の味表現のデータを得た。

表13　韓国語の味表現調査で得られたデータ

| | | |
|---|---|---|
| 가벼움 | 그윽하다 | 노르스름하다 |
| 간간하다 | 그윽한 | 노르스름한 |
| 간단한 | 그저그런 | 노릇노릇 |
| 간이 되다 | 기름지다 | 노릇노릇하다 |
| 간이 잘 되어 있다 | 기름진 | 녹는다 |
| 간편하다 | 기분좋다 | 누린 |
| 감칠맛 | 김치 | 눅눅하다 |
| 감칠맛난다 | 김치찌개 | 눅눅한 |
| 강렬하다 | 깊다 | 느글느글 |
| 강하다 | 깊은 맛 | 느끼 |
| 개운하다 | 깊이 있는 | 느끼하다 |
| 개운한 | 까끌까끌 | 느끼한 |
| 거북한 | 깔끔하다 | 느끼함 |
| 거칠다 | 깔끔한 | 니글거린다 |
| 건강에 좋다 | 깔끔한 | 니글니글 |
| 건강에 좋은 | 깨끗하다 | 닝닝하다 |
| 건강하다 | 꼬들고들 | 닝닝한 |
| 건강한 | 꿀꺽꿀꺽 | 다양하다 |
| 건강한 맛 | 끈적거린다 | 단단하다 |
| 건강함 | 끈적끈적 | 단조롭다 |
| 걸죽하다 | 끈적이는 | 달다 |
| 걸쭉하다 | 끈적이다 | 달달 |
| 걸쭉한 | 끈적하다 | 달달하다 |
| 걸쭉함 | 끈쩍하다 | 달달한 |
| 검붉은 | 냄새가 난다 | 달달함 |
| 고급스러움 | 냄새나는 | 달보드레하다 |
| 고급스럽다 | 냄새난다 | 달지 않다 |
| 고소 | 냉냉하다 | 달짝지근 |
| 고소하다 | 냠냠 | 달짝지근하다 |
| 고소한 | 냠냠쩝쩝 | 달콤 |
| 고소한 | 너무 기름진 | 달콤하다 |
| 고수한 | 너무 단 | 달콤한 |
| 고칼로리의 | 너무 짜 | 달콤함 |
| 구리다 | 너무 매다 | 달큰하다 |
| 구수하다 | 너무 시다 | 담백 |
| 구수한 | 너무 진한 | 담백하다 |
| 구수한 | 노랗다 | 담백한 |
| 구수함 | 노르스름 | 담백함 |

| | | |
|---|---|---|
| 답답하다 | 모락모락 | 부담스러운 |
| 덜 익었다 | 목 메이는 | 부드러운 |
| 독하다 | 목 메이다 | 부드러움 |
| 독한 | 목넘김이 좋다 | 부드럽다 |
| 돈까스 | 목넘김이 좋은 | 부들부들 |
| 돼지국밥 | 목막힌다 | 불그스름함 |
| 된장찌개 | 몰랑몰랑 | 비리다 |
| 든든하다 | 몰캉몰캉 | 비린 |
| 든든한 | 몸에 좋다 | 비린내 |
| 들쩍지근 | 몸에 좋은 | 비린내 |
| 따끈따끈 | 몽글몽글 | 비린내 나는 |
| 따뜻하다 | 무겁다 | 비린내 난다 |
| 따뜻한 | 무르다 | 비릿비릿 |
| 딱딱 | 무미함 | 비릿하다 |
| 딱딱하다 | 물 맛 | 비릿한 |
| 딱딱한 | 물렁거리다 | 비싸다 |
| 딱딱한 | 물렁물렁 | 비싼 |
| 딱딱함 | 물렁하다 | 비쌈 |
| 떡볶이 | 물린다 | 빨간 |
| 떫다 | 물컹 | 뻑뻑하다 |
| 떫은 | 물컹물컹 | 사각사각 |
| 떫은 | 물컹물컹하다 | 사랑스러운 |
| 뜨거운 | 물컹하다 | 사르르 |
| 뜨겁다 | 물컹한 | 사르르 녹는다 |
| 뜨끈뜨끈 | 묽다 | 산뜻하다 |
| 뜨끈하다 | 묽은 | 산뜻한 |
| 라면 | 미끌미끌 | 살살 녹는 |
| 라면 | 미끌미끌한 | 살살 녹는다 |
| 많다 | 미묘하다 | 살살 녹다 |
| 말랑말랑 | 미묘한 | 살아 있는 |
| 말랑하다 | 미적지근 | 삼겹살 |
| 말캉말캉 | 밋밋하다 | 상쾌하다 |
| 맛없다 | 밋밋한 | 상쾌한 |
| 맛이 약하다 | 밍밍 | 상큼하다 |
| 맛있는 | 밍밍하다 | 상큼한 |
| 맛있다 | 밍밍한 | 상큼함 |
| 매운 | 바삭 | 새롭다 |
| 매운 | 바삭바삭 | 새콤 |
| 매움 | 바삭바삭하다 | 새콤달콤 |
| 매콤 | 바삭바삭한 | 새콤달콤하다 |
| 매콤달콤 | 바삭하다 | 새콤하다 |
| 매콤하다 | 바삭한 | 새콤한 |
| 매콤한 | 바삭함 | 새콤함 |
| 맥주 | 배부르다 | 스다 |
| 맵다 | 보글보글 | 시다 |
| 먹음직스러운 | 보드러운 | 시들시들 |
| 메마르다 | 보들보들 | 시원 |

| | | |
|---|---|---|
| 시원하다 | 알 수 없는 | 진한 |
| 시원한 | 알록달록 | 진함 |
| 시원한 | 알싸하다 | 질겅질겅 |
| 시원함 | 알알한 | 질근질근 |
| 시큼시큼 | 알차다 | 질기다 |
| 시큼하다 | 야들야들 | 질긴 |
| 시큼한 | 양이 많다 | 질리는 |
| 시큼함 | 얼얼한 | 질리다 |
| 식감이 좋다 | 얼큰하다 | 질린다 |
| 신기하다 | 얼큰한 | 질척질척 |
| 신기한 | 액 | 징그러운 |
| 신선 | 역겨운 | 징그럽다 |
| 신선하다 | 역겹다 | 짜다 |
| 신선한 | 연하다 | 짠 |
| 심심하다 | 영양가 없다 | 짠 |
| 심심한 | 영양가 있는 | 짭잘하다 |
| 싱거운 | 예쁘다 | 짭잘한 |
| 싱겁다 | 오도독 | 짭조름 |
| 싱그러운 | 오독오독 | 짭조름하다 |
| 싱그럽다 | 오돌토돌 | 짭조름함 |
| 싱싱하다 | 오물오물 | 짭짜름하다 |
| 싱싱하지 않다 | 우물우물 | 짭짤하다 |
| 싱싱한 | 운치있는 | 짭짤한 |
| 쌉싸름하다 | 유익한 | 짭쪼롬하다 |
| 쌉쌀하다 | 유기있는 | 짭쪼름 |
| 쌉쌀한 | 으~ | 짭쪼름하다 |
| 쓰다 | 은은하다 | 짭쪼름한 |
| 쓴 | 은은한 | 쩝쩝 |
| 쓴 맛 | 이상하다 | 쫀득쫀득 |
| 쓸쓸하다 | 이상한 | 쫀득하다 |
| 씁쓰리하다 | 익숙하다 | 쫀득한 |
| 씁쓸하다 | 익숙한 | 쫄깃 |
| 씁쓸하다 | 입안에서 녹는다 | 쫄깃쫄깃 |
| 씁쓸한 | 입에서 녹는다 | 쫄깃하다 |
| 씁쓸한 | 자극적이다 | 쫄깃한 |
| 씹는 맛 | 자극적이지 않다 | 쫄깃함 |
| 씹는 맛이 있는 | 잘 익었다 | 쩐득거리다 |
| 씹는 맛이 있다 | 적당하다 | 쩐득쩐득 |
| 씹는 맛이 좋다 | 정갈하다 | 쩐득하다 |
| 씹는 질감이 좋다 | 정갈한 | 쩐득함 |
| 아그작아그작 | 정성스럽다 | 쩝쩝하다 |
| 아삭아삭 | 그회롭다 | 치기오 |
| 아삭하다 | 지겨운 | 차갑다 |
| 아삭한 | 지겹다 | 찰지다 |
| 아삭함 | 지글지글 | 청량한 |
| 아작아작 | 진부한 | 촉촉하다 |
| 아픈 | 진하다 | 촉촉한 |

第 8 章　スウェーデン語と韓国語における味を表す表現の類型化　315

| | | |
|---|---|---|
| 치약맛 | 퍼석퍼석 | 하얀 |
| 치킨 | 퍼석하다 | 하얗다 |
| 칼칼하다 | 퍽퍽하다 | 행복하다 |
| 칼칼함 | 퍽퍽한 | 향긋하다 |
| 캬~ | 편안하다 | 향긋한 |
| 코가 찡하다 | 포만감 | 향기로운 |
| 탱글탱글 | 폭신폭신 | 향기롭다 |
| 탱탱 | 폭신하다 | 향이 강하다 |
| 탱탱하다 | 푸르스름 | 향이 좋다 |
| 탱탱함 | 푸르스름한 | 향이 좋은 |
| 팁팁 | 푸석푸석 | 향이 좋지 않다 |
| 팁팁하다 | 푸석하다 | 화끈한 |
| 팁팁한 | 푸석함 | 화려하다 |
| 팁팁함 | 푸짐하다 | 화려한 |
| 톡 쏘는 | 푸짐한 | 화하다 |
| 톡 쏘는 | 폭신하다 | 황홀하다 |
| 톡 쏘다 | 풀 맛 | 후루룩 |
| 톡 쏜다 | 풍미가 있다 | 호물거리다 |
| 톡쏘다 | 풍미있는 | 호물호물 |
| 톡톡 | 풍부하다 | 흙 맛 |
| 통통함 | 풍부한 | |
| 파릇파릇 | 풍요롭다 | |

　これらの味表現を瀬戸（2003）の味ことば分類表により分類したものが次に挙げる表14である。

表14　韓国語における味を表す表現の種類数および回答数

| | | 種類数 | 回答数 |
|---|---|---|---|
| 一般評価 | 一般評価 | 75 | 1,005 |
| 味覚評価 | 味覚評価 | 7 | 107 |
| 素材表現 | 素材 | 14 | 78 |
| | 素材特性 | 14 | 197 |
| 味覚表現 | 甘味 | 19 | 1,465 |
| | 酸味 | 10 | 338 |
| | 塩味 | 16 | 442 |
| | 辛味 | 15 | 331 |
| | 苦味 | 12 | 307 |
| | 渋味 | 3 | 28 |
| | 旨味 | 0 | 0 |
| 共感覚表現 | 静騒 | 1 | 13 |
| | 擬音 | 10 | 110 |
| | 色 | 16 | 126 |

| | | | |
|---|---|---|---|
| | 明暗 | 25 | 687 |
| | 透明度 | 4 | 243 |
| | 形態 | 14 | 331 |
| | 大小 | 1 | 8 |
| | 垂直 | 3 | 20 |
| | 水平 | 0 | 0 |
| | 奥行き | 2 | 14 |
| | におい | 2 | 12 |
| | 芳香 | 17 | 994 |
| | 悪臭 | 12 | 245 |
| | 硬軟 | 51 | 2,076 |
| | 乾湿 | 23 | 565 |
| | 粘性 | 27 | 774 |
| | 触性 | 8 | 108 |
| | 圧覚 | 2 | 13 |
| | 痛覚 | 8 | 78 |
| | 温覚 | 11 | 309 |
| | 冷覚 | 7 | 184 |
| 状況表現 | 場所 | 0 | 0 |
| | 時 | 0 | 0 |
| | 作り手 | 0 | 0 |
| | 市場価値 | 7 | 56 |
| | 食べ手 | 0 | 0 |
| | 結果 | 12 | 77 |
| | 製造プロセス | | 641 |
| | 量 | 4 | 36 |
| | 計 | 458 | 11,418 |

　本書で示すデータは翻訳協力者3名の翻訳に基づくものであるが、翻訳の信頼性を高めるため、各々の担当箇所以外についても相互にチェックをしてもらった。また「부드럽다」「부드러운」など、活用形のみが異なるものを同一とみなし分類するという方法も考えられるが、本書では形の違いにより分類を行った。

　この表14の458種の味表現うち、回答数が最も多い「硬軟」の味表現とは、次のようなものである。

表15　韓国語における硬軟の味表現（一部）

| | 韓国語 | 日本語 | 回答数 |
|---|---|---|---|
| 1 | 부드럽다 | 柔らかい | 441 |
| 2 | 부드러운 | ソフトな | 267 |
| 3 | 딱딱하다 | 硬い | 234 |
| 4 | 쫄깃쫄깃 | コリコリした | 217 |
| 5 | 아삭아삭 | さくさく | 142 |
| 6 | 바삭하다 | サクサクだ | 9 |
| 7 | 바삭바삭 | サクサク | 92 |
| 8 | 딱딱한 | 硬い | 56 |
| 9 | 딱딱하다 | 硬い | 46 |
| 10 | 오독오독 | コリコリ | 34 |
| 11 | 물컹물컹 | ぐにゃぐにゃ | 34 |
| 12 | 쫀득쫀득 | もちもち | 30 |
| 13 | 탱글탱글 | ぷりぷり | 27 |
| 14 | 부드러움 | 柔らかさ | 26 |
| 15 | 말랑말랑 | ほやほや | 22 |
| 16 | 물렁물렁 | どろり | 20 |
| 17 | 쫀득하다 | もちもちだ | 19 |
| 18 | 탱탱하다 | プリプリした | 15 |
| 19 | 물렁하다 | ぶよぶよしている | 15 |
| 20 | 딱딱함 | 硬さ | 13 |
| 21 | 흐물거리다 | ふにゃふにゃ | 13 |
| 22 | 몰랑몰랑 | ひたひた（水気がたっぷりでやわらかい） | 12 |
| 23 | 사각사각 | サクサク | 11 |
| 24 | 무르다 | 脆い | 10 |
| 25 | 보들보들 | しなやか | 10 |
| 26 | 물컹하다 | モチッとした | 10 |

　さらにこの結果を「カテゴリー」別にまとめたものが次に示す表16および図2である。ここでいうカテゴリーとは、瀬戸（2003）味ことば分類表の食味表現である「一般評価、味覚評価、素材表現、味覚表現、共感覚表現」の5つに、「状況表現」を加えた計6つの区分である。

表16　韓国語における味表現の種類数および回答数の割合
（カテゴリー別）

|  | 回答数 | 種類数 |
|---|---|---|
| 一般評価 | 8.8% | 16.3% |
| 味覚評価 | 1.0% | 1.5% |
| 素材表現 | 2.4% | 6.1% |
| 味覚表現 | 25.0% | 16.4% |
| 共感覚表現 | 60.5% | 53.2% |
| 状況表現 | 1.8% | 6.3% |
| 計 | 100% | 100% |

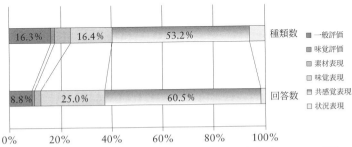

図2　韓国語における味表現の種類数および回答数の割合（カテゴリー別）

　表15と図2に示されるように、今回の調査では、種類数、回答数とも共感覚表現が飛び抜けて多く（53.2%・60.5%）、次いで味覚表現（16.4%・25%）、一般評価（16.3%・8.8%）という結果であった。

## 8.5.4　韓国語の味を表す表現に関する考察
### 8.5.4.1　韓国語の味を表す表現における共感覚的比喩
　今回の調査で回答された、韓国語における味を表す際の共感覚表現の内訳は次の通りである。

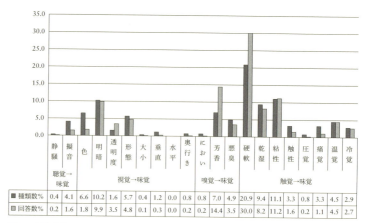

図3　韓国語における共感覚の味表現

図3に示されるように、触覚→味覚の表現が最も多い。これは一方向性仮説に反しない例である。その一方で、触覚→味覚以外の転用は仮説に反する例であるが、図3に示されるように反例も一定数存在する。

以下では、この一方向性仮説の反例について述べる。
①一方向性仮説に反する例

はじめに、聴覚を表す語が味を表す例である。
・聴覚→味覚表現

カテゴリー13「擬音」(10種類)：食べたときに生じる音によって味を表す表現

아그작아그작（12、がやがやした）、냠냠（6、ぴちゃぴちゃした）、오도독（7、ぽりぽりした）、후루룩（21、ずるずるした）、꿀꺽꿀꺽（4、ぐびりぐびりした）、질근질근（5、くちゃくちゃとした）、질겅질겅（33、くちゃくちゃした）、쩝쩝（13、くちゃくちゃした）、캬〜（4、きゃ〜（と悲鳴の出るような））、으〜（5、う〜（とうなるような））　　　　　　＊かっこ内の数字は回答数

食べたときに生じる音によってある種の味を表す「擬音」の表現は、日本語にも、パリパリとした、コリコリした、サクサクしたなど数多く存在するが、今回の韓国語の調査においても10種類が回答さ

れた。

　次に、視覚を表す語で味を表す例は次のようなものである。

・視覚→味覚表現

①カテゴリー14「色」（16種類）：色に関することばで味を表す表現例

노르스름하다（14、薄黄色い）、하얗다（14、白い）、하얀（6、白い）、푸르스름한（7、やや青い）、불그스름함（5、やや赤い）、노릇노릇하다（5、こんがりとした）

노르스름한（16、こんがりとした）、노릇노릇（14、こんがりとした）、노르스름（14、こんがりとした）、노랗다（5、黄色い）、누런（4、黄金色の）、알록달록（4、色とりどりの）、검붉은（4、赤黒い）、빨간（5、赤い）、푸르스름（5、青っぽい）、파릇파릇（4、青々とした）

　こうした、色である種の味を表す表現は、瀬戸（2003）の分類表では「色」にあたる表現である。同著では、青臭い味、カラフルな味、七色の（スープの）味といった表現が挙げられているが、本章用例（1）（2）でもみたように、日本語においては商品名などにもしばしば見受けられる。

　　白いプリン・パン・チーズ、黒い蜂蜜、黒豚、黒毛牛、黄金のたれ、金のビール

　このように、色である種の味を表す表現にも様々なタイプが存在するが、これらをすべて味の表現と捉える。

　視覚を表す語で味を表す例は他に、明暗に関することばで味を表す表現もある。

②カテゴリー15「明暗」（25種類）：明暗に関することばで味を表す表現例

닝닝한（5、味が薄い）、밍밍（4、味が薄い）、싱거운（32、味が薄い）、닝닝하다（13、味が薄い）、심심한（6、味があまりしない、非常に薄い）、밍밍한（31、薄い）、묽다（11、薄い）、묽은（7、薄い）、진하다（51、濃い）진함（23、濃い）、진한（13、濃い）、너무　진한（11、濃すぎる）、담백한（97、淡泊な）、담백함（11、

淡泊な）、은은한（7、ほのかな）、은은하다（6、ほのかな）、윤기 있는（4、艶のある）、야들야들（4、つやつやした）、담백하다（204、淡泊な）、담백（5、淡泊な）、밍밍하다（119、うすい）、맛이 약하다（5、味が薄い）、무미함（9、味のない）

　この明暗に関する語で味を表す表現は、瀬戸（2003）では「濃い、薄い、うっすら、ほのかな」などといった表現が挙げられているが、韓国語ではこのような回答があった。さらに、視覚を基本義とする言葉で味を表す表現には次のようなものがある。
③カテゴリー16「透明度」（4種類）：透明度に関することばで味を表す表現例
깔끔한（24、すっきりとした）、시원하다（203、すっきりとした）、텁텁（4、すっきりしない）、깔끔한（12、こぎれいですっきりした）
④カテゴリー17「形態」（14種類）：形態（視覚的印象）に関することばで味を表す表現例
오돌토돌（8、表面が均一ではなくところどころ目立っている模様のような）、모락모락（5、ゆらゆらした）、푸석함（7、もろく砕けやすい）、통통함（5、丸々とした）、폭신하다（5、ふくよかな）、폭신하다（4、ふくよかな）、톡톡（4、ぱんぱんにふくらんだ）、탱탱함（16、ハリがある）、예쁘다（8、きれいな）、깨끗하다（8、きれいな）
⑤カテゴリー18「大小」（1種類）：大小に関することばで味を表す表現例
시들시들（8、ややしおれた）
⑥カテゴリー19「垂直」（3種類）：垂直に関することばで味を表す表現
깊이 있는（5、深みのある）

　カテゴリー18について、瀬戸（2003）では「大味」に加え「しぼむ」、「縮む」などの例も挙げられていることから、「시들시들（（水分を失って）ややしおれた）」を大小表現とみなした。
　なお、カテゴリー20の「水平に関わることばで味を表す表現」

を除き、その他の視覚→味覚表現については、味ことば分類表のすべてのカテゴリーにも表現が認められるという結果であった。

・嗅覚→味覚表現

また嗅覚を表す語で味を表す表現も一方向性仮説の反例であるが、様々な表現が回答された。

①カテゴリー22「におい」(2種類)：においに関わることばで味を表す表現例（評価を伴わない）

향이 강하다 (8、香りが強い)、냄새가 난다 (4、においがする)

②カテゴリー23「芳香」(17種類)：香りに関わることばで味を表す表現例（良い評価を伴う）

향기롭다 (47、香りがする)、향이 좋다 (41、香りがよい)、고소함 (49、香ばしさのある)、구수하다 (85、香ばしい)、구수한 (54、香ばしい)、향기로운 (37、匂やかな)、향긋한 (35、香ばしい)、향긋하다 (25、匂やかな)、구수한 (19、香ばしい)、구수함 (10、香ばしい)、풍미있는 (4、風味のある)、풍미가있다 (4、風味のある)、고소 (8、こうばしさ)、고소하다 (347、こうばしい)、고소한 (118、こうばしい)、고소한 (107、こうばしい)、향이 좋은 (4、香りの良い)

③カテゴリー24「悪臭」(12種類)：においに関わることばで味を表す表現例（悪い評価を伴う）

비릿한 (31、生臭い)、비릿하다 (23、生臭い)、비린 (14、生臭い)、비린내 (11、生臭い)、냄새난다 (14、臭い)、냄새나는 (10、臭い)、구리다 (6、臭い)、향이 좋지 않다 (9、香りが良くない)、비리다 (115、なまぐさい)、비린내 (4、生臭い)、비린내 난다 (4、生臭い)、비린내 나는 (4、生臭い)

以上のように、嗅覚に関する言葉で味を表す表現は仮説の反例であるにも関わらず、韓国語においても数多く認められる。

### 8.5.4.2　分類表に追加される新しいカテゴリー

スウェーデン語と同様、韓国語の調査でも、瀬戸 (2003) の分

類表のどのカテゴリーにも分類できない表現が存在した。これら分類できない例については、やはり3つの新たなカテゴリーを追加することで分類が可能となる。

- 市場価値（7種類）：食物の市場価値を述べることによって味を表す表現例

비싼（8、高価な）、비쌈（5、高価な）、유익한（6、お得な）、부담스러운（4、負担になるほど高価な）、고급스러움（5、高級な）、고급스럽다（4、高級な）、비싸다（24、高価な）

- 結果（12種類）：食べた結果がどうなるかによって味を表す表現例

니글니글（5、油っぽいものをたくさん食べてあまりお腹がよくないような）、니글거린다（4、油っぽいものをたくさん食べてあまりお腹がよくないような）、몸에 좋다（12、体に良い）、몸에 좋은（6、体に良い）、건강에 좋은（8、健康に良い）、느글느글（9、むかむかとした）、배부르다（8、満腹の）、포만감（6、満腹感を感じる）、고칼로리의（5、高カロリーの）、건강에 좋다（4、健康によい）、건강한 맛（5、健康な）、건강함（5、元気な）

- 量（6種類）：食べ物の量に関わる表現例

양이 많다（5、量が多い）、푸짐하다（9、盛り沢山の）、푸짐한（18、ボリュームたっぷりの）、많다（4、多い）


以上のように分類できない25種の例については、スウェーデン語と同様、市場価値、結果、量というの3つのカテゴリーを味ことば分類表に新たに設けることで、すべてが分類できる。


### 8.5.5　8.5のまとめ

この調査で明らかになった点は次の2点である。まず、日本語と韓国語の味表現を比較すると、数も種類も異なる。以下は、日本語の味ことば分類表には存在するが韓国語の調査では回答されなかったカテゴリーである。

(13) 韓国語の調査で回答されなかったカテゴリー

  (i)　カテゴリー20、水平：水平に関わることばで味を表す

表現
(ⅱ) カテゴリー11、旨味：食物の旨みについて述べた表現
(ⅲ) カテゴリー33、場所：調理がなされる場所によって味を表す表現
(ⅳ) カテゴリー34、時：時（時代、季節、時間、新旧）のことばで味を表す表現
(ⅴ) カテゴリー35、作り手：調理者（製造者）が誰であるかを述べることによって味を表す表現
(ⅵ) カテゴリー36、食べ手：料理の食べ手について述べることによって味を表す表現

これらの例について、本当にこうした表現が韓国語に存在しないのかどうか、年齢層をもっと広げるなどしてさらなる調査が必要である。

　一方、韓国語には日本語にはみられない共感覚的比喩表現が複数存在する。本文中で挙げた複数の色→味表現の他、悪臭を表す表現、辛みを表す表現も日本語より豊富である。

表17　韓国語における辛味を表す表現

| | 韓国語 | 回答数 | 日本語 |
|---|---|---|---|
| 1 | 얼큰하다 | 25 | 辛くてぴりぴりする |
| 2 | 얼큰한 | 6 | 辛くてぴりぴりする |
| 3 | 맵다 | 88 | 辛い |
| 4 | 매운 | 12 | 辛い |
| 5 | 매움 | 6 | 辛い |
| 6 | 매콤하다 | 81 | やや辛い |
| 7 | 매콤한 | 40 | やや辛い |
| 8 | 칼칼하다 | 14 | ひりひりと辛い |
| 9 | 비릿비릿 | 4 | ビリビリッとした |
| 10 | 알싸하다 | 6 | ぴりぴりする |
| 11 | 톡　쏘는 | 7 | ピリッとした |
| 12 | 너무　맵다 | 5 | 辛すぎる |
| 13 | 매운 | 18 | 辛い |
| 14 | 매콤 | 11 | 辛い |
| 15 | 화하다 | 8 | とても辛い |
| | 回答数計 | 331 | |

　さらに、日本語の味ことば分類表では分類できない表現が韓国語においては存在するが、新たに3つのカテゴリーを設けることですべての表現が整理可能となる。

(14) 韓国語の味表現分類表に追加されるべき新たなカテゴリー
　　(i)　カテゴリー38：市場価値
　　(ii)　カテゴリー39：結果
　　(iii)カテゴリー40：量

## 8.6　8章のまとめ

　以上、本章では、スウェーデン語と韓国語母語話者に対する調査の結果から、両言語の味を表す表現の使用実態について考察してきた。スウェーデン語も韓国語も、日本語の味ことば分類表によって概ね分類が可能であるが、状況表現の下位に新たな3つのカテゴリーが必要である。

(15) スウェーデン語と韓国語の味表現分類表に追加されるべき新たなカテゴリー
　・カテゴリー38: 市場価値
　・カテゴリー39: 結果
　・カテゴリー40: 量

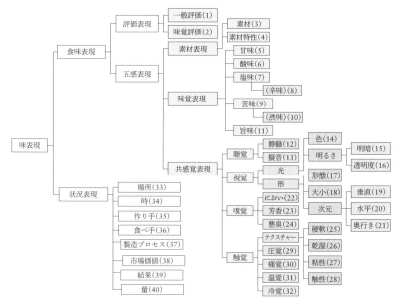

(瀬戸2003: 29の一部を修正し作成)

図4　日本語と韓国語、スウェーデン語における味ことば分類表

　また両言語とも共感覚の味表現が多く回答されたが、それらの表現には従来の一方向性仮説の反例も多く認められた。

　今後の課題について述べる。まずスウェーデン語と韓国語以外の言語についても味表現の実態を調査し、さらに日本語についても見直す必要がある。こうした調査の結果をもとに味ことば分類表に加筆や修正を加え、最終的にはどの言語にも対応し得る味ことば分類表を完成させることを目指す。

　また、食品別に表現を整理し言語間で比較する作業も必要である。例えば今回スウェーデン語ではワインの味について次のような回答があった。

(16) スウェーデン語におけるワインに関する味表現

乾いた、甘い、赤い、白い、強い、高価な、良質の、保存可能な、おいしい、こくがある、フルーティーな、スパイシーな、花のような、はかない、酸っぱい、流れるような、ぶどうの、美しい、粗い、すがすがしい…

　こうした調査を通して、様々な言語圏において共通して存在する食品の味が各言語でどのように表現されるのか、そこに現れる類似性と相違性についても明らかにする。

---

＊1　「一般評価」や「味覚評価」などの後に続く、かっこつきの番号（（1）など）を以下、カテゴリー番号とする。

## 資　料

### 資料1　スウェーデン語調査票（一部）

Questionnaire for research on "expression of taste" in several languages.

We have investigated several languages already, and how to represent "taste" with adjectives and /or phrases.
We are sincerely grateful for your cooperation.

※When you express "good taste" (or bad taste) what kind of expressions do you use? Please answer about food listed in the following examples.

| | | expressions with positive meanings or good taste. | | | expressions with negative meanings or bad taste. | |
|---|---|---|---|---|---|---|
| | English | 1 | 2 | other expressions you might use | 1 | other expressions you might use |
| | French bread | crunchy | fluffy | soft, light brown, fragrant | dry | tough |

| | | | | expressions with positive meanings or good taste. | | | expressions with negative meanings or bad taste. | |
|---|---|---|---|---|---|---|---|---|
| | | | English | 1 | 2 | other expressions you might use | 1 | other expressions you might use |
| 137 | Sweets | no.66 | Honey | | | | | |
| 138 | Special meals | no.113 | Home cooking of mother | | | | | |
| 139 | Grain | no.150 | Bread | | | | | |
| 140 | Hot meals | no.92 | Bread (bread) | | | | | |
| 141 | Sweets | no.51 | Panna cotta | | | | | |
| 142 | Hot meals | no.74 | Hamburger | | | | | |
| 143 | Dairy | no.37 | Peanut butter | | | | | |
| 144 | Hot meals | no.84 | Beef stew | | | | | |
| 145 | Hot meals | no.96 | Beef jerky | | | | | |
| 146 | Hot meals | no.72 | Beefsteak | | | | | |
| 147 | Beverages | no.5 | Beer | | | | | |
| 148 | Hot meals | no.99 | Ground meat | | | | | |

| | | | | | | | | |
|---|---|---|---|---|---|---|---|---|
| 149 | Sweets | no.48 | Bitter chocolate | | | | | |
| 150 | Condiment | no.185 | A pinch of salt | | | | | |
| 151 | Special meals | no.104 | Hospitalized meal | | | | | |
| 152 | Dairy | no.31 | Cheese for fondues | | | | | |
| 153 | Hot meals | no.77 | Fried chicken | | | | | |
| 154 | Special meals | no.119 | French food | | | | | |
| 155 | Beverages | no.19 | Frozen drink (caramel frozen, chocolate frozen) | | | | | |
| 156 | Vegetables and fruits | no.128 | Bean sprouts | | | | | |
| 157 | Hot meals | no.76 | Bacon | | | | | |
| 158 | Dairy | no.36 | Whip cream | | | | | |
| 159 | Hot meals | no.70 | Potage | | | | | |
| 160 | Confectionery | no.28 | Biscuit stick coated with chocolate | | | | | |
| 161 | Confectionery | no.25 | Potato chip | | | | | |
| 162 | Hot meals | no.82 | Stew of the meat with the bone | | | | | |
| 163 | Korean food | no.200 | Broiled (pieces of) pig innards | | | | | |
| 164 | Korean food | no.202 | Surströmming (Fermented Baltic herring) | | | | | |
| 165 | Sweets | no.68 | Macaroon | | | | | |
| 166 | Sweets | no.59 | Marshmallow | | | | | |
| 167 | Condiment | no.190 | Mustard | | | | | |
| 168 | Hot meals | no.100 | Mashed potato | | | | | |
| 169 | Vegetables and fruits | no.134 | Mushrooms | | | | | |
| 170 | Vegetables and fruits | no.132 | Bean | | | | | |
| 171 | Special meals | no.121 | Drug | | | | | |
| 172 | Hot meals | no.75 | Meat loaf | | | | | |
| 173 | Sweets | no.47 | Milk chocolate | | | | | |
| 174 | Vegetables and fruits | no.136 | Mint | | | | | |
| 175 | Sweets | no.64 | Mousse | | | | | |
| 176 | Vegetables and fruits | no.140 | Chemical-free vegetables | | | | | |
| 177 | Vegetables and fruits | no.142 | Melon | | | | | |
| 178 | Seafood | no.169 | Grilled fish | | | | | |
| 179 | Hot meals | no.69 | Vegetable soup | | | | | |
| 180 | Seafood | no.168 | Wild fish | | | | | |
| 181 | Special meals | no.110 | Dish of the famous chef | | | | | |
| 182 | Korean food | no.204 | Raw beef | | | | | |
| 183 | Hot meals | no.101 | Boiled egg | | | | | |
| 184 | Dairy | no.34 | Yogurt | | | | | |
| 185 | Grain | no.152 | Ramen (Noodle Soup) | | | | | |
| 186 | Sweets | no.55 | Rusk | | | | | |
| 187 | Beverages | no.2 | Rough wine | | | | | |
| 188 | Sweets | no.65 | Condensed milk | | | | | |
| 189 | Beverages | no.1 | Wine | | | | | |
| 190 | Condiment | no.189 | wasabi (Japanese horseradish) | | | | | |
| 191 | Sweets | no.67 | Cotton candy | | | | | |

## 資料2　韓国語調査票

세계 언어의 맛에 관한 표현에 대한 앙케이트　　　　　　　　　　　　A-1

저희는 이번 연구에서, 다양한 언어로 "맛"을 표현하는 방법에 대해 조사하고 있습니다. 협조 부탁드립니다.

※다음 식품, 식재료의 맛과 맛의 정도를 표현하는 경우 어떤 말이 적당한지 생각해 주십시오.

| | | | 「맛」을 표현하는 말(+평가) | | | 「맛 없음」을 표현하는 말(+평가) | |
|---|---|---|---|---|---|---|---|
| | | | 1 | 2 | 이외(가능한 많이, 자세히 적어주시기 바랍니다.) | 1 | 이외(가능한 많이, 자세히 적어주시기 바랍니다.) |
| 예 | no.ex. | 프랑스빵(바게트) | 바삭바삭 | 쫄깃쫄깃 | 부드러운, 노르스름한, 고소한 | 퍼석퍼석 | 딱딱한 |
| 1 | no.123 | 아이스캔디 | | | | | |
| 2 | no.35 | 아이스크림 | | | | | |
| 3 | no.156 | 볶음 국수 | | | | | |
| 4 | no.80 | 튀김 | | | | | |
| 5 | no.172 | 바지락 | | | | | |
| 6 | no.166 | 지방이 오른 물고기(참치 뱃살) | | | | | |
| 7 | no.171 | 오징어 | | | | | |
| 8 | no.199 | 돌솥 비빔밥 | | | | | |
| 9 | no.133 | 딸기 | | | | | |
| 10 | no.117 | 시골요리 | | | | | |
| 11 | no.18 | 우롱차 | | | | | |
| 12 | no.58 | 웨하스 | | | | | |
| 13 | no.103 | 맛이 진하지 않은 음식 | | | | | |
| 14 | no.153 | 우동 | | | | | |
| 15 | no.164 | 새우 | | | | | |
| 16 | no.105 | 오가닉 요리 | | | | | |
| 17 | no.161 | 오트밀 | | | | | |
| 18 | no.135 | 마 | | | | | |
| 19 | no.162 | 누룽지 | | | | | |
| 20 | no.93 | 도시락 | | | | | |
| 21 | no.201 | 해물파전 | | | | | |
| 22 | no.173 | 해초 | | | | | |
| 23 | no.45 | 각설탕 | | | | | |
| 24 | no.3 | 과실주 | | | | | |
| 25 | no.50 | 커스타드 푸딩 | | | | | |
| 26 | no.32 | 커티지 치즈(하얗고 부드러운 치즈) | | | | | |
| 27 | no.114 | 가정요리 | | | | | |
| 28 | no.21 | 생과일쥬스 | | | | | |
| 29 | no.12 | 카페오레 | | | | | |
| 30 | no.148 | 단호박 | | | | | |
| 31 | no.88 | 카레라이스 | | | | | |
| 32 | no.137 | 감귤류 | | | | | |
| 33 | no.160 | 건빵 | | | | | |
| 34 | no.138 | 다진 양배추 | | | | | |
| 35 | no.90 | 김치 | | | | | |
| 36 | no.57 | 캐러멜 | | | | | |
| 37 | no.86 | 불고기 덮밥 | | | | | |
| 38 | no.145 | 오이 | | | | | |

세계 언어의 맛에 관한 표현에 대한 앙케이트                                    A-2

| | | 『맛』을 표현하는 말(+평가) | | 이외(가능한 많이, 자세히 적어주시기 바랍니다.) | 『맛 없음』을 표현하는 말(+평가) | 이외(가능한 많이, 자세히 적어주시기 바랍니다.) |
|---|---|---|---|---|---|---|
| | | 1 | 2 | | 1 | |
| 39 | no.39 | 쿠키 | | | | |
| 40 | no.61 | 구미캔디 (왕꿈틀이) | | | | |
| 41 | no.44 | 그래뉴당 | | | | |
| 42 | no.158 | 그라놀라 (곡물 시리얼) | | | | |
| 43 | no.129 | 아스파라거스 | | | | |
| 44 | no.181 | 그레이비 (그레비 소스) | | | | |
| 45 | no.54 | 크레이프 | | | | |
| 46 | no.102 | 저염식 | | | | |
| 47 | no.9 | 홍차 | | | | |
| 48 | no.8 | 커피 | | | | |
| 49 | no.14 | 콜라 | | | | |
| 50 | no.159 | 콘푸레이크 | | | | |
| 51 | no.20 | 코코아 | | | | |
| 52 | no.174 | 후추 | | | | |
| 53 | no.154 | 밥 | | | | |
| 54 | no.143 | 우엉 | | | | |
| 55 | no.192 | 참깨드레싱 | | | | |
| 56 | no.195 | 깻잎 | | | | |
| 57 | no.183 | 콘소메 | | | | |
| 58 | no.56 | 별사탕 | | | | |
| 59 | no.105 | 연어 | | | | |
| 60 | no.177 | 설탕 | | | | |
| 61 | no.187 | 오리엔탈 드레싱 | | | | |
| 62 | no.178 | 소금 | | | | |
| 63 | no.85 | 스튜 | | | | |
| 64 | no.122 | 샤베트 | | | | |
| 65 | no.52 | 잼 | | | | |
| 66 | no.120 | 불량식품 | | | | |
| 67 | no.15 | 주스 | | | | |
| 68 | no.23 | 무설탕껌 | | | | |

◆성별: 남  여        ◆모국어: _____ 방언     ◆연령: _____ 세

◆학부 및 학년

◆한국에서 인기가 있는 음식은 무엇입니까? 최근 1개월 간 자주 먹는 음식과 마시는 음료수 중에서
『음식 이름(상품명 등)』 과 그 맛을 순서대로 3가지 써 주시기 바랍니다.

| | 음식명(상품명) | 맛 | 횟수 |
|---|---|---|---|
| 1 | | | |
| 2 | | | |
| 3 | | | |

Q205 한국어의 맛 표현에 대해 그 외의 자주 쓰는 단어가 있다면 써 주십시오. 또, 감상이나 코멘트가 있다면 기입 부탁드립니다.

|  |
|---|
|  |

협력 감사합니다.

第9章
# 感覚間の意味転用に関わる比喩の分析
共感覚的比喩の動機づけを探る

## 9.1 本章の課題

前章までの考察を受け第9章では、改めて、従来、共感覚的比喩とされてきた枠組み内の分析を行ない、五感内における各感覚間の表現の貸し借りを可能にする動機づけを明らかにする。

## 9.2 共感覚的比喩を支えるメタファーとメトニミー

従来、感覚間の意味の転用は、おもに人間の感覚器官の仕組みによって、あるいは心理的現象に裏づけされることによって成立し理解されるという特殊な比喩、「共感覚的比喩」により説明されてきた。従って、言語の生成と理解の基本的なプロセス[*1]であるメタファー・メトニミー・シネクドキーという観点から分析は十分にはされてきていない。

そこで本節では、こうした感覚間の意味の転用がどのような比喩にもとづくものなのかという課題について、前章までの分析をふまえ整理したうえでさらに検討する。

### 9.2.1 先行研究概観
共感覚的比喩生成のメカニズムは、おもに心理学的あるいは生理学的な観点から説明されてきた。関連する先行研究をみてみよう[*2]。

#### 9.2.1.1 感覚の仕組み、あるいは脳細胞（ニューロン）
山田（1993）は、「甘い声」や「暖かな色」といった共感覚的比喩表現の動機づけについて、次のように述べている。

> 感覚を表す単語は数多いが、脳で再編成された後の感覚の体系は、共感覚比喩と呼ばれる表現がカギとなる。(中略)この共感覚比喩がここで重要な意味を持つのは、共感覚比喩がただ慣用的に存在しているわけではなく、<u>わたしたち人間に備わった感覚の仕組みに基づいている</u>と考えられるからである。つまり<u>耳で聞いた音を舌で味わうように人が感じることができるから、"甘い声"といった表現ができるのであり、色を目で見て、暖かいものに触れた時のように感じることができるから、"暖かな色"という表現ができるのである。</u>
>
> (山田 1993: 31-32、下線は引用者)

このように、共感覚的比喩の理解の動機づけは人間の感覚の仕組みによるものだとしている。

さらに国広（1967）では、「形容詞に『共感覚的比喩（synaesthetic metaphor)』用法というのがある。これはある感覚領域を表すのに他の感覚領域を比喩的に用いるものである。」としたうえで、次のように述べている。

> 一方 sweet を取り出してみると、味覚、聴覚のほかに 'sweet, temper''sweet women（気立ての優しい女性）' [性格]、'sweet smell' [臭　覚]、'sweet love' [情緒] の用法がある。この共感覚用法はかなり一般的であることを考えると、ここにも<u>ある程度の神経生理学的裏付けがあるのではないか</u>と予想される。脳細胞（ニューロン）は各々が沢山の枝を出して他とつながっていて、そのつながり方は極めて複雑かつ広範囲であると考えられているが、上の<u>共感覚用法は各感覚領域をつかさどるニューロンの群が互に連絡しあっている</u>ことを予想させるのである。
>
> (国広 1967: 98、下線は引用者)

ここでも山田（1993）と同様、甘い（または 'sweet'）における聴覚や臭（嗅）覚などへの転用の動機づけは、人間の脳細胞（ニューロン）の連絡によるものであるとしている*3。

### 9.2.1.2　類似性に基づくメタファー

一方、感覚間の転用がメタファーに基づくものだとする研究は、ウルマン（1972 = 1969）などがある。ウルマンは、意味の類似性について述べる中で、擬人法的隠喩や動物の隠喩とともに共感覚的な隠喩（メタファー）を挙げており、次のように述べている。

> <u>隠喩のよくあるタイプ</u>に1つの感覚から他の感覚への転移に基づいているものがある。たとえば、聴覚から視覚へ、触覚から聴覚へといったふうにである。われわれは、「暖かい」声とか「冷たい」声とか言う時、暖かさ、または<u>冷たさとある種の声の性質の間にある類似性を認める</u>からそうするのである。「つんざくような」声とかloud colours（「やかましい」色＝けばけばしい色）、「<u>甘い</u>」声や香り、その他多くの場合についても同様である。　　　　（ウルマン 1972 = 1969: 247-248、下線は引用者）

なお、池上（1985）にも同様の指摘がある。

> <u>意味の類似性に基づく転用</u>として興味あるものに、ある感覚領域を表わす語が別の感覚領域に転用される場合がある。一般に共感覚（synaesthesia）と呼ばれるものがそれで、sweet voiceにはこの種の転用がみられる。（中略）しかし、このように感覚の種類は異なっても、味覚について〈甘い〉といえる場合の感じと聴覚についての<u>ある種の印象の間に平行性が感じられることから転用が起こっている</u>わけである。
> 
> （池上 1985: 99、下線は引用者）

共感覚表現の理解を可能にするのは、異なる感覚間にある、ある種の印象間の平行性、つまり意味の類似性によるものであるとしているが、これらの研究（ウルマンや池上、山田1993や国広1967など）においては、共通して「甘い」の転用について述べられているという点に注目したい（詳しくは後述）。

このように比喩という観点から説明されている場合、類似性に基づくメタファーという説明が最も多くみられるものである。すなわち、従来、共感覚的比喩はメタファーの下位カテゴリーに位置づけられてきた[*4]。

### 9.2.1.3 メトニミーとの関わり

一方、小森（1993）には次のような指摘がある。

> 味覚との組みあわせは「甘い香り」「酸っぱいにおい」等の表現が可能である。このパタンはこれまでメタファーのなかでの共感覚表現としてあつかわれてきたものであるが、人間の身体の構造上、<u>鼻と口はつながっていて物理的にたいへん近い位置にある</u>。したがって、少なくとも<u>意味関係における類似性というよりは、現実のなかの隣接性によって結びついている</u>と捉えたほうがよいのではないか。（中略）その意味で、これは<u>喚喩にもとづいた表現</u>とみることができる。
>
> （小森1993:59、下線は引用者）

ここでは「甘い香り」「酸っぱいにおい」などの表現は喚喩（メトニミー）による転用だとしている。ただし限られた表現の部分的な指摘に留まる。

さらに次の山田（1999）でも、同様の指摘がみられる。

> 比喩によらずに視覚経験を表す表現の多くは色彩語彙だが、色彩語彙が香りや味を形容する例はワインの場合にも見られない。唯一'green'という語はワインと結びつけられるが、ここには、共感覚というより喚喩と一般的な比喩が働いている。grrenという色は未熟な植物の際だつ特徴であるため、<u>'green'という語は喚喩的に未熟な植物を表す</u>。ワインの味や香りの変化が、植物の成長に照らし合わされる比喩の構造の中で、未熟な植物はワインのまだ熟成していない状態に対応する。
>
> （山田1999:188、下線は引用者）

ただしこれもまた、おもに英語の共感覚表現について考察したものであり、日本語の共感覚的比喩全般を対象にしたものではない。よって、日本語の共感覚的比喩とメトニミーとの関連についてこれまで十分に検討されてきていない。

一方西尾（1983a）は、オノマトペ「カサカサ（と）」と「カサカサに」との意味の相違について、

> 「カサカサ（と）」と「カサカサに」とは、"ある種の感じを持った音"と"水分の無い状態"というずいぶん違った意味分

> 野に属するものになっている。しかし、単に同音であるにすぎないものだとも感じられない。　　　　　　（西尾 1983a: 160）

としたうえで、以下のような仮説を提示している。

> A. カサカサの音感自身に乾いた感じがあってその類似性が橋渡しになったという共感覚*5的な解釈。
> B. カサカサと音を立てるような物が、水気を失って乾いた状態のものであることが多いところからそういう状態をあらわすものへと意味が転じる近接性に基づく「喚喩的な転用」という解釈。　（西尾 1983a: 160 より要約）

しかしこの解釈に対する結論はここで示されておらず、課題は残されたままである。

　以上のように、一部の研究においては共感覚と他の比喩（ここではメトニミー）との関連が指摘されてきた。ただし日本語の共感覚的比喩のメカニズムについて、メタファー以外の比喩をも含め包括的に考察した研究は、管見の限りない。

### 9.2.1.4　説明が難しいとするもの

　一方、国立国語研究所（西尾）（1972）は、形容詞の基本的意味（基本義）と派生義の関係について次のように述べている。

> 諸意味間の関係についてもできるだけ考えようとした。形容詞のばあい、たとえば「あまい砂糖―あまい匂い」「きいろい花―きいろい声」のような一種の感覚的・印象的な類似にもとづく、意味の派生関係が多いようである。たとえば「うで」から派生して「電柱のうで」「うでがにぶる」というときの「うで」の意味は、腕の形・機能との類似から生じ、その類似において基本的意味と結びついていることは具体的に説明しやすい。しかし、上の「あまい」「きいろい」の派生義は、感じが似ているという以上に具体的な説明は、（対象についての深い知識がないと、あるいはあっても）なかなかむずかしい。
> 　　　　　（国立国語研究所（西尾）1972: 7、下線は引用者）

「あまい砂糖」から「あまい匂い」、そして「きいろい花」から「きいろい声」への意味の転用について、それは一種の感覚的・印象的

な類似によるものであるとし具体的な説明は難しいとしている。

### 9.2.1.5　問題提起と仮説の提示

感覚間の意味転用を可能にする動機づけについて、本書では次の仮説を立てる。

(1) 感覚間の意味転用を可能にする動機づけに関する仮説
　　感覚間の意味転用、すなわち共感覚的比喩は複数の動機づけにより成り立っている。

従来の研究では、感覚間の意味転用を可能にするメカニズムに対し、一元的な説明が模索されてきた。例えば先に挙げた国立国語研究所（西尾）（1972）にもみられるように、「あまい砂糖」から「あまい匂い」への転用と、「きいろい花」から「きいろい声」への転用を同一のメカニズムによるものとし、その動機づけに対して単一の説明が求められてきた。しかしこれまで妥当な説明は得られないままである。

そこで以下では、前章までの分析を踏まえ、複数の視点から感覚間の意味転用を検討することで共感覚的比喩のメカニズムの全容を明らかにする。そして比喩の一種として捉えられてきた共感覚的比喩という概念そのものについても改めて考察する。

## 9.2.2　前章までの分析から
### 9.2.2.1　メタファーに基づく意味転用

前章までに行なった分析から、改めてメタファーに基づく意味転用を確認する。まず、用例を再度みてみよう。

(2) 千頭さんは、かぐや姫みたいな髪をしている。その髪と、やや<u>甘い表情の眼もと</u>を見ると、<u>太郎の胸は揺すぶられる</u>のであった。　　　　　　　　　　　　　　　　　（第5章(7)）

(3) 隣りの女湯へ葉子が宿の子をつれて入って来た。着物を脱がせたり、洗ってやったりするのが、いかにも親切なものいいで、初々しい<u>母の甘い声</u>を聞くように好もしかった。
　　　　　　　　　　　　　　　　　　　　　　　　（第5章(8)）

(4) 綾波は僕の背中におぶさる。（中略）綾波の<u>甘いにおい</u>が鼻

腔をくすぐる。こんな状況で僕は内心にやけてしまったが、これは男の性と言うものであろう。　　　　　　　　（第5章 (11)）

(5) 少女はどこもかしこも<u>柔らかで</u>、<u>あたたかく</u>、そして<u>甘い</u><u>感触</u>がする。まるで砂糖菓子のように甘い、唇。その感触があまりにも心地よくて、オスカーはいつまでも唇を離すことができない。　　　　　　　　　　　　　　（第5章 (14)）

これらの例は、基本義である味覚から (2) は視覚、(3) は聴覚、(4) は嗅覚、(5) は触覚へとそれぞれ転用される例であった。

これらの用例においては基本義の肯定的な抽象義*6 が、転用先においても認められることから、基本義である味覚から他の感覚領域（視覚・聴覚・嗅覚）へと直接メタファーにより意味が転用されている。つまりこの感覚間の意味転用は〈好ましさ〉や〈快さ〉といった共通する意義特徴により動機づけられる。

### 9.2.2.2　メトニミーに基づく意味転用

メトニミーに基づく意味転用の中から、時間的隣接に基づくものを再度以下にみる。時間的隣接の中でさらにタイプは2つに分けられるが、はじめに、2つの性質の同時性に基づく転用をみてみよう。

(6) お菓子作りの本を眺めているだけで、とても幸せな気分になり、頭の中で想像してはワクワクしたものです。そうして実際作ってみて、<u>オーブンから漂う</u><u>甘い</u><u>においに</u>何ものにも変えられない楽しさを発見したのです。　　（第5章 (3)）

(7) 品質の面から最高級のお酢を考えてみましょう　どうやら酸っぱければ酸っぱいほどいいというわけではないようです。（中略）においも**酸っぱい**においがすればいいってわけでもないし（以下略）　　　　　　　　　　（第5章 (121)）

これら (6)(7) における味覚から嗅覚への転用は、甘い（または酸っぱい）味を有するものはある種の匂いを有する、つまり味とにおいという2つの性質の同時性に基づくものであった。

続いて「渋い」「苦い」および「酸っぱい」における味覚から視覚への転用を再びふり返ってみよう。

(8) 「わがはいの小説は二万部も売れた」<u>渋茶</u>をすすりながら<u>渋</u>

いカオをして、フン先生は考えた。「わがはいは堕落しつつある。ひじょうにあぶないところにおちこんでいる。わがはいの小説はこれまで、ひとが読もうとしないところにのよさがあったのだ。　　　　　　　　　　　　(第5章 (68))

(9) いつも「何か苦いものでも口に入れているのか?」と思うほど苦い顔している印象のあるゴーン社長ですが、やはりいつも通りの顔。　　(http://www.gaura.com/ev/kaz/geneva2001/)

(10) 梅干しとか酢の物などは、食べる前に気合いが必要なんです。顔も無表情では食べられません。いかにも酸っぱい顔になってしまいます。
　　　　　　　　(http://www.1101.com/yowai/2002-12-21.html)

これらの例における視覚表現と基本義との関係は、渋い(苦い、酸っぱい)ものを食べた後のような顔、つまり基本義である不快な味とそれを食べたことに伴う精神的な不快感という、2つの事項の時間的連続に基づくメトニミーである。

　ここから次に挙げる例のように、実際に渋い(苦い、酸っぱい)味のものを食べた後でなくても、内心の不快から顔をゆがめるさまを表し得るようになる。

(11) 印象的だったのはマドリードでの国際会議。フランス側会見室でスペイン紙の女性記者がマイクを握ったが、苦しいフランス語で要領を得ず皆渋い顔に。　　　(第5章 (69))

(12) 時間の経過とともに厳しさを増す捜査の裏舞台を苦い顔で語つた。捜査の在り方に内部からも批判的な見方が出ている。
　　　(佐賀新聞記事データベース (http://www.saga-s.co.jp/ccd5cgi/ccdg-srch.exe?x%3a/dic5%5f2/))

(13) 彼は大胆にビットを進め、ついに4000万円で落札するのだった。彼の落札を酸っぱい顔で眺めている男がいた。ワイズ東京の支配人・宇佐見薫(伊武雅刀)である。
　　(http://cgi.j-drama.tv/svlt/jsp/draken/story.jsp?file=monariza&dir=2000_1)

これらの例が示すように、渋い、苦い、酸っぱいにおける視覚への

意味の転用は、時間の連続性、つまり時間の前後関係に基づくものであるとまとめることができる。

一方、「おいしい」にみられる視覚への転用例は、逆に基本義の好ましさとそれに伴う快感という2つの事項の時間的隣接に基づくメトニミーの表現であった。

(14) やっぱり、僕はおいしそうな顔をして食べている人の顔を見るのが好きなんですよ。これからもずっと「**おいしい顔**」に出会い続けていきたいですね…

(http://www.yg-x.com/i/sexy/11_2.html)

以上、感覚間の意味転用における時間的隣接に基づく意味転用において2つのタイプが存在するという点を確認した。このうち2つの性質の同時性に基づくものには、甘いと酸っぱいにおける嗅覚への転用が、そして時間の前後関係に基づくものには、渋い、苦い、酸っぱい、およびおいしいにおける視覚への転用があるということをそれぞれ確認した。

### 9.2.2.3 感覚間が直接結びつかないケース

一方、感覚間の意味の転用の中には、多義構造全体をみないとその動機づけが説明できないものも少なくない。例えば「渋い」は、基本義である味においてはマイナス評価的な意味を表す。しかしこれが他の感覚へ転用されると、好ましい属性を表すようになる。

(15) ナオ・シェン・クレイモア。29歳。<u>ロマンスグレイの**渋い**風貌</u>ではあるのだが、ネジがどこか外れた事で有名な貴族。

(第5章 (89))

(16) そんな中、栄えある優勝に輝いたのは、「高速炉エンジニアリング株式会社」トランペッター&ボーカルの一人二役をこなし、ルイアームストロング本人か？と思わせる程の<u>**渋い**歌声</u>で会場を湧かせました。

(第5章 (91))

このような感覚間の意味の転用については、多義構造全体をみることではじめて動機づけられる。すなわち (15) や (16) のような視覚や聴覚への転用は、「渋い」の多義的別義3 (渋柿の赤茶色) の〈地味で落ち着いている〉という意義特徴からの転用であること

から、味覚と視覚および聴覚という、基本義と転用先の感覚だけをみていては説明ができない。

なお、このような種類の転用は、これまでその動機づけに対する説明が難しいとされてきた。

### 9.2.3 さらなる分析

本節以降では、感覚間の転用に関わる比喩についてさらに考察する。

#### 9.2.3.1 先行研究

山口（2003）では、共感覚的比喩を成立させるメカニズムを次のように分類している。

① （触覚になぞらえて味覚を理解・表現する）身体感覚のメタファー
② （触覚的体験を味覚体験にすり替える）感覚器の隣接によるメトニミー
③ （味は人である、というような）概念メタファー*7
④ （食材が赤いから味も赤いという）共時的なメトニミー
⑤ 連想的なメトニミー　　　　　　　　　　　（山口2003より要約）

①の例として、「まるい味」という共感覚表現を挙げており、この表現が成り立つのは、味覚上の刺激を角や尖りといった触覚上の感覚になぞらえることによるものである、としている。そして②については、アツアツの味、ざらついた味、舌にまとわりつく味などといった例がそれぞれ挙げられ、また③については、若い味、癖のない味、穏やかな味などの、味が人に例えられている表現が挙げられている。さらに④については、（激辛ラーメンの）赤い味を、そして⑤は、「まん丸なあの子を思い出させるから味もまん丸という」、大好きだったきみの属性、まんまるによってその味を形容している、としている。

この指摘を受け以下では、山口（2003）の5つの分類にさらに次の項目を加えることで、共感覚的比喩の動機づけに関わるメトニミーを網羅的に分析する*8。

⑥（2つの性質の）同時性に基づくメトニミー
　⑦（2つの事項の）時間的隣接に基づくメトニミー
　なお山口で共時的なメトニミーとされていた項目について、本書では2つの性質の同時性に基づくメトニミーとしてさらに考察する。
　一方、瀬戸（2003）では、次の表を提示している。

表1　瀬戸（2003: 70-71）による一方向性の仮説に従わない例

| 修飾方向 | 一方向性の仮説に従う例 |
|---|---|
| 触覚→味覚 | 重い味、ずっしりとした味、どっしりとした味、ずしんとくる味、軽い味、軽い口あたり、軽い飲み口、押しの強い味、舌を刺す味、突き刺すような味、刺激的な味、尖った味、味が尖っている、味が突き抜ける、あたたかい味、あつあつの味、冷たい味、冷やっこい味、パリッとした味、乾いた味、ドライな味、湿っぽい味、しけた味、しっとりした味わい、粘りのある食感、粘っこい味、ねっとりした味、ねばねばした味、柔らかい食感、ソフトな味、固い味、サラリとした味、なめらかな味、きめの細かい味、舌をなでる爽やかな味、舌にまとわりつくような味、モチッとした味、フワッとした味、ざらついた味、粗い味、さっぱりした味、清清しい味、涼味 |
| 触覚→嗅覚 | 湿っぽい匂い、乾いた匂い、鼻を突く匂い、ツンとした匂い、鼻を刺すにおい、鼻につくようなにおい、ざらついた匂い、軽い匂い、（洗濯物の）柔らかい匂い、豊潤な香り、爽やかな吟醸香、ふくよかな香り、暖かい香り、しっとりとした匂い、尖った香り、さわやかな匂い、味奮をくすぐる香ばしさ |
| 触覚→視覚 | 暖色、暖かい色、暖かい眼差し、暖かい光景、ほのぼのとした光景、暑っ苦しい色、寒色、冷たい色、冷たい光、冷たい眼差し、柔らかい陽射し、硬い表情、軽い色、軽いタッチの絵画、重い色づかい、どっしりとした光、重厚な画面、画面のざらつき、なめらかな色調、濡れたような黒、ぬめりとした色 |
| 触覚→聴覚 | 硬い音、軟らかい音、軟弱な音、暖かい音、暖かい曲、冷たい音、刺々しい音、尖った音、ざらついた音、滑らかな音、軽い音、軽やかな口笛、軽快な音楽、重い音、重低音、圧迫感のある音、ずしりとくる音、さわやかな声、乾いた声、湿った音、湿っぽい曲、つるつるした柔らかな声、粘っこい音、ねちねちした言い方、刺激的なサウンド |
| 味覚→嗅覚 | 甘い香り、甘い匂い、おいしい匂い、甘酸っぱい芳香、酸っぱい臭い、デリシャスな香り、渋い香り、苦い臭い、辛そうな香り |
| 味覚→視覚 | 甘い光景、甘い風景、甘い色、苦い光景、甘い唇、口が酸っぱくなる光景、えぐい色、渋い色、しょっぱい顔、味のある絵、苦みばしったいい顔、渋い柄、渋い色調 |

| 味覚→聴覚 | 甘い声、甘いメロディー、甘い響き、甘いささやき、渋い音、渋い声、しょっぱい声 |
| 嗅覚→視覚 | 香しい色づかい、生臭い光景、田舎臭い光景 |
| 嗅覚→聴覚 | 香しい響き、バタ臭い響き、香り立つ演奏、馥郁たるショパンの演奏 |
| 視覚→聴覚 | 大声、大きな音、小さな音、明るい声、明るい音楽、暗い声、暗い音楽、高い音、低い音、きらきら輝く音、輝く響き、きらびやかな音、丸い声、丸みのある音、深い響き、奥行きのある音、音の広がり、薄っぺらな音、分厚い音、野太い音、春の霞のような高音、透明な低音、透明なこだま、濁った響き、艶やかな音、艶っぽい声、きれいな音、音色、声色、音のまとまり、はっきりした音、音の輪郭、鋭い音、鈍い音、シャープな響き、黄色い声 |

(瀬戸 2003: 70–71、表 2、一方向性の仮説に従う例)

| 修飾方向 | 一方向性の仮説に従わない例 |
| 聴覚→視覚 | うるさい絵、うるさい色、騒々しい色、やかましい柄、ざわついた絵柄、静かな色、静かな光沢、物静かな襖絵 |
| 聴覚→嗅覚 | 静かな香り、静かな吟醸香、にぎやかな香り、香りのハーモニー |
| 聴覚→味覚 | うるさい味、静かな味、静かな味のシンフォニー、（心に）響く味、にぎやかな味、ざわついた味、味の余韻、余韻が残る味、味音痴、味覚音痴、味のハーモニー、キーンとする味、ガツンとくる味、味のささやき、味を聞く、聞き酒 |
| 聴覚→触覚 | 静かな痛み、静かな暖かさ、（頭が）ガンガン痛い |
| 視覚→嗅覚 | 明るい香り、濃い香り、濃厚な香り、薄い香り、澄んだ香り、深みのある香り、奥深い香り、（バニラなどの）幅のある香り、厚みのある香り、まるみのある香り、香りに丸みがある、華やかな吟醸香、青臭い緑の香り、清らかな香り、はっきりした香り、伸びやかな香り、香りがたなびく、香りが漂う、香りの輪郭 |
| 視覚→味覚 | 丸い味、まろやかな味わい、味がまるくなる、まるみのある味、大味、小味、ボリューム感のある味、ごっつい味、薄味、薄甘い、淡い甘味、濃い味、濃厚な味わい、味は濃密、淡い味、淡泊な味、青臭い味、青味がかった味、色とりどりの味を楽しむ、艶のある味、澄んだ味、透明な味、透明感のある旨味、濁りのない味、すっきりした味わい、濁った味、とんよりした味、明るい味、暗い味、キラキラした味、鮮やかな味、平板な味、薄っぺらな味、表面的な味、のっぺりとした味、厚みのある味、重層的な味、味の層、味の重なり、隠し味、味の幅、味の広がり、深い味、深みのある味、沈んだ味、浅い味、味の奥行き、奥深い味、細やかな味わい、華やかな味わい、ふくらみのある味、雑味のない味、目で美味しいネタ、淡麗辛口、シャープな酸味、ゆったりとした味、骨太な印象のある味、芯の通った味、腰のある味、ふくよかな旨味、ふっくらとした味わい、ふくらみのある味わい、縮こまった味、美味、綺麗な味、生き生きした味、味見、味を見る、はっき |

| | |
|---|---|
| | りした味、鮮明な味、クリアな味、味の輪郭、キレのいい味、切れ味、まとまった味、まっすぐな味、ストレートな味、ぼやけた味、ぼんやりとした味、バラバラな味、味が立つている |
| 視覚→触覚 | 深い痛み、薄っぺらな手触り、鈍い痛み、鋭い痛み、濃いねばり、薄いとろみ、暗い重さ、じんわりと広がる暖かさ、すっきりした冷たさ、冷気が漂う、まろやかな口当たり |
| 嗅覚→味覚 | 香ばしい味、臭い味、香味、芳しい味、香ばしく旨い、香ばしい甘味、芳醇な味、臭みのある味、つんとくる味、こげ味、生臭い味 |
| 嗅覚→触覚 | （用例無し） |
| 味覚→触覚 | 甘い抱擁、甘噛み、甘い口づけ、（真珠の）甘い質感、手触りを味わう、質感を味わう、（ペンの）書き味 |

（瀬戸 2003: 70–71、表3、一方向性の仮説に従わない例）

　以下の分析では、まず、この瀬戸（2003）や山梨（1988）などの先行研究、そして前章までの用例におけるメトニミーの表現をすべて網羅することを目指す*9。なおこの章では、第3章で扱った表現に加え修辞的な用例についてもさらに考察する。

　また、山口（2003）で指摘されている「身体性」とは何かという点について検証するため、各項目ごとに一方向性仮説に従う例とそうでない例とに分ける。そして、近い意味を持つと思われる表現で大まかなグルーピングを行なうなどし、表現を整理したうえでその動機づけを分析する。さらに、同一の表現に動機づけが複数存在し得るという点などについてもあわせてみていく。

### 9.2.3.2　感覚器の隣接によるメトニミー

　はじめに、感覚器の隣接によるメトニミーに基づく感覚間の転用をみる。

①一方向性仮説に従う例

　まず、一方向性仮説に従う例である。

　触覚　味覚（味覚的体験を、同時に生じる触覚的体験を踏まえて捉える）

　味覚的体験を同時に生じる触覚的体験を踏まえて捉えている例は、次の通りである。

【「アツアツの味」グループ】
　食品のあたたかさ（あつさ）と冷たさを表す表現には次のようなものがある。

アツアツの味
(17) 新鮮なカキを、シェフが目の前でフライするので、揚げたて、アツアツの味を楽しめます。
　　　　　　　（http://www.newotani.co.jp/tokyo/restaurant/top/）

(18) あんこをくるみ、揚げた状態でのパリパリした食感があんこのトロリとしたアツアツの味をより一層ひきたてます。
　　　　　　　（http://www.seimen.co.jp/ichiran/kawa/kawa2.html）

冷たい味
(19) ミンミンゼミが鳴いていた暑い夏の日に呑んだ井戸水のあの冷たい感覚。井戸水で冷やしたあのスイカの冷たい味はまだどこか頭の隅に残っています。
　　　http://www.aa.alpha-net.ne.jp/i5031chi/homepage/%E6%B9%A7%E3%81%8D%E6%B0%B4%E6%8E%A2%E8%A8%AA.htm

(20) （冷麺）漢方薬材を加味した煮だし汁の味と小味の利いたミル麺（小麦粉）に氷を浮かべた冷たい味は、猛暑にバッチリです。
　　　　　　　（http://my.netian.com/~sasaki22/food01b.htm）

冷やっこい味
(21) 6月も下旬になると、そうめんやかき氷のような冷やっこい味が恋しくなる。

涼味
(22) 夏の涼味　厳選した産地の素材を使ったゼリーと、爽やかで上品な甘さの水ようかんの詰め合わせ。
　　　　　　　（http://www.sugimotoya.co.jp/products/gift/nr.html）

(23) 季節の料理　涼味に会して：4,000円〜（要予約）。ご予約・お問い合せはお電話で、のどごしのいい夏むきメニューを揃えました。さっぱりメニューでもボリュームたっぷり、スタミナの付く材料もたくさん使っています。、...
　　　　　　　（http://www.clio.ne.jp/home/kazue/NewFiles/season.html）

　アツアツの味、つめたい味（冷やっこい味）、涼味といった表現に

おける味覚の体験は、同時に生じる触覚的体験を踏まえて捉えられている。すなわちここでは、食品のあたたかさ（あつさ）、つめたさを踏まえて食品のおいしさが述べられている。

　続けて例をみてみよう。以下に挙げる表現についても、すべて舌（または口腔内）に対する刺激（感触）を踏まえてある種の味が表現されている。

【「なめらかな味」グループ】

まず、平滑感を表す表現からみる。

なめらかな味

(24)口当たりの優しい清酒に、熟成によるさらなるまろやかさをプラスされた、舌にからみつくような味わいの清酒です。（中略）年数のたった酒は水とアルコールが馴染み、**滑らかな味**がする…。

　　　　　　　　（http://www.rakuten.co.jp/nagataya/103774/103924/）

(25)マンゴーは、甘く水分の多いトロピカル・フルーツとして有名です。マンゴーの独特な香りと**滑らかな味**をお楽しみください。

（http://www.lecielbleu-inc.com/hawaiianfoods_hawaiianislandstea.htm）

以上のように、ここで述べられていることは触覚的体験を踏まえた味覚的体験である。

　同種の表現に、きめの細かい味と細やかな味わいがある。

きめの細かい味＊10、細やかな味わい

(26)高精白の酒米で吟醸造りをした純米酒に二次醱酵によって、適度な発泡性を持たせました。のびやかで**きめの細かい味**と、おいしい酸味が口中で鮮やかに広がっていきます。

　　　　　　　　　　　　（http://www.mohachi.net/kariho.htm）

(27)やさしく爽やかな吟醸香、味のノリが良く、深みの有る複雑な味わいが、バランス良く広がります。トロッとした**きめ細やかな味わい**の後、爽やかな酸味が後味を軽やかにまとめあげています。（http://www5.ocn.ne.jp/~sake-az/kaiun2.htm）

いずれも日本酒の味を表したものであるが、ここで述べられている

味もやはり、舌で捉えられる感触がなめらかであるという触覚的な経験を踏まえている。

これらの表現と反義の関係にあるのが、次のざらついた味である。

ざらついた味

(28) ビールは一度凍ってしまうと<u>蛋白質と糖分が凝固してしまい、**ざらついた味**</u>になってしまう。

　　　　　　(http://www.ktv.co.jp/ARUARU/search/arubeer/beer4.htm)

なおこれは、マイナス評価的意味、すなわち「まずさ」を表す。

舌に対する刺激が味に例えられる表現は他に、次のようなものもある。

**舌を刺す味、突き刺すような味**

(29) ダイコン葉やカラシ葉、あるいは<u>ネギやニラなどのように、**舌を刺す味**</u>や、鼻をつく匂いのないもの、という意味と理解してください。

　　　(http://www.tanabe-shokuhin.co.jp/aosiru/situmonbako/situmon-bako.html)

なおこれらの表現は、プラスにもマイナスにも限定できない中立的なものである。

以上、舌(または口腔内)に対する刺激(感触)を踏まえた味覚的体験のうち、平滑感に関わるものをみた。

【「さらりとした味」グループ】

次に、さらりとした味とその類似表現をみていこう。

さらりとした味

(30) (ウーロン茶)あぶらっこい料理のときに<u>飲むとすっきりします。**さらりとした味**</u>で、主に含まれる成分はタンニンとカフェインです。

　　　　　　(http://www.tokai.or.jp/iwakura/know/tea_kind1.html)

さらさらした味

(31) 「若い者は元気が出なくなるからご飯を食べなさい」とよく言う祖母に反して食べる<u>茶がゆ</u>は至って美味。洋風になった昨今だが今でも時々は、ゆうべの残りで作る。**さらさらした味**は何とも言いようのない、これこそ佐賀平野の味と

思う。　　　　　　　　　　　（佐賀新聞記事データベース）
（http://www.saga-s.co.jp/pubt2002/ShinDB/Data/1995/01/11_08_03.html）

軽い口当たり、軽い飲み口
(32) 深みのある鮮やかなルビー色、まろやかで**軽い口当たり**が評判のワインです。（http://www.senri-lc.co.jp/jigyou/s-wine.html）

これら、さらりとした味、さらさらした味、軽い口当たり（軽い飲み口）が表す意味は、いずれも舌に対する接触感が軽いという状態であり、ここでも触覚的体験をふまえて味覚的体験が述べられている。

他に次のような例もある。
(33) サクッとした**軽い口当たり**の、あっさりとしたレモン味。
　　　　　（http://www.healthynetwork.co.jp/hnstore/view.php4?link=I2）

ただしここで軽い接触を感じているのは舌ではなく歯である。そして食べ物に対するおいしさ（プラス評価的意味）を表す。

【「ねっとりした」味グループ】
それでは次に、ねっとりした味およびその類似表現をみる。

ねっとりした味
(34) 豆腐は柔らかくて、**ネットリした味**が本物である。（中略）さらに豆腐の場合は「タンパク質は塩と酸で固くなる」という基本という基本にあてはまり、ネットリと柔らかな舌ざわりを失う原因になってしまうのである。
　　　　　（http://www.sasara.com/sansai.jp/story3.html）

ねばっこい味
(35) しかも、旭はコシヒカリのように**粘っこい味**ではなく、ふくよかな、あっさりした味で口当たりがよかったのです。
　　　　　（http://www.optic.or.jp/san-bou-kyo/tokusan/06nochikusan/kome.htm）

ネバネバした味
(36) コーヒー用のミルクや生クリームは、紅茶には不向きとされています。脂肪分が高すぎるため、**ねばねばした味**が口に残ってしまい、紅茶の風味をそこなうためです。

(http://www5b.biglobe.ne.jp/~ayaop/tea/lesson3.html)

舌にまとわりつくような味

(37) 市販されている普通のお茶には、実は調味料で味をつけたものがあります。(中略) 例えば、極端に味が濃い、**舌にまとわりつくような味**がする、お茶を飲んだ後に、ラーメンを食べた後のような**強い味がしつこく舌に残る**、などの特徴があります。

(http://www.interq.or.jp/green/aigo-gem/mamechisiki/mame.htm)

これらもすべて舌に対する感触を表しており、触覚的体験を踏まえてある種の味が述べられている。なおこれらの表現は、先に挙げた「さらりとした味」とは反義の関係にある。

【「しっとりした味」グループ】

それでは続けて、乾湿に関わる表現を検討する。まず湿気を表す表現には次のようなものがある。

しっとりとした味 (わい)

(38) カスタードクリームをソフトカステラでやさしく包みました。(中略) <u>那須の朝露のように</u>**しっとりした味**をご賞味下さい。

(http://www.hello-square.or.jp/eigyo_info/tohoku/kamikawachi_u/3.html)

(39) 適度の脂身が全体に走っていますから、<u>もも肉のパサつきがなく</u>　**しっとりした味**です。

(http://homepage2.nifty.com/sagyousyo/cart_mailto/chasyu.htm)

湿っぽい味

(40) どんな演目だったかさっぱり覚えていないのに、(中略) <u>安っぽい色つきウェハース</u>がやけに**湿っぽい味**がしたことだけは記憶の片隅に残っている。

(http://www003.upp.so-net.ne.jp/mujisan/book/kioku1.htm)

「しっとりした味」と「湿っぽい味」は、ともに食品に湿り気があるさまを表しているが、前者はプラス評価的意味を表しているのに対し後者はその逆である。つまりこれもまた、7章でみたimageryが関わる表現であり、同じ客観的状況をどう捉えるかにより異なる

意味を持つという例である。

　一方次の「乾いた味」は、しっとりした味や湿っぽい味とは反義の関係にある。

乾いた味

(41) 見切り品売り場で買った半額のりんごの**乾いた味**の切なさ。
　　　　　　　　　　(http://www2.ocn.ne.jp/~akane/atanka.htm)

「乾いた味」は口腔内における食感について述べられているが、「しっとりした味」とは逆に水気が少ないということを表している*11。

【「ふわっとした味」グループ】

　さらに、ふわっとした味とその類似表現をみてみよう。

ふわっとした味

(42)「今までになかった**ふわっとした味！　食べるしゃぼんだま！**（ストロベリーミルク味）」
　　　　　　(http://members.jcom.home.ne.jp/fantasya/nikki/2001_10.htm)

(43) ネギトロのトロッとしたかんじと、納豆の**フワッとした味**が口の中で広がり、とてもおいしい丼です。
　　　　　　(http://www.pak2.ein-g.co.jp/asp/kondate/kondate.asp?ID=334)

やわらかい食感

(44) 改訂品種の「かに玉用」は、お子様が大好きな<u>ふわふわした**柔らかい食感**</u>に仕上がるよう改訂いたしました。
　　　　　　(http://www.ajinomoto.co.jp/ajinomoto/press/2002_07_10_6.html)

これらの表現もやはり、口腔内の食感を述べることで、ある種の味を表している。

　最後に、歯応えを表すものをまとめて挙げる。

パリッとした味

(45) 広島菜漬は広島を代表する漬物です。<u>歯ざわりが良く**パリッとした味**</u>が特徴です。
　　　　　　(http://www.hello-square.or.jp/eigyo_info/sanyo/fukuyama_u/3.html)

モチッとした味

(46)（天津甘栗）初めはおいしいのですが<u>1ヶ月もすると水分が抜けてゆき、軽くなり、**もちっとした味**</u>がなくなります。
　　　　　　(http://www.ogaki-tv.ne.jp/~taika/tensinamaguri.htm)

(47)少し前からコンビニやスーパーで売ってる食パンが入れ替わって、「もちもちっとした味」が売りの新製品ばかりが並ぶようになりました。

(http://www11.u-page.so-net.ne.jp/db3/fuyuki02/diary8.html)

粘りのある食感

(48)京みな月6個入り：モチッとした粘りのある食感とおいしさ、一面にならべたあっさりした甘さの小豆のおいしさ、独特の風味を醸し出しております。

(http://www.rakuten.co.jp/kyogashi/all.html)

これらの表現もすべて歯で感知されるある種の感触を表していることから、味覚的体験を同時に生じる触覚的体験を踏まえて捉えた表現であるとまとめることができる。

・触覚→嗅覚（嗅覚的体験を、同時に生じる触覚的体験を踏まえて捉える）

それでは次に、嗅覚的体験を、同時に生じる触覚的体験を踏まえてとらえる例をみていく。まず以下にまとめて例を挙げる。

（鼻を）さす（ような）香り

(49)たかだか保護者面談にそんなに気合を入れなくてもいいと思うんですが…、と言いたくもなる方も居ます。鼻を刺すような香りが漂ってくる方も。

(http://homepage2.nifty.com/hiroppi/diary/d0210.htm)

(50)種は消化を助け、口臭予防に。鼻を刺すような香りがありますが口に含むと甘みが広がります。

(http://homepage2.nifty.com/7424/kisyukusya_yakusou.htm)

（鼻を）つく（ような）におい

(51)急に顔にタオルを当てられて、揮発性の鼻につくようなにおいがしたところまでは覚えている。

(http://dorigo-hp.hp.infoseek.co.jp/presents/violet06.html)

つんとした匂い

(52)脱色剤のつんとした匂いが、まだ鼻に残っている。なかなか取れない。 (http://homepage1.nifty.com/magi/past/044.htm)

尖った香り

(53) 東南アジアの果物市場のような香りか。刺すような<u>尖った香り</u>（強い酸を想像させるような香り）はしない。

(http://www.winex.co.jp/staff/)

「（鼻を）さす（ような）香り、（鼻を）つく（ような）におい、つんとしたにおい、尖った香り」といった表現はいずれも嗅覚的体験を表すが、嗅覚と同時に生じる触覚的な体験を踏まえることによって嗅覚体験が表現されている。なお、ここでの触覚的体験はすべて鼻の粘膜により刺激が感知される。

・触覚→聴覚（聴覚的体験を、同時に生じる触覚的体験を踏まえて捉える）

さらに聴覚的体験が、同時に生じる触覚的体験を踏まえることによって表現されている例をみる。

圧迫感のある音

(54) ときに、ベースと一緒にドッドッ、ドッってやってるのはこれドラムのフット？腹にもの詰めてわざと音がこもるようにしてるんだろうか？かなりデッドで<u>圧迫感のある音</u>が耳につく。

(http://www.terra.dti.ne.jp/~gmk/song/liblary/weekly073.html)

(55) こんな私にも苦手な音、と云うよりもどうにも我慢ができない音がある。まず、「ボワーン」「ブォーン」と何の音だか分らない低音で、しかも<u>圧迫感のある音</u>。とても息苦しい。

(http://www8.ocn.ne.jp/~audiofan/hitorigoto/hitorigoto_02.html)

ずしりとくる音

(56) アメリカ人リズムセクションが好演、重心は低め、特にBen Street のベースの音はかなり<u>ずしりとくる音</u>で、3人が均等に絡む現代的な構成のトリオです。

(http://www.grinningtroll.com/artist/M/Magnusson_Agnar.htm)

(57) 第2主題ではダイナミクスの細かな変化と確固としたチェロ・バスのピチカートが印象的です。金管は角のとれた音ではありますがパワーは十分で、低弦の<u>ずしりとくる音</u>に

支えられて安定したバランスのよい世界を展開します。もう少し録音がクリアであれば透明感のある演奏になったことでしょう。

(http://www.ne.jp/asahi/orchestra.tachikawa/love.music/Bruckner7CD1.html)

「圧迫感のある音、ずしりとくる音」とは、鼓膜あるいは腹部で感知される触覚的な感覚を伴う、低く太く大きな音を表す。

②一方向性仮説に従わない例

次は一方向性仮説に従わない例である。

・嗅覚→味覚（味覚的体験を、同時に生じる嗅覚的体験を踏まえて捉える）

まず、味覚的体験が同時に生じる嗅覚的体験をふまえることによって表現される例からみていこう。

香ばしい味（甘味）、香味

(58)「ふぐひれ」は天日干しをして作りました。機械の乾燥ではないので、とても香ばしい味がします。

(http://www.hugu.net/gyoum/gmhire.htm)

(59)バトードリンツココアとカルフォニア産のアーモンドを沢山使って香ばしい味を出しました。

(http://www.netdear.com/category/1014/1.html)

芳醇な味

(60)最上級のガテマラ・アンティグアとコロンビア・スプレモを味のベースにした、まろやかで芳醇な味のブレンド。当店のおすすめ品。

(http://www.fukumotocoffee.com/bean.htm)

(61)厳選された良質のチェリーを発酵、蒸留の後、じっくり熟成させたフルーツブランデーの逸品。漂う芳醇な香味とバランスの取れた優雅な風味が特徴。

(http://www.union-foods.co.jp/specht.htm)

(62)試飲コメント（深見）非常に芳醇な味と香。これを良く芳醇と言うのだな～と、思わず納得してしまった。とてもリッチでまろやかな旨味を感じる。

(http://www.m-net.ne.jp/~asami/kogane.htm)

(63) フォルマオリジナル蔵王チーズと牛乳で煮込んだ芳醇かつ濃厚な味わいの作りたてチーズクリームを新鮮パック。なめらかなのどごしと芳醇な味をご賞味下さい。

(http://www.forma-cake.jp/html/item.html)

(64) 加熱殺菌をせず、特殊な方法で殺菌してありますので、ぶどうの風味が100％残っています。芳醇な味と香りは、まさに「なまワイン」そのものです。

(http://www.aizu.ne.jp/~net/howdy/kuunaiyou.html)

(65) 100％コナ・プライム　小さな豆に深い香りと芳醇な味

(http://www.countrysamurai.com/order_j.htm)

(66)（紅茶）ウバB.OP、スリランカ南東部、強い香りと芳醇な味、美しい色。　　(http://aroma.starless.net/product.htm)

香ばしい味、芳醇な味とも、よいかおりがする味、すなわち積極的なプラス評価的意味を表す。そしてこれらの味覚的体験も、同時に生じる嗅覚的体験を踏まえることによって成り立っている。

　この香ばしい味とやや近い意味を持つものに、次のこげ味がある。

こげ味

(67) ●おこげ飴●うわー、ちゃんとご飯のおこげの味がする!! 名前のインパクトもすごいけど、おこげ味という他にはない味で、めちゃくちゃ新鮮でした。

(http://www1.kcn.ne.jp/~ykotani/kako-kon/okogeame.html)

瀬戸(2003)の味ことば分類表に従い、こげを「こげ臭」（こげたもののにおい）、すなわち嗅覚的体験を表すものとする*12。これらの例においては、こげた食品が発する嗅覚的体験を踏まえてある種の味が述べられている。また、つんとくる味という表現もある。

つんとくる味

(68) 握り鮨は、京都の鮒などのなれ鮨、さらに大阪の押し鮨から派生したもので、関東で考案されたものです。(中略)山葵のつんとくる味とかすかな飯（シャリ）の酢の味は初夏のものです。

(http://www.edu.pref.kagoshima.jp/sh/Higashi/matu.htm)

(69) クエン酸は蒸発しない酸ですから、**つんとくる味**ではありません。加熱しても後に残るものですから、ケーキなどいろいろな食物のかくし味に使用されています。

(http://www.eseven.jp/tuhan.com/kuen/)

これはプラスにもマイナスにも限定できず、中立的なものであると考えられる。つんとくるという表現自体が、嗅覚ではなく触覚に分類される可能性もあるが、鼻（の粘膜）で感知されることから、本書ではこれを嗅覚的体験とする*13。

一方、次はマイナス評価的意味を表す表現である。

生臭い味

(70) 色は黒みがかった赤で、ドリンクという名前はついているが実態はまるっきりの血である。勇気を出して一口含んでみると、鉄くさい味と生臭い味がいっぺんに口と鼻の中に広がる。　(http://members.tripod.co.jp/turukame1000/suppon.htm)

臭い味

(71) ビールの素にもホップの成分は入っているようですが、長時間煮込む事で**臭い味**が失われます。

(http://www.advice.co.jp/balot/beer/beer_dougu.htm)

臭みのある味

(72) パラオではもともとカメは食材でした。ちょっと**臭みのある味**なんですが、煮込んだりして臭みを取ると、歯ごたえのある豚肉のようになります。

(http://www.palaudivers.net/colum/eat.html)

ここでは、血などが発する悪臭をふまえることによって味が表現されている。

・聴覚→味覚（味覚的体験を、同時に生じる聴覚的体験を踏まえて捉える）

最後に、聴覚的体験をふまえることによって成り立つ味覚的体験、「キーンとする味」をみる。ただし、キーンとする味という用例は検索されなかったため、これと近い意味を持つと思われる「キーンとくる味」という表現についてみてみる。

キーンとする味

(73) 幼稚園の園庭で、蟻の行列一人しゃがんで見ていた。蟻さんは甘いものばかり食べているから、きっと甘くて美味しい1バン大きいのをつまみ口に入れた。苦くて脳天まで**キーンとくる味**だった。あの味は40になる今も忘れられない。　　　　（http://www.1101.com/postcard/odai_07-8.html）

以上のようにここでは、味自体の性質については何も述べられていない。口に入れたときに起こる聴覚体験（キーン*14）だけが述べられている。

### 9.2.3.3　2つの性質の同時性に基づくメトニミー

それでは続けて、2つの性質の同時性に基づくメトニミーが感覚間の転用に関わる例をみる。

①一方向性仮説に従う例

一方向性仮説に従う例は、次の通りである。

・触覚→嗅覚

触覚→嗅覚の表現の中で、はじめに「しっとりとしたにおい」とその類似表現を挙げる。

しっとりとしたにおい

(74) そこは大きな霊園になっている。林立する墓石の森に踏み込むと、雨と草の**しっとりとした匂い**がする。
　　　　　　（http://members12.tsukaeru.net/raira/kiba01.htm）

(75) 雨上がりの公園は、つやつやして**しっとりとした匂い**がする。「鬱蒼」と言っていいくらい木々が多く、森の中にいるみたい。　（http://www.pluto.dti.ne.jp/~shizuka/daysnew.htm）

しめったにおい、しめっぽいにおい

(76) 臭覚は鋭く、雨が降ればそのにおいをかぎ付けるほどです。乾いた草原に幾日もいて、**湿ったにおい**や柔らかい草が食べられると思うと、1日に30キロも走って移動することもあります。
　　　　（http://www.iwate-np.co.jp/2002kikaku/sabanna/saba12.html）

(77) 梅雨時の土の**湿ったにおい**など、香りによって季節を感じ

たり、子供の頃の記憶がよみがえることもあります。

(http://www.sumitate.co.jp/fureai/tokushu/010/)

「しっとりとしたにおい、しめったにおい、しめっぽいにおい」とは、例えば、以上に挙げた例のように梅雨時の土や雨上がりの公園が有するにおいであり、湿り気のあるものが発するある種のにおいを表している。すなわち、湿り気を有するものはある種のにおいを発するという経験に基づく、触覚と嗅覚の同時性に基づくメトニミーによる転用である。

これらとは逆に、「かわいたにおい」という表現もある。

かわいたにおい

(78)すすきのにおい。鼻の奥がかゆくなるような、**乾いたにおい**。ああそうだった。これが私の生まれ故郷の、秋のにおいだった。

(http://www.khb-tv.co.jp/weather/profile/okoshi/do_011014.html)

(79)病室一杯に、枯れた植物のような**乾いたにおい**がしていた…　　(http://homepage2.nifty.com/sorciere/odiary/dora.html)

(80)風防に吹きつける風の冷たさや、陽だまりの暖かく**乾いたにおい**、そんなものまでしっかりとこちらに伝わってくる。
(http://fresheye.oem.melma.com/mag/14/m00050714/a00000043.html)

かわいたにおいとは、用例のように秋のすすき、枯れた植物、陽だまりなど、いずれも触覚的に乾燥した事物が発するにおいをいう。

また、「ざらついたにおい」という表現もある。

ざらついたにおい

(81)つられて祐一も鼻を利かせる。どこか懐かしさを感じさせる甘く香ばしく、少し**ざらついた匂い**が、提灯に照らされた石畳の参道を流れる。「ああ、わたあめだな」

(http://www.alpha-net.ne.jp/users2/vanity/firefly.html)

(82)靴を履き替え、外に出てみれば、風に乗って運ばれたグラウンドの砂の**ざらついた匂い**が鼻についた。

(http://homepage2.nifty.com/iria/yesterday/03.htm)

このにおいもまた、わたあめ、グランドの砂など触覚的にざらつい

たものが発するにおいをいう。

　以上、触覚と嗅覚という2つの性質が同時に生じることに基づく意味の転用をみた。

　・触覚→視覚

　次に挙げるのは、視覚表現における触覚的経験を基盤とするメトニミー表現である。

　ぬめりとした色

（83）<u>ぬめりとした色</u>の昆布巻きが、お重のすみにおさまっている。

ぬめりとした色の昆布巻きの触感が、実際にぬめりとしているのかどうかは定かではないが、ここでも触覚経験をもとにして視覚表現が成り立っていると考えられる＊15。

　・触覚→聴覚

　続いて、触覚と聴覚の同時性に基づく転用には、次の「つめたい音」がある。

（84）<u>強い冬の風がごうごうと</u>　**つめたい音**<u>をたてるのを</u>、今、あたたかい部屋の中で聞いている。

　　　　　　　　　（http://www.koikoi-world.jp/~trash/200212b.html）

この例においては、冬の風という触覚的に冷たい性質を持つものが発する音をつめたいとしている。以上から、これも触覚と聴覚の同時性に基づく意味の転用である＊16。

　・味覚→嗅覚

　味覚→嗅覚の転用については第5章で触れたが、ここで再度、確認しよう。

　酸っぱいにおい

（85）生ゴミに乾燥させたぼかしをふりかけ、（中略）顔を近づけてみると、<u>ぬか漬けのような</u>**酸っぱいにおい**がするが、悪臭ではない。　　　（http://www.pref.oita.jp/10400/sinjidai/vol13/）

　おいしいにおい

（86）香水（中略）毎日まといたくなるオーウィ。〈BR〉オレンジ、リンゴ、パイナップルの**おいしい香り**にユリ、〈BR〉ムスクの暖かさを調合。

第9章　感覚間の意味転用に関わる比喩の分析　　359

(http://www.i-piazza.co.jp/fragrance/shop/html/24.html)

これらの表現においては、酸っぱい、おいしいという味覚的属性を持つものは、通常、ある種のにおいを有することが多いという経験に基づき意味が転用される。

これらに加え本章では、瀬戸（2003）から、「デリシャスな香り」と「甘酸っぱいにおい」を新たに加える。

**デリシャスな香り**

(87) 手造りの大吟醸です。特にこの雫酒は、（中略）滴り落ちてきた雫だけを集めたお酒です。雫酒ならではの、**デリシャスな香り**、繊細な味、軽い後味をお楽しみ下さい。

(http://www.sado.co.jp/hokusetu/hokusetu2/toppage/meigara/gentei/gentei.htm)

**あまずっぱい臭い、あまずっぱい芳香**

(88) あたり一面にリンゴの**甘酸っぱいにおい**がひろがって、いい気持ちです（http://www.alpha-net.ne.jp/users2/qwert/ouji.html）

「デリシャスな香り」は先のおいしいにおいと近い意味を持つと思われるが、これらと（88）の「（リンゴの）甘酸っぱいにおい」は味覚と嗅覚という2つの性質の同時性に基づくメトニミーによる転用例の1つである。

②一方向性仮説に従わない例

続いて、一方向性仮説に従わない例をみてみよう。

・視覚→嗅覚

まず、視覚→嗅覚の表現である。

**青いにおい**

(89) 窓を開けると　夜露にぬれた葉っぱの**青いにおい**が風にのって入ってきました

(http://www.bekkoame.ne.jp/ha/road-child/vira/)

青い匂いは視覚から嗅覚への転用であり、やや修辞性が高い表現ではあるが、よく使用される「青臭い」と平行性が感じられる。青い色を有するもの、（植物）がある種の匂いを発することから、視覚と嗅覚という2つの性質の同時性に基づき意味が転用される。さらに次の「青臭い緑の香り」という表現も同様である。

360

青臭い緑の香り

(90) 植物の葉をもむと**青臭い緑の香り**がします、これが青葉アルデヒドです。　(http://www.h3.dion.ne.jp/~palette/zatugaku.htm)

(91) 蝉の声こそもう響かないものの、開け放した窓から舞い込む風にはまだ、**青臭い緑の香り**がたっぷりと染み込んでいる。　　　　　　　　(http://www6.ocn.ne.jp/~tsukiyo/mygirl1.htm)

・視覚→味覚

視覚からは、さらに味覚へも転用される。まず、青臭い味と青味がかった味という表現をみてみよう。

青臭い味

(92) ほうれんそうアイス——緑のアイス。**青臭い味**がするが、量が絶妙で、まずくはない。
(http://www.sagisou.sakura.ne.jp/~arakawas/backn005/greenbel/greenbel.html)

青味がかった味

(93) (アボガトジュース) 割と甘目で、青みがかった味かと思ったら少し、ミルクぽい味で、GINを少し入れたらカクテルが作れるような感じです。
　　　　(http://www.mi-ra-i.com/JinSato/Yomimono/History/hist9812.html)

どちらの表現も、ほうれんそうやアボガドなど、視覚的に青いものが持つ味を表現している。つまり視覚的に青いものがある種の味を有することが多いという経験に基づいている。

同様の転用例として、さらにここで、「色とりどりの味」を加えたい。

色とりどりの味

(94) ピスタチオ、カシューナッツ、アーモンド、美味しい木の実をほどよくミックスしました。**色とりどりの味**をお楽しみください。　(http://www.mitsuya-web.co.jp/goods/avenue.htm)

(95) 笹寿司。昔ながらの製法にこだわった手作りの一品。旬の山菜を中心に21種類の具を使用しています。**色とりどりの味**をお楽しみ下さい。
(http://www.noumachi-syoukoukai.or.jp/bussan/sasazusi.htm)

これらの例においては、ピスタチオ、カシューナッツ、アーモンド、そして21種類の山菜が混ざり合った味を「色とりどりの味」としている。これは視覚的に色とりどりなものは、ある種の味を有することが多いという経験に基づくものであることから、これも視覚と味覚の同時性に基づく転用である。色の種類が多いということは多種多様な食物が混ざり合っている状態であり、それらが混ざり合ったことで生み出される複雑なおいしさをいうのであろう。

・聴覚→触覚

　以下の聴覚→触覚については、第3章ですでに触れたが、簡単に振り返っておこう。

サラサラした手触り

(96) 母は、和裁の内職をしていたので、着物の端切れをためていました。**手にサラサラ**した、しなやかな布切れを長方形に四枚切りそろえ、アツという間に袋ができあがりました。
　　　（佐賀新聞記事データベース）
　　　　　　（http://www.saga-s.co.jp/ccd5cgi/ccdgsrch.exe?x%3a/dic5%5f2/）

(97) まさにサビ色の湯に恐る恐る漬かつてみる。**肌触りは意外にもサラサラ**した感じ。
　　　（佐賀新聞記事データベース）（http://www.saga-s.co.jp/ccd5cgi/ccdg-srch.exe?x%3a/dic5%5f2/）

パチパチ痛い

(98) 静電気がスゴイんです。**触るとパチパチ痛い**！
　　　　　　　（http://www2.neweb.ne.jp/wc/hirachin/friends.html）

ガンガン痛い

(99) 前日のチャットが響いて、（中略）起きたら頭が**ガンガン痛む**。
　　　　　　　　　　　　　　　　　　　　　　　（第3章（51））

　サラサラと音を立てるようなものは触覚的に乾いたものであることが多いということ、そしてパチパチは（静電気の）音と痛みが同時に生じるということ、さらに、ガンガンという大きな音をきいたとき頭などに音が響いてその結果何らかの痛みを被るという経験に基づくという、いずれも同時性に基づくメトニミーによる転用である。

・聴覚→視覚

聴覚→視覚の表現である「サラサラした髪」についても、再度簡単に確認する。

サラサラした髪

(100) プロテクションクアライト　表面を均一にコートし、<u>ツヤヤカで**サラサラした髪**に</u>。

(http://www.first-hair.com/kur.htm)

サラサラという音が鳴る性質のものは、触ってもサラサラしている。すなわちこの表現は、サラサラにおける聴覚的特徴と視覚的特徴の同時性に基づくメトニミーによるものであった。

### 9.2.3.4　2つの事項の時間的隣接に基づくメトニミー

本節では、メトニミーの中でも特に時間的隣接に関するものに注目する*17。

①一方向性仮説に従う例

ここで一方向性仮説にしたがう例のほとんどが触覚からの転用である。

・触覚→味覚

まず、味覚への転用をみる。用例に入る前に、辻本（2003）の指摘をみてみよう。同著では「ほっとする味」という表現について、次のような指摘がある。

> これは料理を食べたひとの様子をあらわすことで、その味の威力を表現するという技法である。つまり料理によって引き起こされた結果の状態によって、その原因となった料理の特徴をいうのだから、<u>これは隣接の関係になる</u>。

（辻本 2003: 178、下線は引用者）

さて、次に挙げる「あたたかい味」は、このほっとする味と近い意味を持つと思われる。

あたたかい味

(101) <u>心のかよう、**あたたかい味**の贈り物</u>。まろやかラーメン、長崎ちゃんぽん、（中略）九州の麺々・多彩な味をお楽しみ下さい。　　（http://www.hot-line.co.jp/act/index.asp）

(102) 韓国家屋のつくりをそのままに、古風な家具で飾られた店内は落ち着ける空間。そんな雰囲気の中で味わう数々の家庭料理は心のこもった**あたたかい味**。

(http://www.konest.com/area/shin/gourmet/no929.htm)

ここでは、食べた後に（心が）あたたかくなる味という意味で、あたたかい味が使用されている。従ってこれも、食べた人の様子を表すことでその味を表現する、原因と結果のメトニミー表現である。さらに言えば、ここでの「あたたかい」は単なる触覚表現ではなく、およそホッとする、心が和むという意味を表すことから、触覚とこの意味との関係は類似性に基づくメタファーにより動機づけられる*18。

そして次の「冷たい味」はこれと反義の関係にある。

つめたい味

(103) お節料理・・家庭の味は煮しめだけになって後は料理屋のお重…一見豪華なようでもなぜか**冷たい味**がする。

(http://plaza.rakuten.co.jp/hajime/diaryold/20030103/)

ただし「冷たい味」は多義性を持つ表現で、例えば「（かき氷の）冷たい味」は（103）とは別の意味になり、前者は感覚器の隣接によるメトニミーに分類される*19。

・触覚→嗅覚

さらに、次に挙げる「あたたかい香り」もまた、先の「あたたかい味」と同種の意味を持つ。

あたたかい香り

(104) 一番よく使うのはラベンダーのように、気持ちを落ち着ける香りでしょうか？（中略）でも今日はなんとなく、**あたたかい香り**を使いたいなーと思い、ローマンカモミールを使ってみました。カモミールは使いすぎると香りがきつめですが、甘い香りに、心が落ち着きました。

(http://www5d.biglobe.ne.jp/~p-melba/aroma/aromanote.htm)

(105) ドアをあける。窓際の隅のテーブルにつく。ときどき、猫があくびをしてのんびり歩くのがみえる。コーヒーをいれる香り、ケーキのやきあがる香り、**あたたかい香り**。

(http://www.withk.com/kazeutai/about.html)

(106) 春に咲き乱れる花々の、上品で優雅な香り。(中略) やわらかくて**あたたかい香り**が、幸せな気分にしてくれるフレグランス。　　　　　　(http://aquabouqet.com/rea.html)

「あたたかい味」は、およそ食べた後に（心が）あたたかくなるような味を表す。「あたたかい香り」も同様で、あたたかい気持ちにさせるような香りをいう。香りに温度があるわけではなく、例えばコーヒーをいれる時の香りやケーキがやきあがる際の香りといったような、嗅いだ後に結果として心があたたかくなるような香りをいう。するとこれも、嗅いだ人の様子を表すことでその香りを表現する、原因と結果のメトニミー表現である。なお、このあたたかいもまた、単なる触覚表現ではなく、およそホッとする、心が和むといった意味を表す。

・触覚→視覚

続けて、あたたかいの視覚への転用をみる。

あたたかい光景

(107) 「ハトに豆を」おばあさんならぬ「カモメに餌を」おじさん！世知辛い世の中と日々の喧騒を蹴飛ばしてくれるようなそののんびりした**暖かい光景**は、ただひたすら急ぐ私の足に不思議なブレーキをかけてくれています。
　　　　　　(http://cw1.zaq.ne.jp/osakavol/getuvol/mvi3345.html)

このあたたかい光景も先にみた「あたたかい味」などと同様、およそ見た後に（心が）あたたかくなる光景をいう。

さらに、視線に関する表現をみる。

あたたかいまなざし

(108) コウジュの方をちらりと見ると、やっぱり信じられないくらい優しい眼差しで自分を見つめていた。大切な者を見る、**暖かい眼差し**だ。
　　　　　　(http://www5d.biglobe.ne.jp/~kazabana/rikus8.html)

(109) 私はインタビュー中彼の**暖かい眼差し**を受け、心が洗われる思いだった。　　(http://www.wowow.co.jp/cv/0112.html)

(110) 皆様も他者から向けられる**暖かい眼差し**に心がはずんだ

り、いやされたりした経験があると思います。

　　　　　　(http://www.rokko-catholic.jp/for_all_user/200301/from_parish_priest.html)

つめたいまなざし

(111) あれほど焦がれ、待ち続けた真（しん）との再会。けれど彼の<u>冷たい眼差し</u>は、こころ（引用者注：人名）の<u>胸を不安にさせて</u>…

　　　　　　　　(http://www.sq4.co.jp/kodansha/betsufure/suetsugu.htm)

(112) 先程の行動が、かなり皆の気分を害したらしく何かを言おうとすると、<u>冷たい眼差しが突き刺さる</u>のだった。

　　　　　　(http://miya-ace.hp.infoseek.co.jp/DreamParallel/fueparaA-3-1.htm)

あつい視線

(113) <u>熱い視線</u>を集めるおしゃれなサングラス。

　　　　　　　　(http://www.gankyo.co.jp/eyewear2/maga_6g.html)

(114) ゴルフ好きな方が今最注目する、市場品薄、入手困難なキャディバッグ。コースで練習場で、<u>仲間の熱い視線を独り占め！</u>　(http://shop.goo.ne.jp/store/piazza/ctg/001506.jsp)

つめたい視線

(115) この単純作業には、<u>かなりの時間を要し、女房からの冷たい視線を受けながらの</u>、作業となりました。

　　　　　　　　(http://www5.justnet.ne.jp/~aiwakai/aiwa.HTM)

いずれも、視線を受ける側の気持ちについて述べられている表現であり、あたたかいまなざしは視線の受け手の心がいやされるなどの優しいもので、逆につめたいまなざしは受け手が不安になる種類の視線である。つまり、前者は好意的、後者はそうでないものということになるが、「熱い視線」や「つめたい視線」についても同じことがいえる*20。

そしてこれらもまた、視線を受ける側の様子を表すことでその視線を表現する、原因と結果のメトニミー表現に基づくものである。

・触覚→聴覚

さらに、あたたかいが聴覚へと転用される例である。

あたたかい音

(116) 蓄音機から**あたたかい音**が流れる。不思議と夏の空気と合います…。

(http://www.ftnet.or.jp/kiryumaturi2001/2001/kottouichi/img003.html)

(117) 勿論、フルートやオーボエ、ホルンなど木管楽器の**あたたかい音**も大好きです。

(http://marikoro-web.hp.infoseek.co.jp/news/21.html)

これらもまた、ある種の光景を見たあるいは音を聞いた人の様子や気持ちを表すことで、その光景や音を表現している。

なお、あたたかい音の反義表現は、「つめたい音」である。

つめたい音*21

(118) よくシステムズ・オブ・ロマンスは冷たい音だ、と言われるが一番冷たい音は"HA!HA!HA!"だな。なにしろあの頃は険悪な雰囲気でみんな"オレのプレイを聞け!"って感じで各自好き勝手に弾いていた。まるでバラバラで、だれもまとめようなんて思わなかったんだ。あのアルバムが一番冷たい音だ

(http://sound.jp/rockwrok/ultravox2nd.htm)

このようにつめたい音とは、聞いたあとに心がつめたくなるような音をいう。

聴覚への転用例は他に、あたたかい言葉、あたたかいメロディー、あたたかい曲などがある。

あたたかい言葉

(119) いつでもどこでも、また、子どもが大きくなっても、大人から明るいあいさつと**あたたかい言葉**をかけ続けることが大切です。

(http://www.town.daito.shizuoka.jp/html/pg0526/page0526.html)

あたたかいメロディー

(120) この曲は(中略)「ピアノ(English version)」のリミックスバージョンです。**あたたかいメロディー**が、曲のポップな雰囲気と合致して、心地よいサウンドを作り出して

いる、そういった雰囲気の曲です。

　　　　　　（http://www5a.biglobe.ne.jp/~heefoo/zenkyoku/melody.html）

あたたかい曲

（121）アメリカのフォーク・グループが作った曲です。悲しいことや苦しいことにいつまでもくよくよしないで「Day is done＝もう済んだことだ」となぐさめ元気にしてくれる、そんな感じの明るく**暖かい曲**です。

　　　　　　（http://www7.ocn.ne.jp/~freund/home/reper/con38new.html）

（122）忘年会特集〉<u>ケンカをやめさせる**暖かい曲**</u>、・、いがみ合っててもしょうがないじゃない。笑って歌って忘れましょう！

　　　　　　（http://www.music-eclub.com/pasokara/bounenkai/list/2-7.php）

これらもまた、言葉あるいはメロディーや曲を耳にすることによりあたたかい気持ちになるということから、ある聴覚的刺激を聞いた人の様子を表すことでその聴覚的刺激を表現する、原因と結果のメトニミー表現である。

・味覚→視覚

　味覚から視覚への転用例である、「渋い顔、苦い顔、酸っぱい顔」の動機づけについては前節でみたが、本章ではさらに、「しょっぱい顔」を加える。

しょっぱい顔

（123）あんなことはありえないという部分が多かった。<u>ほんと言うと（原作者として）すごい不満だった。」とバッサリ（隣で聞いていたプロデューサーは、思いっきり**しょっぱい顔**してた）</u>。

　　　　　　（http://www.so-net.ne.jp/tv/banduke/02wi/kitai03.html）

（124）なんでそんな**しょっぱい顔**してんだよ？　顔上げて元気だせよ！

　　　　　　（http://www.linkclub.or.jp/~togetoge/hybrid-180/lyrics.html）

このしょっぱい顔もまた、渋い顔などと同様、内心の不快感から顔をゆがめるさまを表す。

②一方向性仮説に従わない例
次に一方向性仮説に従わない例についてみていく。
聴覚→触覚
「ガンガン痛い」については第3章で述べたが、ここでもう一度振り返っておこう。
（頭が）ガンガン痛い
(125) スタッカートで叩き付けるような音に変わる。まるで<u>**痛み**を表すかのように。ものすごい音が頭ん中で反響する。<u>ガンガン</u>**ガンガン**ガンガンガンガンっ!!　痛い痛い痛い痛い痛い痛い痛いっ!!

(http://www.o-shoten.com/a-contents/title/hospital/hospital7.html)

これは、ガンガンという大きな音を聞いた結果、頭などに何らかの痛みを被るという経験をふまえている。従ってこの表現もまた、時間的隣接に基づくメトニミー表現である。

### 9.2.3.5　生理的メトニミー
①一方向性仮説に従う例
　以上、メトニミーに基づく感覚間の意味転用について述べてきたが、さらにここでつけ加えたいのは生理的メトニミーによる転用である。生理的メトニミーとは、レイコフ（1993）などでも主張されているように感情が原因となり生理的変化（体温の上昇や下降など）を結果として引き起こす、感情と生理的症状との間のある種のメトニミー的写像をいう。以下にウンゲラー・シュミット（1998）で示されている例を挙げる。

表2　ウンゲラー・シュミット（1998）による生理的メトニミーの例

| 生理的効果（起点） | 感情（目標） | 例 |
|---|---|---|
| 体温の上昇 | 「怒り」「喜び」「愛」 | Don't get hot under the collar.（カッカするな。） |
| 体温の低下 | 「恐怖」 | I was chilled to the bone.（背筋がぞっとした。） |
| 顔と首の周りが赤くなる | 「怒り」「喜び」 | She was flushed with anger.（怒りで真っ赤だった。） |

（ウンゲラー・シュミット 1998: 163、図3.7）

同著では、これは原因（感情）と結果（生理的症状）のメトニミーとされているが、感情と生理的状態の発生の同時性に基づくものに含まれると考えられる*22。あるいは、時間的隣接に含めることも可能であるかもしれない。

さてこの生理的メトニミーと共感覚的比喩との関係は、五感を表すオノマトペにおける意味転用において認められる。例えば、オノマトペ「カンカン」は複数の意味を持つが*23、これら複数の意味間のつながりと生理的メトニミーとの関係について、以下に例を挙げて検討する。

次に示すのは、「カンカン」における触覚的経験を表す例である。

（126）我が家の屋上遊園地も日中は太陽がまともに照りかえす為、暑くて暑くてそれはもう**カンカン照り**です。

（http://www.ky.xaxon.ne.jp/~bigboss/lb/ishi/99-7-4.htm）

（127）久しぶりの海でしたが、日が**カンカン**と照り日常に無い健康的な体験を得ました。

（http://www.oec-net.or.jp/P/tkr/befree_1996_7_21.htm）

（128）彼は日の**かんかん**照る川沿いの道を修道女たちの後をつけていった。　　　　　　　　　　（中村編 1995: 28.(80)）

（129）このエンジンは、非常に抜けやすいので困っていましたが今回のような症状までになったのは初めてでSOLEXのフロート室までが、**カンカン**に熱くなって触れないほど「…こりゃ重傷だ」と、思いながらも、ここまで来てこの程度で終わっているようでは、COKE CLUBの名が

　　　　廃ります！　（http://village.infoweb.ne.jp/~ccrf/detatoko-5.htm）
（130）そのサウナに一人で入っていたら、品の良いおじさんが
　　　　入ってきて、話はじめました。（中略）大変フレンドリー
　　　　な人ですが、話が終わらなくて、、、サウナの中です。<u>体
　　　　が**カンカン**に熱くなって</u>、気が遠くなりそうでした。
　　　　　　　　（http://www.tatebayashi.com/canada/report/stkk.shtml）

典型的に触覚経験を叙述するのは、（129）と（130）のような例であるが、慣用度としては低い*24。これに対して（126）の「カンカン照り」は、安定した表現である。この（126）と（129）（130）とを結びつけるのは、（127）と（128）のような表現であると考えられる。つまり「カンカン照り」という、日がカンカンと照りつける状況において、暑さを皮膚に感じる触覚経験により「（触覚的に）熱い」という表現が成り立ち、（129）および（130）のような表現が理解可能になるのであるのではないだろうか。

　一方、「カンカン」には「カンカンになって怒る」という表現がある。

（131）さて、マチガイ電話といえばですね、以前アタクシが病
　　　　院に電話したら、うっかり間違いましてね、そしたら電
　　　　話口に出たオヤジが**カンカン**<u>になって怒る</u>んですよ。
　　　　　　　　（http://www.tsukiji.or.jp/nikki/9811/9811.html）
（132）「きょうは巨人戦だし、会いに行くのは別の日にするか
　　　　な」といったら、その途端、星野が電話の向こうで<u>烈火
　　　　の如く怒りだした</u>のである。（中略）わたしがいった意味
　　　　は、（中略）別の日に会いに行った方が迷惑をかけずに済
　　　　むかな、という意味だったが、星野はもう<u>**カンカン**に
　　　　なって怒る</u>のだから困ったのである。
　　　　　　　　（http://osaka-nikkan.com/lib/otr/02ren/challenge-cd07.html）

　（触覚的に）熱いという触覚経験を表す「カンカン」と、怒りを表す「カンカン」とを結びつけるものは何か。体温が上昇すると、触覚的に熱くなる。つまりカンカンに（なって）怒るという表現は、怒りという感情が原因となり体温の上昇を引き起こすさまを表すものなのではないだろうか。

この体温の上昇と怒りとの関係が表れている用例には、次のようなものがある。

(133) だから、定期的に行う喜怒哀楽は精神のバランスを保つために必要なことなのだ。(中略)で、実生活では涙を流すほど悲しいことも、**頭から湯気を出して怒る**こともあまりない。そこで映画の登場になる。

(http://www.takahara.co.jp/recom9908.html)

頭から湯気を出す、つまり触覚的に熱いという生理的症状と怒りとの因果関係は、こういった用例からもみてとれる。

同様にカチカチに固い（触覚）とカチカチに緊張している（視覚）との関係も、生理的メトニミーで説明できる。次に示すのはカチカチが触覚を表す例である。

(134) こちらのピーマンは小さい時でも、ピーマン独特の匂いと味がバッチリします。最初は画像のように丸くて、育ってくるとゴツゴツした感じで伸びてきます。身は肉厚で、**カチカチ**に硬いです。

(http://web.parknet.co.jp/yamasan/pii01.html)

そして緊張しているさまを表すカチカチには、次のような例がある。

(135) やはり、明るい人、笑顔がある人は、誰からも好かれます。(会社訪問や面接では、第一印象が大切なので)笑顔で挨拶ができれば、**緊張してカチカチ**でも印象は、二重丸だと思います。

(http://www.daisho-denshi.co.jp/RECRUIT/senior/CAD.htm)

(136) 元々の上がり症の上に、さらに運転と指導員に対する**緊張感**と、教習の進度への焦りもあり、(中略)それでもなんとか50分間の教習を終え、(中略)教習車を降りると、ああ、やっぱり**カチカチに固まっている**背中がスーッとゆるむのがわかって、(後略)

(http://www.unten.com/mag/news4.html)

触覚的にかたいことを表すカチカチと緊張しているさまを表すカチカチの、2つの多義的別義を結びつけるものは、やはり緊張という感情が原因となり、結果として身体的硬直という生理的変化を引き

起こすという生理的メトニミーである。緊張するさまを表すカチカチと触覚的にかたいさまを表すカチカチの因果関係は、次のような用例においても明らかである。

(137) 高校2年生の弟は飛行機初体験。飛び立つ瞬間、<u>緊張して**固まっている**</u>姿には思わず爆笑してしまいましたが、（中略）あっという間のフライトだったようです。

（http://www.jcc.co.jp/plaza/cdrom/wonderful/satoko/hokkai1/page2.htm）

この「固まっている」という表現には、触覚的な固さが直接感じられる。

以上の分析は、次のようにまとめられる。

| 「基本義」 | 「生理的効果」を表す表現 | 「感情」 |
|---|---|---|
| 「カンカン照り」（皮膚感覚） | 「頭から湯気を出して怒る」（体温の上昇） | 「カンカンになって怒っている」（怒り） |
| 触 覚 | → | 視 覚 |
| 「カチカチに堅い」 | 「緊張して固まっている」（身体の硬直） | 「カチカチになっている」（緊張） |

図1 「カチカチ」と「カンカン」における視覚的意味への転用の動機づけ

ほかに「かたい表情」という表現についても同様である。

**かたい表情**

(138) すると、抱き合った瞬間なんと40才をすぎた息子さんの顔ががらっと変わったんです。**かたい表情**だったのが、いまにも泣き崩れんばかりの<u>やわらかい、ものすごくいい表情</u>に変わったんです。

（http://www.asahi-net.or.jp/~CN1S-FKD/familytherapy/familytherapy2.html）

このかたいが表す意味については、籾山（2002）に分析があるので以下に引用する。

たとえば、「人前で話すと、ついかたくなってしまいます」などにおける「かたい」は、〈人間が精神的に緊張した状態にあるさま〉という意味ですが、「かたい」がこのような意味も表せるのは、「通常、精神的に緊張しているときは、筋肉などがカタクなる」ということに基づいていると考えられます。〈(肉

第9章 感覚間の意味転用に関わる比喩の分析　373

体などが）物理的にカタイ〉ことと〈精神的に緊張した状態〉
が同時に生じることにより、基本的には前者の意味を表す「か
たい」という語が後者の意味まで表せるということです。

(籾山 2002: 78-79)

以上のように、かたい表情という触覚→視覚の共感覚表現について
もこの生理的メトニミーにより動機づけられる。

以上、感覚間の転用に生理的メトニミーが関わる例があるという
点を主張した。

### 9.2.4 共感覚的比喩における色聴とは

「共感覚」とは、先にも触れたように1つの刺激によって異種の
感覚が2つ生じることをいうが、共感覚の具体例として色聴現象が
あることについても既に述べた。

そこで本節では、この共感覚（色聴）現象と二次的活性化現象と
を比較しその類似性について述べる。

#### 9.2.4.1 先行研究

色聴についての記述を再びみてみよう。

音を聴くと色が見える。

たとえば、トランペットの音を聴くと必ず赤色が見えたり、あ
る特定の旋律を聴くと金色が見えるという人々がいる。これは
色聴といって、視覚と聴覚が連携することから共感覚と呼び、
音楽心理学では今世紀初頭からさまざまな研究がなされている。
だが、周波数構成と色がどう対応するのかといった生理的メカ
ニズムは科学的にはまだほとんど解明されていない。病理現象
として研究されているものもあるが、統一見解が得られている
わけでもない。　　　　　　　　　　　　(最相 1998: 116-117)

このように色聴は、病理現象として研究されてもいる非常に特殊な
一部の現象である。

この特殊な心理学的現象が共感覚的比喩の理解と関連づけて論じ
られてきたことから、共感覚的比喩は特殊なメカニズムに基づき成
立していると目されてきた。例えば、次に挙げる森田（1993）で

は「黄色い声」という共感覚表現について次のように述べている。

> 世の中には「色聴所有者（color hearer）」と呼ばれる人がいて、特定の音を聴くと特定の色彩が視えるという。一般人にはそれほどの超能力はないが、若い女性などが気に入りのスターに向かって浴びせかける「黄色い声」が甲高い声を指すということぐらいは誰でも知っているから、やはり彼らにも、音の中に色を視る能力は備わっているのである。

（森田 1993: 73、下線は引用者）

共感覚的比喩は言語普遍性の現象のひとつともいわれ、多くの言語に存在する。しかしこれまで、特殊な現象である色聴と関連づけられて論じられてきた。

### 9.2.4.2　共感覚（色聴）と二次的活性化の類似点

　この点について、まず「甘い声」という味覚から聴覚への転用について考えてみよう。すでに述べたように、これは類似性に基づくメタファーによる転用であるが、この例では「甘い」の基本義である味覚における意義特徴が転用先の聴覚の中に生きていることにより比喩が成立し理解される。つまり「甘い声」という比喩表現の中には聴覚と味覚の両方の意味が共存している。ここに、色聴という異種の感覚が2つ生じるという現象との共通性が認められる。

　以上から、この共感覚（色聴）という現象を「複数の感覚のイメージが同時に共存する」という現象と捉え直す。すると、これがはたして共感覚的比喩固有のものなのかという疑問がわく。

　本来の意味と転用された先の新しい意味とが同時に生きているという現象、つまり二次的活性化（secondary activation）*25 は、共感覚という現象、すなわち複数のイメージが同時に共存するという現象となんら変わりはないのではないか。つまり「甘い声」という共感覚表現を例に取るなら、元の感覚領域である味覚の〈甘美で快い〉という意義特徴が転用先の聴覚においても生きているからこそ、「甘い声」という表現がはじめて理解可能になると考えられるからである。

第9章　感覚間の意味転用に関わる比喩の分析

### 9.2.4.3 オノマトペにおける二次的活性化

そこで以下では、共感覚的比喩における共感覚（色聴）現象と、おもに従来メタファー研究において提唱されてきた二次的活性化との類似性について、用例とともに検証する。

次の例は、五感を表すオノマトペにおける感覚間の転用である。

(139) 普通の人が急に作曲を始めたい衝動にかられたとき、その記録媒体として何を使うんだろうか？ 原始的に<u>五線紙に羽ペンで**サラサラ**と書く</u>のか、ちょっとハイテクにテープレコーダを使うとか思いつく。

(http://www.kuis.kyoto-u.ac.jp/~kmc/Members/tsum/dtm.html)

(140) 渓流釣り場　**サラサラ**<u>と流れる渓流</u>は絶好の水遊び場 ニジマスの釣りやつかみどりがたのしめます

(http://www.avis.ad.jp/shicho/kisomura/htm3.htm)

サラサラは、第3章では聴覚と視覚の両方に用例が認められた。しかし（139）（140）においては、聴覚的意味（羽ペンと紙の摩擦音あるいは流れる水が発する音）であるのか、あるいは視覚的意味（滞り無く書きつける様子あるいは水が滑らかに流れる様子）であるのか、どちらか一方であるとの判断は下しにくく、むしろ両方の感覚領域を表していると解釈する方が妥当である。つまりここでは聴覚と視覚の両方が生きており、同時に複数の感覚を表すという新しい用法が現れるのである。

次に挙げる例も同様である。

(141) 肉厚で濃緑の葉、きらめくような光沢のある花弁が、半日陰の環境下でより色鮮やかになるインパチエンスはホウセンカの仲間で、大きく膨らんだサヤをつまむと**パチン**とはじけます。　(http://www.smartgarden.co.jp/inpati.html)

(142) 果実に触れると、**パチン**とはじけた。飛び出た種子の威力はすごく、直撃されたマルハナバチは<u>墜落</u>することも。

(http://www.biology.tohoku.ac.jp/garden/AOBAYAMA/162Impati.html)

ここでも果実やサヤがパチンとはじけるさまは、視覚的意味と聴覚的意味の両方が生きている。

次の例も同様に、視覚と聴覚を同時に表している。
 (143) その次の瞬間である。ある程度明るくなった直後、水銀
　　　灯は**パチン**と消えたのである。
　　　　　　　(http://www.law.kanazawa-u.ac.jp/kambashi/yurei2.html)
一方、次に挙げる例は、聴覚と触覚に関する例である。
 (144) 劣勢ばん回の頼りはやはり佐々木だが、「ここのブルペン
　　　は狭くて投げにくいし、音楽がうるさくて頭に**ガンガン**
　　　**響く**」と、連日ブルペンに閉じこめられているイラ立ち
　　　を西武ドームに八つ当たり。
　　　　　　　(http://www.zakzak.co.jp/spo/s-October98/s_news2523.html)
本書第3章においてガンガンは、触覚（頭がガンガン痛い）と聴覚（大きな音がガンガン鳴る）の両方に用例が認められたが、この(144)のガンガンには、音の大きさ（聴覚）と頭痛（触覚）という複数の感覚の存在が同時に感じられる。

　以上本節では、共感覚的比喩における共感覚（色聴）現象と、従来メタファー研究において指摘されていた二次的活性化（secondary activation）との類似性についてみてきた。以上の考察により、複数のイメージが同時に生きていることにより新しい意味が出現するという現象が、決して感覚間の意味の転用現象固有のものではないということが明らかになった。


## 9.3　接触感覚から遠隔感覚と遠隔感覚内の意味転用
　　　共感覚的比喩を支える複数の動機づけ

　本節では、従来共感覚的比喩としてくくられていた現象について、「接触感覚から遠隔感覚」、そして「遠隔感覚内」という枠組みで捉え直すことで、共感覚的比喩を支える複数の動機づけについてさらに考察を進める。

### 9.3.1　共感覚的比喩における身体性に基づく制約とは
　これまでの研究において、共感覚的比喩の理解は、多くが次の2点によって説明されてきた。

①色聴などの心理的現象によるもの
②人間の身体的共通性（生理学的制約）によるもの
前節では色聴と二次的活性化との類似性について述べたが、本節では②の課題について検討していく。

　第3章の分析では、嗅覚から触覚への方向性を除くすべての感覚間で転用されるという点、そして触覚と視覚から転用される場合が多いという点などを明らかにし、従来主張されてきた比喩の一方向性が日本語においては当てはまらないことを主張した。それを踏まえ本節では、感覚間の意味転用における身体性に基づく制約とは一体どのようなものであるのかという課題について検討する。

　次に挙げるのは、山梨（1988）の「五感とオノマトペ」に関する記述である。

> しかも、この場合、味覚と嗅覚の擬態語は、純粋に味覚・嗅覚の感覚そのものの様態を叙述している表現ではない。これらの擬態語は、厳密には、触覚にもとづいている。ヒリヒリ、ピリピリ、コッテリ、ネットリなどの味にかんする形容は、基本的には、舌にたいする触覚的な感覚の叙述である。また、嗅覚の擬態語の表現は、たとえば鼻をツーン（ツン）とつくような臭いというような表現から明らかなように、基本的には、やはり触覚にねざした擬態語とみなすことができる。　（山梨1988:84）

つまり味覚と嗅覚のオノマトペは、ともに舌と鼻の粘膜への触覚的な刺激を表すことから、大まかに言えば触覚的領域という同一の認知領域にグルーピングできる*26。従って、オノマトペの共感覚的比喩体系内における意味転用は、次の3種にまとめられる。

　①触覚（的領域）→聴覚
　②触覚（的領域）→視覚
　③聴覚と視覚間

　山田進（1996）では、言語記号ないし言語表現と事物との関係をどう捉えるかについて、事物・概念・言語の意味間の関係について述べている。そしてわれわれが識別するのは外界の事物ばかりでなく人間とは独立に存在しえないものも数多く存在するとし、例として「痛み」を挙げている。

「知覚する主体」がなくなれば痛みそのものもなくなるはずだから、痛みそのものは人間と独立には存在しえない。「痛み」のような「外界にないものごと」を識別する際に用いている「何か」は「痛みの特徴」であるから、この点で「外界の事物」を識別する際の「概念」と同種のものであると言える。<u>異なるのは、識別の対象である痛みそのものが外に取り出せないこと、具体物のように触ったりできないこと、他人の痛みは経験できないこと、また、「痛みを表すもの」が視覚や聴覚などの知覚によりとらえられる形で表されることはないことなどである。</u>痛みに限らず、「感覚」は総じてこのような性質を持つ。

(山田 1996: 1097、下線は引用者)

一方、国広 (1989) は、こうした感覚の枠組みにはわれわれの外界に対する認知の仕方の違いが関わるとしている。

　目に何かが映っているとき、カメラのフィルムに比すべき網膜に像が映っているわけであるが、我々は網膜に像が映っているとは認知せず、その像の元の物が外界に存在しているように認知する。聴覚の場合も事情は平行していて、実際には鼓膜が震動しているのであるが、そうとは認知せず、その像の元の物が外界に存在しているように認知する。この現象は感覚心理学では「遠隔感覚」ととらえられてきたものであるが、認知科学的には「外界投射 (projection to the outer world)」と呼ばれる。これに対して他の接触感覚の場合は肌なり舌の表面が何かを感じているというふうに感覚器官の働きがはっきりと意識される。

(国広 1989: 31)

五感における感覚のこのような性質の相違から、国広では共感覚的比喩について次の図を示し結論づけている。

(国広 1989: 28)

図2　国広 (1989: 28) による日本語の共感覚的比喩の体系

最初に示した比喩の体系の中に「次元」という一見感覚とは異なる要素がはいりこんでいたが、これは視覚の外界投射の働きの結果であると説明することができる。つまり「次元」というのは本来視覚の中に含まれていたものということである。<u>そうすると、結局共感覚的比喩というのは「接触感覚→遠隔感覚」という図式に単純化できることになる。</u>

（国広 1989: 31、下線は引用者）

ここでは、感覚器官の働きがはっきりと意識される触覚的領域、すなわち触覚、味覚、嗅覚を接触感覚、そうではない視覚と聴覚を遠隔感覚としている。

　以上の指摘をふまえ、本書では、五感内を接触感覚から遠隔感覚、そして遠隔感覚内という2つに分類したうえで以下の考察を進めていく。

### 9.3.2　接触感覚から遠隔感覚への意味の転用
#### 9.3.2.1　先行研究

　触覚を表す形容詞の1つに「カタイ」がある。これが比喩的に、視覚（例えばカタイ線）や聴覚（例えばカタイ声）を表す場合、「共感覚的比喩により」転用されるというのが、これまでの説明であった。

　一方、籾山（1994）では、形容詞「カタイ」の多義構造を明らかにしている。籾山から、五感に関わる部分のみを以下に要約する。

- 「触覚」…多義的別義（1）：ダイヤモンド／鉄はカタイ
　さて、ある物体について、カタイという場合、「<u>手でさわる／押す</u>」等、〈外部から力を加える〉ことが前提になる。
- 「聴覚」…多義的別義（5）：カタイ言葉、カタイ話
　まず、このカタイによって描写されている対象は、「表現／言葉／文体」等の〈言語表現〉、あるいは「話」等の〈言語表現によって表された内容〉である。
- 「視覚」…多義的別義（7）：カタイ頬の線
　さて、カタイのこの多義的別義も、前節のカタイ（多義的別義（6））と同様、換喩によって成り立っていると考えられ

る。つまり、「触覚的にカタイもの」(基本義)は「視覚的に直線的な輪郭を持つ」という換喩が成り立つ基盤があるために、「視覚的に直線的な輪郭を持つ」ものに対してもカタイで表すことができるということである。例えば、「直線的な輪郭を持つ線」は「触覚的にカタイ」ということを経験的に知っているからであるということになる。

(籾山 1994: 75–88 より要約、下線は引用者)

ここでは、触覚を基本義とする形容詞カタイが、他の感覚(聴覚、視覚)へ転用される場合の比喩のメカニズムに関する分析がみられるが、共感覚的比喩にはまったく触れられていない。つまり共感覚的比喩によらずとも、触覚を基本義とする語の感覚間の転用が動機づけられることを意味する。すなわち、これまで「共感覚的比喩」とされそれ以上の分析はされてこなかった感覚間の転用について、別の観点でさらに説得力のある説明がなされている。よって、カタイ以外の五感を表す語についても更なる分析の必要性がある。

そこで以下では、触覚から視覚への意味の転用に喚喩、メトニミーがどう関わるのかについて検証する。

### 9.3.2.2 触覚から視覚への転用

本節では五感を表すオノマトペにおいて、触覚を基本義とするものが視覚へと転用されるケースについてみていく。

以下でまず、それぞれの基本義である触覚表現を確認する。

(145) 青林工藝舎版は表表紙の絵柄は同じだが、カバーの紙質が**ツルツル**した手触りの紙に変更されるなど、若干異なる。(http://www.tk.airnet.ne.jp/tshibata/karasawa/kinmirai.htm)

(146) どちらも使った後は**ザラザラ**した手触りが無くなり、さらさらになります。

(http://www.tworks.co.jp/~tada/log/geobook9.html)

(147) 「和紡布」で織り上げた少々**ごわごわ**した感触の作衣です。

(第3章 (16))

(148) 春作業が早く進んだ今年、農家では、この日の為に作業を残すなど配慮してくれていて、田植えでは生徒達が**ヌ**

ルヌルした感触に喚声を上げながらも1株1株丁寧に苗を植えていました。

(http://www.hana.or.jp/nakasen/kouhou/k9806/ryoko.html)

いずれも手触りあるいは感触といった語が続くことから、触覚的経験を表す表現であることがわかる。

そしてこれらが視覚へと転用されるのが、次の用例である。

(149) ふと室の正面にかけてある円い柱時計を見あげました。その盤面は青じろくて、**ツルツル**光って、いかにも舶来の上等らしく、どこでも見たことのないようなものでした。

(http://why.kenji.ne.jp/douwa/55kouunb.html)

(150) リンカーンのお墓の前のリンカーンの胸像の鼻は**ツルツル**に光っています。鼻を撫でるとリンカーンにあやかれるとかでみんなが撫でて行くのです。

(http://www2.marinet.or.jp/~michiko/jindex/wan/jt034.html)

(151) 二段ベッドの上の段　寝っ転がるとすぐそこに　いつもは遥かてっぺんにある天井が見えた　コンクリートかな　**ザラザラの肌** (http://www.hf.rim.or.jp/~bell/koba_25.htm)

(152) 鬼瓦のような　いかつい顔が正面ではなく、天井を見据えるように付いていて、味海苔を貼り付けたような黒く**ゴワゴワ**した髪と髭が印象的。ヤツはそのまま吸い込まれるように壁に消えていきました。「見た!?今の」「鬼瓦みたいな蜘蛛!」(http://garden.millto.net/~reni/youkaihtm.htm)

(153) 岸際では水草に、柘榴の実にも似た半透明で**ヌルヌル**した奇怪な物体が、びっしりと群れている。(中略)不思議そうに覗き込む私に姉は、**ヌルヌル**した物体はカエルさんの卵でおたまじゃくしはカエルさんの子供で、大きなおたまじゃくしはガマガエルだと教えてくれた。

(http://www.geocities.co.jp/HeartLand-Gaien/4648/stdays/stday1.html)

例えば(152)において、視覚で捉えたクモをゴワゴワと表現しているように、以上に挙げた例はいずれも視覚的経験を表す。つまりここでは、ツルツル・ザラザラ・ゴワゴワ・ヌルヌル…したものが

固有に持つ独特の形状から、それを視覚的に認知しただけで、つまり触らなくても触ったらツルツル…しているだろうという推測が成り立つことに基づいている。それは、ある種の形状を有する物が持つある種の触感をわれわれが経験していることによる。すなわち、ある視覚的刺激を受けることによりある種の触覚的経験を想起しているのである。よってこれらは、触覚的経験を基盤として成り立つ視覚表現である。他にもガサガサ、スベスベ、ホカホカについても同様のことがいえる。

(154) 展示標本はアア溶岩の表面近くから採取されたものなので、表面の**ガサガサ**した様子がよく分かるが、溶岩といってもその内部までガサガサしているわけではなく、内部は均質で、緻密な岩石となっている…

(http://www.um.u-tokyo.ac.jp/dm2k-umdb/publish_db/books/collection2/tenji_ganseki_10.html)

(155) これに対し、コナラは見た目が千差万別、クヌギのようにごつごつしたものもあれば、**スベスベ**した、平らなものもあります…

(http://www.koganet.ne.jp/~tnouen/konaratokunugi.htm)

(156) 旧市街を歩いても**ホカホカ**しておいしそうなものを見つける事が出来なかったので、"Restoran"と書かれた普通のレストランに入りました。

(http://www.yossy.org/tll98nov.htm)

以上、触覚を表すオノマトペが視覚的経験を表す際に経験的基盤に基づくメトニミーが関わるという点を指摘した。

### 9.3.2.3 視覚の触覚性

前節までの分析と、従来の感覚論に関する研究との関連について触れておく。佐々木(1987)では、従来主張されてきた「感覚の縦割り理論」*27や視覚優位の「層理論」*28に対し、見ることを触覚のモデルで説明する数多い試みを紹介している。その1つとして、バークリ（Berkeley 1709）を挙げ、われわれの認識の他感覚性について次のように述べている。

通常、視覚に属するとされる距離、大きさ、空間内の位置などの知覚が、筋肉感覚を含めた触覚からの借り物の経験によってつくりだされていると結論づけた。このような視覚に特権的と考えられている性質は、実は触覚的な経験によって始めて可能になるものにすぎず、視覚に固有な対象の性質は光と色の2つしかない。<u>見るということは、手で触れて対象を知ること、すなわち触覚的な対象把握の「徴し（マーク）」にすぎないというのだ。</u>
　　　　　　　　　　　　　　　　（佐々木1987: 37、下線は引用者）

　また佐々木は、同種の指摘としてさらにコンディヤク（1948）の「見ることの深層に、対象を触覚的になぞる過程が潜んでいる」という指摘を挙げ、視覚の背後に触覚が透けて見えるという現象を「なぞり」アクションと呼んでいるが、先にみたように共感覚的比喩表現においても触覚（的領域）から視覚への比喩の理解に触覚的イメージが関与する例が認められる。ここから「見るということは、手で触れて対象を知ること、すなわち触覚的な対象把握の「徴し（マーク）」にすぎない」というバークリの指摘、および「見ることの深層に対象を触覚的になぞる過程が潜んでいる」というコンディヤクの指摘が妥当であることがわかる。そして、こうした「視覚の触覚性*29」ともいうべき感覚の仕組みにより、触覚から視覚への意味の転用が可能になるのだと考えられる。

### 9.3.3　遠隔感覚内の比喩の考察

#### 9.3.3.1　先行研究

　前節においては、触覚的領域から遠隔感覚への転用に経験的基盤に基づくメトニミーが関わる例をみた。それでは、遠隔感覚内の意味の転用にもメトニミーが関与するのだろうか。この点についてTaylor（1995）では、メタファーの下位カテゴリーとして共感覚（synaesthesia）を挙げ、英語の共感覚的表現、'sweet music'、'loud color'、'black mood'、'the high notes on the piano'、'the meat smells high'について次のように述べている。

　　If it were the case that metaphor were grounded, ultimately, in metonymy, then we would have gone a long way towards solving the 'theoretical puzzle' of similarity. There are, however, numerous instances of metaphor which cannot reasonably be reduced to contiguity. <u>Particularly recalcitrant are instances of a subcategory of metaphor, synaesthesia.</u> Synaesthesia involves the mapping of one sensory domain on to another.（中略）<u>It is doubtful whether attributes of these different domains get associated through metonymy. Neither is it plausible to propose metonymy as the basis for a mapping of the vertical dimension on to sensations of pitch（the high notes on a piano）5 and smell（the meat smells high）</u>.（中略）The theoretical puzzle of similarity remains.（Taylor 1995: 139–140、下線は引用者）

もし仮にメタファーが究極的にはメトニミーに基盤を置いているとするならば、われわれは類似性に関する「理論的難題」の解決に向けてだいぶ成功したと言えるかもしれない。しかし、メタファーには、合理的な形で近接性に還元できない多くの事例がある。<u>特に扱いにくいものとして、メタファーの下位カテゴリーである共感覚（synaesthesia）がある</u>。共感覚とは、ある感覚領域から別の感覚領域へ写像がなされることである。（中略）<u>これらの異なった領域の諸属性がメトニミーを介して連合しているかどうかは疑わしい。また、垂直次元がメトニミーに基づいて音の高さ（the high notes on a piano（ピアノの高調））の感覚5）や嗅覚（the meat smells high（肉が熟れた臭いがする））に写像されているとするのも妥当であるとは思われない</u>。（中略）類似性の理論的基盤は依然として未解決である。

（辻訳 1996: 168、下線は引用者）

[5] One could argue that the correlation of high pitch with the high rate of vibration of the sound-producing body provides the metonymic basis for the conceptual metaphor. This correlation, however, does not form part of the world knowledge of the scientifically naive language user and <u>cannot therefore pro-</u>

vide an experiential grounding for the metaphor.

(Taylor 1995: 139、下線は引用者)

> 5. 高い調子と調音器官の高い振動率との間の相関は、概念メタファーに対するメトニミー的な基盤を提供すると論ずることが可能かも知れない。しかし、この相関は科学的知識が十分でない言語使用者の世界に関する知識の一部を形成することはない。<u>然るに、メタファーの経験的な基盤をもたらし得ない。</u>
> (辻訳 1996: 171、下線は引用者)

以上のように、これらの共感覚表現、とりわけ「高い音」などの表現については経験的基盤に基づくメトニミーでは動機づけが説明できないとしている。

「高い音（声）」は視覚（次元）→聴覚、つまり遠隔感覚内の意味の転用である。ここで述べられているように、経験的基盤に基づくメトニミーは遠隔感覚内において転用の動機づけに関わらないのであろうか。またそうであるとすると、遠隔感覚内の転用は、一体どのようなメカニズムによるものなのだろうか。

### 9.3.3.2 「高い声」の分析
①先行研究

そこで以下では、遠隔感覚内の転用のケース・スタディとして「高い声」という共感覚表現を取りあげ、複数の観点からその動機づけについて検討する。考察に先立ち、次の丹保（1990）を参考にする。

> 多義の広がりを考える上においては、少なくとも①直接的共感性によるもの、②評価的な要因によるもの、③特殊な要因によるもの、の三つを区別する必要があろう。
> (丹保 1990: 16)

ここでいう「直接的共感性」は、各語の基本義からの直接的広がりを指すと思われ[*30]、先に挙げた籾山（1994）と Taylor（1995）のいう経験的基盤は、この直接的共感性を指すと思われる。五感を表す語における転用の動機づけについては、この直接的共感性に基づく経験的基盤に加え②の「評価的な要因によるもの」も存在すると考えられる。よって以下の考察では、この2つの視点を分析の指

標とする＊31。

「高い」の多義性に関する研究には丹保（1991）がある。丹保は多義語「高い」について「辞書等に見られる概念的意味＊32分割基準体系」を次のように示している。

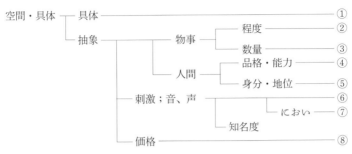

（丹保1991：21）

ここで「高い声」（上の図では⑥に相当）は垂直次元という第一義からの直接的な写像ではないとされ、抽象的な意味からの派生という形で説明されている。つまり高い声と基本義である垂直次元との関わりについては詳しく考察されていない。

以上のように「高い」の多義性に関する研究においても、「高い声」における声と基本義である垂直次元（高さ）との関わりについては言及されていない。従って、「高い声」と垂直次元「高い」との関係はこれまで明らかにされていない。

しかしながら、キーの高い声を耳にしたとき、その声と高さ（基本義）との間に何らかの関係を感じることはまったくないのだろうか。そこで以下では「高い声」と垂直次元との関係が反映された実例を挙げつつ、この点について検証する。

②「高い声」と垂直次元との関係

まずはじめに、次の例をみていただきたい。

(157) ノーマの花山佳子はブロードウェイ版のノーマにそっくり。特に、**頭のてっぺん**から声を出してるような**キンキン声**、ゆるそうな喋り方。

　　　（http://www.kazusa.or.jp/geno/usr/kohara/play/980110.html）

(158) カン高い声で大島田が話しかけると、やはり**高音**の中島が**頭のてっぺんから声を出して**答えた。

(http://www.awa.or.jp/home/oshidari/ABback9808top2.htm)

(159) maimaiさんの声が大好きです。あの**高音**はどこからでて
いるんですか？（中略）あの声はどこからって、わしはむ
づかしいことはさっぱりぱぱらん［ママ］ですが、きっ
と**頭のてっぺん**からに違いないにょ。

(http://hot.netizen.or.jp/~trouba-r/madan/faq.html)

(160) 「ええ、いただくわ。ありがとう、お母さま」もう少し、
何とか、いい方がないもんかねえ。私は娘の才能のなさ
にだんだん腹が立って来る。**頭のテッペン**から声を出せ
ばいいってもんじゃないんだ。　　　　　　（『娘と私の部屋』）

これらの例は、それぞれ声を出す、あるいは声が出ている場所が頭のてっぺんである、という聞き手の意識を示すものである。頭のてっぺんは人間の体の中で最も高い位置にあるものであり、ここに地面から垂直方向に距離が長いという「高い」の基本義との関連性が認められるといえるのではないだろうか。

次に示す例もまた、声と垂直次元との関係性を表すものである。

(161) 「F―あかんかったんや」といった遠藤さんの声は**低く沈
んでいる**。遠藤さんは声にその時々の感情がよく現れる
人で、**機嫌のいい「元気横溢」**という時はかん高い大声
になる。（中略）「だんだん欠けていくなあ」「今年はまた
特に多いわねえ」私の**声も沈む**。遠藤さんと話して、**声
が沈む**なんて滅多にないことだ。親しい人の死。（中略）
遠藤さんはそんな話をし、「佐藤愛子のなれの果てはこれ
やな」電話を切った。**最初の沈痛な声はだんだん上がっ
ていって、最後はオクターブ上**で終わるのが、遠藤さん
の遠藤さんたるところである。　　　　　（『憤怒のぬかるみ』）

「低い声」においては沈み、「高い声」においては上がるという表現がそれぞれ対応していることから、ここにも声の高低と垂直次元との関係性が表れている。

また逆に、「低い声」には次のような用例がみられる。

(162) 俳優として知られている武は実はたくさんのCDを出し
ていたんです。**低音**の魅力、武のその声は私のココロを

一番くすぐるのです。(中略) あの<u>地を這うような声</u>は私にとって一番好きな所です。

(http://www1.u-netsurf.ne.jp/~ayuayu/discography.htm)

「低い声」が存在するのは地、すなわち、垂直次元の最も低い場所なのである。

ここから、次に示す例においては「地の底から沸いてくるような」という表現から、われわれはその声の性質を「低い」と連想しやすいのではないだろうか。

(163) ブタ夫(猫の名)は私が彼に気がつかないと、自分の方から声をかけるようになった。それが<u>地の底から湧いてくるような</u>、「ブニャー」という押しつぶした憎たらしい<u>声</u>である。　　　　　　　　(中村編 1995: 208 (2662))

以上、声を発する場所と高いの基本義である垂直次元との相関関係について検討したが、それでは、声を聞く側は体のどの場所で声を受け止めるのであろうか。次の例をみていただきたい。

(164) 「ルミエール!早くしないと置いてくよ!」紅翠の<u>高い声が頭に響く</u>。最悪の目覚めの気分でルミエールが起きる。

(http://www.spice.or.jp/~takeshi/project/PG1/hou4.html)

(165) どこから聞こえてくるか分かりにくい無指向性の音。「ニニニニニニニ」と<u>頭に響く高い音</u>。時折り、ゴリラが吠えるような「グァー」という声も聞こえる。

(http://www.csis.oita-u.ac.jp/~e09045/a4/kousen.html)

(166) (ねえねえねえ、どうしたのぉ?) (うるさい) (あたしにも教えてよぉ) <u>頭に響く甲高い声</u>に、彼女はしばし思考。

(http://www2.ohba.co.jp/novel/original/data_03/03-011/page_003.htm)

これらの例において、高い声は聞き手の頭に響いていることから、声を身体で最も高い位置にある頭で受け止めていることがわかる。逆に「低い声」を受け手が捉える場所は、腹であることを示す次のような例がある。

(167) それと某中古店でベース&アンプを購入、<u>腹に響く低音</u>がメチャ最高!!! 　(http://www.tcn-catv.ne.jp/~hide/nikki.html)

（168）第2回「スピーカ」の巻　共振を上手に利用して**腹に響く重低音**を再生　(http://www.tdk.co.jp/tjdaa01/daa21000.htm)

高い声が頭に響くのに対し、低い声はそれよりも低い位置にある腹に響く。つまり、相手の声を感じる体の部分にも、垂直次元の高低との相関関係がみて取れる。

③「高い声」の評価的要因*33 による動機づけ

「高い声」という表現の成立を支える動機づけの可能性としてもう1つ考えられるのは、評価的要因である。レイコフ・ジョンソン (1986) では、メタファーによって成り立つ概念の一種として「方向づけのメタファー」(orientational metaphors) を提示しており、上下、内外、前後、着離、深浅、中心周辺といった空間の方向性が、ある概念に空間方向性を与えるとしている。そして、方向づけのメタファーの一例である「空間関係づけのメタファー」(spatialization metaphors) として、'HAPPY IS UP. SAD IS DOWN.〈楽しきは上、悲しきは下〉' では、'I'm feeling up.〈気分は上々だ〉'、'You're in high spirits.〈上機嫌だね〉'、'I'm feeling down./I'm depressed.〈気持ちが沈んでいる〉' などの例を挙げているが、これら空間関係づけのメタファーについて次のような指摘がある。

　　―空間関係づけのメタファーは<u>肉体的（物理的）経験および文化的経験に根ざしている</u>。つまり、この種のメタファーはでたらめに使われてはいないということである。<u>メタファーというのは、経験という基盤があってはじめて、ある概念を理解する手段となり得るのである。</u>

（レイコフ・ジョンソン 1986: 27、下線は引用者）

そしてここでの結論を 'GOOD IS UP, BAD IS DOWN〈よいことは上、悪いことは下〉' とまとめている。また瀬戸 (1997) においても同様の指摘がある。

　　一般に、「上」や「高」はプラスの意味と結び付き、「下」や「低」はマイナスの意味と結び付く。とすれば、「上役」も「高僧」も、「うなぎの上」も、「高邁な精神」も、逆に「下劣」も「低脳」も、すべて同じことばの世界の住人となる。

（瀬戸 1997: 22）

これらの指摘をまとめると、高いがプラスの意味、そして低いがマイナスの意味をそれぞれ表すということになる。

こういった指摘が反映されると思われる用例が次の（52）である。

(169) 京都大学霊長類研究所の正高信男助教授の実験によれば、高さを変えた母親の声を左右両側のスピーカーから<u>乳児に聴かせた場合、**高い声**がするほうに顔を向ける</u>ことが多いことがわかっています。これはスピーカーを逆にしても同様の結果が得られることから、<u>乳児は**高い音**</u>に対して強い関心を持っているのではないかと思われます。たとえば、<u>母親が乳児に語りかけるとき</u>は、あたかも乳児が理解しているかのように、ゆっくりと抑揚をきかせて**高い声**でしゃべりますね。どうやら乳児は、同じ言葉でも<u>**高い声**だと自分に向けられたものだと理解している</u>ようなのです。
（『絶対音感』、下線は引用者）

ここで「高い声」は、母親が赤ん坊に優しく話しかける声の様子であることから、プラスイメージと結びついていることがわかる。

逆に「低い声」はどうであろうか。

(170) しかるとき大切なのは、ガミガミいわず目を見つめ<u>**低く**、強い調子</u>でしかること。威厳をもったしかり方は、犬にとって<u>一番恐ろしい</u>。
（『マンガでわかる愛犬のやさしいしつけと訓練』、下線は引用者）

(171) また、チャイコフスキーの作曲した第六交響曲〈悲愴〉などは、だいたい交響曲のフィナーレは、観客が拍手をしやすいようにグングンともり上がって、昇りつめたところで、ダダーンと盛大に終わる作品が多い中で、この絶望的交響曲は全く逆で、それこそ死を予感しているかのように、最後はもり上がるどころか泥沼に引きずり込まれるようにどんどん落ち込んでいき、<u>不気味な**最低音部**</u>でピアニッシモで終わっている。<u>まさに死の暗示だ</u>。
（『ルードウィヒ・B』、下線は引用者）

(172) 「もう今週分は、とっくにお渡ししてるでしょ」私は<u>ドス

をきかせた**低い声**で言う。　　　（中村編 1995: 188（2368））

(173)「いいか、よく聞けよ」押し殺すような**低い声**。とっさによくないことを企んでいる声だと思った。

(中村編 1995: 188（2371））

(174) それは自分でもゾッとするほど、**低い**、押し込もった声だった。　　　　　　　　　　　　　　（中村編 1995: 188（2372））

ここで低い声は、先の高い声とは逆に、恐ろしさ、不気味さ、死などといったマイナスイメージと結びついている。このような例をみると、高い声と低い声という表現の成立には先の垂直次元による動機づけに加え、評価的要因が関わる可能性があるようにも思われる。

以上から、高い声という遠隔感覚内の意味転用の動機づけには垂直次元と評価的要因の両方が関わる可能性があるが、その他の要素についても検討する必要がある。例えば、高い声とはもともと声の大きさを意味するものであった。

たかし【高し】⑤音や声が大きい。
「ぬばたまの夜さり来れば巻向の川音―・しも嵐かも疾き」〈万1101〉
「風―・く辺には吹けども妹がため袖さへぬれて刈れる玉藻そ」〈万782〉　　　　　　　　　　　　　（大野他編 1990: 791）

この用法は現在でも残っており、現代語を扱う次の辞書においても、高い声に音量の大きさを意味するという記述が認められる。

音・声や香りなどがきわだつ様子を表す（⇔ひくい）。
(2) ①何度練習してもこのたかい音が出ない。②ぼくはソプラノのたかい声は好きじゃない。③しっ、声が高いよ。④テレビの音をもうちょっとたかくしてくれないか。⑤部屋に入るとバラがたかく香っていた。①②は音声の振動数が大きいという意味、③④は音量が大きいという意味である。⑤は香りがきわだって発散しているという意味である。

（飛田他編 1991: 336–337、下線は引用者）

以上から音量の大きさ、つまり顕著性の高さが「高い声」の転用の動機づけに関わっている可能性がある。それは次に示すような、香りが強く匂う様を表す高いと平行性があるものである。

(175) JRのキヨスクでも買える、スイス製の飴がある。ミントがよく効き、ハーブの香りが**高い**飴で、家内はいつもこれをハンドバックに忍ばせている。　　　（柴田 1995: 82）

(176) 別のひとりが、コーヒー沸かしから湯気の立つ香り**高い**飲物を注いでくれる。　　（中村編 1995: 276（3627））

「高い声」とは逆に、「低い声」には次のような用例がみられる。

(177) サルパンがサルプに**低声**（こごえ）で相談する。
　　　　　　　　　　　　　　　　　（中村編 1995: 183（2293））

(178) なんだ?」と僕は**低く**おさえた声でいった。
　　　　　　　　　　　　　　　　　（中村編 1995: 183（2298））

以上の考察から、遠隔感覚内における意味の転用においては、複数の動機づけが同時に存在する可能性がある。

　以上本節では、これまで共感覚的比喩と呼ばれてきた五感内の意味の転用について、接触感覚から遠隔感覚、そして遠隔感覚内の2つにわけて考察してきた。その結果、前者においては、触覚から視覚への転用に触覚的領域での経験を基盤とするメトニミーが関わるという点を指摘し、従来、感覚論の分野で主張されてきた視覚の触覚性説を言語事実とともに確認した。また後者においては、ケーススタディーとして「高い声」を分析し、基本義（垂直次元）による動機づけのほかに、評価的要因、あるいは顕著性の高さといった、複数の動機づけが同時に存在する可能性について述べた。

### 9.3.4　共感覚的比喩とは何か

　以上、感覚間の意味転用の動機づけについて考察してきたが、そこには複数のメカニズムが関わる可能性があることがわかった。それでは従来、類似性に基づく比喩の一種とされてきた共感覚的比喩をどう捉え直せばいいのであろうか。

　本節に関わりのある先行研究をみてみよう。瀬戸（1995b）では、メタファー*34 全体の意味的分類を試みている。

　　左の図（引用者注：以下に挙げた図6）は、発信者の立場から、メタファーの素材を分類しようとしたものの一部である。与えられたメタファーの意味は何かという受信者（解釈者）の観点

からではなく、発信者の観点から、何かいいたいことがあるのだけれど、これをメタファーでいおうとすれば、どのような材料があるだろうか、という発想をまとめたものである。これはメタファーの形式的分類（たとえば「デアル」型であるかないか）でも、機能的分類（たとえば「生きた」メタファーであるかないか）でもなく、意味的（素材的）分類である。

（瀬戸 1995b: 68-69）

そして、これら発信者の側からみたメタファーの素材を次の図のように示している。

共感覚メタファー

（瀬戸 1995b: 68、図6「感性的メタファー」）

図を説明しよう。視覚のメタファーは、五感のメタファーのひとつである。視覚以外の例をひとつずつ挙げると、「名声が鳴り響く」（聴）、「儲け話を嗅ぎつける」（嗅）「甘い判断」（味）「熱い戦い」（触）。これら五感のメタファーは、共感覚メタファーと共に外部感覚のメタファーを構成する。

共感覚メタファーとは、五感のそれぞれの感覚どうしでの表現（意味）の貸し借りである。　　　　　（瀬戸 1995b: 69-70）

この図において瀬戸は、五感のメタファーと共感覚メタファーとを別の枠に設置しており、例えば「甘い判断」と「甘い声」は別の種類のメタファーに属するとしている。

一方 Dirven（1985）は、語の転用は次の3つのメタファー的プロセス（metaphorical processes in broadly speaking）によって起こるとしている。

1) metonymy

2) metaphor（in the narrower sense）

3) synaesthesia（or synaesthetic metaphor）

(Dirven 1985: 85-89)

$$\left.\begin{array}{l}1)\ \text{メトニミー}\\2)\ (狭義の)\ \text{メタファー}\\3)\ 共感覚（あるいは共感覚的比喩）\end{array}\right\}$$

ここでも共感覚的比喩は他の比喩とは別の枠組みに位置づけられており、比喩全体の中で独自の位置づけを持つとされている点については先の瀬戸と同様である。

さらに Dirven では、'sweet' の多義構造を下の図のように示している。

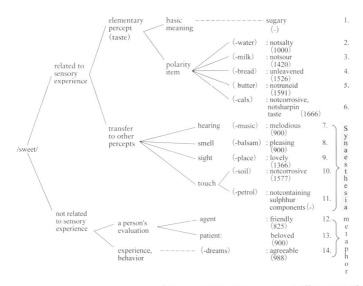

(Dirven 1985: 105. table 2、網掛けは引用者)

この図では、'sweet' の意味を「知覚的経験によるもの ('related to sensory experience')」とそうでないものとに分け、共感覚は前者からの拡張であるとしている。つまり、人物評価（親しみやすい、'friendly'）、最愛の ('beloved') という意味と共感覚とは、直接的にはつながらないという説明である。

これに対し Jantima (1999) では以下のような反論がある。

しかし、この説明は共感覚によって拡張される全ての /sweet/ に当てはまらない。例えば、sweet music, sweet place 等は対義関係との関連が見られない。この場合は"快い"という意

味合いがあり、"砂糖のような味"という（a）の（引用者注：基本義1を指す）basic meanimg から拡張されていると考える可能性もあるのではないだろうか。　　　　　（Jantima 1999: 155）

　この点について、前章までの分析を踏まえ以下で確認する。第4章でも述べたように、「甘い」は五感内の刺激に限らず広く転用される。従来の研究においては五感内における刺激の例のみを共感覚的比喩とし、それ以外の例を別の比喩として区別してきたが、次の例をみていただきたい。

（179）むしろ、言葉が<u>甘ければ甘い</u>ほど警戒し、（いよいよ油断ならぬ）と、気持をひきしめていた。　　　　（『国盗り物語』）

（180）そこにはたった一行しか記されていなかったが、<u>彼らの計略の性質を知るには充分すぎるほど充分だった</u>。「<u>特等　小学校から大学までの奨学金</u>」（中略）これまでに私たちはあまりにもしばしば"当らない懸賞"によって不感症を流行させすぎてしまった。（中略）彼らは<u>新聞でアポロの</u><u>甘い</u><u>宣言を読んでも</u>、いまさらなにもおどろかないにちがいない。しかし三社の宣言をならべて比較し、子供にキャラメルをねだられたら、さびしい微笑を浮かべながらも両親たちはアポロをとりあげるだろう。（中略）<u>それだけの説得力を彼らの案はもっている</u>と私は思った。
　　　　　　　　　　　　　　　　　（『パニック・裸の王様』）

（181）このフレイザーの著書は、全篇これ、<u>甘い</u>詩的な、原始的な人間の生活から溢れて来る<u>ういういしさ</u>に満ちている。　　　　　　　　　　　　　　　　　　（第5章（15））

（179）は従来の研究（cf. 近1997）で共感覚的比喩とされてきたもの、そして（180）と（181）は共感覚的比喩ではないとされてきたものである。

　さて、（179）の「甘い言葉」という表現における「甘い」は、言葉の性質を指しているが、ある種の聴覚的刺激から受ける印象を述べているという点では典型的な共感覚的比喩表現である「甘い声」という表現の「甘い」と同様である。しかし「甘い声」が声の性質そのものを「甘い」としているのに対し、「甘い言葉」におけ

る「甘い」は聴覚的刺激である言葉のなかの話の内容を「甘い」としている。

同様に、「(新聞広告の)甘い宣言」と「(詩人の作品の)甘いういういしさ」はともに、視覚的刺激からの受け手の印象という点では「甘い色、甘い目元」といった、従来、共感覚的比喩とされてきたものと変わりはないが、(180) (181) とも、その内容を読みとった結果を「甘い」としている。以上のような相違により、従来これらが区別されてきたと考えられる。

しかし、(五感内における)刺激そのものの性質を指す場合の「甘い」(例えば甘い声)と、刺激によって受ける印象や内容を指す場合の「甘い」(例えば甘い言葉)との間には連続性が認められることから、きれいにわけられるものではない。つまり、ここで挙げたような例においては、聴覚や視覚などの五感によってある種の刺激に接した受け手が、そこに何等かの判断を下して心理的解釈を施し、「甘い」と描写しているという点では違いはなく、甘い自体が担う意味もまた同じであると考えられるからである。

はたして、共感覚をその他の比喩と別枠に位置づけるべきなのだろうか。つまり基本義である「甘い」や'sweet'から転用された例において、共感覚的比喩とされているものとそうでないものとを比べてみると、例えば'sweet music'と'sweet dreams'、そして「甘い声」と「甘い判断」といった表現を比べたときに、前者と後者とで'sweet'や「甘い」自体が担う意味に違いがあるのだろうか。本書では、これまで述べてきたように、これらはすべて甘いの基本義の意義特徴である、快さ、甘美さという肯定抽象義から派生され、相互に関連し連続しつつ拡張しており、決して切り離せるものではないと考える。

従ってこうした、感覚間の意味の転用(例えば、甘い音楽)もその他の意味の派生(例えば、甘い夢)も、ある語における多義のネットワーク全体の中に同じ様に含まれるべきもので、別立てされるような性質の違いはないと結論づける。つまり共感覚的比喩は、ある語が有する複数の意味の中の一部を取り出したものにすぎない。換言すれば、共感覚的比喩とは比喩の一種などではなく、あくまで

も感覚間の意味の転用という現象のラベルとして捉え直すべきである。

## 9.4 9章のまとめ

本章においては、感覚間の意味の転用を可能にするメカニズムについて論じてきた。

はじめに、前章までの分析結果を改めて確認した。続いて、山口（2003）の分析を踏まえ、さらに多くの共感覚表現においてメトニミーが関わるという点について考察を進めた。具体的には、次の項目を加えたうえで共感覚的比喩に関わるメトニミーについて網羅的に分析することを目指した。
・感覚器の隣接によるメトニミー
・2つの性質の同時性に基づくメトニミー（生理的メトニミー）
・2つの事項の時間的隣接に基づくメトニミー
結論として、感覚間の転用にはメタファーだけでなくメトニミーが関わる例が多く認められる。

そして次に、共感覚的比喩の理解を支えるとされてきた色聴について、従来メタファーについて指摘されてきた二次的活性化との類似性について検証した。

さらに五感内の意味の転用を、接触感覚から遠隔感覚と遠隔感覚内の2つにわけて検討した。その結果、前者においては触覚から視覚への転用に触覚領域での経験を基盤とするメトニミーがその転用を支えている例を提示した。また後者においては、ケーススタディーとして「高い声」という遠隔感覚内の転用例を分析し、基本義（垂直次元）による動機づけと評価的要因による動機づけといった、複数の動機づけが同時に存在する可能性を指摘した。

以上の考察から、「共感覚的比喩」と呼ばれメタファー（メタファー）の下位カテゴリーに位置づけられてきたてきたものは、メタファーだけではなくメトニミーも含んだ複数の意味作用によって成り立つことが明らかになった。ここから、従来の比喩の一種という見方は妥当ではなく、感覚間の意味転用という現象のラベルとして捉え直されるべ

きであるという結論が導き出される。

---

*1 詳しくは、山梨（1988）他参照。
*2 他にも、心理学の分野で共感覚の理解に関する研究がある。例えば楠見（1995）では、共感覚の理解には「情緒感覚的意味」が関わるとして以下のように結論づけている。

> 情緒・感覚的意味は、主体が対象によって喚起された感覚・感情に依拠した意味であり、連想的意味ということができる。情緒・感覚的意味は、直喩・隠喩や共感覚的比喩だけでなく、色彩象徴、相貌的知覚、擬音語・擬態語の処理過程も支えている。情緒・感覚的意味の構造は、［快―不快］［強―弱］の次元で表現できた。　　　　　　　　　　（楠見 1995: 151）

|  | カテゴリ的意味 | **情緒・感覚的意味** | スクリプト的意味 |
|---|---|---|---|
| 関係 | 包含関係 | 類似関係 | 隣接関係 |
| 内容 | 辞書的意味 | 連想的意味 | 場面、台本に関する意味 |
| 課題 | 分類 | 連想 | 空間的、時系列的連想 |
| 一義性 | 一義的 | 多義的 | 定数と変数 |
| 構造 | 階層的 | 非階層的 | 階層・時系列構造 |
|  | ツリー構造 | リゾーム構造 | ツリー構造 |
| 比喩 | 提喩 | 直喩・隠喩 | 喚喩 |
|  |  | **共感覚的比喩** |  |

（楠見 1995: 19、表 1-1「比喩の処理過程を支える意味構造の区分」、太字は引用者）

ここでは共感覚的比喩というカテゴリーを、比喩一般、つまり、提喩（シネクドキー）、隠喩（メタファー）、喚喩（メトニミー）とは別に設けているが、その理解についてはメタファーと同様、連想的意味である情緒感覚的意味によって支えられているとしている。ただしこの情緒感覚的意味は、言語学的アプローチとはあまり関わりがないように思われる。

*3 共感覚的比喩は他に、心理学的現象を基盤に持つ比喩として捉えられてもいる。共感覚（synaesthesia）という用語はもともと心理学的現象を指すが、この共感覚と共感覚的比喩との関係について、亀井他編（1996）には次のような説明がある。

> もともとは、音が聞こえると色が見えるというように、ある刺激に対して、その本来の感覚に他の感覚が伴って生じる現象を表わす心理学用語であるが、言語学の用語としては、ある領域の感覚を表わす形式を用いて他の領域の感覚を表わすことをいう。比喩の一種で、意味変化（semantic change）の原因の一つである。　　　（亀井他編 1996: 286、下線は引用者）

以上から、共感覚と共感覚的比喩は別のものであるように思われるが、共感覚的比喩はこの心理的現象を基盤に持つ比喩として捉えられてきている。

＊4　ウルマン（1972 = 1969）および Taylor（1995）参照。

＊5　共感覚という語は、個々の音が特定の意味と結びつくことを意味するケースを指す場合もある（cf. Crystal 1984）ことから、本文のAでいう共感覚は、音象徴（sound symbolism）を指すと思われる。

＊6　先述の通り、「甘い」は、基本義においては〈（砂糖や蜜などの）糖分に対する〉〈好ましく快い〉〈味〉を意味し、肯定的な意義特徴を持つ。ここから、この意義特徴を保ちつつ意味が転用される例が認められる一方で、「甘い判断」などの表現のように否定的な意味への転用も広く認められる。

＊7　概念メタファー（'conceptual metaphor'）とは、Lakoff and Johnson（1980）および Lakoff（1990）（1993）他の用語である。籾山・深田（2003）では、Lakoff and Johnson（1980）はメタファーを、「ある概念を別の概念と関連づけることによって、一方を他方で理解する」という認知プロセスとして広く捉えなおしたとしたうえで、次のように述べている。

> この認知プロセスを介して、私たちは、日常的で具体的な経験をもとに、抽象的・主観的な対象を理解している。そして、その結果、私たちの概念体系のなかには、ある（具体的な）概念と別の（抽象的な）概念との間の対応関係が生まれると考えられる。概念体系の中に形成された、この概念と概念の対応関係は、概念メタファーと呼ばれている。（籾山・深田 2003: 90）

続けて同著では、概念メタファーの特徴について次のような指摘がある。

> 私たちは、抽象的な概念を、それについての経験と類似する具体的な経験、あるいはそれと共起する具体的な経験との関連で理解しようとする。この経験間の相互関係（corelations within ourexperience）を介して形成されるのが、2つの異なる概念間の対応関係、すなわち概念メタファーである。レイコフとジョンソンのメタファー論では、メタファーにおいて問題となる類似性には、経験に基づくものだけでなく、この概念メタファーによって創造されるものもある。
> 　　　　　　　　　　　　　　　　　　　　（籾山・深田 2003: 92）

＊8　メタファー（身体感覚のメタファーおよび概念メタファー）に関する分析は、早急に取り組むべき今後の課題である。なお、共感覚の動機づけにこの2つのメタファーが関わると思われる例については、巻末に資料として挙げた。

＊9　なお以下の例については、共感覚表現の例であると感じられないことから分析対象からはずす。

・「一方向性仮説」に従う例：触覚→味覚：サッパリした味、触覚→聴覚：さわやかな声
・「一方向性仮説」に従わない例：視覚→味覚：すっきりした味わい

＊10　ただし「きめの細かい味」には以下に示すような異なる意味も認められる。

> これら点心は作り方、素材ともに手をかけているのがわかる。シュウマイもエビギョーザも<u>きめの細かい味</u>で大変に好ましい。バンコクあたりだと、ほとんど同じ味がするのに対して、一つ一つの味がはっきりしていて、あれもこれもと、つい食べ過ぎてしまいそうである。

　　　　　　　(http://login.samart.co.th/~bestoane/bkn/pena/pena.htm#m2)
この意味についての検討は、今後の課題とする。
＊11　ただし「乾いた味」という表現には、次に示すような意味も認められる。
　　カクテルの部での金賞カクテルです。ジンの**乾いた味**と木いちごのリ
　　キュール、レモンリキュールで秋のイメージを織り成してみました。
　　　　　　　　　　　　　(http://www.home.cs.puon.net/moon/menu2.html)
この意味についての分析は今後の課題とする。
＊12　ただし「こげ」は視覚で確認できることから、視覚的体験を表す可能性
　　もある。
＊13　先述の通り、本書では感知する器官により感覚を分類する。
＊14　この「キーン」も、嗅覚ではなく脳天あるいはこめかみにおける触覚的
　　体験を表している可能性もある。
＊15　ここでは視覚の触覚性が関わると考えられるが、この点についての詳し
　　い検討は、次節に譲る。
＊16　ただし、「つめたい音」には複数の意味があるため、時間的隣接に基づく
　　メトニミーにも分類される（詳しくは後述）。
＊17　先にみた同時性に基づくメトニミーと明確に区別できない例もあると考
　　えられるが、ここでは便宜上、一応の区分をしたうえで論を進める。
＊18　他にも、例えば、あたたかいものに触れるなどの触覚的体験により引き
　　起こされる心の状態という見方を取れば、これはメトニミーによる転用である
　　という分析も可能であるかもしれない。
＊19　再度例を挙げる。
　　（冷麺）漢方薬材を加味した煮だし汁の味と小味の利いたミル麺（小麦紛）
　　に氷を浮かべた**冷たい味**は、猛暑にバッチリです。　　　（本章（20））
＊20　ただし厳密にいうと、「熱い視線」については、視線を受けた側の気持ち
　　ではなく、視線を注ぐ側の気持ちが熱いという場合がある。
＊21　既に触れたように、「冷たい音」には複数の意味があるため、２つの性質
　　の同時性に基づくメトニミーにも分類できる。
　　強い冬の風がごうごうと　**つめたい音**をたてるのを、今、あたたかい部屋
　　の中で聞いている。　　　　　　　　　　　　　　　　　　（本章（84））
＊22　籾山（2002:78）参照。
＊23　基本義の認定の仕方など、詳しくは第３章参照。
＊24　ただし名古屋方言では、「カンカン」における触覚表現が存在する。例え
　　ば、猛暑の中、公園の滑り台の鉄板部分や鉄棒の棒などが非常に熱くなってい
　　るような場合、その状態を指して「**カンカン**に熱くなっている」と表現するこ
　　とが可能である。ただし、同様に車のハンドルが熱い状態を指して表現可能か
　　というとやや難しくなり、砂浜の砂に至ってはかなり難しくなることから、熱
　　くなる物質自体に何らかの限定があるようである。
＊25　Langacker（1988:69）の指摘を指す。
＊26　嗅覚的刺激と触覚との関連性については、以下に挙げる用例においても
　　認められる。
　　ミニサイズの百円ライターで火をつけると、久しぶりのメンソールの刺激
　　がツンと鼻の奥に**突き刺さった**。　　　　　（中村編 1995:278（3653））

> 表の露地に出ると、法善寺の方から流れて来る線香の匂いが強く鼻を**つい**
> **た**。
> 　　　　　　　　　　　　　　　　　　（中村編 1995: 279（3664））

*27　感覚間相互の非関連性を強調する枠組み。
*28　視覚を頂点とし、他の感覚系を従えるかたちの枠組み。詳しくは佐々木（1987）他参照。
*29　視線を受け止める側、つまり見られる側が視線を触覚的に感じ取ることを示す例は多々ある。例えば以下のような例である。

> 帰って話したとき、母の口もとに奇妙な笑いが浮かび、**べたっとした視線**が私に張りついたことが、彼女たちの会話を記憶にとどめさせたのかもしれない。　　　　　　　　　　　　　　　　　　（『水辺のゆりかご』）
> 教室に入った途端、女の子たちの**針のような視線**が私の頭に向けられた。
> 　　　　　　　　　　　　　　　　　　　　　　　　（『水辺のゆりかご』）
> **熱い視線／冷たい視線**をあびる。

どのような表現がどの程度可能かについては、今後検討していきたい。

*30　ただしここでは直接的共感性について、定義など、詳しくは示されていない。
*31　③の特殊な要因については、「黄色い声」を例として挙げ、「慣用的表現とも言うべきもの」とし、「別に扱われるべき性質を持つ」としている。一方安井（1978）では、「黄色い声」という共感覚表現の成立について、「黄色いくちばし（くちばしの黄色いもの、すなわちひよこ）」といった連語からしか処理できないとし、次の様に述べている。

> 連語形式でなければ処理できないという場合には、万国共通ではなくて、国境があるという点である。その限りで、メタファーに国境ありとしたのと同様に、共感覚にも国境ありと言わなければならない。
> 　　　　　　　　　　　　　　　　　　　　　　　（安井 1978: 140）

*32　リーチ（1977: 12-15）参照。
*33　この評価的要因については、好ましさという類似性に支えられていることから、メタファーの一種であると考えられる。
*34　既に述べた様にメタファーという用語は類似性に基づく比喩を指す場合と、本書でいうところのメタファー、メトニミー、シネクドキーを包括する概念、つまり比喩一般とを指す場合とがある。ここでいうメタファーは、後者であると思われる。

第 10 章
# おわりに

## 10.1 本書のまとめ

以上、本書では、五感（視覚・聴覚・触覚・味覚・嗅覚）内における意味の転用である「共感覚的比喩」について認知言語学の立場から考察した。

まず第 1 章において、問題提起と研究の目的について述べた。次に第 2 章では共感覚的比喩に関する先行研究を検討した後、問題点を指摘し、本書における課題を提示した。

第 3 章では、言語普遍性の現象とされてきた共感覚的比喩の「一方向性仮説」について、インターネットと小説からの実例に基づき日本語の言語事実をみた。従来、五感を表す形容詞のみがおもに研究対象とされてきたのに対し、本書では五感を表す副詞と動詞をも含め、包括的に五感と比喩との関係を検討した。その結果、以下の点が明らかになった。まず、日本語における五感を表す語（形容詞、動詞、オノマトペ）においては、触覚＞味覚＞視覚＞聴覚＞嗅覚の順に多く意味が転用される。このように触覚の意味領域から最も多く他の感覚へ転用され得るという結果は、英語における研究結果と一致する（cf. ウルマン 1964）。

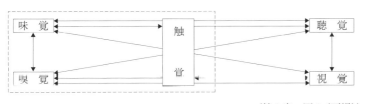

（第 3 章、図 4（再掲））

図 1　日本語五感を表すオノマトペ／動詞／形容詞の共感覚的比喩体系

そして嗅覚→触覚は、形容詞、オノマトペ、動詞とも、どの感覚

へも転用されないが、このように嗅覚においてのみ、どの感覚へも転用されない方向性が存在するという点も英語と同様である。

表1 日本語の五感を表す語における五感内の意味の転用

| 共感覚 | 原感覚 | 形容詞 | オノマトペ | 動詞 |
|---|---|---|---|---|
| 触覚 | →味覚 | ○ | ○ | ○ |
| | 嗅覚 | ○ | × | ○ |
| | 聴覚 | ○ | ○ | ○ |
| | 視覚 | ○ | ○ | ○ |
| 味覚 | →嗅覚 | ○ | × | ○ |
| | 触覚 | ○ | ○ | ○ |
| | 聴覚 | ○ | × | ○ |
| | 視覚 | ○ | ○ | ○ |
| 嗅覚 | →味覚 | ○ | × | × |
| | 触覚 | × | × | × |
| | 聴覚 | △ | × | × |
| | 視覚 | △ | ○ | × |
| 聴覚 | →味覚 | × | × | ○ |
| | 嗅覚 | × | × | ○ |
| | 触覚 | × | × | × |
| | 視覚 | ○ | ○ | × |
| 視覚 | →味覚 | ○ | × | ○ |
| | 嗅覚 | ○ | × | ○ |
| | 触覚 | × | × | ○ |
| | 聴覚 | ○ | × | ○ |

(第3章、表5(再掲))

さらに従来の、おもに形容詞のみを対象とした日本語の共感覚的比喩体系(山梨1988)と特に異なるのは、視覚における意味転用である。視覚からはこれまで聴覚へのみ転用されるとされてきたが、本書においては、味覚(澄んだ味、濁った味、濃い味)および嗅覚(青いにおい、鮮やかな香り、澄んだ香り、透明な香り、淡い香り)への転用例が認められる。一方、オノマトペについては、従来の形容詞の比喩体系とは異なり、視覚から聴覚へ転用されない。しかし動詞をみると、視覚からは聴覚へだけでなく、すべての感覚領域へと広く転用され得る。

以上、日本語の五感を表すオノマトペと動詞における感覚間の意味転用をまとめると、そこには多様性がみられ形容詞の一方向性仮

説と一致するものではない。しかし形容詞にだけ注目すると、従来の仮説と一致する部分とそうでない部分とが混在している。つまり、触覚と味覚領域から他の感覚へは転用されやすいという傾向性は仮説と一致する。しかし嗅覚から味覚への転用、視覚と聴覚から他の感覚への転用については従来の仮説と異なる。以上から、五感を表す形容詞については転用されやすい感覚（接触感覚）とそうでない感覚（遠隔感覚）とがあり、それがきれいに一方向的ではないにせよ一方向的な傾向性ともいえるものが存在するようである。

　それではそれは、言語普遍性と関わるものであるのだろうか。この点についての検証を次章で行った。

　続く第4章では、日本語以外の言語（フランス語、スウェーデン語、英語）の共感覚的比喩について調査を行った。また日本語についても形容詞に焦点を当て、母語話者を対象とした調査の結果に基づき仮説の反例の割合の検証を含めた形で再び検討した。

　まず触覚的領域（触覚と味覚）から他の感覚への転用割合が、他の言語においても高いのかどうかという点については、次のような結果を得た。触覚からは4言語ともすべての感覚へ広く意味が転用される。ただしスウェーデン語の「触覚→嗅覚」だけはあまり多く転用されない（18％）。一方、味覚からは、触覚を除く全感覚へと転用されるが、やはりスウェーデン語だけは「味覚→聴覚」へあまり多く転用されない（17％）。

　以上のようにスウェーデン語における一部の転用割合は低いものの、4言語の転用割合の平均をまとめると、4つの言語における五感内の意味転用は従来の仮説とほぼ一致することが明らかになった。ただし「嗅覚→味覚」と「聴覚→視覚」の2つの方向性がそこに加わる。

　次に、一方向性仮説では反例とされている方向性の割合に関する検証の結果である。

①嗅覚→味覚
②視覚→味覚、視覚→嗅覚
③聴覚→視覚

山梨（1988）の仮説では反例とされてきた上記の方向性は、第3

章の形容詞に関する検証においては実例が確認されたが、他の言語においても存在するのかどうか、そしてその割合はどの程度なのか。また日本語についても、第3章に挙げた実例と母語話者の直感(アンケート結果)とが一致するのかどうかという点について、複数の言語における五感相互、すべての組み合わせにおいて検証した。その結果、以下の点が明らかになった。

(1) 4言語における反例とされてきた方向性に関する検証結果
 (i) 嗅覚→味覚→4言語とも転用され得る
 (ii) 視覚→味覚、および視覚→嗅覚→4言語とも転用されない
 (iii) 聴覚→視覚→4言語とも転用され得る

以上のように、4言語における五感を表す形容詞の転用の方向性には共通性が認められることから、他の言語の共感覚的比喩体系においても同様に普遍的傾向が存在する可能性がある。

以上で述べてきたことは以下の4点に要約される。

(2) 4言語における五感内の意味転用の共通性
 (i) 触覚的領域(触覚・味覚)から他の感覚への意味転用がもっとも多く認められる点は従来の一方向性仮説と一致する。
 (ii) 視覚からは聴覚へのみよく転用されるという点も仮説と一致する。
 (iii) ただし、仮説では反例とされる嗅覚→味覚表現については、4言語とも多く認められる。聴覚から視覚への転用が一定数認められる点も仮説とは異なる。
 (iv) よく意味転用される語に注目すると、異なる言語間に共通性が認められる。

つまり、4つの言語における五感を表す形容詞の五感内の意味転用は、嗅覚→味覚、聴覚→視覚を除き、従来の仮説と一致することがわかった。

この点について感覚別に以下にまとめる。

(3) 4言語における五感内の意味転用の共通性(感覚別)
 (i) 触覚はすべての感覚へ転用される(仮説と一致)
 (ii) 味覚は「味覚→触覚」を除き、すべての感覚へ転用される

（仮説と一致）
　（iii）嗅覚は味覚、視覚へと転用される（「嗅覚→味覚」は仮説と一致しない）
　（iv）視覚は聴覚へと転用される（仮説と一致）
　（v）聴覚は視覚へと転用される（仮説と一致しない）
　一方、第5章では、日本語の味覚形容詞の多義構造の分析を通して、五感の1つである味覚における意味の転用を記述した。より精緻な意味の記述に向け、類義性あるいは反義性を持つと思われる形容詞を次のように組み合わせて分析を行なった。
(i)「甘い」と「辛い」
(ii)「渋い」と「苦い」
(iii)「酸っぱい」と(i)、(ii)
(iv)「まずい」と「うまい」、および「おいしい」
「甘い」と「酸っぱい」においては、基本義である味覚から嗅覚への転用は、味覚と嗅覚という2つの性質の同時性に基づくメトニミーにより成立している。また「渋い」と「苦い」そして「酸っぱい」における視覚への転用については、味覚における不快さとそれに伴う内心の不快感、つまり時間的隣接のメトニミーに基づき成立している。そして「甘い、辛い、渋い、苦い、酸っぱい」における意味の転用においては、基本義の味が抽象的意味に直接的に反映されている。評価意識の逆転がみられる「甘い」と「渋い」をのぞいて、「苦い」「辛い」「酸っぱい」においては、基本義である「味」の印象を保ちつつ意味が転用される。また多義構造のうち感覚間の意味の転用に注目してみると、「甘い」においてのみ基本義である味から他の感覚へ直接メタファーにより意味が転用される。
　次に、「うまい」「まずい」「おいしい」の分析においては、「まずい」と「うまい」はほぼ反義の関係であることを確認した。ただし多義的別義3において、その対称性に相違が生じた。つまり「まずい」においては顔の造作の醜さを表すのに対し、「うまい」にはその用法はない。そして「うまい」では、思考態度がその場に相応しく適切であるさまを表す「うまい言葉（がみつからない）」という表現があるのに対し「まずい」においてはその用法は存在しない。

また従来この「まずい」「うまい」の関連語として扱われてきた「おいしい」においては、「まずい」「うまい」には無い新しい意味が、若者を中心に転用しつつある。こうした「おいしい」の新しい意味に注目し、意味の記述を行った。

　以上「甘い」と「辛い」、「渋い」と「苦い」、そして「酸っぱい」、および「うまい」と「まずい」、そして「おいしい」の意味の分析を通して明らかになったことは、こうした味覚から他の感覚への意味転用の動機づけには、ある種のパターンが存在するということである。すなわち、同時性や時間的隣接に基づくメトニミー、あるいは味の印象との類似性を基盤にしたメタファーである。以上、第5章全体の結論として、従来の共感覚的比喩に対する説明の1つであった、異なる感覚間におけるある種の印象の類似性という概念、つまりメタファーだけでは、こうした感覚間の意味転用について包括的に説明することができないということがわかった。

　第6章では、五感を表す動詞のうち、ケーススタディとして「きく」「ふれる」「におわせる」（におわす）を取り上げ、その意味を分析した。まず、動詞「きく」（聞・聴・訊・効・利）について11の多義的別義を認め、その意味を記述した。また、これらの多義的別義間の関係についてもあわせて考察し、比喩（メタファー・メトニミー）による意味の転用という観点から共時的に分析し、多義構造図を示した。そして「酒をきく」（聴覚→味覚的経験への転用）、および「香をきく」（聴覚→嗅覚的経験への転用）という、動詞「きく」における共感覚的比喩表現を、多義構造全体の中に位置づけ、感覚間の意味の転用現象の動機づけを明らかにした。続いて「きく」、「ふれる」、および「におわせる」（におわす）、すなわち、聴覚、触覚、そして嗅覚の動詞において共通に認められる、聴覚と関わる意味、すなわち発話行動的意味に注目し分析を行なった。分析の手順として、北邨他（1978）で挙げられている発話手段、内容への言及、共同動作者格「〜ト」、内容（判断態度）と機能（表出態度）、引用格、付随するニュアンスなどの項目をおのおの検討し、他の発話動詞（イウ、ハナス、ノベル、シャベルなど）と比較するなどして、「きく」、「ふれる」、および「におわせる（におわ

す)」と他の発話動詞との類似点を示した。そして分析の結果明らかになった、「きく」、「ふれる」、および「におわせる（におわす）」間における相違点を表にして示した。

　第7章では、食感覚を表すオノマトペを評価と感覚によって分類し、用例とともに検討した。結論としてまず、日本語の食に関するオノマトペは、歯応えを表し、かつ食品に対するプラス評価を表すものが最も多く（さくさく、ぱりぱり、こりこり、しゃきしゃき…）、次いで乾―湿を表し、食品に対するマイナス評価を表すものが多い（すかすか、もそもそ、じめじめ、べたべた…）。そしてわれわれは、食品に対して十分な熱さ、あるいは冷たさを期待し（あつあつ、ほかほか、ひんやり、きーん）、淡泊な味をおいしいと感じる（あっさり、さっぱり、すっきり）。さらに弾性（ぷりぷり、むちむち…）および粘性（とろとろ、ねっとり…）を表すものが多く食物の評価に関わるというのも特徴の1つに挙げられる。

　また、食に関するオノマトペにおける共感覚的比喩体系（感覚間の転用という現象）は、以下に示すようにかなり整理されることが明らかになった。

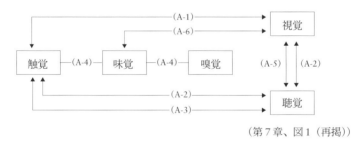

(第7章、図1（再掲））

　図2　食に関するオノマトペにおける共感覚的比喩体系

　すなわち、B-1以外の共起する感覚間（A-1～A-6）の関係は、すべてメトニミーによって説明可能になると考えられる。

　第8章では、他の言語の味を表す表現にみられる共感覚的比喩について検証すべく、スウェーデン語と韓国語の味を表す表現について考察した。スウェーデン語と韓国語母語話者に対する調査の結果から、両言語の味を表す表現の使用実態をみた。スウェーデン語も韓国語も、瀬戸（2003）の「味ことば分類表」でおおむね分類可

能であるが、状況表現の下位分類に新たに3つのカテゴリーが必要であることがわかった。また、両言語とも共感覚の味表現が多く回答されたが、それらの表現には従来の一方向性仮説の反例と思われる表現が多く認められた。両言語に共通してみられたのは、色である種の味を表す表現や、食べた時に生じる音によって味を表す擬音の味表現、そして明暗に関することばで味を表す明暗の味表現や形態（視覚的印象）に関することばで味を表す形態の味表現などである。

　最後に第9章では、感覚間の意味の転用のメカニズムを探った。まず、前章までの分析を踏まえ、従来指摘されてきた類似性に基づくメタファーだけでなく、メトニミー（時間的隣接）が関わるという点を確認した。続いて山口（2003）の分析を踏まえ、さらに多くの共感覚表現においてメトニミーが関わるという点について考察を進めた。以下の項目を加えたうえで、共感覚的比喩に関わるメトニミーについて網羅的に分析することを目指した。

・感覚器の隣接によるメトニミー
・2つの性質の同時性に基づくメトニミー（生理的メトニミー）
・2つの事項の時間的隣接に基づくメトニミー

結論として、感覚間の転用にはメタファーだけでなくメトニミーが関わる例が多く認められる。

　加えて、共感覚的比喩における共感覚（色聴）現象と、従来メタファー研究において指摘されていた二次的活性化（secondary activation）現象との類似性について検討し、複数のイメージが同時に生きていて新しい意味が出現するという現象が感覚間の意味の転用という現象固有のものではないという点を主張した。

　さらに、従来、共感覚的比喩と呼ばれてきた五感内の意味の転用について、接触感覚から遠隔感覚と遠隔感覚内の2つに分けて考察した。その結果、前者においては、触覚から視覚への転用は触覚的領域での経験を基盤とするメトニミーにより動機づけられるという点を指摘し、従来、感覚論などで主張されてきた視覚の触覚性説を言語事実とともに確認した。また後者においては、ケーススタディーとして「高い声」を分析し、基本義（垂直次元）による動機

づけと評価的要因による動機づけといった、複数の動機づけが同時に存在する可能性を指摘した。

　以上、共感覚的比喩表現を網羅的に検討した結果、これまで共感覚的比喩と呼ばれてきたものはメタファーだけではなく、メトニミーなどの異なる比喩を含んだ、複数の意味作用によって成り立っているということがわかった。ここから、従来の比喩の一種という見方は妥当ではなく、共感覚的比喩は、感覚間の意味転用という現象のラベルづけとして捉え直されるべきであるという結論を導き出した。

## 10.2　今後の課題

　第3章で、日本語の個別的要素として視覚の優位性を指摘した後、第9章で視覚の触覚性について触れた。しかし視覚の優位性を裏づけるものとしては触覚性の指摘だけでは不十分であり、さらに視覚の他感覚性に関する分析を進める必要がある。また視覚だけでなく、以下に挙げる例に表れるような感覚表現における他感覚性に関する分析も残された課題である。

（4）意識を失う前に東由多加がつぶやいた、「一刻を争うんだよ」という**言葉**に**耳を撲たれて**鼓膜が痺れたようになり、その焦燥感が締め切り間近の焦燥感と擦れ合って、頭のなかで耳障りな金属音をたてている。　　　　　（『魂』）

ここでは、言葉（を捉える）という聴覚的経験に対し、撲たれた感触（触覚的刺激）を感じていることから、聴覚的経験を触覚的経験になぞらえている。また次に示す（5）においては、声という聴覚的刺激に対し、分厚い手のひらという感触、すなわち触覚的刺激を感じている。

（5）真っ逆様に**墜落**しそうな**わたし**の意識を、敬虔なクリスチャンの**ぶ厚いてのひらのような**ルイ・アームストロングの**声**がそっと受け止め揺さぶってくれた。　（『魂』）

このように触覚は、視覚だけでなく他の感覚経験を表し得るうえ、次に挙げる（6）のような抽象的なものごと（ここではおよそ不快

感）を理解する際にも使用され得る。

(6) 不幸のバリエーションは無数に思いつくのだが、幸福は御伽噺のかたちでしか浮かんでこない。一日一日が似ていて、**ざらざらしたもの**を残さずに一週間、一ヶ月、一年という単位にきれいに溶けていく。　　　　　　　　　（『魂』）

また以下に挙げるような、広い意味での五感に関わる表現、および多少修辞性が感じられるが理解可能であると思われる表現についても今後考察していきたい。

(7) 彼女は父親の**べたっ**とした眼の中から出てくる光を見返すようにしていった。　　　　　　　　（中村編1995: 37 (200)）
(8) 今度は札幌味噌ラーメンのスープを味わいなおしてくれ。味が**べったり**と鈍重に感じないか。（中村編1995: 289 (3789)）

触覚についてはさらに、広義に触覚的経験を表す動詞には「にぎる」「つかむ」などがあるが、これらの動詞には次のような主体の判断や認識といった思考や知性を表す意味への転用がある。

(9) 事件の鍵を／切り札を／実権を／証拠を／弱みを**にぎる**。
(10) 手掛かりを／信頼を／問題点を／証拠を／情報を／きっかけを／実態を／方向を／(事態の) 全容を／解決の糸口を／**つかむ**。

そして嗅覚経験を表す動詞「におう」もまた、思考や知性といった抽象的なものごとを理解する（あるいは表現する）際に使われ得る。

(11) どうも奴は**におうな**／犯罪の**においがする**。

コンスタンス（1998: 188–189）では、英語の触覚、味覚、嗅覚、視覚を表す語が、知的過程を表現できるのに対し、聴覚の言葉は「ほとんど思考や知性のメタファーとして使用されない」としている。人間の思考が、感覚的経験によって概念化されているとするならば、五感のうち聴覚だけが例外であるのだろうか。そしてこの点について、日本語も同様なのであろうか。

以上、言葉の意味が人間に特徴的な認知的傾向、あるいは生理学的や心理的特性によって動機づけられるのかという問題について、五感を介しての外界認知という観点からさらに検討するということ

が今後の課題となる。五感全体における、形容詞、動詞、オノマトペを含んだ個々の語についての多義構造を記述し、五感と比喩に関連する言語普遍性について検証するとともに、日本語の個別性とは何かという課題についても改めて検討していきたい。

# 資　料

「共感覚的比喩の動機づけ」に関する分類表
**身体感覚のメタファー**
(1)「一方向性仮説」に従う例
①触覚になぞらえて表現・理解する
　・触覚→味覚
　　重い味、ズッシリとした味、ドッシリとした味、ズシンとくる味⇔軽い味
　　やわらかな（い）味、ソフトな味⇔かたい味、尖った味（味が尖っている）
　　ドライな味、乾いた味
　　％舌をなでる爽やかな味、味が突き抜ける
　・触覚→嗅覚
　　やわらかいにおい、軽いにおい
　　まるい香り、ふくよかな香り、豊潤な香り
　・触覚→視覚
　　あたたかい色、暖色、暑っ苦しい色⇔つめたい色、寒色、つめたい光
　　やわらかい色、軽い色、軽いタッチの絵画、やわらかいひざし⇔重い色（重い色使い）、重厚な画面、重い光、どっしりした光
　　なめらかな色（色調）⇔あらい、画面のざらつき
　・触覚→聴覚
　　あらい音、ざらついた音、ざらざらした声⇔なめらかな音、％つるつるしたやわらかな声
　　ねばっこい音、ねっとりした声
　　かたい音、尖った音、刺々しい音、シャープな響き⇔やわらかい音
　　軽い音、軽やかな口笛、軽快な音楽、浅い音⇔重い音、重低音
　　乾いた声（音）⇔湿った声（音）
②味覚になぞらえて表現・理解する
　・味覚→嗅覚
　　（香水の）甘い香り
　　％苦い臭い
　・味覚→視覚
　　甘い色，甘い唇
　　苦い光景
　　えぐい色
　　おいしい景色
　　コッテリした顔、コッテリした色
　　％口が酸っぱくなる光景
　・味覚→聴覚
　　甘い声、甘いメロディー、甘い響き、甘いささやき
　　塩から声、しょっぱい声
　　苦い声
③嗅覚になぞらえて表現・理解する
　・嗅覚→聴覚
　　香り立つ演奏
　　馥郁たる調べ
　・嗅覚→視覚
　　かぐわしい新緑、かぐわしい色、かぐわしい色彩
④視覚になぞらえて表現・理解する
　・視覚→聴覚
　　（きらきら）輝く音、輝く響さ、きらびやかな音
　　つやのある音、つややかな音、つやっぽい声
　　澄んだ音、透明な音⇔濁った音
　　きれいな音、美音

はっきりした音、音のまとまり、音の輪郭、大きな音、大声⇔ぼんやりした音、小さな音
明るい音（音色）、明るい声、明るい音楽⇔暗い音、暗い声、暗い音楽
まるい音（声）、まるみのある音（声）、深い響き、奥行きのある音
分厚い音、太い音、野太い音、音の広がり⇔薄っぺらな音
高い声（音）、鋭い音⇔低い声
音色、声色
黄色い声
％春の霞のような高音

### (2)「一方向性仮説」に従わない例
#### ①聴覚になぞらえて理解・表現する
・聴覚→視覚
うるさい色（絵）、にぎやかな色柄、そうぞうしい色、やかましい柄、ざわついた絵柄
⇔静かな色、静かな光沢、％物静かな襖絵

・聴覚→嗅覚
静かな香り、静かな吟醸香⇔にぎやかな香り、香りのハーモニー

・聴覚→味覚
にぎやかな味、味のハーモニー、うるさい味、やかましい味、ざわついた味、そうぞうしい味⇔静かな味、静かな味のシンフォニー
味の余韻、余韻が残る味
％味のささやき

・聴覚→触覚
しずかな痛み、しずかな暖かさ

#### ②視覚になぞらえて表現・理解する
・視覚→嗅覚
濃い香り、濃厚な香り、はっきりした香り、あざやかな香り、はなやかな香り、香りの輪郭⇔薄い香り、淡い香り
深みのある香り、奥深い香り、幅のある香り、厚みのある香り
澄んだ香り、透明な香り、清らかな香り
伸びやかな香り、香りがたなびく、香りが漂う
まるみのある香り（香りに丸みがある）
明るい香り

・視覚→味覚
濃い味、濃厚な味わい、味は濃厚、あざやかな味、鮮明な味、ボリューム感のある味、つやのある味、味が立っている、味の輪郭
％キラキラした味
薄い味、薄味、薄甘い、淡い甘味、淡い味、淡泊な味、ぼやけた味、ぼんやりとした味
キレのいい味、シャープな味（酸味）、クリアな味、はっきりした味、端麗辛口
雑味のない味、まっすぐな味、ストレートな味⇔％縮こまった味
透明な味、透明感のある旨味、澄んだ味、濁りのない味、濁った味、どんよりした味
深い味、深みのある味、厚みのある味、奥の深い味、重層的な味、味の奥行き、味の幅
味の層、味の広がり、味の重なり、隠し味
⇔薄っぺらな味、表面的な味、浅い味、大味、ごっつい味、平板な味、のっぺりした味
沈んだ味
薄い味、薄味、薄甘い、淡い甘味、淡い味、淡泊な味、ぼやけた味、ぼんやりした味
丸い味（味が丸くなる・丸みのある味）、まろやかな味、ふっくらした味、ふくよかな味、ふくらみのある味
まとまった味、はなやかな味（わ

い）
　　　⇔バラバラな味
・視覚→触覚
　　まろやかな口当たり
　　すっきりした冷たさ
　　深い痛み
　　鋭い痛み
　　暗い重さ
　　濃いねばり、薄いとろみ
　　じんわりと広がる暖かさ
　　冷気が漂う
　　％薄っぺらな手触り、鈍い痛み
③味覚になぞらえて表現・理解する
・味覚→触覚
　　こってりした感触⇔あっさりした感触
　　（真珠の）甘い質感、甘い感触

(「味は人である」というような)
概念メタファーの介在
(1)「一方向性仮説」に従う例
・触覚→味覚
　　押しの強い味
　　すがすがしい味
　　軟弱な味
・触覚→聴覚
　　軟弱な音

(2)「一方向性仮説」に従わない例
・視覚→味覚
　　骨太な印象のある味、芯の通った味、いきいきとした味
　　きれいな味、上品な味、繊細な味
　　明るい味
　　　⇔暗い味
　　ゆったりとした味

感覚間が直接結びつかないケース
(1)「一方向性仮説」に従う例
①味覚→嗅覚
　　渋い香り
　　香りを味わう

②味覚→視覚
　　渋い色（調）、渋い柄・マスク・面構え・風貌
　　苦み走ったいい顔
　　甘いピント、甘い顔（をみせる）、甘い光景、甘い風景
　　まずい顔、まずい字
　　味のある絵
　　景色を味わう
③味覚→聴覚
　　渋い音（声）・ブルースナンバー
　　渋い返事
　　おいしい音（声質）
　　まずい歌、まずい演奏
　　音を味わう
④味覚→触覚
　　感触を味わう
⑤触覚→味覚
　　刺激的な味
　　しけた味
　　味にふれる
⑥触覚→嗅覚
　　香りにふれる
⑦触覚→視覚
　　ほのぼのした光景
　　景色にふれる
⑧触覚→聴覚
　　ねちねちした言い方
　　湿っぽい曲
　　刺激的なサウンド
　　音にふれる
⑨嗅覚→視覚
　　生臭い光景
　　田舎臭い光景
　　かぐわしい色使い
⑩嗅覚→聴覚
　　かぐわしい音調（音色）
　　かぐわしい響き
　　バタ臭い響き

(2)「一方向性仮説」に従わない例
①聴覚→嗅覚
　　香をきく
②聴覚→味覚
　　味をきく、聞き酒、酒をきく
　　ガツンとくる味、ズシンとくる味
　　（心に）響く味、
　　味音痴、味覚音痴
③視覚→触覚
　　感触をみる
④視覚→味覚
　　味見、味をみる
　　目で美味しいネタ
　　腰のある味
　　切れ味
⑤視覚→嗅覚
　　におい（香りを）をみる
⑥視覚→聴覚
　　音をみる
⑦嗅覚→味覚
　　かぐわしい味
⑧味覚→触覚
　　甘い抱擁、甘い口づけ、甘嚙み、
　　甘い締め方
　　手触りを味わう、質感を味わう、
　　（ペンの）書き味

参考文献

赤羽研三（1998）『言葉と意味を考える（Ⅰ）隠喩とイメージ』、夏目書房.
井川憲明（1991）「食感覚を表す五感のキーワード」、『明治大学農学部研究報告』91, pp.1-16.
池上嘉彦（1975）『意味論』、大修館書店.
池上嘉彦（1985）『英語学コース第4巻意味論・文体論』、大修館書店.
池上嘉彦（1993）「訳者解説」レイコフ、G. 著／池上嘉彦他訳『認知意味論』、紀伊國屋書店、pp.745-763.
池上嘉彦（1997）「認知言語学のおもしろさ」『月刊言語』26-5、大修館書店、pp.68-73.
池上嘉彦（1998）「訳者解説」ウンゲラー・シュミット『認知言語学入門』、大修館書店.
石黒広昭（1993）「オノマトペの『発生』」『月刊言語』22-6、大修館書店、pp.26-33.
石毛直道（1983）「味覚表現語の分析」、『言語生活』、第382号、筑摩書房、pp.14-24.
石間紀男（1995）「食品に対する評価の基礎要因」、『食の文化フォーラム 食のことば』、ドメス出版、pp.113-128.
泉邦寿（1976）「擬声語・擬態語の特質」鈴木孝夫編『日本語の語彙と表現』（日本語講座4）、大修館書店、pp.105-151.
浮田潤（1997）『言語と記憶』（現代心理学シリーズ第5巻）、培風館.
苧阪良二編（1969）『感覚』（講座心理学第3巻）、東京大学出版会.
内村直也（1980）『五感の言語学』、PHP研究所.
大岡信（1972）『彩耳記—文学的断章』、青土社.
大塚滋（1975）『食の文化史』、中公新書417、中央公論社.
大坪併治（1989）『擬声語の研究』、明治書院.
大橋正房他編著（2010）『「おいしい」感覚と言葉 食感の世代』、株式会社B/M/FT出版部.
岡安祥夫（1995）「味の表現に関する用語の収集と体系化」、『食の文化フォーラム食のことば』、ドメス出版、pp87-97.
荻野綱男（1996）「文化の多様化と語彙の多様化」、『國文學』41-9、學燈社、pp.59-63.
筧壽雄（1993）「一般語彙となったオノマトペ」、『月刊言語』22-6、大修館書店、pp.38-45.
北郷香代子他（1978）「発話行動を表す動詞の意味分析」、『日本語教育』第34

号、日本語教育学会、pp.73-93.
金田一春彦（1982）『日本語のしくみ』（日本語セミナー2）、筑摩書房.
金田一春彦解説、浅野鶴子編（1988）『擬音語・擬態語辞典』、角川書店.
楠見孝（1995）『比喩の処理過程と意味構造』、風間書房.
楠見孝（1988）「共感覚に基づく形容表現の理解過程について―感覚形容語の通様相的修飾―」、『心理学研究』58、pp.373-380.
倉又浩一（1977）「意味論における普遍性の問題」、『月刊言語』6-10、大修館書店．pp.48-55.
国広哲弥（1967）『構造的意味論』（ELEC 言語叢書）、三省堂.
国広哲弥（1970）『意味の諸相』、三省堂.
国広哲哉（1982）『意味論の方法』、大修館書店.
国広哲哉（1985）「慣用句論」、『日本語学』4-1、明治書院、pp.4-14.
国広哲哉（1986）「語義研究の問題点―多義語を中心として―」、『日本語学』5-9、明治書院、pp.4-12.
国広哲哉（1989）「五感を表す語彙―共感覚的比喩体系」、『月刊言語』18-11、大修館書店、pp.29-31.
国広哲哉（1994）「認知的多義―現象素の提唱―」、『言語研究』106, pp.22-44.
国広哲哉（1995）「語彙論と辞書学」24-6,『月刊言語』、大修館書店、pp.38-45.
国立国語研究所編（1964）『分類語彙表』、秀英出版.
国立国語研究所（西尾寅弥）（1972）『形容詞の意味・用法の記述的研究』、秀英出版.
国立国語研究所（宮島達夫）（1994=1972）「動詞の意味・用法の記述的研究」、秀英出版.
小森道彦（1993）「共感覚表現のなかの喚喩性」、『大阪樟蔭女子大学英米文学会誌』29-3、大阪樟蔭女子大学、pp.49-65.
近安里（1997）「多義語『甘い』の構造的考察―英語 sweet との比較を通して―」、『明治大学日本文学』25、明治大学日本文学研究会、pp.53-66.
最相葉月（1998）『絶対音感』、小学館.
坂本真樹（2010）「小学生の作文にみられるオノマトペ分析による共感覚的比喩一方向仮説再考」『日本認知言語学会論文集』10、日本認知言語学会、pp.129-139.
貞光宮城（2005）「共感覚表現の転用傾向について：嗅覚と聴覚／視覚を中心に」、山梨正明（編）『認知言語学論考 NO.5』、ひつじ書房、pp.49-78.
財団法人味の素食の文化センター（1995）『食文化に関する用語集〈食感覚の表現　日本〉』、財団法人味の素食の文化センター.
佐々木正人（1987）『からだ：認識の原点』、東京大学出版会.
佐藤信夫（1992=1978）『レトリック感覚』、講談社学術文庫.
柴田武（1979）「イウ・ハナス・シャベル・ノベル・カタル」、『ことばの意味2』、平凡社選書、pp.87-95.
柴田武（1995）『日本語はおもしろい』、岩波新書.
瀬戸賢一（1986）『レトリックの宇宙』（MONAD BOOKS 48）、海鳴社.
瀬戸賢一（1995a）『空間のレトリック』、海鳴社.
瀬戸賢一（1995b）『メタファー思考』、講談社現代新書1247.

瀬戸賢一（1997）「拡大するメトニミー」、*KLS17*、関西言語学会、pp.67-77.
瀬戸賢一（2003）「五感で味わう」、瀬戸賢一編『ことばは味を超える―美味しい表現の探求―』、海鳴社．pp.156-183.
瀬戸賢一代表（2001）『味プロジェクトAレポート　ことばは味を越える―美味しい表現の探求―』、味プロジェクトA研究グループ．
武田みゆき（2001）「中国語にみる共感覚的比喩についての一考察：擬音語の擬態語化をめぐって」、『ことばの科学』14、名古屋大学言語文化部言語文化研究会、pp.107-118.
武田みゆき（2002）「中国語の感覚表現：接触感覚と遠隔感覚」、『多元文化』2、名古屋大学国際言語文化研究科国際多元文化専攻、pp.53-63.
田野村忠温（2000）「電子メディアで用例を探す―インターネットの場合―」、『日本語学』19-6、明治書院、pp.25-34.
丹保健一（1990）「五感語彙の多義性について―多義の意味的広がりをめぐって―」、『金沢大学語学・文学研究』19、金沢大学教育学部国語国文学会、pp.12-16.
丹保健一（1991）「多義語における語義の区切り方をめぐって―位置形容詞「高い」「低い」「遠い」「近い」の場合―」、『三重大学教育学部研究紀要　人文・社会科学』42、三重大学教育学部、pp.11-32
辻本智子（2003）「味ことばの隠し味」、瀬戸賢一編『ことばは味を超える―美味しい表現の探求―』、海鳴社、pp.156-183.
中村明（1991）『日本語レトリックの体系―文体のなかにある表現技法のひろがり―』、岩波書店．
中村雄二郎（1979）『共通感覚論―知の組みかえのために―』（岩波現代選書27）、岩波書店．
長嶋善郎（1976）「フレルとサワル」、柴田武他編（1979）『ことばの意味1』平凡社、pp.122-129.
西尾寅弥（1983a）「音象徴語における意味・用法の転化の一類型」、『副用語の研究』、明治書院、pp.159-175.
西尾寅弥（1983b）「食の感覚を表わす形容詞」、柴田武他編『食のことば』（食の文化フォーラム）、ドメス出版、pp.99-111.
西尾寅弥（1987）「多義語と隠喩」、『大妻女子大学文学部紀要』19、大妻女子大学、pp.85-94.
白輪祐也・坂本真樹（2003）「共感覚表現のデータベース作成とそれに基づく一方向性仮説再考」、『日本言語学会第126回予稿集』、pp.30-35.
早川文代他（2000）「食感覚の擬音語・擬態語の特徴づけ」、『日本食品化学学会誌』47-3、日本食品化学会、pp.197-207.
早川文代他（2004）「中国語テクスチャ表現の収集と分類」、『日本食品科学工学会誌51』、日本食品化学工学会、pp.131-140.
早川文代他（2005）「日本語テクスチャー用語の収集」、『食品科学工学会誌52』、食品化学会、pp.337-346.
早川文代（2006）「テクスチャー（食感）を表す多彩な日本語」『豆類時報52』、日本豆類基金協会、pp.42-46.
樋口桂子（1995）『イソップのレトリック　メタファーからメトニミーへ』、勁

草書房.

松本仲子（1983）「美味しさの科学」、『言語生活』、第382号、筑摩書房、pp.58-64.

武藤彩加、副島健作、山元淑乃（2010）「共感覚的比喩の『視覚』表現―ロシア語とフランス語を中心に」、KLS 30、関西言語学会、pp.203-214.

村田忠男（1989）「〈触覚〉さわることば―ウルマンのデータを中心に」、『月刊言語』18-11、大修館書店. pp.62-67.

元木剛（1983）「イウ・ハナス」、『意味分析』、東京大学文学部言語学研究室、pp.23-25.

籾山洋介（1987）「キク・タズネル・トウ」、『意味分析2』、東京大学文学部言語学研究室、pp.1-4.

籾山洋介（1992）「多義語の分析―空間から時間へ―」、カッケンブッシュ寛子他編『日本語研究と日本語教育』、名古屋大学出版会、pp.185-199.

籾山洋介（1993）「多義語分析の方法―多義的別義の認定をめぐって―」、『名古屋大学日本語・日本文化論集』1、名古屋大学留学生センター、pp.35-57.

籾山洋介（1994）「形容詞『カタイ』の多義構造」、『名古屋大学日本語・日本文化論集』2、名古屋大学留学生センター、pp.65-90.

籾山洋介（1995）「多義語のプロトタイプ的意味の認定の方法と実際―意味転用の一方向性：空間から時間へ―」、『東京大学言語学論集』14、東京大学文学部言語学研究室、pp.621-639.

籾山洋介（1997a）「慣用句の体系的分類―隠喩・換喩・提喩に基づく慣用的意味の成立を中心に―」、『名古屋大学国語・国文学』80、名古屋大学国語国文学会、pp.29-43.

籾山洋介（1997b）「チャレンジコーナー、シニア版」、『月刊言語』26-5、大修館書店、pp.127-129.

籾山洋介（1997c）「発話動詞の分析―『言う』と『おっしゃる／申し上げる／申す』について―」、名古屋・ことばのつどい編集委員会編『日本語論究5 敬語』、和泉書院、左開 pp.21-42.

籾山洋介（1998）「喚喩（メトニミー）と提喩（シネクドキー）―諸説の整理・検討―」、『名古屋大学日本語・日本文化論集』6、名古屋大学留学生センター、pp.59-81.

籾山洋介（1999）「発話動詞の分析（2）―「呼ぶ」の多義構造の記述を中心に―」、名古屋・ことばのつどい編集委員会編『日本語論究6 語彙と意味』、和泉書院、左開 pp.21-50.

籾山洋介（2001）「多義語の複数の意味を統括するモデルと比喩」、山梨正明他編『認知言語学論考』No1、ひつじ書房、pp.29-58.

籾山洋介（2002）『認知意味論のしくみ』、研究社.

籾山洋介・深田智（2003）「第3章 意味の拡張」、松本曜編『シリーズ認知言語学入門〈第3巻〉認知意味論』、大修館書店、pp.73-134.

森貞（1995）「共感覚的比喩に関する一考察」、『福井工業高等専門学校紀要・自然科学工学』29、福井工業高等専門学校、pp.251-267.

森田繁春（1993）「『白い雪』は本当に白いのか―共感覚と音感の観点から―」、

『大阪教育大学英文学会誌』38、大阪教育大学英語英文学教室、pp.73–83.
安井稔（1978）『言外の意味』、大修館書店.
山口治彦（2003）「さらに五感で味わう」、瀬戸賢一編『ことばは味を超える―美味しい表現の探求―』、海鳴社. pp.120–153.
山田進（1996）「事物・概念・意味」、『言語学林 1995–1996』、三省堂、pp.1095–1107.
山田進（1999）「多義語の意味記述についての覚え書き」、『聖心女子大学論叢』92、聖心女子大学、pp.224–209.
山田仁子（1993）「―言語は感覚の内視鏡―共感覚に基づいた形容表現の分析」、*HYPERION 40*、徳島大学英語英文学会、pp.29–40.
山田仁子（1999）「ワインの言葉に見る共感覚比喩」、『言語文化研究』6、徳島大学総合科学部、pp.177–196.
山梨正明（1988）『比喩と理解』（認知科学選書17）、東京大学出版会.
山梨正明（1995）『認知文法論』、ひつじ書房.
和田陽平他編（1969）『感覚＋知覚心理学ハンドブック』、誠信書房
郭旻恵（2005）「味覚における共感覚表現：日本語、韓国語の両言語の比較」、『言語文化と日本語教育』30、お茶の水女子大学日本言語文化学研究会、pp.122–125.
睦恵利（2005）「食感を表すオノマトペの日韓比較」、『日本語・日本文化研修プログラム　研修レポート集』第20期、広島大学留学生センター.
Jantima Jantra（1999）「日本語形容詞『あまい』の意味拡張と広告における多義的使用の分析―英語〈sweet〉及びタイ語〈waan〉と対照しながら―」、『DYNAMIS』、京都大学大学院人間・環境学研究科文化環境言語基礎論講座、pp.142–193.

ウルマン、S.（山口秀夫訳）（1964）『意味論』、紀伊國屋書店.
ウルマン、S.（池上嘉彦訳）（1972 = 1969）『言語と意味』、大修館書店.
ウンゲラー、F／シュミット、H.-J.（1998）池上嘉彦他訳『認知言語学入門』、大修館書店.
M. メルロー＝ポンテイ（竹内芳郎他訳）（1974=1999）『知覚の現象学』、みすず書房.
コンスタンス・クラッセン（1998）『感覚の力』、工作舎.
コンディヤク、E. B.（加藤周一他訳）（1948）『感覚論』、創元社.
ジュリア・ペン（有馬道子訳）（1972）『言語の相対性について』、大修館書店.
リーチ、G. N.（安藤　監訳）（1977）『現代意味論』、研究社出版.
レイコフ、G・ジョンソン、M.（1986）（渡辺昇一他訳）『レトリックと人生』、大修館書店.
レイコフ、G（1993）『認知意味論』（池上嘉彦、河上誓作他訳）、紀伊国屋書店.

Backhouse, A. E.（1994）*The Lexical Field of Taste: A Semantic Study of Japanese Taste Terms*. Cambridge: Cambridge University Press.
Berkeley, G.（1709）*An essay toward a new theory of vision*. Everyman's

Library, NO483. Dent.

Berlin, B., and Kay, P.（1969）*Basic Color Termss: Their Universality and Evolution*. Berkeley: University of California Press.

Crystal, D.（1984）*Who cares about English usage?*. Penguin Books.

Dirven, R.（1985）Metaphor for extending the lexicon, Wolf Paprotte & Rene Dirven, ed., *The Ubiquity of Metaphor*. pp.85–119. Amsterdam: John Benjamins.

Fillmore, Charles J（1982）Frame Semantics, The Linguistic Society of Korea (ed.). *Linguistics in the Morning Calm*: Seoul: Hanshin, pp.111–138.

Lakoff, George（1990）The invariance hypothesis: Is abstract reason based on image-schemas?" *Cognitive Linguistics* 1（1）, pp.39–74.（杉本孝司訳（2000）「不変性仮説―抽象推論はイメージスキーマに基づくか？」、坂原茂編『認知言語学の発展』、ひつじ書房．）

Lakoff, George（1993）The contemporary theory of metaphor, in Ortony (ed.), Cambridge: Cambridge University Press, pp.202–251.

Lakoff, George,, and Mark Johnson（1980）*Metaphors We Live By*. Chicago: University of Chicago Press.（渡辺昇一他訳『レトリックと人生』、大修館書店．）

Langacker, R. W.（1988）A View of Linguistic Semantics, In Brygida Rudzka-Ostyn, ed., *Topics in Cognitive Linguistics*, pp.49–90, Amsterdam: John Benjamins.

Ryan, T. A.（1940）Interrelation of the sensory systems in perception, *Psychol. Bull.*, 37, pp.659–698.

Shen、Y. and Cohen、M.（1998）How come silence is sweet but sweetness is not silent: A cognitive account of directionality in poetic synaesthesia, *Language and Literature*, 7（2）：123–140.

Shinohara、K. and Nakayama、A.（2011）. Modalities and directions in synaesthetic metaphors in Japanese, *Cognitive Studies*（認知科学）、18（3）：491–507.

Taylor, J. R.（1995）*Linguistic Categorization: Protopypes in Linguistic Theory（Second Edition）*, Oxford: Oxford University Press (Clarendon).（辻幸夫訳（1996）『認知言語学のための14章』、紀伊國屋書店．）

Tuggy, D.（1993）Ambiguity, Polysemy, and Vagueness, *Cognitive Linguistics* 4-3. pp.273–290, Berlin: Mouton de Gruyter.

Ullmann, S.（1957）*The Principles of Semantics: A Linguistic Approach to Meaning.（Second Edition）*, Oxford: Blackwell.（山口秀夫訳（1964）『意味論』、紀伊国屋書店．）

Ullmann, S.（1962）*Semantics: An Introduction to the Science of Meaning*, Oxford: Blackwell.（池上義彦訳（1969）『言語と意味』、大修館書店．）

Ungerer, F. and H.-J. Schmid（1996）*An Introduction to Cognitive Linguistics*. London & New York: Longman.（池上嘉彦他訳（1998）『認知言語学入門』、大修館書店）

Werning、M., Fleischhauer, J., and Beşeoğlu, H.（2006）. The cognitive accessibility of synaesthetic metaphors, Proceedings of the 28th Annual Conference of the Cognitive Science Society, pp.2365–2370.

Williams Joseph M.（1976）Synaesthetic adjectives: a possible law of semantic change, *Language*, 52: 2, pp.461–477.

Yu、N.（2003）Synesthetic metaphor: A cognitive perspective, Journa lof *Literary Semantics*, 32（1）：19–34.

天沼寧編（1993）『擬音語・擬態語辞典』10版、東京堂出版.
大野晋他編（1990）『岩波古語辞典』、岩波書店.
亀井孝他編（1996）『言語学大事典』、三省堂.
金田一春彦他編（1978）『学研国語大辞典第二版』、学習研究社.
見坊豪紀他編（1986）『新明解国語辞典』、三省堂.
徳川宗賢（1972）『類義語辞典』、東京堂出版.
中村明編（1995）『感覚表現辞典』、東京堂出版.
日本国語大辞典第二版編集委員会編（2001）『日本国語大辞典』、小学館.
飛田良文他編（1991）『現代形容詞用法辞典』、東京堂出版.
松村明他編（1988）『大辞林』、三省堂.
森田良行（1988）『基礎日本語辞典』. 角川書店.

## 実例出典

・アドレスの記載されているものは、インターネットのホームページより引用（検索エンジンは、googleを使用）。何も示されていないものは作例である。
・『CD-ROM版　新潮文庫の100冊』(1995)
（収録作品のうち、本書で引用した作品・著者名（五十音順）のみ以下に示す。）

　　『女社長に乾杯!』、赤川次郎
　　『山本五十六』、阿川弘之
　　『カインの末裔』、有島武郎
　　『生まれいずる悩み』、有島武郎
　　『羅生門・鼻』、芥川龍之介
　　『華岡青洲の妻』、有吉佐和子
　　『溺れかけた兄妹』、有島武郎
　　『剣客商売』、池波正太郎
　　『焼跡のイエス・処女懐胎』、石川淳
　　『青春の蹉跌』、石川達三
　　『歌行燈・高野聖』、泉鏡花
　　『風に吹かれて』、五木寛之
　　『ブンとフン』、井上ひさし
　　『あすなろ物語』、井上靖
　　『黒い雨』、井伏鱒二
　　『沈黙』、遠藤周作
　　『死者の奢り・飼育』、大江健三郎
　　『パニック・裸の王様』、開高健
　　『雪後』、梶井基次郎
　　『遺稿』、梶井基次郎
　　『Kの昇天―或はKの溺死』、梶井基次郎
　　『雪国』、川端康成
　　『楡家の人びと』、北杜夫
　　『聖少女』、倉橋由美子
　　『一瞬の夏』、沢木耕太郎
　　『新橋烏森口青春篇』、椎名誠
　　『コンスタンティノープルの陥落』、塩野七生
　　『小僧の神様・城の崎にて』、志賀直哉
　　『国盗り物語』、司馬遼太郎
　　『破戒』、島崎藤村
　　『太郎物語』、曽野綾子
　　『人間失格』、太宰治
　　『痴人の愛』、谷崎潤一郎
　　『新源氏物語』、田辺聖子
　　『アメリカひじき・火垂るの墓』、野坂昭如
　　『若き数学者のアメリカ』、藤原正彦
　　『塩狩峠』、三浦綾子

『金閣寺』、三島由紀夫
『世界の終わりとハードボイルド・ワンダーランド』、村上春樹
『路傍の石』、山本有三
『さぶ』、山本周五郎
『砂の上の植物群』、吉行淳之介
『花埋み』、渡辺淳一

最相葉月（1998）『絶対音感』、小学館
佐藤愛子（1978）『娘と私の部屋』、集英社文庫
佐藤愛子（1995）『憤怒のぬかるみ』、集英社文庫
曽野綾子（1982）『ボクは猫よ』、文藝春秋
冨田勲（1993）「解説」、手塚治虫『ルードウィヒ・B第1巻』小学館文庫所収
長坂誠「機内のハレンチ」、『中日新聞朝刊』、1999.08.06.
村上春樹　安西水丸（1984）『村上朝日堂』
森脇和男（1995）『マンガでわかる愛犬のやさしいしつけと訓練』永岡書店
柳美里（1997）『水辺のゆりかご』、角川書店
柳美里（2001）『生』、小学館
柳美里（2001）『魂』、小学館

## あとがき

　本著は 2003 年に名古屋大学大学院に提出した博士学位論文（日本語の「共感覚的比喩（表現）」に関する記述的研究、国言博第 10 号（甲 5987））を基としていますが、それに加え、以下の研究成果の一部を第 4 章と第 8 章に加筆しています。

(1) 2007 年度～2010 年度、文部科学省研究補助金、若手研究（B）、共感覚的比喩の一方向性仮説に関する研究、課題番号 19720096.

(2) 2012 年 4 月～2016 年 3 月（予定）、文部科学省研究補助金、基盤研究（C）、複数の言語における味を表す表現に関する研究、課題番号 24520473.

　長く謝辞を述べることは控えるべきでしょうが、本著が完成するにあたっては、実に多くの方々に様々な形でご指導とご支援を頂きました。

　はじめに、大学院在籍時から大変お世話になっている主指導教官の籾山洋介先生。多くの指導生を抱えていらっしゃる中で厳しくかつきめ細やかな指導をして下さり、認知言語学の基礎も知らない素人の思いつきを辛抱強く研究の形に導いて下さいました。

　博士論文の審査をして下さった、大曾美恵子先生、滝沢直宏先生、そして町田健先生にも貴重なご指摘を多く頂戴しました。食感を表すオノマトペに関する執筆については、瀬戸賢一先生に指導して頂き多くのことを学びました。味の表現に関するプロジェクトでは、株式会社 B.M.F.T の大橋正房代表と OFFICE HANNA の為国正子氏にもお世話になっています。

　本著の刊行に関しては、ひつじ書房の松本功編集長と森脇尊志氏のお力が無ければ実現しませんでした。多くのコメントや励ましを頂きました。

海外調査の際、お世話になった交流協定校の先生方と学生さん達、大学院在籍時から励まし合っている名古屋大学現代日本語学研究会の友人達と先輩方、研究の補助をしてくれたり日々の元気をくれたりする琉球大学の留学生と日本人学生の皆さん、また同僚の先生方や共同で研究を行っている先生方にも様々な形でお世話になっています。

　学会での発表や論文投稿の際にも、多くの先生方から有益なコメントを賜りました。

　最後に、海外調査の度に子守に沖縄まで駆けつけてくれる両親、常にサポートし続けてくれている家族や友人、その他有形無形の形で研究活動を支えて下さっているすべての人々に心より感謝申し上げます。

　なお、本書は平成26年度科学研究費補助金（研究成果公開促進費）学術図書の交付を受けて刊行されました。

2015年2月

武藤彩加

## 初出一覧

本書は、以下の論文および学会発表等に加筆し、修正を施したものである。

(1) 武藤彩加（2000a）「味覚形容詞『渋い』と『苦い』の意味分析―類似性と相違性の指摘―」『韓日語文論集』第4号、韓日日語日文学会、2000年8月、pp.249-267.

(2) 武藤彩加（2000b）「『感覚間の意味転用』を支える『メタファー』と『メトニミー』―『共感覚的比喩』とは何か―」『ことばの科学』第13号、名古屋大学言語文化部言語文化研究会、2000年12月、pp.97-116.

(3) 武藤彩加（2001a）「『接触感覚から遠隔感覚』と『遠隔感覚内』の意味転用に関する一考察―『共感覚的比喩』を支える複数の動機付け―」『言葉と文化』第2号、名古屋大学大学院国際言語文化研究科、2001年3月、pp.125-142.

(4) 武藤彩加（2001b）「『共感覚的比喩（表現）』の『特殊性』について―『共感覚（色聴）』現象との関連性、および『身体性に基づく制約』をめぐる一考察―」『紀要』第16号、名古屋明徳短期大学、2001年3月、pp.179-200.

(5) 武藤彩加（2001c）「日本語の『五感を表すオノマトペ』における意味の転用―『共感覚的比喩』の分析を通して―」『日本認知科学会第18回大会発表論文集』、日本認知科学会、2001年6月、pp.30-31.

(6) 武藤彩加（2001d）「味覚形容詞『甘い』と『辛い』の多義構造」『日本語教育』第110号、日本語教育学会、2001年7月、pp.42-51.

(7) 武藤彩加（2001e）「動詞『きく』（聞・聴・訊・効・利）の意味分析」『名古屋大学日本語・日本文化論集』第9号、名古屋大学留学生センター、2001年12月、pp.1-24.

(8) 武藤彩加（2002a）「『おいしい』の新しい意味と用法―『うまい』『まずい』と比較して―」『日本語教育』第112号、日本語教育学会、2002年1月、pp.25-34.

(9) 武藤彩加（2002b）「味覚形容詞『酸っぱい』の意味」『紀要』第17号、名古屋明徳短期大学、2002年3月、pp.73-89.

(10) 武藤彩加（2002c）「五感を表す動詞『きく』『ふれる』『におわせる』における『発話行動的意味』の分析」『名古屋大学日本語学研究室　過去・現在・未来』名古屋大学文学研科、2002年4月、pp.167-176.

(11) 武藤彩加（2003）「味ことばの擬音語・擬態語」瀬戸賢一編著『ことばは味を超える』海鳴社、2003年2月、pp.241-300.

(12) 武藤彩加（2004）「『共感覚的比喩（表現）』の動機付けに関する整理と分類」『日本認知言語学会論文集』第4巻、日本認知言語学会、2004年9月、pp.99-108.

(13) 武藤彩加（2008）「『共感覚的比喩』の一方向性仮説における反例の検証と課題―7つの言語を対象とした『視覚を表す語』に関する予備調査の結果から」『留学生教育』第5号、琉球大学留学生センター、2008年3

月、pp.1–18.
(14) 武藤彩加（2009）「9つの言語における『共感覚的比喩』―「触覚を表す語」と「視覚を表す語」を中心に」『日本認知言語学会論文集』第9巻、日本認知言語学会、2009年5月、pp.181–190.
(15) 大橋正房、武藤彩加、山本眞人、爲国正子、汲田亜紀子、渋澤文明、小川裕子（2010a）『「おいしい」感覚と言葉　食感の世代』株式会社B/M/FT出版部（ISBN：978-4-9904895-0-2）．2010年3月．
(16) Ayaka MUTO（2010b）An Examination of Synesthesia Metaphor in English and French, Proceedings of SICOL 2010, the 2010 Seoul International Conference on Linguistics, Seoul, Korea, on June 2010.
(17) 武藤彩加（2011a）『科学研究費補助金　研究成果報告書　共感覚的比喩の『一方向性仮説』に関する研究（研究課題番号19720096）』研究代表者、2011年3月．
(18) 武藤彩加（2011b）「スウェーデン語における「味を表す表現」の収集と分類」『日本認知言語学会論文集』第11巻、日本認知言語学会、2011年6月、pp.234–244.
(19) 武藤彩加（2011c）「4言語における共感覚的比喩―フランス語、スウェーデン語、英語、および日本語母語話者を対象とした調査の結果から」『JSLS 2011 Conference Handbook』言語科学会第13回年次国際大会（JSLS 2011）2011年6月、pp.39–42.
(20) 武藤彩加（2013）「韓国語における「味を表す表現」の類型化―日本語と韓国語の比較を通して」韓国日本語学会第27回学術発表会論文集、韓国日本語学会、2013年3月、pp.84–90.

# 索　引

## あ

味　293
味ことば分類表　294
新しい意味　173
意義特徴　41
位相　181
一方向性仮説　30
一回性の発話　225
一力的な動作　219
イミジャリ（imagery）　261
意味の非対称性　181
音象徴（sound symbolism）　292
音響的事象　36

## か

概念的意味　387
概念メタファー（conceptual metaphor）
　　342, 400
感覚（sensation）　138, 201
感覚、知覚、認知の連続性　21
感覚経験　20
感覚形容語　63
感覚的・印象的な類似　337
感覚動詞　55
感覚の縦割り理論　383
感覚表現における他感覚性　411
漢字表記の相違と意味との対応　199
慣用句　168, 209
器官の近接性　285
基本義（プロトタイプ的意味）　3, 40, 177
共感覚　1
共感覚表現　294
共感覚表現の汎事的傾向　26
共時的研究　27
共通感覚（sensus communis）　35, 80
空間関係づけのメタファー（spatialization metaphors）　390
具体　36
経験的基盤　6
原感覚　13
言語普遍性　5
現象素モデル　129
行為　138
交差感覚的な融合効果　239
五感の修飾・被修飾関係　28
五感表現　294

## さ

視覚の触覚性　273, 384
視覚の他感覚性　411
視覚優位の「層理論」　383
時間的隣接　150
色彩語彙　5
色聴　1, 374
刺激　138
思考や知性のメタファー　412
シネクドキー　130
社会方言　184
死喩　16
主体の判断や認識　20
状況表現　294
情緒感覚的意味　399
情報系表現　293
食味表現　294
食感系表現　293
身体感覚のメタファー　342
身体性　6

生理的メトニミー　369
相互的な動作　219
素材表現　294

## た

多義構造　125
多義構造図　144
多義性　21
単義語　128
抽象　36
直接的共感性　19
通時的研究　27
テクスチャー　240
転用プロセス　132
同音異義語　41
同時性　49

## な

二次的活性化（secondary activation）
　283, 375
認識の他感覚性　383
認知（cognition）　201
認知的多義（cognitive polysemy）　233
ネットワーク・モデル　129
脳細胞（ニューロン）　334

## は

派生義　129
発話行動的意味　205
発話動詞　206
反義性　134
非音響的事象　36

否定抽象義　131
比喩　5
比喩の慣用度　21
比喩のモティベーション　145
評価意識の逆転現象　172
評価的要因　390
評価のドメイン（domain of assessment）
　132
評価表現　294
複合感覚表現　239
複数の動機づけ　393
部分的写像（partial mapping）　122
プラス評価　238
フレーム　129
ヘニング（Henning）の味の正四面体
　127
方向づけのメタファー（orientational
　metaphors）　390

## ま

マイナス評価　238
味覚系表現　293
味覚形容詞　125
味覚表現　294
メタファー　130
メタファーの下位カテゴリー　335
メトニミー　130
文字言語による問いかけ　205

## ら

類似性　43
連想的なメトニミー　342
連続的反義関係　174

武藤彩加（むとう あやか）

**略歴**

名古屋大学大学院国際言語文化研究科日本言語文化専攻博士後期課程修了。立命館アジア太平洋大学アジア太平洋学部常勤講師、琉球大学留学生センター専任講師を経て、現在、琉球大学留学生センター准教授。博士（名古屋大学）。専門は認知言語学、日本語教育。

**主な論文・著書**

「味覚形容詞『甘い』と『辛い』の多義構造」（『日本語教育』第110号、2001）、「『おいしい』の新しい意味と用法—『うまい』『まずい』と比較して」（『日本語教育』第112号、2002）「味ことばの擬音語・擬態語」（瀬戸賢一編著『ことばは味を超える』海鳴社、2003）など。

ひつじ研究叢書〈言語編〉第124巻
日本語の共感覚的比喩

Synesthetic Metaphors in Japanese
Ayaka Muto

| | |
|---|---|
| 発行 | 2015年2月16日 初版1刷 |
| 定価 | 8500円＋税 |
| 著者 | Ⓒ武藤彩加 |
| 発行者 | 松本功 |
| ブックデザイン | 白井敬尚形成事務所 |
| 印刷所 | 三美印刷株式会社 |
| 製本所 | 株式会社 星共社 |
| 発行所 | 株式会社 ひつじ書房 |

〒112-0011　東京都文京区千石2-1-2　大和ビル2階
Tel: 03-5319-4916　Fax: 03-5319-4917
郵便振替 00120-8-142852
toiawase@hituzi.co.jp　http://www.hituzi.co.jp/

ISBN978-4-89476-748-5

造本には充分注意しておりますが、落丁・乱丁などがございましたら、小社かお買上げ書店にておとりかえいたします。
ご意見、ご感想など、小社までお寄せ下されば幸いです。

刊行のご案内

〈ひつじ研究叢書（言語編）　第121巻〉
テキストマイニングによる言語研究
岸江信介・田畑智司 編　定価6,700円+税

〈ひつじ研究叢書（言語編）　第122巻〉
話し言葉と書き言葉の接点
石黒圭・橋本行洋 編　定価5,600円+税

〈シリーズ言語学と言語教育32〉
比喩の理解
東眞須美 著　定価3,800円+税

オノマトペ研究の射程
近づく音と意味
篠原和子・宇野良子 編　定価6,200円+税